Wolf Spillner / Dr. Winfried Zimdahl

Feldornithologie

Mit 66 Farbgrafiken
von Hans Wunderlich

und mehr als 300 überwiegend
farbigen Fotos von
bekannten Naturfotografen

Wolf Spillner
Dr. Winfried Zimdahl

Feldornithologie

Eine Einführung

Deutscher
Landwirtschaftsverlag
Berlin

1. Auflage

Reinhardtstr. 14, O-1040 Berlin
Titelnummer: 606/90
Printed in Germany
Gesamtgestaltung: Rudolf Wendt, Berlin
Lichtsatz: Interdruck GmbH Leipzig
Reproduktion, Druck und Buchbinderei:
Sächsische Druck- und Buchbinderei-
werkstätten GmbH Leipzig
ISBN: 3-331-00081-7

Vorbemerkung

Diese als Handbuch abgefaßte »Einführung in die Feldornithologie« möchte allen an der Vogelwelt Interessierten die notwendigen Kenntnisse zum Aufspüren und Beobachten der Vögel vermitteln. Sie will Verständnis erwecken für allgemeine und spezielle biologische Prozesse im Bereich der Vogelwelt und kann dabei nur Grundwissen im Überblick anbieten, denn die Ornithologie hat sich zu einem Wissenschaftskomplex entwikkelt, dessen Teilgebiete Fachbibliotheken füllen. Wie weit der einzelne Vogelfreund den Radius seiner Interessen zieht, wird er selbst entscheiden. In jedem Falle aber muß die Beschäftigung mit der Natur in der Natur beginnen und immer wieder zu ihr hinführen. Wie die Betrachtung eines Fußballspieles im Fernsehen oder auf dem Sportplatz noch keinen Sportler macht, so das Blättern in Büchern allein noch keinen Feldornithologen. Wir müssen hinausgehen und die Natur in ihrer gesamten Faszination auf uns wirken lassen. Dann werden wir immer besser verstehen, daß es sich lohnt, ja daß es notwendig ist, sie zu schützen, zu pflegen und zu bewahren, letzten Endes auch um unser selbst willen, die wir Teil dieser Natur sind.

Die Autoren

Wolf Spillner

Wendisch Rambow im NSG Dambecker See

Geboren 1936, beobachtete und fotografierte er bereits als Schüler in der Lüneburger Heide und an der Unterelbe Vögel. Nach einer Volontärzeit an der naturkundlichen Jugendzeitschrift „Der Tierfreund" in Mainz, war Spillner nach seiner Übersiedlung in die DDR 1955 zunächst in Bauberufen und als Journalist tätig. Langjährige vergleichende Beobachtungen in Mecklenburg und fotografische Dokumentationen galten dem Verhalten koloniebrütender Vögel wie Graureiher, Kormoran, Trauerseeschwalbe und Lachmöwe. Mit einer Serie über Balz und Paarungsverhalten des Grauhreihers gewann er 1966 den 1. Preis im Fotowettbewerb der Zeitschrift „Der Falke". Seinem ersten, mit eigenen Fotos illustrierten Sachbuch „Der Wald der großen Vögel", 1979 im „VEB Deutscher Landwirtschaftsverlag" erschienen, folgten dort die Bände „Land unter dem Wind", „Das Vogeljahr der Küste", „Der Wald der kleinen Vögel" sowie „Ferne nahe Welt", in dem Lebensbilder heimischer Insekten vorgestellt werden.

Neben seiner Arbeit als Sachbuchautor machte sich Spillner seit 1976 zunehmend einen Namen als Belletrist mit den thematischen Schwerpunkten Ornithologie und Naturschutz. Seine Texte wurden ins Russische, Ukrainische und Kasachische übersetzt. Die Bücher erschienen ebenfalls in der BRD. Von seinen bislang erschienenen 20 Büchern sind mehr als die Hälfte mit eigenen Fotos illustriert. Studien in der VR Polen, der CSSR, in Schweden, Finnland und Norwegen sowie in der Schweiz und im Fernen Osten der UdSSR dienten auch der Arbeit am vorliegendem Buch. Die Akademie der Künste der DDR zeichnete Spillner 1987 mit dem Alex-Wedding-Preis aus.

Dr. Winfried Zimdahl

Berlin und NSG Galenbecker See

Geboren 1933 in Stettin. Durch seinen Vater, der mit dem bekannten pommerschen Ornithologen Paul Robin bekannt war, früh mit der Natur im Oderdelta und den Sammlungen des Stettiner Museums vertraut. Er beobachtete, zeichnete und malte Tiere, Pflanzen und Landschaften seiner Heimat. Noch vor dem Abitur Gründung einer naturwissenschaftlichen Arbeitsgemeinschaft. Vogelzugplanbeobachtungen für die Ornithologische Station Serrahn. Studium der Germanistik und Zoologie in Greifswald. Lehrtätigkeit an der Universität Greifswald, dort postgraduale Studien als Externer am Zoologischen und am Nordischen Institut. 1967 Berufung zum Chefredakteur der ornithologischen Monatszeitschrift „Der Falke". Seit dieser Zeit auch Stellvertretender Vorsitzender des Zentralen Fachausschusses Ornithologie und Vogelschutz. In weiteren Gremien engagiert für Ornithologie, Naturschutz, Umweltschutz: Kommission für Seevogelschutz, Beirat der Vogelwarte Hiddensee, Arbeitskreis Ornithologie und Vogelschutz beim Staatlichen Komitee für Forstwirtschaft, Internationale Union für Angewandte Ornithologie, Wissenschaftlicher Beirat des Naumann-Museums, Biologische Gesellschaft, Zentralvorstand der Gesellschaft für Natur und Umwelt, Internationaler Journalistenverband, Bezirksnaturschutzbeauftragter. Beiträge für Verlage, Presse, Rundfunk, Dokumentarfilm. Studienreisen in elf europäische Länder, insbesondere nach Skandinavien, auf den Balkan und an die Nordsee. Aktive Teilnahme an Internationalen Ornithologen-Kongressen. Mitglied der Leitung der Nationalen Sektion des International Council for Bird Preservation.

Inhalt

Schlagschwirl. *Foto: Tiede*

Einführung

Die Beziehungen zwischen Mensch und Tier sind uralt, insbesondere auch die Beziehungen des Menschen zu den Vögeln. Dabei waren und sind vielfältige Motivationen für die Hinwendung des Menschen zum Tier wirksam. Mit fortschreitender Verstädterung des Menschen nehmen sowohl Tierliebe als auch biologische Interessen in weiten Kreisen zu. Besonders die Gruppe der Vögel findet immer stärkere Beachtung.

Keine Klasse des Tierreiches ist heute so gut bekannt, wie die Vögel. Keine Teildisziplin der Biologie hat in einem solchen Maße die Entwicklung der Biologie gefördert und geprägt, wie die Ornithologie. Und kaum eine Tiergruppe findet überall in der freien Natur bei Kennern und Nichtkennern so viel Beachtung, wie die Gefiederten.

Trotz der Fülle des schon erarbeiteten Wissens gibt es noch Fragen ohne Zahl, so daß der Zustrom immer neuer begeisterter Vogelfreunde wünschenswert und verständlich ist, ganz zu schweigen von dem hohen Maß an ästhetischem Genuß und dem persönlichkeitsbildenden Wert, den auch das Nachvollziehen schon bekannter Entdeckungen bietet. In zunehmendem Maße ist die Beobachtung von Vögeln im Freiland ein wichtiges Teilgebiet des Naturschutzes und der landeskulturellen Erforschung und Pflege unserer natürlichen Umwelt. Die Ergebnisse zahlreicher Einzelbeobachtungen der Berufs- und Freizeitornithologen ermöglichen Rückschlüsse auf die Wandlung und eventuelle Störung ökologischer Strukturen unter Einwirkung des Menschen. Somit ist die ornithologische Freilandarbeit, die sogenannte Feldornithologie, von erheblicher gesellschaftlicher Bedeutung. Allen Interessenten den Zugang zur Beschäftigung mit der Vogelwelt unserer Heimat zu erleichtern, ist der Zweck dieses Buches. Es wendet sich in erster Linie an den Nichtfachmann, den interessierten Laien, ja es ist zuallererst für »Einsteiger« gedacht. Daß es auch dem erfahrenen Vogelfreund noch Antworten zu geben und Fragen aufzuwerfen vermag, ist zu hoffen.

Kranich. *Foto: Freymann*

Warum wir Vögel beobachten 1

Mensch und Vogelwelt

Die Beziehungen zwischen Mensch und Vogelwelt sind vielfältig, und sie sind uralt. Schon der Vormensch, der Australopithecus, erbeutete Vögel, dem Neandertaler dienten sie als Nahrung, und von den eiszeitlichen Rentierjägern sind uns flötenähnliche Musikinstrumente überliefert. Auf den Höhlenbildern der Altsteinzeit finden sich Vogeldarstellungen. Vor einigen tausend Jahren wurde, wohl in Südwestasien, das Huhn domestiziert, das nicht nur Fleisch, Federn und Eier lieferte, sondern auch kultische Bedeutung erlangte. Die Aurignac-Menschen besaßen eine Sicherheit der künstlerischen Darstellung, die uns staunen macht. Am bekanntesten sind die prähistorischen Malereien in der Höhle von Lascaux in Südfrankreich. An einer Wand der Pyrenäenhöhle von Gargas befindet sich die wunderschöne Darstellung eines Kranichs, die wohl wahrscheinlich um 17 000 bis 18 000 Jahre alt ist. Ein bei El Pendo in Nordspanien aufgefundener Steinstich aus dem Magdalenien stellt große Alke dar. In einer südspanischen Höhle lassen sich aus frühneolithischer Zeit vor etwa 6 000 bis 8 000 Jahren entstandene Zeichnungen von Vögeln zehn bis zwölf bestimmten Arten oder Gattungen zuordnen, nämlich Großtrappe, Kranich, Ente, Gans, Rabe, Löffler, Flamingo, Ibis, Weißstorch, Purpurhuhn und wohl Adler und Weihe. Ein Mosaikfries aus Stein und Perlmutt aus dem sumerischen Reich in Mesopotamien (etwa 5 000 bis 6 000 Jahre alt) zeigt weiße Tauben und einen löwenköpfigen Adler. Auf einem Fresko am Grabe Ne-fer-Maat in Medum im frühen Ägypten findet sich eine etwa 5 000 Jahre alte Gänsedarstellung, die schon Diskussionen über die Arten gestattet. Als ziemlich sicher wurden Zwerggans oder Bleßgans und Rothalsgans und Saatgänse erkannt. In Ägypten und Assyrien ist eine Fülle von Vogeldarstellungen an Gebäuden und in Ornamenten erhalten. Es war möglich, an die neunzig Arten zu bestimmen, die vor 5 000 Jahren im alten Ägypten bekannt waren. In der altgriechischen Kunst finden wir Vogeldarstellungen auf Münzen, Standbildern, Zeptern, Erzeugnissen der Keramik. Adler, Geier, Hühner, Kraniche, Eulen, Reiher, Wiedehopf, Ibis, Habicht, Wendehals, Kuckuck, Krähe, Schwan, Pfau, Perlhuhn, Tauben, Wachtel, Storch und Schwalben sind zu identifizieren.

Der klassische griechische Schriftgelehrte Aristoteles (384–322 v. u. Z.), Schüler Platos, erwähnt in seinen Werken etwa 170 Vogelarten. Er schreibt auch schon über Physiologie und Fortpflanzung, über Revierbesitz und über Themen, die wir heute der Ökologie zuordnen müßten. Alexander von Myndos unterschied bereits Haus- und Feldsperling und beschrieb die enge Verwandschaft von Garten- und Mönchsgrasmücke.

Übrigens bemühte sich schon Aristoteles, die ihm bekannten Vögel in einem natürlichen System zu ordnen.

Die frühchristliche Zeit ignorierte die wissenschaftliche Methodik der objektiven Naturforscher der Antike. Es folgten fast tausend Jahre, in denen wenig neue Beobachtungen und Überlegungen aufgezeichnet wurden, dafür mehr phantastische Geschichten, Legenden, Fabeln und irrationale Deutungen. Meisterwerke der Verirrung und Verwirrung entstanden, und vieles vom klassischen Wissen der Alten geriet in Vergessenheit.

Gerfalken, besondern in der weißen Phase, galten schon im Mittelalter als kostbare Beizvögel. *Foto: Reich*

Erst die arabisch schreibenden Gelehrten der Moslems griffen wieder auf ARISTOTELES zurück und wurden zu Wegbereitern des Naturverständnisses. Ein großer Name muß hier genannt werden: ABU ALI HUSAIN IBN SINA, bei uns heute bekannt als AVICENNA (980–1037). Vom 13. Jahrhundert ab können wir den wissenschaftlichen Einfluß der Araber allmählich in den Schriften der Dominikanermönche spüren. ALBERTUS MAGNUS schrieb zwischen 1260 und 1270 sein »de Animalibus«, das in einer irrationalistisch orientierten Zeit das Interesse wieder auf die objektiven Naturerscheinungen lenkte. Der auf Sizilien residierende Hohenstaufenkaiser FRIEDRICH II. schrieb ein klassisch gewordenes Buch über Naturgeschichte und Falknerei, das man vielleicht als das erste eigentliche ornithologische Werk der Welt bezeichnen kann.

In den folgenden Jahrhunderten erfahren wir von den Stubengelehrten sehr wenig über Vögel, eher von Reiseschriftstellern und aus Listen von eßbaren Vögeln. Das Zeitalter des Buchdrucks läutet eine Wende ein. Aus vielen Werken lassen sich Artenlisten der damals bekannten Vögel ableiten. Der Vogel war und ist Objekt der Jagd, begehrte Speise, aber auch Gegenstand naturwissenschaftlichen Beobachtens, Nachdenkens und Forschens, in den meisten Fällen aber auch und nicht zuletzt Gegenstand der Freude.

Vogelkunde als Wissenschaft

Aus dem Jagen, Fangen und Beobachten der Vögel ging über viele Stationen die Vogelkunde als Wissenschaft hervor. Schon bei ARISTOTELES hat sie wissenschaftlichen Rang, aber die Zeit war offenbar noch nicht reif für die Größe seiner Gedanken. So brachten denn die nächsten Jahrhunderte nur Epigonen hervor, die ihn kaum begriffen. Im frühen Mittelalter verfiel die Zoologie weiter, das Denken wandte sich immer mehr vom Realen ab. Das »puch der natur« des KONRAD VON REGENSBURG ist ein erschütterndes Beispiel der Abwendung von der Wirklichkeit. Um so auffälliger ist daher die diesseitsgerichtete Haltung des Staufenkaisers FRIEDRICH II. (1194–1250), der die Tierbücher des AVICENNA aus dem Arabischen ins Lateinische übersetzen ließ und selbst zum ersten großen Ornithologen der Geschichte wurde. Sein berühmtes Werk »De arte venandi cum avibus« (Von der Kunst, mit Vögeln zu jagen) ist viel mehr als ein Lehrbuch der Falknerei. Es führt allgemein in das gesamte Gebiet der Ornithologie ein und behandelt die Ansprüche der Vögel an ihre Umwelt, ihr Verhalten, ihre Nahrung, ihre Anatomie, Gefieder, Flug und Mauser. »Für die Ornithologie wäre es von unabsehbarem Gewinn gewesen, wenn die folgenden Jahrhunderte des Kaisers Buch zu Rate gezogen hätten, aber die Naturbeschreiber und Naturdeuter der Kirche hüteten sich, solche Ehre einem Feind der geistlichen Herrschaft widerfahren zu lassen, den der Papst exkommuniziert und DANTE in den sechsten Höllenkreis der Ketzer versetzt hatte«, schrieb ERWIN STRESEMANN 1951, der wohl letzte Polyhistor der Ornithologie. So wußte denn auch der in der alten Naturwissenschaftsgeschichte viel zitierte KONRAD GESNER (Historia animalum, Zürich 1555) nichts von diesem Buch. Erst kurz vor 1800 wurde es wieder »entdeckt« mit der Feststellung, daß es nahezu alle neueren Naturbeschreibungen weit hinter sich lasse. FRIEDRICH II. hatte sich in bewußtem Gegensatz zur Philosophie der Kirche zur induktiven Forschung be-

Vögel vieler Arten sind allenthalben Nachbarn und Freunde des Menschen. Diese Kohlmeise hat ihr Nest in einer Pumpe angelegt, die deshalb nicht benutzt wird. *Foto: Fröhlich*

kannt und nach natürlichen Kausalitäten gesucht. Seine Methode von exaktem Vergleich von Unterschieden und Übereinstimmungen und sein Fragen nach den Ursachen der Erscheinungen unter Einschluß von Experimenten kennzeichnet noch heute Grundprinzipien wissenschaftlicher Forschung. Am eindrucksvollsten charakterisiert STRESEMANN die empirischen Beobachtungsleistungen und vernünftigen Schlußfolgerungen des Verfassers jenes ersten ornithologischen Werkes der Welt, wenn er schreibt: »Soviel auch seit dem 18. Jahrhundert über diesen Gegenstand geschrieben worden ist – unter den unmittelbar beobachtenden Ornithologen hat erst KONRAD LORENZ durch Vielseitigkeit der Erfahrungen und Schärfe der Deutungen den großen Staufer überboten«.

Über Namen wie den großen schwedischen Systematiker KARL VON LINNÉ und die Forschungsreisenden des 18. Jahrhunderts entwikkelt sich die Ornithologie zu einem Zweig der Zoologie, der die Wissenschaft von der Biologie entscheidende Anstöße verdankt. Es kann hier auch nicht in Ansätzen eine Geschichte des Faches geboten werden. Als Begründer der klassischen deutschen Ornithologie betrachten wir Vater und Sohn NAUMANN, denen in ihrer Wirkungsstätte Köthen ein Museum gewidmet ist, und die als Beobachter, Jäger, Sammler, Künstler und Wissenschaftler das rechte Vorbild für den Feldornithologen abgeben.

Gliederung der Ornithologie

Der Periode von NAUMANN und BREHM folgten Wissenschaftler wie REICHENOW, HARTERT und STRESEMANN, die die Grundlagen der Ornithologie als Wissenschaft festigten, so daß sie heute eine selbständige biologische Disziplin ist, die im Laufe der Entwicklung natürlich in zahlreiche Teildisziplinen aufgegliedert wurde. Es ist schwer, wenn nicht unmöglich, diese Teildisziplinen etwa im Sinne einer hierarchischen Ordnung als Stammbaum oder Netzwerk darzustellen. Zu sehr kommt es dabei auf den Akzent an, der die jeweilige Forschung bestimmt, und auf die dadurch bedingte Verknüpfung mit anderen Teildisziplinen oder Nachbarwissenschaften.

Die *Morphologie* beschreibt die Gestalt des Vogels, seine Organe und Körperteile. Die Anatomie einschließlich Organologie (Organlehre), Histologie (Gewebelehre) und Zytologie (Zellenlehre) beschäftigt sich mit dem erwachsenen Vogel, die Ontogenie (Entwicklungsgeschichte) einschließlich Embryologie mit der Entwicklung des Jungvogels.

Die *Physiologie* behandelt die Lebensvorgänge, die Abläufe von Lebenserscheinungen und die Leistungen des lebenden Organismus. Es gibt auch eine Funktionsphysiologie, eine Entwicklungsphysiologie und eine Vergleichende Physiologie.

Die *Genetik* (Vererbungslehre) untersucht die Erbanlagen, ihre Festlegung, Verteilung und Weitergabe.

Eine Hauptdisziplin ist die *Ökologie.* Es ist die Lehre von den Beziehungen der Vögel zu ihrer Umwelt.

Die *Ornithophänologie* behandelt die klimabedingten biologischen (ornithologischen) Erscheinungen im Jahresablauf.

Die *Avifaunistik* untersucht Vorkommen und Verbreitung der Vögel bestimmter Gebiete.

Migrationsforschung dient der Aufklärung des Vogelzuges und der Vogelwanderungen.

Die *Brutbiologie* erfaßt das Fortpflanzungsgeschehen. Hier ist auch die *Oologie* (Eierschalenkunde) einzuordnen.

Die *Biozönotik* erfaßt das Leben der Vögel in den natürlichen Lebensgemeinschaften.

Die *Populationsforschung* hat die Zusammensetzung und den Wechsel der Vogelbestände zum Gegenstand.

Die *Ethologie* (Verhaltensforschung) gehört zur Tierpsychologie und untersucht Verhalten, Wesen und gegenseitige Leistungen der Vögel.

Die *Soziologie* widmet sich dem Zusammenleben der Vogelindividuen und -arten.

Die *Ornithogeographie* als Teilgebiet der Tiergeographie untersucht das Vorkommen der Vogelarten und ihre Verbreitung auf der Erde.

Die *Paläoornithologie* bearbeitet die Funde ausgestorbener Vögel der Vorzeit.

Die *Phylogenie* (Stammesgeschichte) beschäftigt sich mit der Entstehung der Vogelklasse und versucht ihre Entwicklung im Laufe der Erdgeschichte zu rekonstruieren.

Die *Taxonomie* (Systematik) bemüht sich um die Einordnung aller bekannter Vögel in ein natürliches System, das möglichst genau die Verwandtschaft und die stammesgeschichtliche Entwicklung widerspiegelt.

Entwicklung der Feldornithologie

Wenn wir den Begriff Feldornithologie sehr weit fassen und darunter das Beobachten von Vögeln in der freien Natur verstehen, so liegen ihre Wurzeln in grauer Vorzeit. Schon die frühen Jäger mußten genaue Beobachter ihrer Umwelt sein und über bestimmte Kenntnisse verfügen, um erfolgreich sein zu können. Aus dieser ein-

Feldornithologische Arbeit reicht von der Freude an der Beobachtung bis zur wissenschaftlichen Arbeit. Exkursion einer Fachgruppe. *Foto: Hoyer*

deutig zweckbestimmten Beschäftigung mit dem Vogel entwickelte sich über viele Stadien die Freude an der Natur, die schließlich als Entdeckerfreude und wissenschaftliche Neugier auf einer höheren Ebene wiederum in einen Zweck mündet: Die Umwelt zu erkennen, zu benennen, zu systematisieren und die Mechanismen ihres Zusammenspiels zu begreifen. So breit das Spektrum ist von der einfachen Freude am Vogel, am ästhetischen Genuß seiner Erscheinung im Naturganzen über das staunende Forschen des Naturfreundes bis zur systematischen Arbeit mit wissenschaftlicher Zielstellung, so bunt ist auch die Schar derer, die dieses unerschöpfliche Feld beackern. Menschen aller Altersstufen, aller Berufe, aller sozialer Schichten, aller Vorbildungsgrade sind in vielen Ländern in ihrer Freizeit unterwegs, um sich mit den Vögeln, mit ihrer *»Scientia amabilis«* – der geliebten Wissenschaft – zu beschäftigen. Diese Freizeitforscher stellen ein erhebliches wissenschaftliches Potential, das das der einschlägigen

Auch in der Stadtlandschaft sind Vögel heimisch. Im Bild: Saatkrähen aus dem Nordosten nutzen die Stadt mit ihrem Angebot an Nahrung und Wärme als Winterquartier. *Foto: Rinnhofer*

Institute mit ihren wenigen hauptamtlichen Mitarbeitern bei weitem übersteigt. Auf keinem anderen Gebiet der Biologie, und wohl in wenigen wissenschaftlichen Disziplinen überhaupt, ist soviel für die Weiterentwicklung des Faches von nichtprofessionellen Beobachtern und Forschern geleistet worden, wie in der Ornithologie. Die Synthese der hauptamtlichen und der nebenamtlichen Forschung in der Ornithologie, als deren Ergebnis grundlegende Erkenntnisse und Einsichten gewonnen wurden, die in einer umfangreichen Literatur vorliegen, ist geradezu ein Musterbeispiel von Gemeinschaftsarbeit, dessen tiefer Wert für die Persönlichkeitsbildung aller Beteiligten gar nicht hoch genug angesetzt werden kann.

Feldornithologie als Grundlagen- und Hilfswissenschaft

Die meisten Zweige der Ornithologie kommen ohne feldbiologische Beobachtungsdaten nicht aus. Die erforderliche Menge aussagefähiger und verallgemeinerungswürdiger Einzelfaktoren setzt den selbstlosen, begeisterten Einsatz einer großen Zahl von Mitarbeitern voraus, wie sie kein Institut aufbieten kann. So sind denn die meisten Daten von freiwilligen Beobachtern, Beobachtungsgemeinschaften und durch von wissenschaftlichen Instituten geleiteten Arbeitsgruppen gewonnen worden. Meist sind dabei die Grenzen zwischen Grundlagenforschung, angewandter Forschung und Hilfsforschung für andere Disziplinen fließend. Ein Beispiel mag das verdeutlichen:

Ein Vogelberinger und ein Vogelzugbeobachter liefern zunächst Primärdaten, die der allgemeinen Erweiterung unseres Wissens von den Naturerscheinungen unserer Welt dienen. Von einer bestimmten Datenfülle ab aber lassen die daraus abgeleiteten Verallgemeinerungen und Einsichten in Kausalzusammenhänge die praktische Anwendung des Wissens auf ganz anderen Gebieten zu. Beispielsweise können Veränderungen im Artenspektrum der Vogelarten eines Gebietes auf bisher unbemerkte Wandlungen im Naturgefüge aufmerksam machen, die auch für den Menschen in dieser oder jener Hinsicht von Bedeutung sind (Indikatorwirkung). Oder die genaue Kenntnis von Zusammenhängen zwischen Wetter und Vogelzug ermöglicht prognostische Voraussagen des Zuggeschehens und bildet die Basis für Maßnahmen zur Vermeidung von Flugzeugunfällen durch Kollisionen zwischen Vögeln und Flugzeugen. Der Leser wird beim Studium des Buches unschwer weitere Beispiele ableiten können.

Wissenschaftliche Ornithologie benötigt exakte Daten. Feldornithologen fangen, vermessen und beringen Vögel nach einem wissenschaftlichen Programm. Hier werden Alpenstrandläufer der Rasse *schinzii* in einem Naturschutzgebiet der Ostseeboddenkette mit Farbringen versehen, um die Entwicklung der Teilpopulationen genau verfolgen zu können. *Fotos: Spillner*

Fliegende Falkenraubmöwe. *Foto: Spillner*

Der Bau des Vogels 2

Der Vogel entwicklungs- und stammesgeschichtlich

Die erstaunliche Vielfalt unterschiedlicher Vogelarten, die auch unter extremen Bedingungen bestehen können, ihr Angepaßtsein an das Leben im Wasser, in der Luft und zu Land, in arktischen Tundren wie in Savannen und Wüsten, erwuchs einem stammesgeschichtlichen Konstruktionsprinzip, das nachweislich auf die Klasse der Reptilien zurückzuführen ist. Erste sichere Zeugen für die Klasse der Vögel sind uns als Skelettabdrücke im Solnhofer Schiefer überliefert. Die Entdeckung des Urvogels *Archaeopteryx macrura* im Jahre 1861 war eine Sensation. Ihr folgte 1877 ein weiterer Fossilfund im oberen Jura bei Eichstädt. Dieser zweite Urvogelfund war noch besser erhalten und zeigte mehr Einzelheiten des Knochenbaus und des Federkleides. Er unterschied sich allerdings deutlich vom Archaeopteryx und wurde daher einer anderen Ordnung zugeschrieben. Er erhielt den Namen *Archaeornis siemensi.*

In jüngerer Zeit gelangen neue Funde, zuletzt 1988 im Altmühl-Jura. Das Alter dieser Funde wird auf rund 135 Millionen Jahre veranschlagt. Mit großer Wahrscheinlichkeit sind die Vorfahren dieser Urvögel unter jenen Springechsen zu suchen, die sich unter Reduktion der Vordergliedmaßen zunächst auf dem Boden schnellfüßig bewegten und mehr und mehr zu kletternden, hüpfenden Großpflanzenbewohnern wurden. Ihre neue Lebensform erforderte entsprechende Anpassung. Ihr Körper mußte leicht, Sehvermögen und Gleichgewichtssinn mußten stärker entwickelt und die Zehenglieder besser ausgebildet und gestreckt sein. Die vorderen Gliedmaßen wurden durch Verlängerung der Finger zu Greiforganen. In welchen Zeiträumen Mutationen zur Veränderung des Körperkleides, über Aufspaltung der Endabschnitte der Reptilienschuppen zu Vorformen der Feder und in weiterer Entwicklung zum Federkleid führten, läßt sich schlüssig nicht sagen. Sicher ist jedoch, daß die gefundenen Urvögel bereits keine Zwischenstadien mehr waren. Sie besaßen bereits wesentliche Merkmale echter Vögel. Der etwa krähengroße Archaeopteryx trug Zähne und hatte noch einen langen, reptilienartigen Schwanz aus 21 Wirbeln. Aber dieser Schwanz war bereits zweizeilig von Steuerfedern bedeckt. Sowohl Hand wie Arm trugen gut entwickelte Schwingen, die denen der heute lebenden Vögel gleichen. Wichtiger noch ist der Bau des Skeletts. Das ist kein Reptilienbau mehr, denn die Schlüsselbeine sind bereits zum Gabelbein verwachsen. Die Schambeine sind nach hinten gedreht. Als Reste der Reptilienvorfahren trug der Urvogel noch Krallen an der Hand. Das wesentliche Unterscheidungsmerkmal aber ist die Tatsache, daß die Urvögel im Gegensatz zu den Reptilien bereits Warmblüter waren!

Gute Flieger waren diese Urvögel nicht. Ihr Brustbein trug noch keinen Kamm, an dem entsprechend starke Muskulatur ansetzen konnte. Sie werden sich mit einer Art Flatterflug, von Gleitphasen abgeschlossen, kurzzeitig im neu erworbenen Raum bewegt haben.

Während der Kreidezeit machte die Entwicklung in der Klasse der Vögel erhebliche Fortschritte. Der schwere lange Schwanz als Überrest der Reptilienahnen verschwand, der Brustbeinkamm wurde ausgebildet und das Skelett leichter. Aus Fossilienfunden Nordamerikas kennen wir vom Oberen Kreideschiefer Vögel, denen unsere heutigen Pelikane, Tölpel und Kormorane nahestehen. Allerdings besaßen auch jene Vertreter von Ichthyornis noch Zähne. Die Artenfülle blieb während der Kreidezeit jedoch gering. Erst im Tertiär, das vor etwa 60 Millionen Jahren begann, setzte während des Eozäns im Verlauf von rund 20 Millionen Jahren eine »rasche« Entwicklung ein, die zugleich die Ausbreitung der weiterentwickelten Formen begünstigte. Im mittleren Eozän lebten Taucher, Gänse- und Entenvögel, Greifvögel und Rallen. Insgesamt sind aus jener Zeit bereits 16 Vogelordnungen nachgewiesen, die noch heute vertreten sind.

Aus dem Oligozän, 45–33 Millionen Jahre vor unserer Zeit, kommen dann schon rezente Gattungen vor, wie beispielsweise Wasserläufer *(Tringa)*, Uferschnepfen *(Limosa)*, Strandläufer *(Calidris)* und Regenpfeifer *(Charadrius)*. Die Eulen treten ebenfalls mit zwei Gattungen auf, die heute noch existent sind, mit *Bubo* und *Strix,* und auch die Gattung der Bachstelzen *(Motacilla)* ist ebenso wie die der Würger *(Lanius)* bereits vorhanden.

Obwohl also bereits eine große Artenfülle herrschte, hatten die Vögel noch nicht alle Gebiete der Erde besiedelt. Die Entwicklung der Klasse war zunächst an tropisches bis subtropisches Klima und die entsprechende Vegetation gebunden. Die klimatisch gemäßigten und kalten Zonen der Erde konnten erst besiedelt werden, als unter Selektionsdruck über Millionenzeiträume entsprechende morphologische und physiologische Anpassungen stattgefunden hatten.

Im Pleistozän, während der Zeit der Vereisungen, waren bereits viele heutige Vogelarten existent. Aus dieser Periode wurden für das Territorium von Nordamerika Fossilfunde von 176 Arten gemacht. Einhundertdreißig davon sind rezent, sie kommen noch heute vor.

Einige besonders interessante, urtümliche Vogelarten starben in jüngerer Zeit, jedoch schon durch Einwirkung des Menschen aus, wie die flugunfähigen Moas Neuseelands, deren größte Art eine Höhe von 3,7 Metern erreichte. Sie hatten eine Körpermasse von gut vier Zentnern und waren sicher die größten Vögel, die es je auf der Erde gegeben hat. Der schwerste allerdings war ein Riesenvogel der Insel Madagaskar – *Aepyornis maximus* wog rund neun Zentner! Seine Eier hatten ein Volumen von annähernd 15 Litern! Wann dieser Riesenvogel ausgestorben ist, läßt sich im Gegensatz zu den Riesenstraußen Neuseelands nicht sagen, vielleicht jedoch auch erst in geschichtlicher Zeit. Gegenwärtig leben auf unserem Planeten etwas mehr als 8600 Vogelarten, die – allerdings unter einigem wissenschaftlichen Streit! – in rund 30000 Rassen oder Subspezies unterteilt werden. Entsprechende Umweltbedingungen können dabei zur Ausbildung neuer, »guter« Arten führen. Auf diese Problematik wird im Bereich der Tiergeographie eingegangen.

Das Gefieder

Nur Vögel tragen Federn. Das Gefieder ist das Hauptkennzeichen ihrer Klasse. Es dient den spezifischen Leistungen des Vogelkörpers und ermöglicht die zumeist guten Flugeigenschaften. Zwar besitzen auch einige Fische, Reptilien und Säuger gewisses Flugvermögen, doch reichen ihre Leistungen – mit Ausnahme der Fledermäuse – über Gleiten und kurzen Flatterflug nicht hinaus. Die wechselwarmen Echsen als Vorfahren unserer Vögel benötigten in der Auseinandersetzung mit der Umwelt keinen schlechten Wärmeleiter zur Körperbedeckung. Für die sich entwickelnde Klasse der Vögel hingegen war der Schutz des Körpers unumgänglich. Der gesamte Wärmehaushalt, der Stoffwechsel des Vogels ist gefiederabhängig! Darüber hinaus führte die Umwandlung der Reptilienschuppe in Millionenzeiträumen zu eindrucksvollen Farb- und Formkombinationen, die entweder arterhaltende Funktion als Signalreize in der Fortpflanzungsbiologie besitzen oder gegenteilig als Tarnkleid Raubfeinden gegenüber wirksam sind.

Der Vogelkörper ist bis auf wenige Ausnahmen allseitig vom Gefieder umhüllt. Gefiederfreie Partien sind durch entsprechende mehr oder weniger hornige Hautgebilde geschützt. Das Federkleid ist ein kompliziertes, stark differenziertes System, das jahreszeitlichen und damit hormonellen Zyklen unterliegt. Es bedarf der steten Erneuerung und muß den Umweltbedingungen angepaßt sein. Es setzt sich aus einer Vielzahl verschiedener Einzelelemente zusammen. Für den Feldornithologen, der den Vogel zumeist aus entsprechender Distanz beobachtet, sind in der Regel nur die äußeren Konturfedern sichtbar, die wie ein Deckmantel dem Vogel Form und Gestalt verleihen. Ihre Anzahl ist von der Größe der Artvertreter ebenso abhängig wie von den Umwelteinflüssen, denen sie ausgesetzt sind. Während kleinste Vögel mit wenig mehr als 1 000 Konturfedern bekleidet sind, bringen es Großvögel, wie Höckerschwäne, auf weit über 20 000. Sie sind so angeordnet, daß sie sich wie Dachziegel überlappen und damit zugleich die tieferliegenden Federn schützen. Die Konturfedern sind jedoch nicht gleichmäßig über den Vogelleib verteilt, sondern wachsen in bestimmten Bahnen. Auf den sogenannten Federfluren sprießen die deckenden Konturfedern, während auf den dazwischen liegenden Rainen vornehmlich Pelzdunen wachsen. Sie dienen unter dem Schutz der Deckfedern dem Wärmehaushalt.

Greifvögel haben etwa 20 000 Konturfedern. Sie sind so angeordnet, daß sie sich wie Dachziegel überlappen. Es wird sowohl im Rückengefieder des schnabelputzenden Seeadlers wie bei den Kormoranen auf dem Nest deutlich sichtbar. *Fotos: Spillner*

Die markantesten Federfluren sind die Rückgrats-, Schulter-, Oberschenkel- und Lendenflur, Unter-, Kopf- und Halsseitenflur, sowie Flügel-, Unterschenkel-, Schwanz- und Afterflur.

Wichtige Zonen des Pelzdunenwuchses dagegen sind Kopf-, Halsseiten-, Rumpfseiten-, Unter- und Rückgratsrain sowie oberer Flügel-, unterer Flügel- und Unterschenkelrain.

Deckende Konturfedern und darunterliegende Pelzdunen bilden zusammen das Kleingefieder des Vogels. Als Großgefieder werden die Flugfedern bezeichnet, also die Schwungfedern der Flügel und die Steuerfedern des Schwanzes. Sie unterliegen der höchsten Abnutzung, da sie den stärksten mechanischen Belastungen ausgesetzt sind.

Feder und Federtypen

Vogelfedern sind nicht nur verhornte Bildungen der Haut, sondern erscheinen uns in ihrer vielfältigen Form und Farbe als erstaunliche und höchst zweckmäßige Gebilde hoher Vollkommenheit. Dabei sind die Federtypen, mit unterschiedlicher Bedeutung und Funktion auf ein und demselben Körper hervorgebracht, prinzipiell gleichartig konstruiert. Die geringste Abweichung voneinander besitzen die Konturfedern. An einer Mittelachse, dem härteren Federkiel, sitzt die Federfahne zweiseitig an. Der untere Teil des Federkiels ist die Federspule. Sie steckt in der Haut, ist fahnenfrei und hohl, während der gesamte Federschaft mit Markzellen gefüllt ist. Die Federfahne, beidseitig vom Schaft ausgehend, wird von kleineren Federästen gebildet, die rein äußerlich winzigen

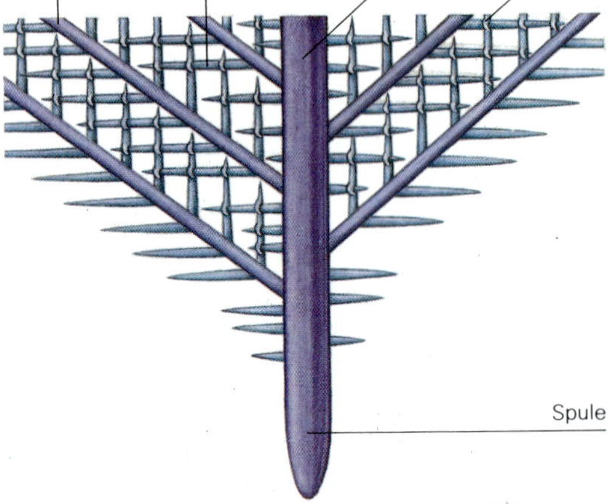

Bauprinzip einer Feder

Junge Schnatterenten tragen das typische Dunenkleid echter Nestflüchter. *Foto: Hoyer*

Da das Gefiederkleid hohen Belastungen ausgesetzt ist, muß es ständig gereinigt, gepflegt und gefettet werden. Tauchjagende Wasservögel, wie diese Gänsesäger, wenden viel Zeit zur Gefiederpflege auf. *Foto: Spillner*

Dunenformen.

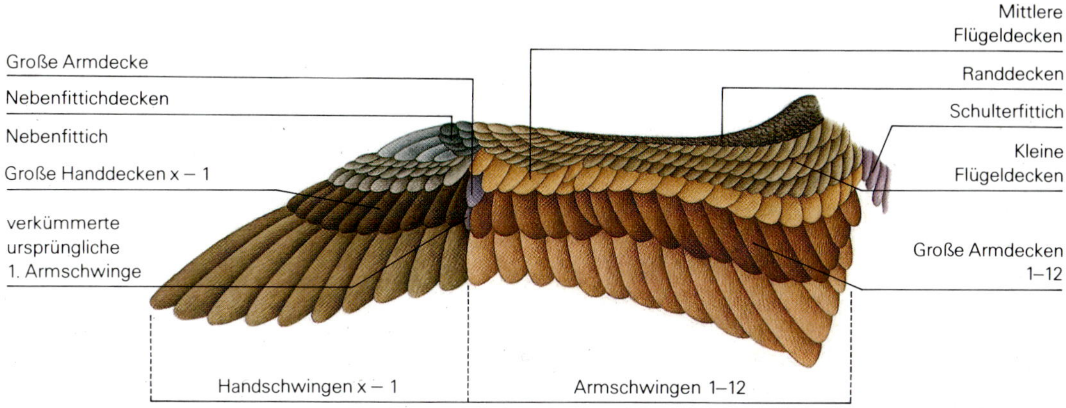

Anordnungen der Federn auf der Flügeloberseite

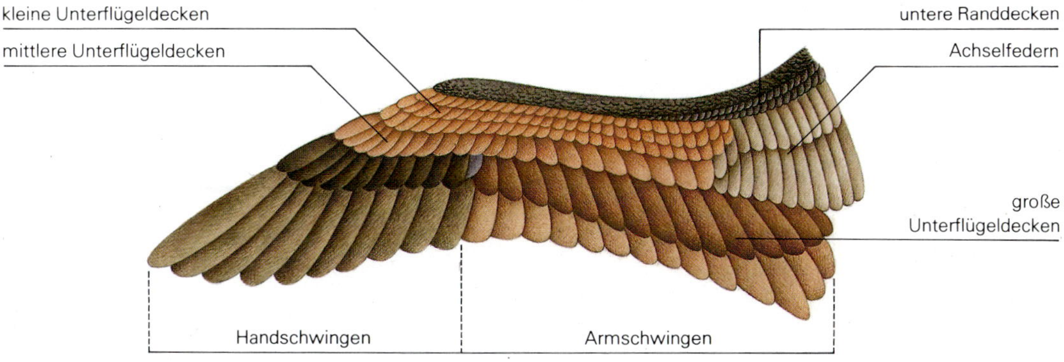

Anordnung der Federn auf der Flügelunterseite

Federn ähneln, denn an jedem Federast sitzen beidseitig mehr oder weniger große Federstrahlen an, die zusammen eine Ebene bilden. Die Federstrahlen sind miteinander durch winzigste Häkchen verzahnt. Damit wird die Feder nahezu undurchlässig, bleibt aber in sich elastisch. Am unteren Fahnenabschnitt sind die Federäste weicher, sie haben dort, wo sie von darüberliegenden Federn überdeckt werden, schon eine dunige, lockere Beschaffenheit. Somit erfüllen die Konturfedern neben ihrer Aufgabe des Deckschutzes zugleich auch Funktionen der Wärmedämmung.

Pelzdunen dienen fast ausschließlich dem Wärmehaushalt. Vögel des Nordens sind damit am reichsten ausgestattet, vor allem wasserbewohnende Arten wie Enten und Gänse. Die Pelzdunen besitzen im Gegensatz zu den Konturfedern keinen starren Schaft. Ihre Fahne ist sehr locker, da die Federstrahlen keine Häkchen tragen.

Dunen bilden für viele Vogelarten, vor allem für Nestflüchter, das Erstgefieder. Auch diese Erstlings- oder Nestdunen haben keinen Schaft, sondern die Federäste entspringen einer Basis. Sobald die darunter sprießende, eigentliche Feder hervorbricht, deren obersten Teil die Dune bildet, entsteht zwischen beiden eine Bruchstelle. Junge Greifvögel zupfen regelmäßig Dunenfedern aus dem nachsprießenden Kleingefieder.

Eine wichtige Rolle für den Zustand des Gefieders erwachsener Vögel spielen Puderfedern. Bestimmte Federpartien geben von ihrer Oberfläche feinsten Hornstaub ab. Er wird vom Vogel meist mit der Schnabeloberkante oder mit Kopf und Hals an andere Gefiederstellen verrieben. Dieser Federstaub, dessen Einzelkörnchen die Größe von einem 1 000stel Millimeter besitzen, macht das Gefieder ebenso wie das Öl der Bürzeldrüse wasserundurchlässig. Einige Vogelarten bringen spezielle Puderdunen hervor, die lediglich der Pudererzeugung dienen.

Den völligen Gegensatz zu Dunen stellen die Federn des Großgefieders, vor allem die Schwungfedern, dar. Ihre Fahnen sind asymmetrisch, zudem fehlen ihnen die dunigen Partien, die den Konturfedern eigen sind. Sie sind lang, schmal und steif. Besonders hart sind die mittleren Schwanzfedern der Spechtarten, die den Vogel beim Klettern am Stamm abstützen.

Eine Sonderstellung nehmen Tastfedern ein, die vor allem bei Nachtvögeln wie Eulen und Ziegenmelkern neben dem Schnabelwinkel wachsen. Ähnliche, borstige Federn finden sich bei vielen Insektenfressern und Rabenvögeln. Sie bestehen aus einem starren Federschaft ohne Fahne.

Unterschiedliche Vogelarten aus Ordnungen, die sich verwandtschaftlich nicht nahestehen, putzen, pflegen und ordnen die Gefiederzonen auf ähnliche Weise.
a Rotschenkel, b Junger Star, c Schnatterente, d Badener Kiebitz. *Fotos: Spillner*

a b

c d

Die Mauser

Jede Feder, gleich welcher Art und Beschaffenheit, besitzt nur eine begrenzte Funktionsdauer. Um den Wärmehaushalt konstant halten zu können, um die Flugtüchtigkeit und die Nahrungssuche zu gewährleisten, müssen nicht nur bestimmte Gefiederpartien sondern nach und nach alle Federn gewechselt werden. Dieser mehr oder weniger komplizierte Prozeß, der erhebliche Anforderungen an den Organismus stellt, ist die Mauser.

Fluguntüchtig werden zur Mauserzeit die Gänse- und Entenvögel (a). Für den Feldornithologen ist es dann sehr schwer, Schwimmenten genau zu bestimmen, zumal sie während dieser Periode verständlicherweise sehr vorsichtig sind. Im Bild: Stockerpel. *Foto: Budich*
(b) Die Brandgänse Mitteleuropas mausern im Nordseewatt. *Foto: Oelke*

a

b

Jede Feder erwächst aus einem Kegel der Hautoberfläche. Er entsteht durch Zellvermehrung. Darin wächst zunächst, schräg zum Körperende weisend, der Federbalg, in dem sich später die Hornscheide, und darin die junge Feder entwickelt. Der Federkeim wird von der Lederhaut durch die *Pulpa* versorgt. Je mehr die Feder wächst, desto stärker bildet sich die versorgende *Pulpa* zurück, und sobald die Federspitze entwickelt ist, reißt die Hornscheide oben auf, umgibt die weiter wachsende Feder wie eine Röhre und platzt schließlich ganz ab. Besonders deutlich ist dies am Großgefieder nesthockender Jungvögel zu beobachten. Heimische Greif- aber auch Rabenvögel lassen das Federwachstum der Flugfedern vor der Ausbildung des Kleingefieders anschaulich erkennen.

Sobald die Feder nicht mehr durch die *Pulpa* versorgt wird, ist sie damit bereits tot und unterliegt der Abnutzung. Je nach Funktion muß sie früher oder später erneuert werden. Um eine neue Feder keimen zu lassen, wuchert der Federbalg nach unten und bildet einen neuen Federkeim. Dieser schiebt die alte, abgenutzte Feder heraus. Durch vermehrte Hormonausschüttung der Schilddrüse kommt es zudem zur verstärkten Hornbildung.

Jeder Vogel produziert vom Schlupf bis zum Tod Federn. Bereits die Erstlingsdunen werden rasch durch Konturfedern, Pelzdunen und Flugfedern ersetzt. Aber auch diese Federn des Jugendgefieders werden wiederum rasch gewechselt. Große Arten mausern langsamer als kleinere. Häufig wird das Groß- und Kleingefieder getrennt vermausert, es kann jedoch auch in Vollmauser gewechselt werden. Die Mauserverhältnisse sind von den Lebens- und Umweltbedingungen der Arten, Gattungen, Familien und Ordnungen abhängig. So würde die Mauser während der Brut- und Aufzuchtzeit für Singvögel unzweckmäßig sein. Sie mausern nach der Brutzeit bzw. im Winterquartier. Greifvögel sind darauf angewiesen, stets jagen zu können. Bei ihnen vollzieht sich die Schwingenmauser daher langsam und kontinuierlich. Habicht- und Sperberweibchen vermausern den Großteil ihres Fluggefieders während der Brut- und Aufzuchtzeit. Sie werden indessen, ebenso wie die Jungvögel, vom Männchen versorgt, das voll flug- und jagdfähig ist.

Bei Großmöwen dauert es drei bis vier Jahre, ehe über verschiedene Stadien der Übergangskleider zum Alterskleid vermausert wird. Im Bild: Übergangskleid der Sturmmöwe. *Foto: Spillner*

Fluguntüchtig werden zur Mauserzeit Gänse- und Entenvögel, die ihre Schwingenfedern auf einmal wechseln. Sie suchen dazu geschützte Mauserplätze auf. Besonders deutlich wird dies bei den Brandgänsen, die auf Sandbänken des Nordseewatts mausern, jedoch auch bei Stockenten und anderen Schwimmentenarten, die zur Mauser bestimmte Vorzugsplätze haben. Kleinere Entenarten sind innerhalb von drei Wochen wieder flugfähig. Alle Entenarten sind während der Mauser feldornithologisch schwer anzusprechen!

Der Mauserverlauf ist an freilebenden Vögeln nur unter Schwierigkeiten festzustellen. Unsere Kenntnis erwuchs vor allem aus der Beobachtung gefangener Vögel, durch Vogelfang und Jagdwesen. Wir wissen, daß die Kleingefiedermauser vom Rumpf beginnend am Kopf endet. Sie setzt in der Regel vor der Großgefiedermauser ein. Die Schwanzfedern werden von den inneren zu den äußeren Steuerfedern gewechselt, während am Flügel die Federn partiell nacheinander erneuert werden. Die Handschwingen werden von innen nach außen, die Armschwingen jedoch von beiden Seiten zur Mitte hin gemausert.

Jede Vogelart hat ihr spezifisches Federkleid, das sie in Form und Farbe auch für den Beobachter mehr oder weniger deutlich von anderen, verwandten Arten unterscheidet. Dabei wechselt der Vogel vom Schlupf bis zum Tode nicht nur seine Federn, um abgenutzte gegen neue zu vertauschen, sondern es kommt zur Ausbildung unterschiedlicher Federkleider, die häufig nur geringe Ähnlichkeit miteinander besitzen. Je später die Geschlechtsreife einer Art einsetzt, desto länger dauert es, ehe nach Zwischenstadien verschiedener Übergangskleider in das Al-

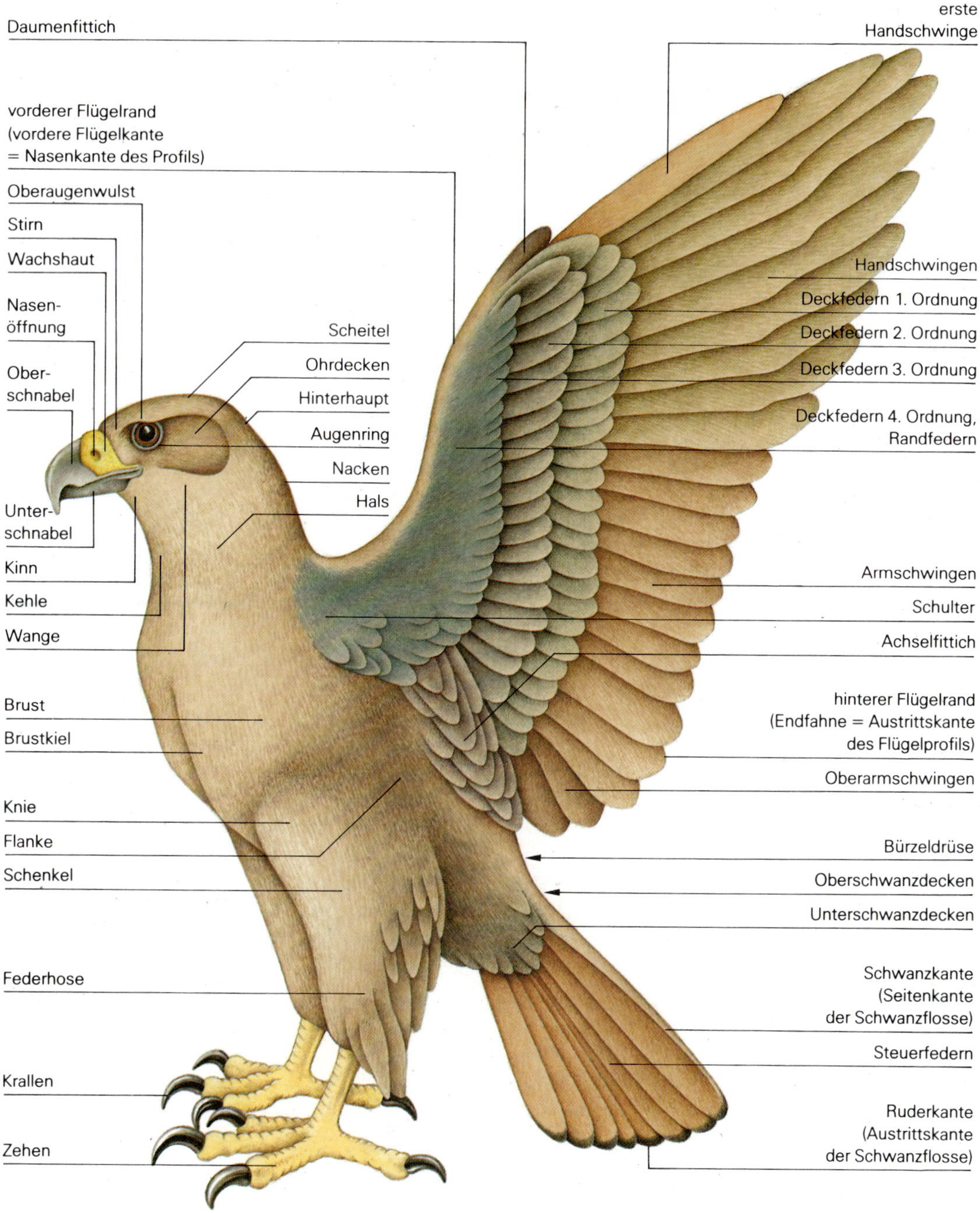

Terminologie des Gefieders

a b

e f

Beispiele für Geschlechtsdimorphismus
a, b Rotfußfalke (Männchen schiefergrau, Weibchen schlichtfarben). *Foto: Hlásek*
c, d Auerhahn und Auerhenne. Die allein und bodenbrütende Henne ist schlichtfarben. *Foto: Spillner*
e, f Auch viele Sperlingsvögel zeigen deutlichen Geschlechtsdimorphismus. Männchen und Weibchen der nordischen Spornammer. *Fotos: Spillner*
g, h Sehr stark ausgeprägten Geschlechtsdimorphismus zeigen die Kampfläufer. Die Prachtkleider der Hähne haben eine große Variationsbreite. *Fotos: Spillner*

terskleid gemausert wird. Großmöwen sind erst im vierten Lebensjahr ausgefärbt. Ihre Übergangskleider sehen sich ähnlich und machen die Bestimmung schwer. Ähnlich verhält es sich bei einer Reihe größerer Greifvögel.

Bei vielen Vogelarten unterscheiden sich Männchen und Weibchen in der Gefiedertracht. Die Weibchen sind stets schlicht gefärbt, während die Männchen zur Paarungs- und Brutzeit ein Prachtkleid mit leuchtenden, auffälligen Farben tragen, deren Kombination in Ver-

c d

g h

bindung mit entsprechenden Bewegungen als optische Reize mit Signalfunktion während der Balz dienen. Das üppige, leuchtende Gefieder der Kampfläuferhähne zählt ebenso dazu wie die Prachtkleider der männlichen Enten. Eine erklärbare Ausnahme machen die Wassertreter. Allein die Männchen brüten und führen die nestflüchtenden Jungen. Daher tragen sie das Schlichtkleid, während die Weibchen vor der Paarungs- und Brutzeit in ein Prachtkleid gemausert haben. Nicht immer ist das optisch wirksame Prachtkleid vom Federzustand her auch das beste. So erscheinen die Männchen heimischer Finkenvögel im Frühjahr besonders farbenprächtig, weil ihre Federn schon abgestoßen sind. Solange sie noch relativ frisch sind, verdecken graue Federsäume die Farben der inneren Fahne. Erst wenn diese Federsäume verschlissen sind, kommen die wirksamen Farben voll zum Vorschein.

Jugendkleider sind durchweg den Schlichtkleidern geschlechtsreifer Vögel ähnlich.

Prachtkleider der Altvögel unterscheiden sich prinzipiell nicht mehr voneinander, jedoch können mit zunehmendem Alter bestimmte Konturfedern, die Schmuckfunktionen und Schauwert haben, an Größe zunehmen. Beispielsweise sind die Schopffedern alter Graureihermännchen wesentlich länger als die jüngerer Vögel. Ähnlich verhält es sich mit den Brustschmuckfedern.

Die meisten Zugvögel tragen auf ihren Wanderungen nach der Brut ausgemauserte Schlichtkleider, oder beginnen wie nordische Limikolen den Herbstzug im letzten Mauserstadium. Somit ist gewährleistet, daß die hohe mechanische Belastung des Gefieders auf den weiten Zugwegen von frischen, leistungsfähigen Federn getragen werden kann.

Färbung, Zeichnung, Muster

Für den beobachtenden Feldornithologen ist die Kenntnis der verschiedenen Kleider zum sicheren Ansprechen der Arten naturgemäß von erstrangiger Bedeutung. Neben Form und Gestalt ist die Färbung des Gefieders wichtigstes Erkennungsmerkmal.

Die Gefiederfärbung in Zeichnungen, Mustern und Flächen wird durch das Zusammenspiel von Einzelfedern bewirkt. Das Aussehen der Federn beruht dabei entweder auf Körperfarben, die durch Pigmente, eingelagerte Farbstoffe, entstehen, oder sie werden von Lichtbrechung durch strukturelle Besonderheiten der Federoberfläche hervorgerufen. Körperfarben sind als feine Körnchen in die Federfahne eingelagert. Ihre Skala reicht von Schwarz über verschiedene Brauntöne zu Rot und Gelb. Letztere werden von Fettfarbstoffen gebildet und ihre Intensität ist nahrungsabhängig. Fettfarbstoffe gehören zu den Karotinoiden und werden über die Pulpa der wachsenden Feder zugeführt. Schwarze und braune Pigmente, als Melanine bezeichnet, sind im Gegensatz zu den über die Nahrung einwirkenden Karotinoiden Abbau-

Der südeuropäische Bienenfresser trägt wie seine tropischen Verwandten besonders intensive und leuchtende Farben. *Foto: Hoyer*

Obwohl das Dunenkleid der jungen Flußseeschwalben Tarnfunktion hat, erkennen die Eltern ihre Jungen an der variierenden Fleckung. *Foto: Spillner*

a b

Die Dunenkleider der nestflüchtenden oder platzhokkenden Larolimikolen sind durch Selektion in Struktur und Farbe ausgezeichnet ihrem Lebensraum angepaßt.

a Junge Falkenraubmöwe in der nordischen Tundra. *Foto: Spillner*

b Uferschnepfen, die in Kürze das Nest verlassen werden. *Foto: Trippmacher*

produkte des Harnstoffwechsels. Sie sind wesentlich beständiger! Durch das Zusammenwirken verschiedener Farbstoffe kommt es zu Farbmischungen.

Kräftige und leuchtende Farben, vor allem Blau- und Grüntöne, sind Strukturfarben, die durch entsprechende Lichtbrechung im Zusammenhang mit mehr oder weniger stark eingelagerten Pigmenten entstehen. Pigmentfreie Federn erscheinen in der Lichtreflexion weiß. Ist in der Feder durch Melanin als Körperfarbe Schwarz eingelagert, und sind die darüberliegenden Hornschichten grau getönt, wirkt die Feder blau, ähnlich wie uns der Himmel durch das Medium der Lufthülle vor seinem schwarzen Hintergrund blau erscheint. Bei stärkerer Gelbtönung der Hornwandungen in den Federästen wird Grün reflektiert. Die Feinstruktur der Feder, vor allem der Federstrahlen, bewirkt zugleich den Federglanz. Schillerfarben entstehen durch Interferenz an Oberflächen mit unterschiedlichem Brechungsindex.

Farbkörpereingabe während des Federwachs-

Bodenbrüter, wie die Nachtschwalbe, haben eine Rükkengefiederfärbung, die sie optisch völlig mit der Umgebung verschmelzen läßt (Mimikry). *Foto: Nadler*

a b

Bei Spechten setzt sich das Prinzip der Rot-, Weiß- und Schwarzfärbung sowie die Streifung und Fleckung über die kleinen und mittelgroßen Arten hinweg fort. Das erleichtert zwar die Zuordnung, erschwert aber dem Beobachter die genaue Bestimmung. Zwei Doppelgänger: a Großer Buntspecht. *Foto: Baake* b Mittelspecht mit seiner roten Kopfpartie. *Foto: Kaiser*

tums wird sowohl durch die Nahrungsaufnahme, vornehmlich aber hormonell gesteuert. Die Gefiederzeichnung ist genetisch fixiert und betrifft Dunen-, Jugend-, Schlicht- und Prachtkleider gleichermaßen. Individuelle Abweichungen, vor allem der Kopfpartien bei Dunenkleidern von Limikolen, Seeschwalben und Möwen dienen dem Erkennen der Jungen durch die Eltern.

Andererseits sind die Dunenkleider nestflüchtender Jungvögel zugleich eine durch Selektion bedingte Anpassung. Sie sind mit Flekken- und Streifenmustern vollendete Tarnkleider, welche die Jungvögel gegen optisch orientierte Raubfeinde schützen können. Das trifft auch für Weibchen bodenbrütender Arten zu, deren graues, braunes, meist erdfarbenes Streifenmuster nicht nur der Umgebung angepaßt ist, sondern zudem eine optische Auflösung des Vogelkörpers bewirkt.

Das Gesamtbild des Gefieders unterliegt den genetisch fixierten Regeln der Art. Die Einzelfeder wird im Wechsel von mehr und weniger pigmentierten Zonen gezeichnet. Die Zuordnung bestimmter Federzeichnungen innerhalb einer Körperregion führt zu arttypischen Zeichnungsmustern. Häufig sind Grundmuster der Färbung, Streifung, Fleckung nicht nur für eine Art typisch, sondern setzen sich in mehr oder weniger breiter Variation über Gattungen und Familien fort. Das erleichtert die Zuordnung des beobachteten Vogels in eine Gruppe, erschwert zugleich jedoch die genaue Artbestimmung. Sie ist erst durch Kenntnis der artspezifischen Feinheiten, wie der Flügelbinden und Bürzelstreifen bei Wasserläufern oder der unterschiedlichen Flügelspiegel bei Schwimm- und Tauchenten möglich.

Farbliche Abweichungen vom allgemeinen Artbild kommen bei verschiedenen Vogelarten nicht gerade häufig aber doch immer wieder vor. Die bekannteste ist der Albinismus, der entweder total oder teilweise auftreten kann. Weiße oder gescheckte Schwarzdrosselhähne

Melanismus gibt allbekannten Vögeln, wie dieser Sturmmöwe, ein völlig verändertes Aussehen. *Foto: Duty*

Bei Spechten ist der Steißknochen besonders stark ausgeprägt. Er gewährleistet die Stützfunktion beim Klettern. Kleinspecht. *Foto: Scharnbeck*

Der Zaunkönig hat im Verhältnis zu seiner Gesamtmasse eine geringe Skelettmasse. *Foto: Scharnbeck*

sind die bekanntesten Beispiele. Ihnen fehlt schwarzbraunes Pigment entweder ganz oder in einigen Gefiederpartien. Teil- oder Vollalbinos sind von verschiedenen Arten – vor allem unter Sperlingsvögeln – bekannt geworden. Melanismus, also Verdunklung oder Verschwärzung des Gefieders durch Pigmentüberproduktion, scheint weniger häufig zu sein.

Der Vogelkörper

Skelett und Muskulatur, Schnabel und Beine

Im Laufe der Evolution verwandelte sich das Echsenskelett wesentlich, ehe die Flugfähigkeit heutiger Vögel erreicht wurde. Besonders auffällig ist die weitgehende Starrheit des Rumpfskeletts und der meist stark ausgeprägte Brustbeinkamm der Vögel. Ihr Skelett wurde zum System in Leichtbauweise, denn die Knochen der Vögel – mit Ausnahme der Taucher und flugunfähiger Vögel – sind hohl und markfrei. Jedoch sind auch diesem Konstruktionsprinzip statische und mechanische Grenzen gesetzt. Je größer ein Vogel ist, desto schwerer ist sein Skelett im Verhältnis zur Gesamtmasse. Während es beim Zaunkönig nur 7,1 % seiner Gesamtmasse wiegt, müssen sich große Gänsearten schon mit rund 13 % Skelettmasse bewegen.

Tragende Hauptachse des Skeletts ist die Wirbelsäule. Sie ist im Halsbereich zumeist sehr beweglich, um die Nahrungsaufnahme, das Füttern der Jungen, Nestbaubewegungen, aber auch alle notwendigen Schwerpunktverlagerungen in der Bewegung beim Lauf, Klettern und vor allem im Flug zu ermöglichen. Recht unterschiedlich ist die Zahl der Halswirbel. Es sind mindestens 10, langhälsige Arten wie Sing- und Höckerschwan erreichen mit 25 Halswirbeln die obere Grenze. Zwischen den Wirbeln, die durch Sattelgelenke verbunden sind, liegt jeweils eine Knorpelscheibe.

Bekassinen können die Spitze ihres langen Oberschnabels heben. *Foto: Spillner*

Im Gegensatz zu den beweglichen Halswirbeln, die keine entwickelten Rippen tragen, sind die 3 bis 10 Wirbel des Brustabschnitts entweder sehr fest miteinander verbunden oder verknöchert. Ihre ausgebildeten Rippen führen zum Brustbein. Die anschließenden Wirbel des Kreuzbeins sind ebenfalls fest miteinander verwachsen. Erst im Schwanzabschnitt der Wirbelsäule sind 5 bis 7 Wirbel wieder beweglich. Sie ermöglichen die Drehbewegungen des Steißknochens. Flach und dreieckig dient er den Schwanzfedern als Ansatz und besteht aus den 5 bis 6 Endwirbeln, die miteinander verschmolzen sind. Besonders stark ausgeprägt ist dieser Steißknochen bei den Spechten. Aus den embryonal zunächst noch getrennten sechs Endwirbeln erwächst ein starker Knochen mit pflugscharartigem Kiel, der die Stützfunktion des Schwanzes beim Klettern gewährleistet.

Das Rumpfskelett besteht aus Brustkorb und Becken. Letzteres bildet mit der Wirbelsäule eine fest verwachsene Einheit. Der Brustkorb, in Front vom Schultergürtel abgeschlossen, wird aus Wirbelsäule, 3 bis 9 Rippenpaaren und Brustbein gebildet. Sein größter Knochen, das Brustbein, trägt breit und wannenartig Herz und Magen, während an seinem starken Kiel seitlich die mächtigen Muskeln ansetzen, welche die Flügel bewegen. Durch die besondere Form des Skelettbaus und die damit verbundene Massenverteilung liegt der Schwerpunkt des Körpers bewegungsunabhängig in Herznähe über dem Brustbein.

Im Gegensatz zum starren Becken ist der Brustkorb beweglich, denn seine echten Rippen, die von der Wirbelsäule zum Brustbein reichen, setzen sich aus zwei, durch Gelenk verbundenen Teilen zusammen. Der größere, gebogene Teil ist als Vertebralrippe der Wirbelsäule angelenkt, während die kleinere, wenig gekrümmte Sternalrippe mit dem Brustbein gelenkig verbunden ist. Wird, ausgehend von den Querfortsätzen der Wirbelsäule, durch Muskelzug der Winkel zwischen den Rippen vergrößert, d. h. die Vertebralrippe nach vorn bewegt, wird der Abstand zwischen Wirbelsäule und Brustbein vergrößert. Damit verbreitert sich gleichzeitig der Querschnitt des Brustkorbs, das Gesamtvolumen der Leibeshöhle nimmt zu. Durch entgegengesetzte Rippenbewegung wird die Leibeshöhle verengt. Diese relative Beweglichkeit dient der Atmung.

Als Verlängerung des Brustbeins sitzen diesem die beiden Rabenbeine auf. Sie bilden mit

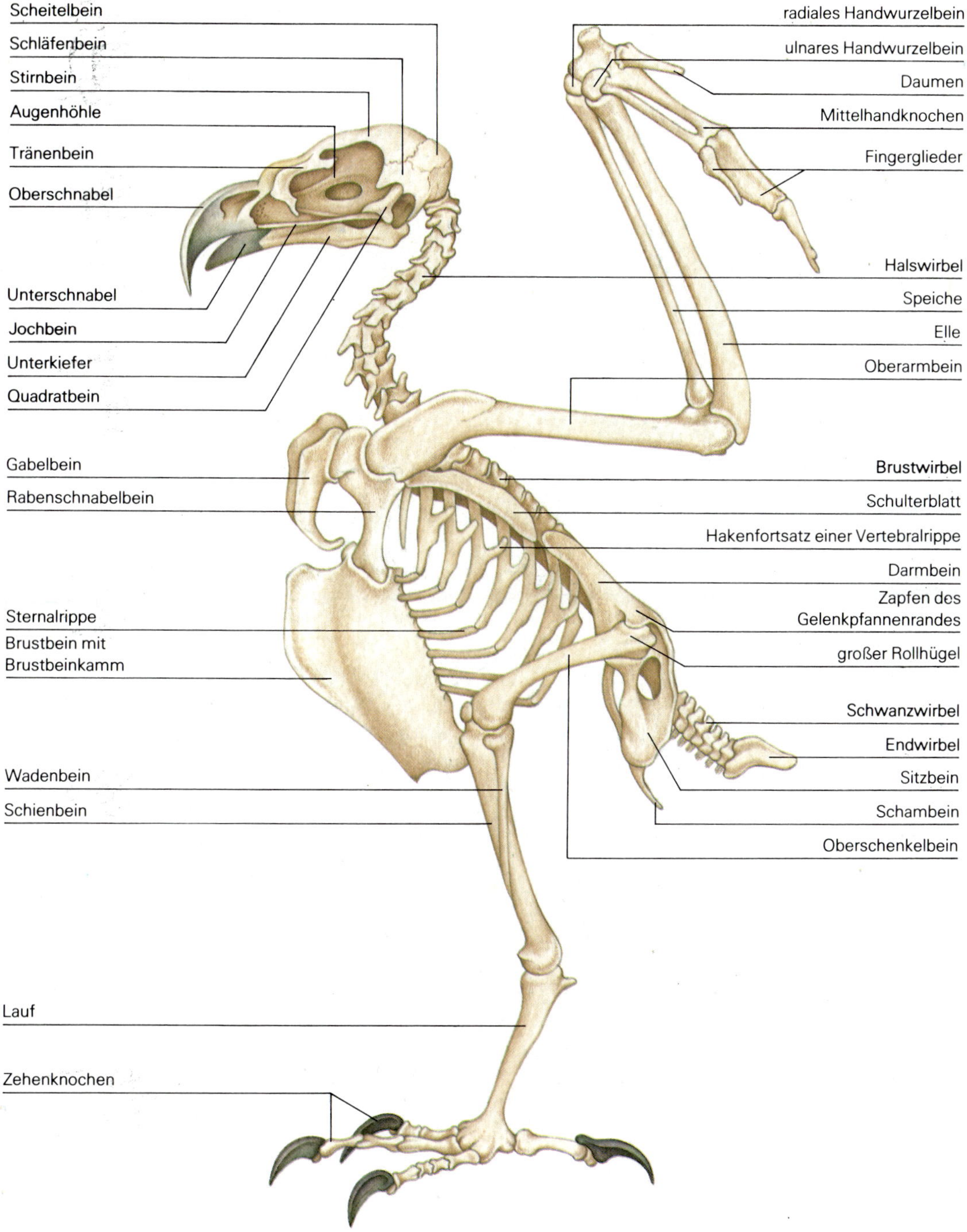

Vogelskelett und seine Terminologie

Der Hals muß von allen Körperteilen der Vögel die größtmögliche Beweglichkeit besitzen. Schwarzstorch bei der Gefiederpflege.
Foto: Spillner

Der Kernbeißer besitzt einen besonders stark ausgeprägten, kurzen und dicken Schnabel, der ihn zum Knacken von Fruchtkernen befähigt (Name!).
Foto: Scharnbeck

dem Gabelbein und den Schulterblättern den Schultergürtel und schließen den Brustkorb nach vorn ab. Ebenso wie das Brustbein sind die Rabenbeine stark entwickelt und von der Brustmuskulatur überzogen. Sie werden zum einen durch Bänder und Muskeln gehalten, zum anderen gibt ihnen das u- bzw. v-förmige Gabelbein, das die freien Enden der Rabenbeine verbindet, mittels eines Bandes zum Brustbein zusätzlichen Halt. Das Gabelbein besteht aus den auf Körpermittellinie verwachsenen Schlüsselbeinen. Die Schulterblätter, als flachgekrümmte Knochen frei über den Vertebralrippen liegend, bilden mit den Enden der Rabenbeine das Gelenklager für die Oberarmknochen. Auch sie sind lediglich durch Muskeln und Wirbelsäule und Vertebralrippen verbunden. Die Schulterblätter sind im Verhältnis zu den Rabenbeinen ziemlich schwach, ebenso wie das Gabelbein.

Die starke Ausprägung von Brustbein mit kräftigem Kiel und der Rabenbeine resultiert aus der in diesem Raum konzentrierten Muskulatur, vor allem bei kräftigen und schnellen Fliegern. So machen die Brustmuskeln bei Ringeltauben ein Drittel der Gesamtkörpermasse aus!

Ebenfalls starke Kräfte beansprucht die Beckenregion des Vogels beim Laufen, Schwimmen, Springen und Stehen. Die Wirbelsäule ist im Lenden- und Kreuzbeinbereich mit den Knochenpaaren des Beckens – Darmbein, Sitzbein und Schambein – zu einem festen Komplex verwachsen, der an den Nahtstellen der Beckenknochen das Lager für den Oberschenkelknochen trägt.

Die Verbindung zwischen Becken und Brustkorb und damit der Abschluß der Leibeshöhle wird durch die Bauchmuskulatur hergestellt.

Von den Rumpfmuskeln treten vor allem der Große Brustmuskel, ansetzend an Oberarm, Brustbeinkamm und Brustbein, sowie Muskel-

Schnabelformen

gruppen, die von der Wirbelsäule ausgehen, unter der Haut in Erscheinung. Unter dieser oberen Muskelschicht liegen der Kleine Brustmuskel, eine kräftige Schulterblattmuskulatur, die zu Oberarm und Rippen reicht sowie gut ausgebildete Bauchmuskeln. In dieser zweiten Muskelregion finden sich auch die Muskeln, die das Heben und Senken des Steißknochens sowie das Spreizen der Steuerfedern bewirken. Erst hinter diesen großen Muskelschichten liegen die Rippenmuskeln, von denen die Bewegung des Brustkorbs zur Atmung gesteuert wird, die Haltemuskeln des Schulterblatts und zwei kräftige Muskeln zur Verbindung des Brustbeins mit dem Becken. Die letzte Muskelschicht, in der die inneren, schwächeren Zwischenrippenmuskeln und die Heber der Sternalrippen liegen, wird zur Leibeshöhle durch das Peritoneum abgeschlossen.

Der Hals weist von allen Körperteilen des Vogels die höchstmögliche Beweglichkeit auf. Dabei kommen verschiedenen Abschnitten unterschiedliche Bewegungsrichtungen zu. Kopfdrehung erfolgt über dem ersten Halswirbel, dem Atlas, jedoch nicht zwischen diesem und dem nachfolgenden Wirbel, dem Epistropheus.

An der Kopfkapsel sind die Kiefer beweglich. Bei Drehung des Quadratbeins schiebt der Jochbogen vor und rückt den Oberkiefer mit dem Nasenbein nach oben. Vom Quadratbein wird zusätzlich das Flügelbein zum Gaumenbein bewegt, das seinerseits den Oberschnabel hochdrückt. Gleichzeitig wird der Unterschnabel, der ebenfalls dem Quadratbein anhängt, abgesenkt. Somit können die Vögel – Flamingos ausgenommen – sowohl Ober- wie Unterkiefer bewegen. Schnepfenvögel sind überdies im Stande, noch zusätzlich die Spitze des Oberschnabels zu heben. Am Schnabelrücken befindet sich eine Biegungsstelle, durch die die Schnabelspitze beweglich wird. Sie wird über die Drehung des Quadratbeins durch Druck auf die Kiefer-Gaumen-Spange geöffnet oder geschlossen.

Ebenso wie für die unterschiedlichen Bewegungen des Halses in seinen einzelnen Ab-

a

b

Die scheinbar überlangen Beine des Stelzenläufers lassen sich mühelos knicken. *Fotos: Hoyer* (a), *Borrmann* (b)

Unterwasseraufnahme einer rudernden Lachmöwe. Man erkennt deutlich die gepreizten Zehen mit der gespannten Schwimmhaut. *Foto: Schiburr*

schnitten ist für die Schnabel- und Zungenfunktionen – letztere sind vom Bau des Zungenbeins abhängig – ein System komplizierter Muskelverbindungen vonnöten.

Der Vogelschnabel variiert in seiner Form und Beschaffenheit außerordentlich stark. Seine Gestalt ist funktionsbedingt von der Lebensweise der Art abhängig. Er ist ein verhorntes Hautgebilde, das vornehmlich aus der Oberhaut besteht. Sein Wachstum und seine Ernährung wird jedoch wesentlich über die dünne Lederhaut gesteuert. Da er ständiger Abnutzung unterliegt, wird er – Gesundheit des Vogels vorausgesetzt – im gleichen Maße nachwachsend erneuert. Einige Alkenarten bilden im jährlichen hormonellen Zyklus, partiell Rauhfußhühner, völlig neue Schnabelscheiden vor Beginn der Brutzeit. Ebenso kann die Schnabelfarbe nicht nur jahreszeitlichen Schwankungen unterliegen, sondern zwischen dem jungen und alten Vogel entweder völlig oder partiell variieren. Schnabelformen können wichtige, feldornithologische Merkmale sein. Durchweg tragen körnerfressende Sperlingsvögel kurze kräftige Schnäbel, während Insektenfresser dünne, pfriemförmige zarte Schnäbel besitzen. Kräftig gekrümmt und mit nackter, oft intensiv gefärbter Wachshaut umgeben ist der Schnabel der Greifvögel. Speziell auf den Erwerb von Koniferensamen ausgerichtet und typisches Erkennungsmerkmal ist der gekreuzte Schnabel der Kreuzschnabelarten. Alle Limikolen tragen einen mehr oder weniger, meist aber sehr deutlich langen weichen Schnabel, während Spechte harte, keilförmige Schlagschnäbel zum Nahrungserwerb und Höhlenbau nutzen. Alle Vogelschnäbel haben ihren stärksten Verhornungsgrad an der Spitze. Dort sind sie am härtesten. Alle Entenvögel haben weiche, breite Schnäbel, von denen nur das Oberschnabelende als Nagel fest verhornt ist. Zähnchenartige Lamellen des Oberschnabels dienen den Gründelenten wie ein Sieb zum Durchseihen des Wassers. Sehr viel stärker, wie Zähne ausgebildet, sind diese hornigen Haken bei den Sägern zum Halten der Beute.

Die Hintergliedmaßen der Vögel sind ebenso wie die Schnäbel im Laufe der Stammesgeschichte in Anpassung an Umweltbedingungen und im Zuge des Nahrungserwerbs höchst unterschiedlich entwickelt. Sie sind jedoch, ebenso wie die anderen Teile des Vogelskeletts nach einem einheitlichen Grundmuster gebaut. Sie dienen dem Vogel nicht nur – teils mehr, teils weniger – zur Bewegung, sondern sind durchweg tragende Elemente. Dementsprechend müssen sie stabil sein.

Der Oberschenkelknochen ist mittels starken Hüftbandes mit dem Becken verbunden. Sein kugelförmiger Kopf bewegt sich in einer Gelenkpfanne an der Nahtberührung von Darm-, Sitz- und Schambein. Ein Knochenvorsprung hinter der Pfanne dient dem Rollhügel des Oberschenkelknochens als Gegenlager. Die Unterschenkelknochen, Schienbein und Wadenbein werden mit dem Oberschenkelknochen im Kniegelenk durch zwei Seiten- und zwei Kreuzbänder sowie die Gelenkkapsel zusammengehalten. Das Gelenk wird mit zwei Zwischenknorpelscheiben und der Kniescheibe von der Schenkelmuskulatur ummantelt. Der Unterschenkel besteht jedoch nicht nur aus Schienbein und Wadenbein, sondern mit dem Schienbein sind zwei Fußwurzelknochen fest zu einer Einheit verwachsen. Darunter liegt das Laufgelenk, das Unterschenkel und Lauf verbindet. Der Lauf besteht aus den zu einer Knochenröhre verwachsenen restlichen Fußwurzel- und Mittelfußknochen. Die Kapsel des Laufgelenks, das entwicklungsgeschichtlich nur in der Klasse der Vögel auftritt, ist sehr kräftig. Zusätzlich werden Lauf und Unterschenkel von Seitenbändern, zwei Kreuzbändern und einem starken Innenband gehalten.

Mit wenigen Ausnahmen – bei uns Dreizehenmöwe, Kiebitzregenpfeifer und Dreizehenspecht – tragen Vögel vier Zehen. Sie sind im Zehengrundgelenk mit dem Lauf verbunden, und die 1. zweigliedrige Zehe ist nach hinten gerichtet. Die 2. Zehe ist drei-, die 3. Zehe vier- und die 4. Zehe fünfgliedrig. Die einzelnen Glieder werden durch Bänder in Scharniergelenken gehalten.

Funktionsbedingte Typen von Vogelfüßen

Das letzte Zehenglied trägt eine Kralle. Bei Entenvögeln ist sie sehr schwach entwickelt, ihre stärkste Ausprägung erfährt sie in der Gruppe der Greifvögel. Eulen können die äußere Zehe als Wendezehe nach Bedarf vorn oder hinten nutzen, bei Spechten ist sie ständig rückwärts gerichtet.

Der äußere Schutz des Vogelbeins wird zumeist durch Hornschilder oder -schienen erreicht. Rauhfußhühner und Eulen tragen längs des Beins bis auf die Zehenoberseite Federn. Als Kälteschutz und gegen Abrieb sind die Sohlenflächen mit Hornpapillen bekleidet. Schwimmvögel vergrößern die Fußfläche durch entsprechende Hautfalten, die ebenfalls mit Papillen bedeckt sind. Sie verbinden als Schwimmhaut die Vorderzehen miteinander,

Bodenvogel Großtrappe. *Foto: Hoyer*

vor ihnen liegenden Masse des Körpers entgegen. Sie sind in ihrem Zusammenspiel von Schenkelniederzieher, Zehenbeuger und Wadenmuskel als Gesamtheit so beschaffen, daß ihr Tonus mühelos den Körper im Gleichgewicht hält. So bedeutet Stehen keine zusätzliche Muskelbelastung wie die Bewegung.

Beim Gehen wird der Schwerpunkt soweit verlagert, daß er über dem jeweiligen Standbein liegt. Hochbeinigen Vögeln fällt das wesentlich leichter als kurzbeinigen Arten mit entsprechender Körperfülle. Das wird besonders bei gehenden Entenvögeln deutlich, die ihren Schwerpunkt durch Körperdrehung und seitliches Verschieben »watschelnd« verlagern müssen.

Konstruktionstypen

Körperbau, Gliedmaßenausbildung und -funktion stehen mit der Lebensweise der Vögel in engem Verhältnis. So sind See- und Lappentaucher, die sich vornehmlich schwimmend und tauchend bewegen, im Rahmen der klassenmäßigen Gegebenheiten von Hühnern oder Sägern, diese wiederum von Stelzvögeln und

bei Ruderfüßern – Kormoranen und Pelikanen – auch die Hinterzehe. Bleßrallen und Lappentaucher besitzen dagegen unterschiedlich entwickelte, getrennte Schwimmsäume oder -lappen.

Die Muskeln des Vogelbeins bewirken effektive und für den Gesamtorganismus kraftsparende Bewegungen. Verschiedene Muskeln sind über mehrere Gelenke gespannt, womit sich gewisse Folgebewegungen einzelner Teile ergeben. So wird durch Anheben des Oberschenkels zugleich der Lauf gebeugt und der Unterschenkel gestreckt; das Bein wird nach vorn bewegt. Entgegengesetzte Bewegung des Oberschenkels bringt das Bein mit Strecken des Laufs nach hinten. Die Muskeln dienen jedoch nicht allein der Fortbewegung. Sie halten durch ihre Spannkraft die Gelenke zusammen und wirken der

Boden- und Baumvogel Birkhuhn. *Foto: Lewenstein*

Schreitvogel Kranich. *Foto: Freymann*

Klettervogel Kleiber. *Foto: Fünfstück*

Spechten, in Körperbau und Federkleid deutlich unterschieden. Eine Einteilung nach Konstruktionstypen, deren Grenzen allerdings fließend sind, erscheint angebracht.

Bodenvögel

Extreme Bodenvögel, die kein Flugvermögen besitzen, kommen bei uns nicht vor. Zu dieser Gruppe zählen als herausragende Vertreter Straußenvögel, deren Hüftgelenke so weit vorn angesetzt sind, daß Ober- und Unterschenkel von gewaltiger Muskulatur umhüllt, nahezu senkrecht übereinander stehen. In unseren Breiten können Trappen als ausgeprägte Bodenvögel gelten. Ebenso Hühnervögel, die allerdings schon Übergänge zu Baum- und Bodenvögeln darstellen.

Stelz- und Schreitvögel

Zu dieser Gruppe gehören mittelgroße und große Arten verschiedener Ordnungen, wie Kraniche, Störche und Flamingos, die ihre Nahrung schreitend – gehend oder stehend-lauernd erwerben und sich auf Bäumen entweder gar nicht oder nur zeitweilig aufhalten. Sie besitzen am Knochenvorsprung hinter der Pfanne des Hüftgelenks, dem Antitrochanter, einen Kamm, der hemmend gegen das Niedersinken des Vogelkörpers auf den Oberschenkel wirkt. Gleichzeitig wird im Stehen die Muskulatur damit entlastet. Bei Störchen ist zusätzlich das Laufgelenk so ausgebildet, daß es einschnappt, sobald das Bein gestreckt wird.

Boden- und Baumvögel

Hier finden sich Vogelarten, die vielfache Übergänge aufweisen. Birk- und Haselhuhn gehören dazu ebenso wie Reiherarten und verschiedene Singvögel, vor allem Drosselarten. Im Gegensatz zu reinen Bodenvögeln sind in dieser Gruppe die Beugemuskeln ausgeprägter. Zusätzlich besitzen die Gelenke Rotationsmöglichkeit, um Bewegung zwischen Schilf, Zweigen und Ästen zu gewährleisten.

Singvögel

Eigenschaften von Boden- und Baumvögeln vereinen die meisten Singvögel. Einige sind extreme Baum-, andere Arten hingegen mehr Bodenvögel. Die Übergänge sind vielfältig. Jedoch unterliegen die Hintergliedmaßen nur relativ geringfügigen Differenzierungen. Sie betreffen vor allem Proportionsverhältnisse einzelner Knochen zueinander. Muskel- und Bänderstärken differieren relativ gering. Auffällig ist dagegen die große Beweglichkeit, vor allem das Drehvermögen in allen Gelenken.

Typisch für viele Singvögel ist eine hüpfende Bewegungsweise, wenngleich viele, vor allem bodenbewohnende Arten, normal laufen. Überdies kommen bei manchen Formen, vor allem bei Rabenvögeln, beide Bewegungsweisen vor. Durchweg vorhanden sind Sperrscheiden und Vorsprünge an den Sehnenscheiden, die bei Zehenkrümmung einrasten und die Zehen des Vogels ohne zusätzliche Muskelarbeit fest um Zweige und Äste halten.

Klettervögel

Spechte, Kleiber, Baumläufer haben spezielle Bewegungsweisen und entsprechende Körper- und Gliedmaßenkonstruktion. Zwar kommen verschiedene Spechtarten mehr oder weniger – Schwarz-, Grün- und Grauspecht – zur Nahrungsaufnahme auf den Boden, doch sind auch sie vor allem für vertikale Aufwärtsbewegungen an Stämmen und Ästen angepaßt. Zum einen gibt der besonders stark entwickelte Steißknochen entsprechenden Stützhalt, zum anderen übernehmen die Zehen entsprechende Haltefunktionen. Die vierten Zehen klammern seitlich, während zweite und dritte Zehen den Körper tragen. Die Beugemuskeln ziehen dabei den Vogelkörper so dicht als möglich an die Unterlage. Vorwärts-, also Aufwärtsbewegung wird ruckartig durch Hüpfen erreicht. Dabei wirken die Niederzieher des Oberschenkels, die besonders kräftig ausgebildet sind.

Anders klettern die bei uns nicht vorkommenden Papageien; sie »turnen« im Gezweig (ungewöhnlich kräftige Greiffüße; 2 Zehen vorn, 2 hinten).

Wasservögel

In dieser Gruppe sind höchst unterschiedliche Typen vertreten. Charakteristisch für Wasservögel sollte die Ausbildung eines Schwimmfußes mit entsprechenden Schwimmhäuten oder -lappen sein. Aber auch unter Limikolen finden sich viele Arten, die im Jugendstadium nicht nur schwimmen können und biotopbedingt häufig auch müssen, wie Strand- und Wasserläufer und Brachvögel, sondern erwachsen das Wasser mehr oder weniger schwimmend nutzen, wie Wassertreter und Säbelschnäbler. Andererseits sind viele Arten, die über ausgebildete Schwimmfüße verfügen, nur relativ selten im Wasser, da sie fliegende oder laufende Suchjäger sind, wie Seeschwalben und Möwen. Letztere sind in einigen Arten wie Lach- und Sturmmöwe zumindest während der Futtersuche eher Bodenvögel. Enge Grenzen lassen sich generell ebenso wenig wie zwischen Boden- und Baum-

Möwen sind dem Leben auf dem Wasser und auf dem Land und in der Luft angepaßt. Mantelmöwe.
Foto: Spillner

Höckerschwäne als typische Schwimmvögel haben verhältnismäßig flache und breite Körper mit einem geringen spezifischen Gewicht. Altvogel, der seine Jungen führt, von denen zwei die relativ seltene Weißfärbung zeigen. *Foto: Spillner*

vögeln ziehen. Jedoch gibt es typische Erscheinungen in Gliedmaßenbildung und Gesamtkörperbau für ausgesprochene Schwimm- und Tauchvögel.

Schwimmvögel bewegen sich mit Hilfe ihrer speziell angepaßten Beine im Wasser. Oberschenkel und Lauf sind verhältnismäßig kurz. Die Zehen mit den zwischengespannten Schwimmhäuten können eng zusammengelegt werden, um den Wasserwiderstand gering zu halten. Bewegt der Vogel den Fuß unter Strekken des Beins nach hinten, werden die Zehen gespreizt und die gespannte Schwimmhautfläche kann voll gegen das Wasser wirken und somit den Vogelkörper vorantreiben. Zur langsamen Fortbewegung reicht oftmals der Vortrieb eines Ruders aus, das andere Bein wird ins Gefieder gezogen. Schwimmvögel besitzen verhältnismäßig flache und entsprechend breite Körper mit geringem spezifischen Gewicht, so daß sie sich leicht auf dem Wasser halten können.

Tauchvögel dagegen liegen mit höheren spezifischen Gewichten tiefer im Wasser als Schwimmvögel, und zwar hinten mehr als vorn, wie ein Vergleich zwischen Gründel- und Tauchenten auf einen Blick deutlich macht. Zudem besitzen Tauchvögel im Gegensatz zu Schwimmvögeln eine relativ geringere Flügelfläche, die durch höhere Schlagfrequenz im Flug kompensiert wird.

Die Schwimmbewegungen der Tauchvögel ähneln denen von Schwimmvögeln, beim Tauchen rudern ihre Beine jedoch nicht im Wechsel- sondern im Gleichtakt. Nach Art der Beinbewegungen werden Grätsch- und Paralleltaucher unterschieden. Zur ersten Gruppe zählen See- und Lappentaucher sowie Säger und Tauchenten, zur zweiten die Scharben. Grätschtaucher verdrängen das Wasser nicht allein durch Schub nach hinten, sondern die gepannten Ruderflächen werden hinter dem Körper gegeneinander geschlagen. Die Steuerung unter Wasser erfolgt hierbei weniger mit dem zumeist kurzen Schwanz sondern durch das Verhältnis, das die Ruder zum Körperschwerpunkt einnehmen. Schlagen die Ruder oberhalb des Schwerpunkts, bewegt sich der Vogel nach unten, bewegen sie sich unterhalb, bekommt er wieder seinen natürlichen Auftrieb. Kormorane dagegen steuern mit dem Schwanz so, wie ein Flugzeug mittels Höhenruder gelenkt wird. Ihre Beine schlagen wie Ruder dicht nebeneinander absolut im Gleichtakt unter dem Körper. Entsprechend der notwendigen Schubkräfte sind besonders die Strecker des Laufgelenks und die Zehenbeugemuskeln der Tauchvögel sehr stark entwickelt.

Im frühen Jugendstadium sind auch Schwimmvögel häufig zum Tauchen befähigt. Bei plötzlich auftauchender Gefahr, beim Erscheinen von Flugfeinden, wie Rohrweihen und anderen Greifvögeln, können junge Schwimmenten, Graugansküken oder Lachmöwen- und Trauerseeschwalben kurzzeitig tauchen.

Vogelflügel und Fliegen

Wie unterschiedlich die Art des Fliegens zwischen den unterschiedlichsten Lebensweisen angepaßten Vogelarten auch sein mag, sie alle bedienen sich dazu der Vordergliedmaßen, der Flügel, die dazu im Laufe der Evolution hervorragend ausgebildet wurden. Zwar sind die Flügel im biotechnischen Sinne eine Kompromißkonstruktion, andererseits ist das gerade Voraussetzung ihrer großen Einsatz- und Leistungsvariabilität, denn die Vielseitigkeit des Vogelflügels ist kaum überbietbar. Grundsätzlich unterscheidet sich die Aerodynamik des Vogelflügels von dem des klassischen Flugzeuges in der Hinsicht, daß er die beim Flugzeug getrennten Funktionen Auftrieb und Vortrieb gleichzeitig wahrnehmen muß. Beim Flugzeug wird der Vortrieb durch den Propeller oder Düsenschub erzeugt, während der Auftrieb durch die Tragflächen realisiert wird. Der Vogelflügel ist konstruiert, daß er beides bewältigt: die körpernahen Bereiche der Flügel, also die Armschwingen, dienen vorwiegend dem Auftrieb, die körperfernen, nämlich die Handschwingen, erzeugen den Vortrieb. Die Handschwingen werden

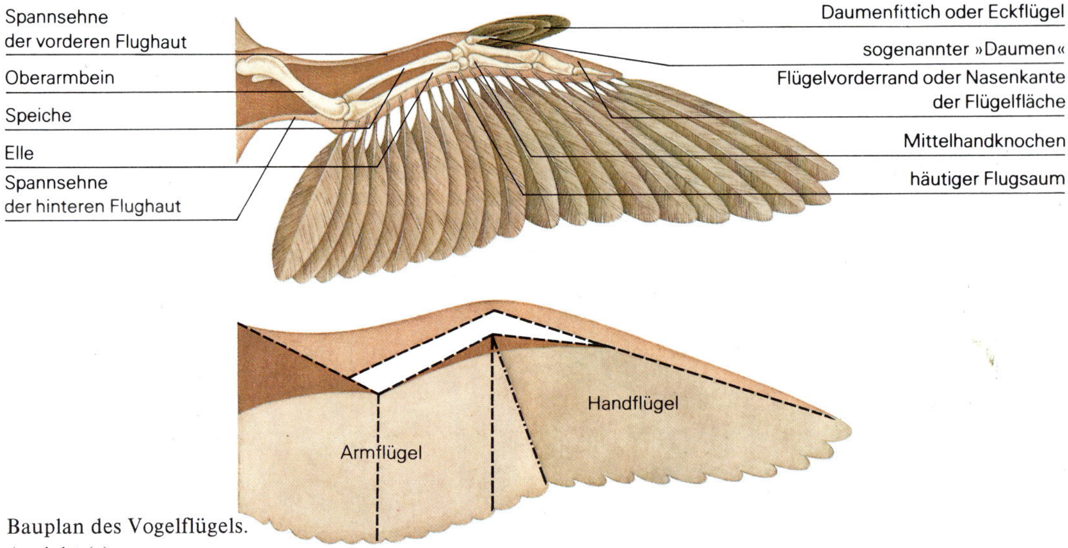

Bauplan des Vogelflügels. Ansicht (a) und Konstruktionsprinzip (b)

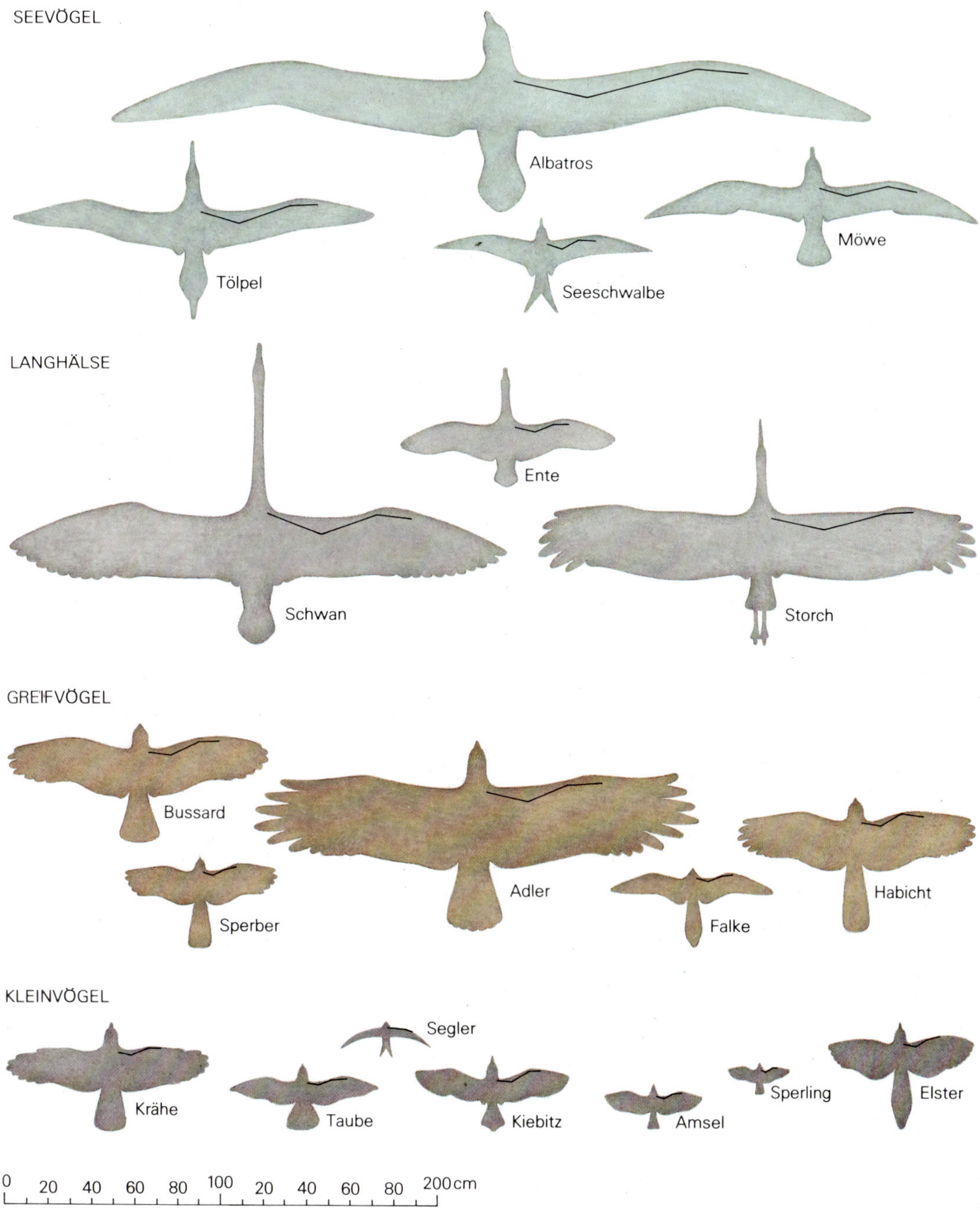

Maßstabgerechte Darstellung der Proportionen verschiedener Flügeltypen. Am jeweiligen linken Flügel (im Bild also rechts), sind die Längenproportionen der eingezeichneten Flügelabschnitte (Oberarmbein, Elle, Mittelhandknochen) deutlich gemacht

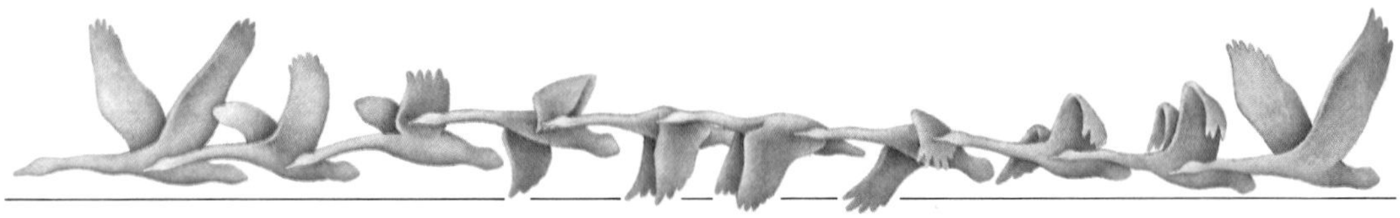

Schwan – Ruderflug, langsamer, zügiger Flügelschlag

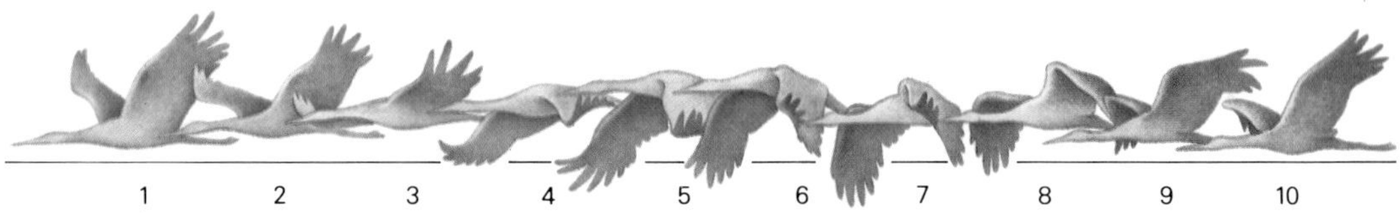

Storch – Ruderflug, langsamer, zügiger Flügelschlag

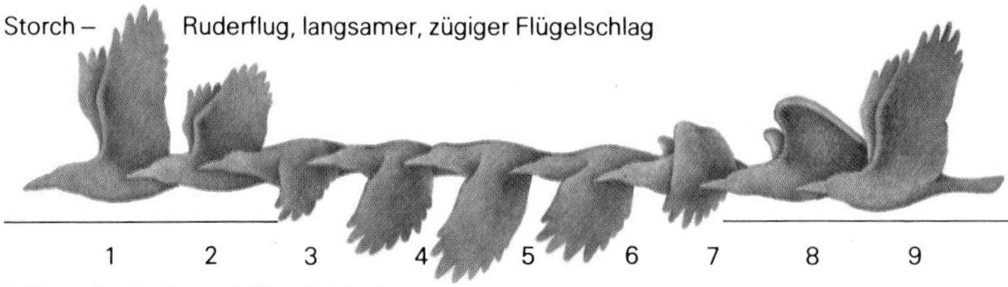

Krähe – Ruderflug, erhöhte Schlagfrequenz

Singvogel – Rotationsschwingenflug

Die unterschiedliche Fliegetechnik bei großen und kleinen Vögeln
Ruderflug, langsamer, zügiger Flügelschlag (Höckerschwan, Weißstorch),
Ruderflug, erhöhte Schlagfrequenz (Aaskrähe),
Rotationsschwingenflug eines Singvogels (Grauschnäpper)
Die Zahlen kennzeichnen die gleichen Phasen wie in der Abbildung auf Seite 51 oben

dabei an den Spitzen zurückgebogen, wodurch gewissermaßen ein Propeller entsteht, der den Vogel vorwärts zieht. Eine wichtige Rolle spielt dabei die Stromlinienform des Vogelkörpers, die den Luftwiderstand auf ein Minimum reduziert. Der aufwärts gerichtete Flügelschlag ist relativ langsamer, der abwärts gerichtete erfolgt schneller. Bei diesem Niederschlagen des Flügels wird der erforderliche Auftrieb erzeugt.

Physikalische Grundlagen des Vogelfluges

Die Profile der Vogelflügel sind, ungeachtet ihres verschiedenen Baus bei den unterschiedlichen Flieger-Typen und auch ungeachtet der Veränderungen durch die Flügelbewegungen, prinzipiell nach oben konvex gewölbt. Das führt, im Verein mit der Geradeausbewegung des Vogels, dazu, daß der Flügel die Luftbewegung nach hinten unten leitet. An der Flügeloberfläche entsteht eine höhere Luftströmungsgeschwindigkeit, die einen Abfall des statischen Druckes bewirkt.

Im Gegensatz dazu hat die vergleichsweise geringere Strömungsgeschwindigkeit an der Flügelunterseite einen Druckanstieg zur Folge. Der Sog über dem Flügel und der Druckanstieg unter ihm ergeben in ihrer Summierung den Auftrieb. Daß dabei noch weitere Faktoren, wie Reibungswiderstände am umströmten Flügelkörper und Störungen der Umströmung durch den Luftaufprall an der Stirnseite des Flügels, eine Rolle spielen und den Gesamtauftriebswert wieder beeinträchtigen, sei nur erwähnt. Hinzu kommen Wirbelbildungen hinter dem Flügel durch physikalische Ausgleichserscheinungen zwischen Über- und Unterdruck. Eingehende Forschungen und komplizierte Experimente erhellten die Aerodynamik des Vogelflügels und lassen heute sehr gut die funktionell bedingten Unterschiede im Bau der Flügel verschiedener Fliegertypen unter den Vögeln verstehen und erklären.

Trotzdem läßt sich das allgemeine biophysikalische Funktionsprinzip des Vogelflügels durch ein recht einfaches Experiment demonstrieren und begreifen. Wenn man einen Vogel (Vogelmodell) mit ausgebreiteten Schwingen und bei entsprechender Aufhängung von vorne anbläst, so wird der Vogel nach oben gehoben. Erzeugt man einen Luftstrom über einer nach oben gewölbten Vogelfeder, so wird sie – senkrecht zur Richtung des Luftstromes – sich nach oben heben. Dieses kleine Experiment zeigt uns auch, daß der Vogel weniger, wie es wohl der Vorstellung eines Laien entsprechen mag, mit seinen Schwingen von der Luft getragen wird oder auf ihr ruht, als vielmehr in der Luft hängt, denn immerhin ist der aufwärts ziehende Unterdruck oder Sog etwa dreimal so groß wie der Überdruck.

Flugarten

Gleitflug Der Gleitflug ist die einfachste Flugform und wird auch von anderen Tieren mit Hilfe von Flughäuten oder -flächen angewandt. In jedem Falle stellt der Gleitflug eine in einen bestimmtem Winkel zur Erdoberfläche geneigte Fortbewegung dar. Bei gleichem Höhenverlust können sich die Vögel je nach Art des Flügels unterschiedlich weit vorwärtsbewegen. Ein Höhenverlust von 10 Metern erlaubt

Mit ihren breiten, langen Schwingen sind Pelikane trotz ihrer großen Körper gute Segelflieger. Rosapelikane kreisen über dem Donaudelta. *Foto: Hoyer*

Schlagfliegende Lachmöwe im Übergangskleid. *Foto: Hoyer*

der Taube ein gleitendes Bewältigen von 90 Metern, ein Adler erreicht auf die gleiche Weise 170 Meter und ein Albatros gar 200 Meter. Dieses unterschiedliche Verhältnis von Höhenverlust zur zurückgelegten Strecke (gemessen an der überflogenen ebenen Grundfläche) wird als *Gleitzahl* bezeichnet. In den genannten Beispielen wäre das Verhältnis 1:9, 1:17 und 1:20, die entsprechenden Gleitzahlen sind also 9,17 bzw. 20. Natürlich hat der Vogel die Möglichkeit zur Veränderung der Flügelhaltungen, d.h. erforderlichenfalls zur Veränderung (Vergrößerung) des

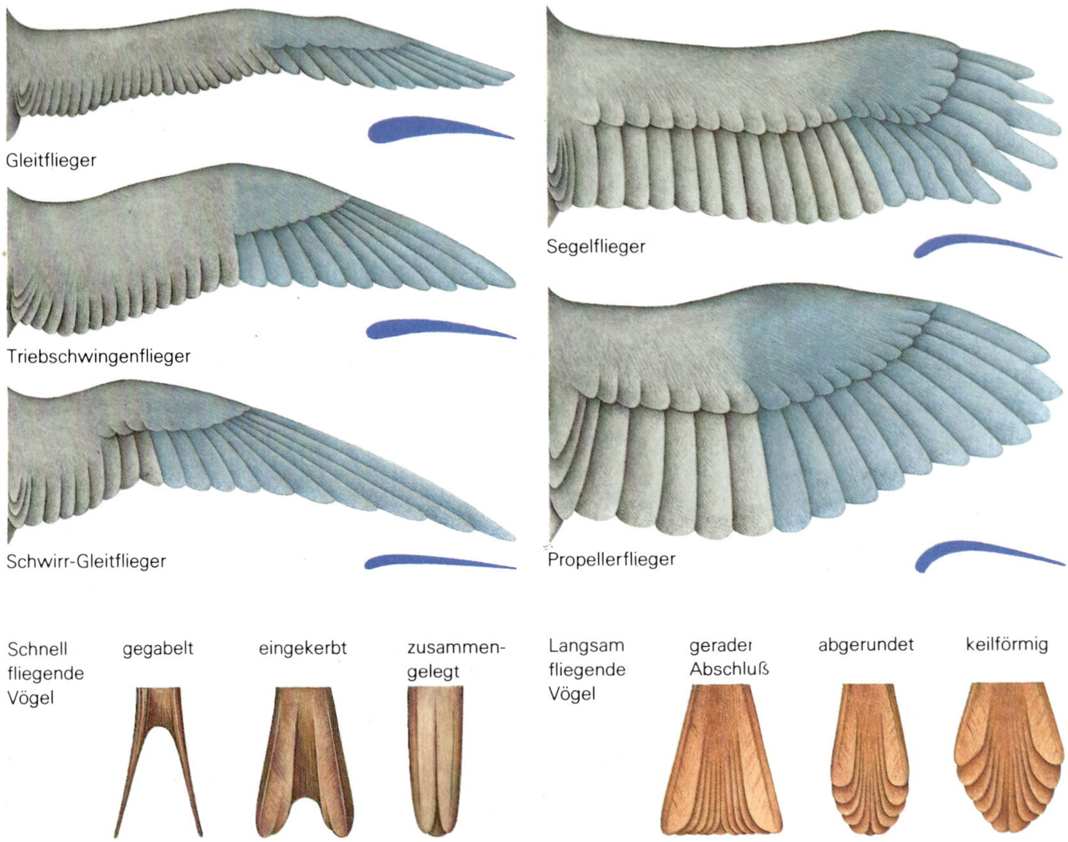

Flügel- und Schwanzformen und ihre Funktionsmerkmale
Flügel eines Gleitfliegers (Wanderalbatros): langer Armteil und relativ kurze, zugespitzter Handabschnitt
Flügel eines Triebschwingenfliegers (Turmfalke): Arm- und Handabschnitt etwa gleich lang, vorgebauter Flügelbug, spitz auslaufender Handfittich
Flügel eines Schwirr-Gleitfliegers (Mauersegler): kurzer Armabschnitt, langer sichelförmig zurückgebogener Handfittich
Flügel eines Segelfliegers (Weißstorch): langgestreckt und breit, Armteil lang, relativ breiter, aufgefächerter Handabschnitt
Flügel eines Propellerfliegers (Feldsperling): kurzer Armabschnitt, langer breiter Handfittich
Schwanzformen schnell fliegender Vögel:
tief gegabelt (Rauchschwalbe)
eingekerbt (Mauersegler)
eng zusammengelegt (Turmfalke)
Schwanzformen langsam fliegender Vögel:
gerader Abschluß (Feldsperling)
abgerundeter (Habicht)
keilförmig (Kolkrabe)

Flugbahnneigungswinkels, etwa zur Tempoerhöhung bei notwendiger Flucht. Es leuchtet ein, daß viele kleine Singvögel wegen ihres zu geringen Körpergewichtes und dem dadurch bedingten hohen Oberflächenwiderstand schlechte Gleiter sind.

Segelflug Auch der Segelflug erfolgt ohne aktiven Flügelschlag. Der Vogel läßt sich dabei in aufwärtsgerichteter Luftströmung tragen. Der Segelflug ist folglich ebenfalls ein Gleitflug, allerdings erreicht hierbei der Höhenverlust den Wert null *(Schwebeflug)* oder wird gar durch den Auftrieb überboten. Bei guter Thermik über erwärmten Landflächen mit aufsteigender Luftströmung können gute Segler praktisch ohne aktive Flügel-(auftriebs)arbeit beträchtliche Höhen erreichen. Kennzeichnend für typische Thermiksegler sind große Flügel mit hoher Tiefe und aufgefingerten Enden, wie beispielsweise die Geier, Adler, Bussarde und Störche sie haben.

Langsame Segler können in sehr engen Thermiksäulen aufwärts gelangen. Die schnellen Albatrosse nutzen unterschiedliche Windgeschwindigkeiten über dem bewegten Wasser zu dynamischem Segeln, mit dem sie tagelang ohne einen Flügelschlag segeln können. Möwen nutzen die Hangaufwinde an Dünen, Uferklippen, ja auch an Schiffen und anderen geeigneten Objekten.

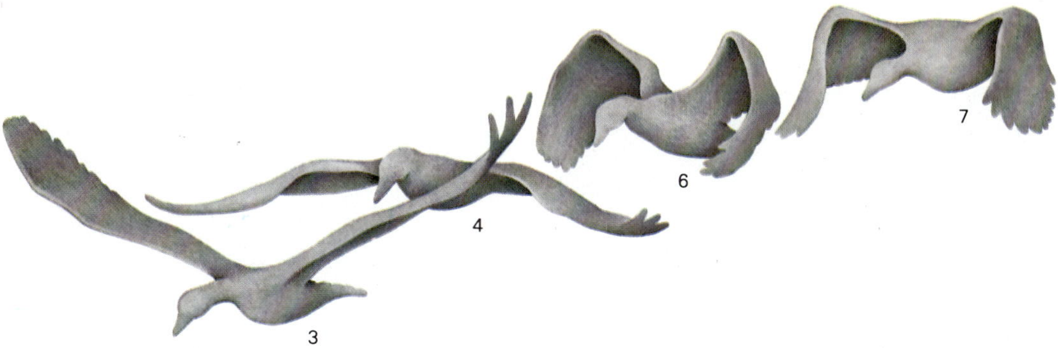

Höckerschwan – Ruderflieger

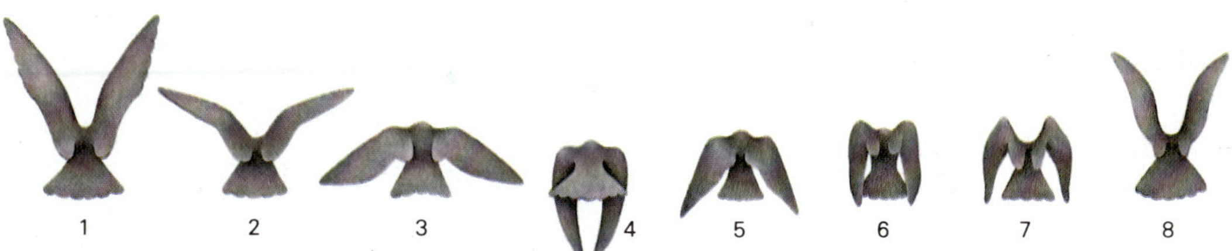

Grauschnäpper – Propellerflieger

Der Unterschied der Flügelführung bei einem Ruderflieger (Höckerschwan) und einem Propellerflieger (Grauschnäpper). Die Zahlen kennzeichnen die gleichen Phasen wie in der Abbildung auf Seite 48

Schematische Darstellung der Luftströmung im Gelände. Aufsteigende Luft über erwärmter freier Bodenfläche, fallende Luft im bedeckten Gelände. Kreisender Greifvogel im Wärmeaufwind über einer Waldlichtung

prinzip unterschiedlichen Anfangsgeschwindigkeit verhelfen. Bei kleinen und mittelgroßen Vögeln hilft dabei die Katapultwirkung der beim (waagerechten oder flach steigenden) Abfliegen schnell durchgestreckten Beine. Tauben und Schwimmenten machen rüttelflugartige Bewegungen und vermögen dadurch recht steil aufzusteigen. Größere Vögel mit höherer Flächenbelastung benötigen eine relativ lange Strecke zum Abheben. Gut läßt sich das bei Schwänen, Tauchenten und Gänsen beim Wasserstart beobachten; beim Bodenstart bei Störchen und Adlern. Mauersegler und Schwalben gewinnen ihre erforderliche Anfangsgeschwindigkeit, indem sie sich einfach von erhöhtem Punkt herabfallen lassen. Der Mauersegler ist geradezu auf diese spezielle Art des Fall-Starts angewiesen, da die extreme Anpassung an ein Leben in Felswänden (oder den künstlichen Felsen der Türme) zu einem Verhältnis von kurzen Beinen und langen Flügeln führte, das ihm ein Aufsteigen vom Erdboden unmöglich macht. Darüber informierte Vogelfreunde werfen einen unverletzt aufgefundenen Mauersegler daher einfach möglichst hoch in die Luft und erleben dann in der Regel das eindrucksvolle Phänomen, den vorher so hilflosen Vogel unvermittelt davonjagen zu sehen.

Vielfach wird von den Vögeln auch die anhebende Wirkung des Gegenwindes beim Start ausgenutzt. Zum Landen muß die Fluggeschwindigkeit stark herabgesetzt werden. Das kann durch Einstellen des Flügelschlages und Übergehen in Gleitflug geschehen, weiter durch Abspreizen der Nebenfittiche (Bremsgleiten), schließlich oft noch durch bremsende Rüttelschläge. Letzteres ist besonders dann notwendig, wenn nur ein kurzer Anflug- und Bremsweg zur Verfügung steht.

Beschleunigung

Beschleunigung wird im allgemeinen durch einen erhöhten Energieeinsatz je Zeitaufwand erreicht, Verlangsamung des Fluges geschieht im umgekehrten Sinne. Im Falle notwendiger sehr schneller Herabsetzung der Geschwindigkeit gilt das für das Abbremsen gesagte. Eine notwendige Beschleunigung etwa als Fluchtreaktion kann auch durch unvermittelten Übergang vom gleichmäßigen Ruderflug zum erst in der letzten Phase abgebremsten Fall/Sturzflug geschehen.

Bei einigen Haustaubenrassen wurde durch gezielte züchterische Selektion das Herabfallen aus großer Höhe, zum Teil unter Einhaltung bestimmten, teils eigentlich gestörten Flugverhaltens bis zu Extremleistungen perfektioniert.

Steuerung

Bei der Steuerung der Flugbewegungen, d. h. der aktiven Einhaltung oder Veränderung der Flugkoordinaten im Raum stehen dem Vogel mehrere Möglichkeiten offen. Bei Normalflug liegt der Schwerpunkt des Vogels unterhalb der Druckmittelpunkte der Flügel, die für die Gleichgewichtslage des Vogels von großer Bedeutung sind.

Bei solchen gegebenen physikalischen Voraussetzungen pendelt der Vogel automatisch (aus physikalischer Gesetzmäßigkeit und ohne aktives Zutun des »biologischen Subjektes«) in seine Gleichgewichtslage zurück. Eine gleiche Wirkung erzielen die Weihen durch die oft zu beobachtende V-Stellung ihrer Flügel. Selbstverständlich ist der Vogel nicht allein auf dieses automatische Einpendeln auf Grund physikalischer Gesetze angewiesen. Er kann größere, etwa durch Windböen verursachte Schwankungen der Körperlage auch durch aktive Steuerbewegungen der Flügel und auch mit dem Schwanz ausgleichen.

Als Höhen- und Tiefensteuer dient vor allem der Schwanz (Heben bzw. Senken). Darüber hinaus kann der Vogel auch noch die Druckmittelpunkte der Flügel verlagern und hat damit gegenüber der üblichen Flugzeugsteuerungstechnik ein zusätzliches Steuermoment. Bewegungen der Beine und des Halses lassen sich ebenfalls für die Sicherung der Richtungsstabilität bei der Unterdrückung von physikalischen

Störkräften oder aber umgekehrt zur beabsichtigten Richtungsveränderung nutzen.

Das Prinzip der Seitensteuerung ist jedem Ruderer vertraut: die eine Seite wird abgebremst, die andere durch schnellere Flügelbewegungen (vgl. Ruderschläge) demgegenüber beschleunigt. Analog kann der Schwanz durch Heben der einen und Senken der anderen Seite eingesetzt werden. Dadurch entstehen fliegerische Schräglagen, die uns vom Kurvenfahren mit Zweiradfahrzeugen vertraut sind.

Manche Vogelarten sind sowohl zu einer Rollbewegung in die Rückenlage und auch zu einer vollen Drehung um ihre Långsachse in der Lage. Das gilt beispielsweise für Bussarde, Weihen, Adler, Dohlen, Mauersegler. Bei Dohlen, Weihen und Milanen kann man mitunter beobachten, daß sie aus der Rückenlage direkt zum Sturzflug übergehen.

Flugleistung des Vogels

Soweit uns nicht schon das qualitative Phänomen der Vogelfluges ins Erstaunen versetzt, also die entwicklungsgeschichtlich erreichte Möglichkeit des Fliegens und die dazu notwendige Koordination von physiologischen Leistungen, die der Hervorbringung dieser Leistungen und ihrer gezielten Beherrschung im dreidimensionalen Raum dienen, soll uns auch noch die quantitative Seite der Sache kurz beschäftigen.

Fragen wir also nach Distanzen, Geschwindigkeiten und nach den Leistungen.

Flügelschlagfrequenz Die Zahl der Flügelschläge je Zeiteinheit hängt von der Flügellänge ab, sie ist am niedrigsten bei Großvögeln und am höchsten bei Kleinvögeln. Meisen leisten etwa 22 bis 24 Flügelschläge je Sekunde, Drosseln nur 6, Krähen gar nur 3,6.

Fluggeschwindigkeiten Die Fluggeschwindigkeiten werden oft überschätzt. Aber immerhin: im gleichmäßig-ruhigen Streckenflug legen Greifvögel zwischen 35 und 50 Kilometer in der Stunde zurück. Die Haustaube erreicht etwa 80 km/h, die größte Zahl der Singvögel fliegt zwischen 30 und 50 km/h. Zu den, sicher von vielen unerwartet, relativ schnellen Fliegern gehören Enten und Gänse, während man von dem »pfeilschnellen« Mauersegler vielleicht noch mehr erwarten würde, als normalerweise 60 bis 70 km/h. Er kann sich aber auch auf 100 km/h, nach anderen Schätzungen auf etwa 150 km/h steigern.

Überhaupt müssen wir dabei die jeweiligen Verhältnisse berücksichtigen, etwa den Ausnahmefall des beutestoßenden Wanderfalken, der Spitzengeschwindigkeiten von 300 km/h erreichen soll, was aber von manchen Forschern bezweifelt wird, da absolut verläßliche Messungen, die jeder Kritik standhalten, fehlen. Interessant ist dabei noch der Gedanke an den Unterschied zwischen Absolut- und Relativgeschwindigkeit, nämlich wenn wir die Eigengeschwindkeit des Vogels zur steigernden (bei Rückenwind) oder bremsenden (bei Gegenwind) Windgeschwindigkeit in Beziehung setzen.

Beispielsweise bringt es eine mit etwa 100 km/h fliegende Ente bei heftig stürmendem Rückenwind von 150 km/h dann immerhin auf runde 250 km/h. Solche Überlegungen müssen wir berücksichtigen, wenn wir zurückgelegte Entfernungen und wahrscheinliche oder mögliche Zuggeschwindigkeiten, etwa bei Verdriftungen anläßlich ungewöhnlicher meteorologischer Erscheinungen, zueinander in Beziehungen setzen.

Flughöhen Es ist nicht leicht zu entscheiden, ob die verbreiteten Urteile über die üblichen oder gar möglichen Flughöhen die Realitäten voll erfassen oder aber in dem Wahrnehmungsvermögen der Beobachter ihren Grund haben. Prinzipiell darf man davon ausgehen, daß normalerweise die Flughöhe selten 500 Meter übersteigt. Wenn aber keine größeren Höhen erreichbar wären, würden ja die Gebirge unüberwindbare Schranken bilden. Im Himalaja wurden Vögel in Höhen von 7000 Meter registriert. Wildgänse konnten gar in 10000 Meter

Höhe festgestellt werden. Mit Hilfe moderner Meß- und Ortungstechnik wies man Ringeltauben und Saatkrähen in Höhen zwischen 2400 und 2500 Metern nach. Ja, auch ohne die Notwendigkeit, hohe Gebirge zu überwinden, fliegen Zugvögel offenbar mitunter höher als erwartet und jedenfalls viel höher, als unter üblichen Beobachtungsbedingungen feststellbar. Mit Hilfe von Radarmessungen wurden in 1900 Metern Höhe Mauersegler ermittelt und auf dem Zuge von Skandinavien nach England gar Vogelzug in 7000 Metern Höhe nachgewiesen. So sind wir denn auch gut beraten, vom *sichtbaren Vogelzug* zu sprechen, wenn wir unsere Feldbeobachtungen meinen.

In Nevada/USA kollidierte ein Flugzeug in 7000 Metern Höhe mit einer Stockente. Für mit Höhenmessern und Sendern versehene Mauersegler wurden in Schweden routinemäßige Nahrungsflüge in Höhen zwischen 1400 und 3600 Metern Höhe nachgewiesen.

Die größte bisher je für einen Vogel festgestellte Flughöhe wurde durch einen Zusammenstoß zwischen einem Flugzeug und einem Sperbergeier bekannt. Der Vorfall ereignete sich über Abidjan/Elfenbeinküste in 12300 Metern Höhe.

Fassen wir also zusammen:
Die Höhe des sichtbaren Vogelzuges wurde und wird von Laien oft überschätzt. Das liegt aber wohl meist weniger an falschen Vorstellungen von der Höhe der Vögel, als vielmehr an mangelnder Übung, auch mangelnden Bezugspunkten, zumal wenn die Beobachter in der Zuordnung meteorologischer Erscheinungen unerfahren sind und ihnen etwa die wahrscheinliche Höhe bestimmter Wolkentypen keine Hilfe bieten kann. Noch einmal: der sichtbare Vogelzug wird in der Höhe oft überschätzt, der unsichtbare aber wird ganz sicher unterschätzt.

Von allen europäischen Zugvögeln hält die Küstenseeschwalbe den Langstreckenrekord. *Foto: Spillner*

Tagesflugleistung Erstaunlich in Anbetracht des notwendigen Energiepotentials sind die möglichen täglichen Flugleistungen. Sie können beim Mauersegler um 1000 Kilometer betragen. Auch Sturmvögel können enorme Strekken auf der Nahrungssuche zurücklegen.

Entfernungsrekorde Geradezu unvorstellbare Flugleistungen werden von manchen Arten während des Vogelzuges vollbracht. Europäische Brutvögel überwintern zum Teil in Südafrika, kanadische in Südamerika. Flugrouten von insgesamt 10000 Kilometern kommen vor, Nonstop-Flüge über weite Wasserflächen sind für viele kleine Arten sogar eine Notwendigkeit. Daß das Mittelmeer jährlich von Abertausenden Vögeln überflogen wird, mag nicht überraschen angesichts der Tatsache, daß es im Westen wie im Osten gewissermaßen »umflogen« werden kann und auch in der Mitte die italienische Appenninen-Halbinsel eine gute Landbrücke darstellt. In der Karibik aber sind 800-km-Flüge nachgewiesen, und bei anhaltenden Weststürmen verdriften Vögel auch über die großen Weltmeere, wie beispielsweise der Grasläufer, der als Irrgast vom amerikanischen Kontinent mehrfach in Mitteleuropa nachgewiesen werden konnte. Wahrscheinlich wurde auch die Invasion des Kuhreihers aus Westafrika nach Süd- und Mittelamerika im ersten Drittel unseres Jahrhunderts durch Stürme gefördert. Das Paradebeispiel einer nicht zufälligen, sondern einer Dauerleistung über eine sichtbare Distanz ist die zirkumpolar brütende Küstenseeschwalbe, die jährlich 34000 bis 37000 Kilometer zurück-

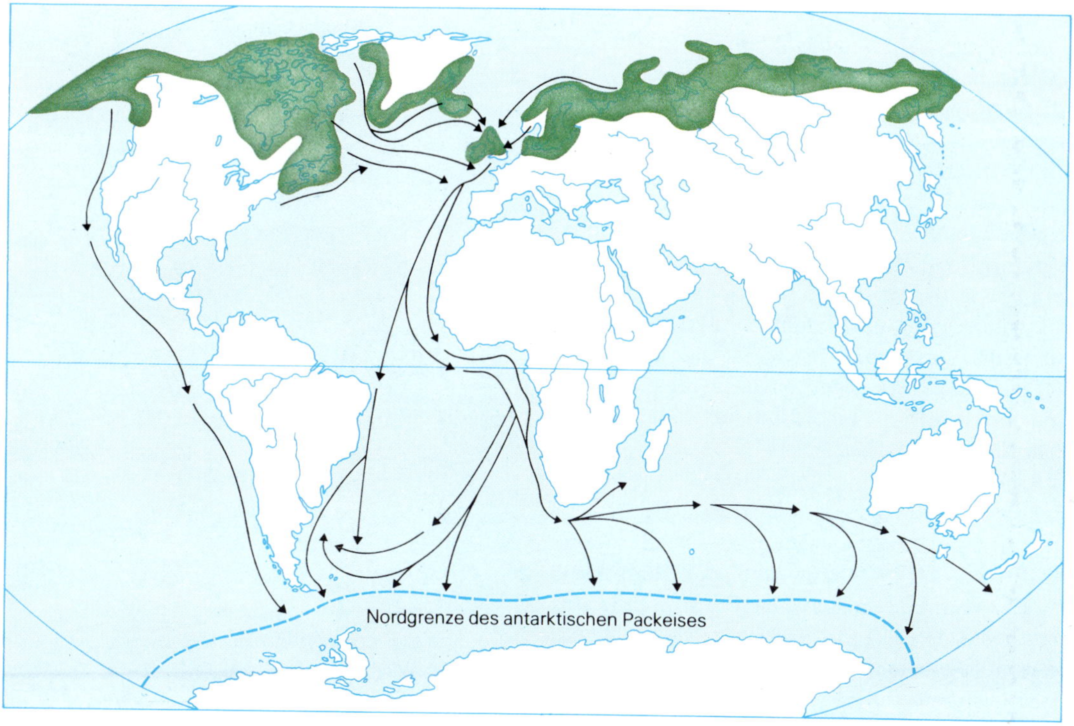

Zugwege der Küstenschwalbe, die von ihren Brutgebieten am Nördlichen Eismeer bis in die Antarktis wandert

legt, um Antarktika zu erreichen und dann wieder in die Nähe des nördlichen Poles zurückzukehren. Aber uns ging es ja hier lediglich abschließend um besonders auffallende Flugleistungen. Das eigentliche Phänomen des Vogelzuges wird uns im zweiten Teil des 3. Hauptkapitels beschäftigen.

Sinnesorgane

Auge und Gesichtssinn

Vögel sind Augentiere. Ihr hochentwickelter Gesichtssinn übertrifft andere Sinnesleistungen. Vogelaugen sind verhältnismäßig größer als die Augen anderer Landwirbeltiere. Kleinere Arten besitzen wiederum die relativ größten Augen. So wird ein Höchstmaß an Sehschärfe in Abhängigkeit von der Anzahl der Sehzellen in der Netzhaut garantiert. Die Beweglichkeit des Augapfels in der Augenhöhle ist bei den meisten Vogelarten begrenzt. Er füllt sie voll aus. Die Augäpfel der Eulen sind nahezu unbeweglich, doch wird diese Starrheit durch entsprechene Kopfbeweglichkeit über dem Atlaswirbel ausgeglichen. Einige Vogelarten verfügen abweichend allerdings über stark bewegliche Augäpfel, die absoluten Rundblick ohne Kopfbewegung ermöglichen.

Der Augapfel des Vogels ist keine Kugel. Vielmehr setzt er sich aus zwei unterschiedlich geformten Teilen zusammen. Der vordere, aus Hornhaut gebildet, entspricht mehr oder weniger einer Halbkugel. Der größere, hintere Teil des Augapfels, die Sklera, dagegen hat einen relativ flachen, breiten, Boden. Die Sklera ist im Vorderteil zum Sklerotikalring verknöchert. Er prägt die Augenform. Gewöhnlich ist sein Querschnitt flach. Nur größere Arten, vor allem Großeulen, haben den Sklerotikalring kegel- oder annähernd röhrenförmig entwickelt. Überdies verfügen Eulenaugen über einen besonders großen Bildwinkel, der mehr als 150 ° beträgt. Der Mittelwert für Sing- und Greifvögel liegt bei etwa 120 °.

Die Lichtstärke des Auges ist vom Flächenverhältnis zwischen Horn- und Netzhaut abhängig. Eulen konzentrieren das Licht einer großen Eintrittsöffnung auf einem relativ engen Netzhautbild. Tagaktiv im Freien jagende Beutegreifer wie Falken hingegen besitzen im Verhältnis zu ihrer Netzhaut eine dreifach größere Hornhautfläche als Eulen.

Über die optische Qualität des Auges entscheidet die Linsenkonstruktion. Die Lichtstärke wird von ihrem Durchmesser, die Brechkraft von der Wölbung und die Bildschärfe durch Akkomodation mittels Formveränderung bestimmt. Die Augenlinse ist im Ruhezustand stets auf Fernsicht eingestellt. Zur scharfen Sehleistung im Nahbereich muß die Linse vorgewölbt werden. Sie ist von einem Ringwulst umgeben, der von den zahlreichen Ziliarkörperfortsätzen gehaltert wird. Der Ziliarkörper selbst, eine Fortsetzung der Gefäßhaut, ergibt als Ringfalte die Iris. Er ist mit dem Sklerotikalring durch einen Muskel verbunden. Wird dieser Muskel zusammengezogen, bewegt sich der Ziliarkörper vorwärts. Die Ziliarfortsätze drücken auf Ringwulst und Linse und wölben sie vor (scharfe Nahsicht).

Von gleicher Bedeutung wie die Linsenbeschaffenheit ist die Netzhaut, die aus verschiedenen Nervenzellenschichten besteht. Davon ist allein die äußere Schicht lichtempfindlich. Ihre Sehzellen werden der Funktion nach – analog dem Säugerauge – in Zapfen und Stäbchen unterschieden. Stäbchen, die mit Sehpurpur in Anpassung an geringe Lichtverhältnisse versehen sind, dienen ausschließlich der Helligkeitsdifferenzierung, vermitteln also kein Farbempfinden. Sie sind vielfach durch Nervenzellen komplex verbunden. Solcherart gesteigerte Lichtempfindlichkeit geht allerdings mit verminderter Sehschärfe einher. Nachtaktive Arten besitzen daher wesentlich mehr Stäbchen als Zapfen.

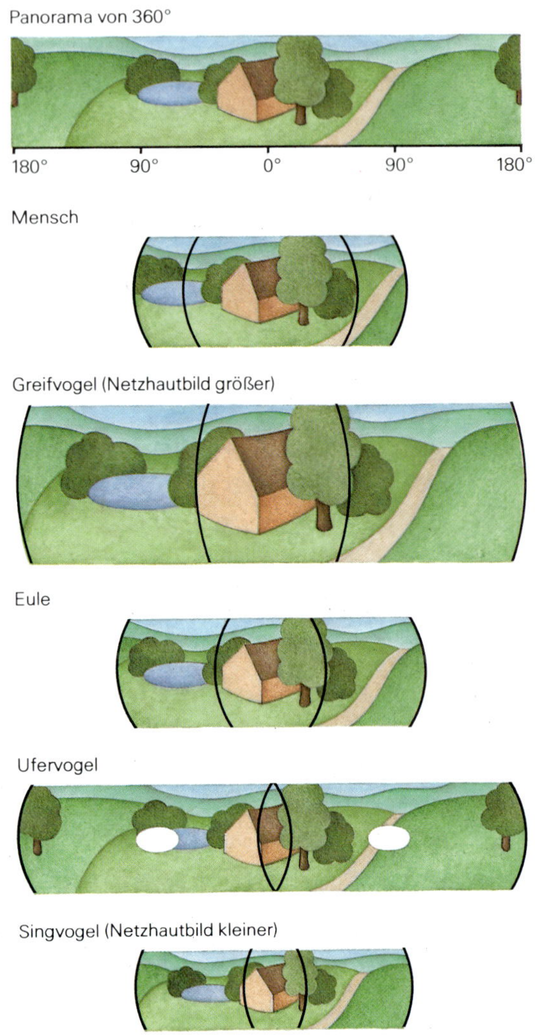

Die Erfassung des Panoramas durch das Auge

Letzere sprechen erst bei Tageshelligkeit an, ergeben jedoch jeweils einen eigenen Bildpunkt. Somit sind Anzahl und Verteilung der Zapfen in der Netzhaut für die Sehschärfe von größter Bedeutung. Allgemein bleibt das Auflösungsvermögen der Vogelaugen hinter dem des menschlichen Auges zurück. Lediglich große

Taggreifvögel besitzen die doppelte bis sechsfache Sehschärfe des Menschen.

Über die Zapfen erfolgt die Farbwahrnehmung, wobei alle Grundfarben unterschieden werden. Sie sind über alle Teile der Netzhaut bis in die Randzonen verteilt. Damit ist vom gesamten Bildfeld eine gleichmäßig scharfe und farbige Empfindung gewährleistet, die zudem noch Panoramacharakter besitzt, ohne daß die Augen oder der Kopf seitlich bewegt werden müssen. Eine weitere Besonderheit des Gesichtssinnes der Vögel ist deren Fähigkeit, schnell aufeinanderfolgende Bewegungen scharf aufzulösen. Bis 150 getrennte Einzelstücke pro Sekunde, deren Unterscheidung nicht allein vom Auge mit seinen differenzierten Strukturen,

Die Augen des Rauhfußkauzes. *Foto: Spillner*

sondern auch von Nervenzellen und Hirn bewältigt wird, geben den Vögeln im Bewegungssehen eine Spitzenstellung. Es ist um so besser ausgebildet, je rascher die Arten fliegen und im Flug Beute machen. Viele Bewegungsjäger haben überdies in den Sehfeldern der mittleren Netzhaut, auf denen Stäbchen und Zapfen besonders dicht konzentriert sind, Sehgruben, die im Gegensatz zu den sonst flachen Sehgruben anderer Gruppen als tiefere Spalten ausgebildet sind. Sie ergeben ein partiell verzerrtes Bild, das im Gegensatz zum Gesamtbild damit jedoch deutlich unterschiedlich rasch wahrgenommen und fixiert werden kann.

Ohr, Gehör, und Gleichgewichtssinn

Zwar sind Vögel vornehmlich Augentiere, doch spielt die Lautwahrnehmung bei einer ganzen Reihe von Arten für den Nahrungserwerb eine große Rolle. Akustische Signale sind überdies während der Balz, der Jungenaufzucht und für den Zusammenhalt von Gruppen, Schwärmen und Verbänden von großer Bedeutung. Entsprechend gut muß der Gehörsinn entwickelt sein.

Das Vogelohr dient jedoch nicht nur als Empfänger von Schallwellen. Vom häutigen Labyrinth des inneren Ohres, das im Hohlraum des knöchernen Labyrinths, von Perilymphe umgeben, aufgehängt ist, sind nur die Sinneszellen des Cortischen Organs für die Schallwahrnehmung verantwortlich. Der Großteil des Labyrinths dient der Gleichgewichtserhaltung, der Wahrnehmung von Bewegungsrichtungen und der Regelung der Muskelgrundspannung im Körper.

Das häutige Labyrinth ist mit Endolymphe gefüllt. Im Zentrum, dem *Utriculus,* münden nahezu alle anderen Teile des Labyrinths. Besonders auffällig ausgeprägt ist das Bogengangsystem, drei mehr oder weniger halbkreisförmige Kanäle, die jeweils einer der drei Hauptebenen des Raums entsprechen. Jeder Bogengang eines Ohres bildet mit seiner Entsprechung des anderen Ohrs ein Funktionspaar und endet vor Eintritt in den Utriculus in einer Ampulle. Jede Ampulle ist mit fächerförmigen Fortsätzen der Sinnesendzellen versehen, die durch die Endolymphe bewegt werden. Durch Strömung der Endolymphe in den Ampullen gegen die Sinneszellenfortsätze wird Drehbeschleunigung registriert. Dabei vermittelt der Anteil der einzelnen Ampullen für die verschiedenen Ebenen die Bewegungsrichtung, während die Stärke der Beschleunigung aus der Nervenerregung abgeleitet wird. Somit wird jede Dreh-

Die vermeintlichen Ohren der Waldohreule dienen möglicherweise zur Schallaufnahme und -leitung, haben aber auch Signalfunktionen. Das eigentliche Vogelohr bleibt dem Beobachter verborgen.
Foto: Hoyer

bewegung über die ins häutige Labyrinth eintretenden Nerven vom Gehirn registriert. Reflektiv erfolgt entsprechende Muskelsteuerung, um die Raumlage des Vogelkörpers zu gewährleisten.

Für die Spannung der Muskulatur, den Ruhetonus des Vogelkörpers, sind die Sinneszellen der Sinnesflecken *(Maculae)* verantwortlich. Die Sinnesflecken von Utriculus, Sacculus und Lagana sind zwar unterschiedlich strukturiert, ergänzen sich in ihrer Funktion jedoch durch enge Beziehung im Feinbau. Ihre Haarzellen sind von einer Membran bedeckt, in der sich Kalkkonkromente, die Otholiten, befinden. Diese reizen bei auftretender Bewegung infolge ihrer Trägheit durch Gewicht die Sinneszellen. Die vom Gehirn empfangene Erregung wird in Muskelsteuerung umgesetzt. Entsprechend der Lage beeinflussen die Otholiten den Ruhetonus der Muskeln, also Haltung von Kopf, Schwanz, Beinen, Flügeln, je nach dem, ob der Vogel steht, sitzt oder liegt.

Der akustischen Wahrnehmung dient vom komplizierten Innenohr lediglich die *Cochlea,* die Schnecke. Sie erstreckt sich vom *Sacculus* nach unten. Ihre zwischen zwei Schenkel einer Knorpelspange gespannte Basilarmembran führt bei Schalleinwirkung Drehschwingungen aus, wodurch Sinneshaarzellen erregt werden.

Der Schall wird dem Innenohr durch das äußere Ohr zugeführt. Es entspricht einer Art Trichter, der von außen durch einen Federschleier geschützt ist. Das Trommelfell bildet den inneren Abschluß des Gehörgangs, der bei manchen Arten mittels Schwellkörper verschlossen werden kann. Es wird durch einen einfachen Gehörknochen nach außen gewölbt. Gehörknochen und Trommelfell als Teile des Mittelohres passen die Schallwellen dem Innenohr an.

Die Hörleistungen der Vögel sind unterschiedlich gut. Allgemein werden höhere Töne besser als tiefe wahrgenommen. Eulen verfügen wahrscheinlich über das beste Hörvermögen. Manche Singvögel können noch Töne über 25 000 Hz wahrnehmen, jedoch keine Schwingungen, die unter 100 Hz liegen. In etwa entspricht ihr Hörbereich dem des Menschen (16 bis 20 000 Hz).

Geruch, Geschmack, chemische Sinne

Das Geruchsempfinden der Vögel ist im Verhältnis zu ihren anderen Sinnesleistungen schwach. Die Nasenlöcher im Oberschnabel haben geringe Öffnungsquerschnitte und sind nach Lebensweise und Nahrungserwerb der Art mehr oder weniger geschützt. Das kann durch Borsten oder überdeckende Hornschuppen geschehen, oder sie sind schließbar wie bei einigen Wasservogelarten, die tierische Nahrung ausschließlich in oder unter Wasser erbeuten. In der Riechhöhle trägt eine Knorpelspirale eine schleimhautbedeckte Ausbuchtung der seitlichen und oberen Nasenwand, an der die Luft erwärmt und befeuchtet wird, ehe sie die

Luftröhre erreicht. Das Riechepithel ist auf eine relativ geringe Fläche in der oberen Riechhöhlenregion beschränkt. Dort sitzen die Sinneszellen, von denen ein Fortsatz die Erregung zum Hirn leitet.

Aus Jägerkreisen verlautet häufig, daß vor allem Gänsevögel zu wittern vermögen, doch die Erfahrungen von Vogelfotografen, die Saat-, Bleß- und Graugänse sowohl am Nest wie auf Weideplätzen aus geringsten Entfernungen unter ungünstigen Windverhältnissen in luftdurchlässigen Zeltverstecken beobachten, lassen zu Recht daran zweifeln. Der relativ gering entwikkelte Geruchssinn der Vögel dient wohl lediglich mit zur Nahrungsprüfung. Ferngerüche werden nicht wahrgenommen!

Ebenso wie der Geruchssinn ist auch der Sinn für Geschmack nur schwach entwickelt. Geschmacksknospen am Gaumen, des Mundhöhlenbodens und an Partien der hinteren Zunge sind so unbedeutend, daß sie lange Zeit übersehen wurden. Entsprechend schwach ist der Geschmackssinn! Optische und taktile Reize sind für die Nahrungsaufnahme wesentlicher.

Körperempfindlichkeit

Während Gehör- und Gesichtsinn des Vogels ebenso wie sein Geruchswahrnehmungsvermögen mit unseren Sinnen vergleichbar sind, können wir die Körperempfindlichkeit des Vogels nicht nachempfinden. Es ist eine komplexe Wahrnehmungsart, die vornehmlich aus Komponenten von Druck, Erschütterung und Temperatur besteht. Der Vogelkörper trägt eine Unzahl kleinster nervöser Tastkörperchen, die besonder in der Haut Schmerz und Temperaturempfindung vermitteln. Sie sind unterschiedlich ausgeprägt. Während die MERKELschen Körperchen in tieferen Hautschichten aus mehreren vereinten Tastzellen bestehen, die von einer Nervenfaser netzförmig umgeben sind, werden in den GRANDYschen Körperchen zwei Tastzellen von einer Kapsel aus Bindegewebszellen ummantelt. MERKELsche Körperchen machen in starker Ausbildung die Schnäbel vor allem an der Spitze, an den Rändern, jedoch auch den Gaumen zu empfindlichen Tastorganen. An Schnabelrändern, der Zunge, Schnabelwülsten treten die HERBSTschen Körperchen gehäuft auf, die aus umgewandelten Nervenenden entstehen. Diese Körperchen, die jedoch auch zwischen Muskeln, an inneren Organen und besonders ausgeprägt unter der Muskulatur des Unterschenkels auftreten, reagieren äußerst empfindlich auf Erschütterungen. Vibration von Zweigen oder des Bodens werden von ihnen über die Zehenmuskulatur aufgenommen.

Das Zusammenspiel der unterschiedlich strukturierten Tastkörperchen dient nicht nur der Tast- und Erschütterungsempfindung mit darauf entsprechend folgender Muskelbewegung, sondern auch der Temperaturregelung. Auch die Gefiederstellung wird über die zahllosen kleinsten nervösen Bildungen gesteuert.

Problematische Sinne

Während sich verschiedene, zunächst unerklärliche Verhaltensweisen und Leistungen der Vögel, wie ihre Unruhe vor Erdbeben, bei Detonationen, vor Gewittern usw., aus der Funktion des Vogelkörpers als nervöser Gesamtmechanismus begründen lassen, bleiben andere Leistungen noch weitgehend ungeklärt. Ihr Zeitsinn, ihre innere Uhr wird wahrscheinlich auf allgemeine Organfunktion zurückzuführen sein. Er entspricht dem 24-Stunden-Rhythmus.

Empfindlich reagieren Vögel auf meteorologische Veränderungen, wie Luftdruck, Wolkenbildung, Temperaturschwankungen. Möglicherweise werden dabei auch die sich ändernden atmosphärischen elektrischen Spannungen registriert. Die Hypothese, daß Vögel den magnetischen Nordpol oder das elektrische Erdfeld wahrnehmen, konnte experimentell nicht bestätigt werden, womit die Annahme eines kompaßartigen Organs zur Fernorientierung hinfällig wird. Vielmehr spielt dafür der Gesichtsinn eine entscheidende Rolle; die Stellung der Sonne und anderer Sterne wird wahrgenommen und auf noch unbekannte Weise verrechnet. Unklar ist für die Fernorientierung auch noch die Funktion des Labyrinths. Entsprechende Versuche ergaben divergierende Resultate.

Nervensystem

Das Nervensystem der Vögel ist funktionell und strukturell differenziert. Während das Eingeweidenervensystem mit *Sympathicus* und *Parasympathicus* in seiner vegetativen Funktion als ein Netzwerk feiner Nervenfasern die Vorgänge in allen Organen innerhalb des Körpers steuert und regelt, dient das Rückenmark mit seinen Nerven ebenso wie das Hirn der Tätigkeit der Rezeptoren und Effektoren, also der Sinnesaufnahme und der entsprechenden Körperbewegung. Ihre Funktionen stehen in wechselseitigem Verhältnis.

Das Nervensystem entspricht einem längsaxial durch den Körper verlaufenden Rohr, dessen Grundplatte mit ihren vorwiegend motorischen Zellen Muskulatur und Drüsen beeinflußt, während der obere Teil, die Flügelplatte, mit sensorischen Zellen Sinneseindrücke empfängt. Die größere Anzahl sensorischer Zellen findet sich in den verschiedenen Teilen des Hirns.

Das Rückenmark verläuft vom Kopf bis in die letzten Schwanzwirbel. Es ist im Übergang zum Brustmark besonders stark ausgeprägt, während eine zweite Verbreitung in der Beckenregion erfolgt. Diese lumbo-sacrale Anschwellung ist bei Laufvögeln wesentlich kräftiger ausgeprägt als bei Flugvögeln, die über die größere (cervicale) Halsschwellung verfügen. Von den Anschwellungen nehmen die großen Nerven zur Lauf- und Flugmuskulatur ihren Ausgang. Rükkenmark und Hirn, mit Ausnahme des Großhirns, stehen in steter, wechselseitiger Beziehung, wobei das Rückenmark relativ unabhängig reflektiv arbeitet. Es regelt mit seinen Nervengeflechten des lumbo-sacralen Bereiches Bein- und Schwanzsteuerbewegungen sowie Gleichgewichtsveränderungen, während vom cervicalen Bereich Flügelbewegung und -stellung gesteuert werden. Allerdings wird der Ablauf der Rückenmarksreflexe vom Hirn mit reguliert.

Das Vogelhirn entspricht dem Bau nach seinem stammesgeschichtlichen Vorläufer, dem Reptilienhirn. Groß- und Kleinhirn sind jedoch vergrößert und das Hirngesamtvolumen ist im Verhältnis zur Körpermasse teilweise bis auf das 20fache gesteigert. Den verschiedenen Hirnregionen kommen unterschiedliche Aufgaben zu. Das Großhirn regelt und koordiniert die vielfältigen Körperbewegungen, die von anderen Hirnzentren, wie vor allem dem Mittelhirn, den Sinneseindrücken entsprechend gesteuert werden.

Das Vogelgroßhirn weist dem Reptilienhirn gegenüber wesentlich größere basale Kernmassen auf. Die Hirnhohlräume wurden als Folge der Kopfkapselbegrenzung und des großen Augenvolumens zugunsten nervöser Substanzvermehrung stark spaltförmig verengt. Die Rinde des Großhirns ist bei Vögeln glatt und verarbeitet vor allem optische Erregungen, die von einem Auge aufgenommen werden. Für beidäugiges Sehen hingegen ist das Mittelhirn zuständig. Vom Großhirn wird die Art und Weise der Bewegungen bestimmt und ebenso das Erkennen belebter und unbelebter Umweltdinge unter Erfahrungsverwertung. Es ist das Zentrum der höheren psychischen Inhalte, aus deren Zusammenspiel echte Handlungen, also die Auseinandersetzung des Individuums mit der Umwelt resultieren. In den Verwandtschaftsgruppen haben größere Arten auch relativ die größere Hirnmasse. So ist der Kolkrabe der »intelligenteste« Sperlingsvogel.

Versuche innerhalb verschiedener Ordnungen haben erkennen lassen, daß bei Verlust – in diesen Fällen durch operativen Eingriff – bestimmter Regionen die meisten der im Großhirn lokalisierbaren Einzelbewegungen noch stattfinden können. Sie sind jedoch undifferenziert und verlaufen nicht zielgerichtet.

Das Zwischenhirn ist relativ gering entwikkelt. Die Hypophyse liegt unter ihm. Vor ihr kreuzen sich die Sehnerven. Vom Zwischenhirn, als vegetativem Zentrum, wird die Körpertemperatur geregelt und zugleich Einfluß auf das Nachhirn genommen, welches Wasserhaushalt und Blutdruck reguliert.

Das Mittelhirn beeinflußt im Zusammenspiel mit dem Großhirn als relativ eigenständiges Zentrum die Körperbewegungen. Sein Dach ist zu mächtigen Sehlappen entwickelt, in denen die meisten optischen Sinneseindrücke verarbeitet werden.

Das Kleinhirn empfängt Impulse der allgemeinen Körperempfindlichkeit, Tastwahrnehmungen und optische Impulse über das Mittelhirn. Es ist dem motorischen System zugeordnet, verändert den Tonus und stimmt die Arbeit der Beuger und Strecker der Muskulatur aufeinander ab. Es steht in enger Verbindung mit dem Labyrinthsystem zur Wahrnehmung des Gleichgewichtes. Impulse anderer Gehirnteile werden hier gesammelt, um Bewegungen, die aus deren Wirkung resultieren sollen, ablaufen zu lassen. Den vielfältigen und hochdifferenzierten Bewegungsabläufen entsprechend ist das Kleinhirn der Vögel recht groß ausgebildet. Das Nachhirn als verlängertes Mark ist der Übergang vom Rückenmark. Hier beginnen oder enden die meisten Hirnnerven. Die Kerne ihrer Nervenzellen sind untereinander oder mit anderen Hirnzentren verbunden.

Gehirn und Rückenmark sind als Einheit zu betrachten. Das Hirn wird in der Embryonalentwicklung aus dem gestreckten Nervenrohr durch Einschnürungen, Krümmungen und Verdickungen gebildet.

Während die Nerven des Rückenmarks nach einem einheitlichen Grundmuster in jedem Wirbelabschnitt paarig mit sensorischen und motorischen Fasern austreten und sich zu gemischten Spinalnerven vereinen, die mit ihren Ästen verschiedene Organe versorgen, sind die Nerven des Gehirns, vor allem der Kopfsinnesorgane sehr unterschiedlich abgewandelt.

Der Riechnerv, als 1. Gehirnnerv, ist aus Fortsätzen der Riechzellen gebildet, die an den vordersten Teil des Großhirns herantreten. Der 2. Gehirnnerv ist der Sehnerv. Er besteht aus Fasern der Netzhautganglienzellen, wobei sich die Nervenfasern beider Augen beim Eintritt ins Zwischenhirn überkreuzen. Ein geringer Teil der primären Sehbahnen endet an der Basis von Zwischen- und Mittelhirn, der überwiegende Teil jedoch im Sehlappen des Mittelhirns.

3., 4., und 6. Gehirnnerv dienen der Impulsleitung zu den Augen, während 5. und 7. Gehirnnerv im Zusammenspiel mit dem Hörnerv den Vorderkopf, Stirn, Tränendrüsen, Gaumen- und Nasenhöhle und Kiefernmuskulatur versorgen. Der. 8. Gehirnnerv reicht zum Ohr. Seine Nervenzellen liegen außerhalb des Gehirns in den Wänden des Innenohres. Als Geschmacksnerv fungiert der 9. Gehirnnerv, von Ästen des 7. und 10. Nerven unterstützt. Der 10. Nerv besitzt von allen Gehirnen die weiteste Ausstrahlung. Er schafft die Verbindung zu Lungen, Herz und Magen sowie zur Schilddrüse.

Der 11. Gehirnnerv ist ein Ast des mehrelementigen 10. Nerves, während der 12., der aus mehreren in die Kopfkapsel aufgenommener Rückenmarksnerven entstanden ist, zu einem Teil als Gesangsnerv dem unteren Kehlkopf, der Syrinx, zugeordnet ist.

Atmungssystem

Vögel besitzen ein spezielles Atmungssystem, das sich grundlegend von denen anderer Wirbeltiere unterscheidet. Ihre Lungenflügel unter der Brustwirbelsäule sind relativ klein und unbeweglich. Zwei Hauptbronchien führen vom lauterzeugenden Unteren Kehlkopf in die Lungenflügel. Dort setzt ein Röhrensystem an, das sich mehr und mehr verteilt und als Netzwerk das eigentliche Atmungsgewebe bildet. Es ist zum intensiven Gasaustausch dicht mit feinsten Blutkapillaren durchflochten. Luft- und Blutkapillaren haben gemeinsame Wände. Dieses wirkungsvollste Atmungssystem des gesamten Tierreiches dient lediglich dem Gastaustausch. Die Ventilation der Atemluft jedoch erfolgt mittels spezieller Bildungen, der Luftsäcke.

Die Luftsäcke sitzen den bauchseitigen Lungenflächen an. Sie sind dünnhäutig und dehnbar, haben aber weder Muskeln noch elastische Fasern. Sie werden durch Bewegung des Brustkorbs gedehnt oder zusammengezogen. Sie werden blasebalgartig bewegt und ziehen Luft durch die Lungen ein und drücken sie auf demselben Weg wieder nach außen. Dadurch wird das Atmungsgewebe der Lungen sowohl beim Ein- wie beim Ausatmen versorgt. Die Luftsäcke dienen nicht nur zur Atmung, sondern gleichzeitig der Masseminderung des Körpers. Sie ziehen sich nicht nur durch den Leib, sondern mit Fortsätzen bis in die hohlen Oberarmknochen, das Brustbein, in Regionen der Kopfkapsel, zwischen Muskeln und unter die Haut.

Fünf Luftsackpaare gehören zum Atmungssystem der Vögel, wovon sich drei Paare im vorderen Brustkorb, die anderen beiden mit größerem Volumen, im hinteren Brustkorbteil und in der Bauchhöhle befinden.

Die Atmung erfolgt über die Brustkorberweiterung oder -verengung. Der stehende oder laufende Vogel streckt mit Hilfe der äußeren Zwischenrippenmuskeln die Rippen, und das Brustbein senkt sich. Der Abstand der Rabenbeine wird dabei vergrößert. Die Rippen treten seitlich vor, und Brust- und Bauchraum werden so weit gedehnt, daß die Luftsäcke die Atemluft über die Luftröhre, den unteren Kehlkopf und die Lungenflügel einziehen.

Bauch- und innere Zwischenrippenmuskeln arbeiten als Ausatmungsmuskeln. Sie heben das Brustbein, damit verringert sich das Volumen von Brust- und Bauchraum, und die Luft wird aus den Luftsäcken wieder nach außen gepreßt.

Schwimmende oder liegende Vögel können das Brustbein nicht nach vorn/unten bewegen. Dafür heben die von den Einatmungsmuskeln gestreckten Rippen die Wirbelsäule an, so daß sich die Luftsäcke füllen können. Zur Ausatmung ist geringe Kraft der Ausatmungsmuskeln notwendig. Ensprechend sind bei Tauch- und Schwimmvögeln die Einatmungsmuskeln, bei Laufvögeln jedoch die Ausatmungsmuskeln stärker ausgebildet.

Beim Fliegen entspricht die Atmung etwa der beim Schwimmen. Auch hierbei wird die Wirbelsäule angehoben. Beim Niederschlagen der Flügel erweitern die Rabenbeine den Schultergürtelraum, und die vorderen Luftsäcke füllen sich. Die Ausatmung erfolgt beim Flügelaufschlag.

Die Atemfrequenz der Vögel ist sehr unterschiedlich. Sie liegt bei kleinen Arten um ein Vielfaches höher als bei größeren. Sie ist davon abhängig, ob der Vogel ruht, läuft oder fliegt. Eine sitzende Krähe macht rund 30 Atemzüge pro Minute, im Flug ist ihre Atemfrequenz um das zehnfache erhöht. Kleinere Sperlingsvögel atmen im Ruhezustand etwa 100 bis 150mal pro Minute.

Für das Tauchen wasserbewohnender Vögel spielt das System der Luftsäcke ebenfalls eine große Rolle. Bei Entleerung der Luftsäcke wird der Körper durch die Erhöhung des spezifischen Gewichtes schwerer. Damit ist das Tauchen erleichtert. Atemluft wird nach dem Auftauchen zugeführt.

Das Atemsystem dient auch der Lauterzeugung. Die Töne werden nur beim Ausatmen hervorgebracht. Durch die hohen Atemfrequenzen verschmelzen die Einzeltöne für das menschliche Ohr zum Dauerton, wie beispielsweise beim pausenlos singenden Feldschwirl. Während andere Wirbeltiere ihren Stimmbildungsapparat im Kehlkopf, der Mündung der Luftröhre in den Rachenraum, besitzen, haben Vögel ein nur ihnen eigentümliches Organ, den Unteren Kehlkopf, die *Syrinx*. Es ist aus der Umwandlung der oberen Bronchienringe entstanden. Knochen- und Knorpelringe der unteren Luftröhre sind verändert, bzw. zum Pympanum, der Knochentrommel vereint, während die Membranen der obersten Bronchienhalbringe zu Paukenhäuten verbreitert wurden. Dabei sind Innere und Äußere Paukenhäute zu unterscheiden. Diese schwingenden Membranen sind entweder nur auf die Bronchien beschränkt (Bronchien – *Syrinx*) oder entsprechende Bildungen finden sich an Bronchien und Luftröhre (Luftröhren-Bronchien-*Syrinx*) oder sie sind aus den letzten sechs Luftröhrenringen (Luftröhren-Syrinx) hervorgegangen. Entsprechende Muskeln bewegen die *Syrinx* entweder nach vorn und verkürzen den Abstand zum Kehlspalt oder vergrößern ihn durch Zug in Brustbeinrichtung. Auf diese Weise sind die schwingenden Häute mehr oder weniger gespannt. Vibration entsteht mittels leichten Überdrucks, der durch einen Teil des Gabelbeinluftsackes beim Ausatmen erzeugt wird.

Die dünnen Paukenhäute, die durch Überdruck die notwendige Elastizität erhalten, können zwischen 100 bis 20 000mal in der Sekunde vibrieren. Die Schwingungen der verschiedenen Membranen wirken wechselseitig auf diese ein, so daß Schwingungskopplung entsteht. Die derart erzeugten Töne werden in der Luftröhre, die unterschiedlichste Formen besitzen, zudem in Länge und Weite variieren kann, in Verbindung mit jeweils entsprechend großem oder kleinem Mund- und Rachenraum moduliert. Luftsäcke können zusätzlich für Resonanz sorgen und tonverstärkend wirken, ebenso wie die speziellen Luftröhrenbildungen der trommelartigen Auftreibungen bei Sägern oder die Schlingen der verlängerten Luftröhre bei Kranichen und Schwänen, die sich in einen Brustbeinkammhohlraum erstrecken. Luftröhrenverkürzung steigert die Tonhöhe.

Kreislaufsystem

Vögel mit ihrem intensiven Stoffwechsel und hohen Körperinnentemperaturen besitzen ein relativ großes Herz. Dieser Hohlmuskel ist durch eine Längswand in die rechte und linke Herzhälfte geteilt, die im Prinzip zweier nebeneinanderliegender Druck-Saug-Pumpen durch rhythmische Kontraktionen das Blut transportieren. Es fließt in zwei gesonderten Kreisläufen. Die linke Herzseite ist kräftiger ausgebildet. Sie hat den gesamten Körperkreislauf zu bewältigen. Die rechte Herzkammer hingegen ist lediglich für den Lungenkreislauf zuständig.

Der Körperkreislauf vollzieht sich in zwei unterschiedlichen Gefäßsystemen. Das sauerstoffreiche Blut, das zur Versorung vom Herzen fortgedrückt wird, bewegt sich in Arterien, der Blutrücklauf zum Herzen erfolgt in den Venen. In seiner Transportfunktion tritt das Kreislaufsystem mit allen Organen des Körpers in Beziehung.

Der Körperkreislauf beginnt in der linken Herzkammer. Von hier wird das aus den Lungen kommende hellrote, sauerstoffreiche Blut über die Aorta und die nachgelagerten Arterien, die sich zu Arteriolen verzweigen, in ein ausgedehntes Kapillarsystem gepumpt. Hier vollzieht sich der Sauerstoffaustausch mit den Zellen, und das Blut fließt über Venen zur rechten Herzkammer zurück. Es tritt mit Kohlendioxid angereichert dunkelrot in den rechten Vorhof ein. Mit der Arbeit der rechten Herzkammer setzt der Lungenkreislauf ein. Sie drückt das Blut in die Lungen. Es durchströmt dort ein Geflecht von Blutkapillaren, die mit den Luftkapillaren in enger Beziehung stehen, wird mit Sauerstoff angereichert, während Kohlendioxyd abgegeben wird. Danach fließt es hellrot durch die Lungenvenen über den linken Vorhof in die linke Herzkammer, um wieder in den Körperkreislauf einzutreten.

Das Blut dient nicht allein dem Gasaustausch, sondern gleichzeitig werden Nährstoffe vom Verdauungstrakt zu den arbeitenden Körperzellen transportiert, sowie Hormone und Fermente befördert und Abbauprodukte in den Nieren abgesetzt. Der Stoffaustausch erfolgt in den Körpergeweben zwischen Blut und Gewebeflüssigkeit, die die Zellen umspült. Diese, bei Vögeln klare Lymphe, wird durch Blutplasma aus den Kapillaren ständig ergänzt. Sie füllt die Gewebelücken aus, die zu einem gesonderten Lymphgefäßsystem vereint sind, das zu den Venen in Verbindung steht.

Das Vogelherz ist nicht nur verhältnismäßig groß, sondern es pumpt auch sehr schnell. Je kleiner ein Vogel ist, desto höher liegt seine Herzschlagfrequenz. Heimische Finkenvögel haben zwischen 400 bis 900 Pulsschläge pro Minute. Da kleinere Körper im Verhältnis zur Kör-

Kleinvögel haben im Verhältnis zu ihrer Körpergröße eine besonders große Oberfläche und damit einen hohen Energiebedarf. Wenn sie als Teilzieher von Kälte und Schnee überrascht werden, erleiden sie besonders hohe Verluste, weil ihnen der notwendige Brennstoff Nahrung dann nicht zugänglich ist. Davon sind in besonderem Maße solche Weichfresser wie das Rotkehlchen betroffen. *Foto: Spillner*

Das Stieglitzweibchen füttert seine Jungen mit im Kropf vorgequollenen Sämereien. *Foto: Spillner*

permasse eine relativ größere Oberfläche besitzen, muß die Gefahr der Abkühlung durch erhöhten Stoffwechsel mittels raschen Kreislaufs überwunden werden. Dementsprechend ist die Körpertemperatur der Vögel hoch. Sie liegt – mit Ausnahme der Lappentaucher und Ruderfüßer – bei durchschnittlich 41 bis 43 °C.

Verdauungssystem und Stoffwechsel

Bau und Lage der Verdauungsorgane im Körper entsprechen energetischen wie aerodynamischen Besonderheiten des Vogels. Der Körper soll durch den Verdauungsablauf möglichst wenig belastet werden, daher wird vorwiegend energiereiche Nahrung aufgenommen. Der Verdauungstrakt ist dementsprechend relativ kurz, und der Magen liegt nahe dem Körperschwerpunkt. Da der Vogelschnabel die Nahrung nur mangelhaft zerkleinern kann, hat der Muskelmagen die Aufgaben eines Gebisses übernommen. Die sehr differenzierte Ausbildung des Verdauungssystems, selbst innerhalb verwandschaftlich sich nahestehender Formen, erfolgte in Anpassung an die Nahrung und deren Aufnahme entsprechend den Umweltbedingungen. Dabei vollzog sich vielfach eine hohe Spezialisierung auf ein bestimmtes Nahrungsangebot. Echte Allesfresser sind selten.

Vögel sind zahnlos; zahnförmige Bildungen der harten Schnabelränder wie bei Sägern und Gänsearten dienen nicht zum Zerkleinern sondern dem Halt bzw. dem Abriß der Nahrung. Schnabel, Mundhöhle und Zunge bilden eine funktionelle Einheit. Schnabelspitze und -ränder sind ebenso wie die Zunge mit einer Vielzahl von Nervenenden und Tastkörperchen versehen. Flamingos und einige Gründelenten nutzen Zunge und Schnabel als Seihapparat. Körnerfressende Sperlingsvögel enthülsen mit Ober- und Unterschnabel im Verein mit der Zunge Sämereien. Bei Fischfressern wie Ruderfüßern ist die Zunge sehr klein. Hier dient sie nahezu nur noch der Aufrechterhaltung der Na-

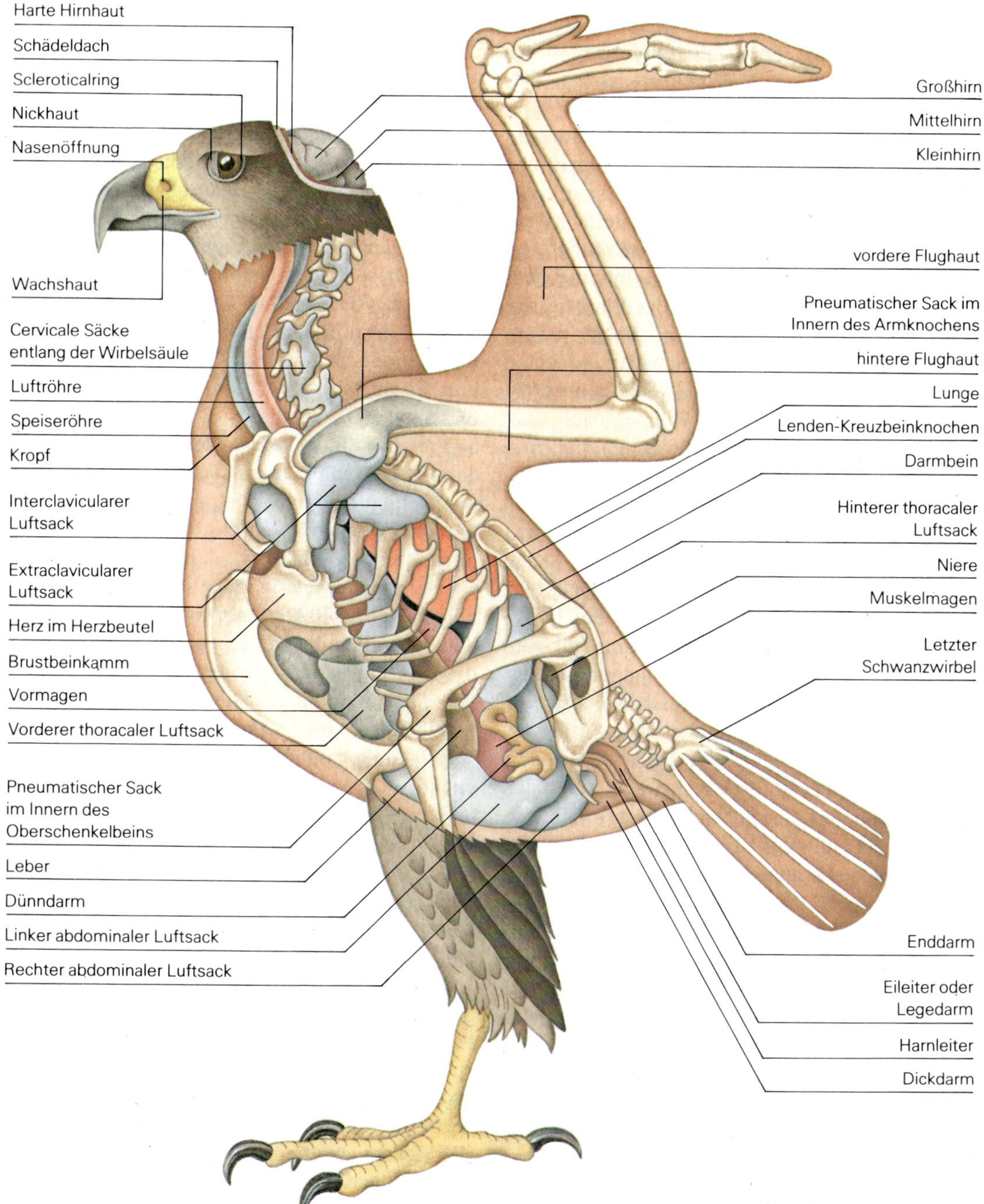

Lage der inneren Organe des Vogels

Die zyklische Entwicklung der Keimdrüsen wie die gesamte Periodik des Organismus ist aus dem Zusammenspiel des Eingeweidenervensystems mit dem Inkretionssystem zu verstehen, das regulatorischen Charakter hat. Eine Reihe unterschiedlicher Inkretdrüsen, denen Ausführungsgänge fehlen und die ihre Absonderungen direkt ins Blut abgeben, erzeugen bestimmte Wirkstoffe, die Hormone. Es sind dies die Bauchspeicheldrüse, die Keimdrüse, Nebennieren, Nebenschilddrüsen, Schilddrüse und Hypophyse.

Die Hypophyse steht mit dem basalen Teil des Zwischenhirns, einem wichtigen vegetativen Zentrum, in Verbindung. Sie erzeugt im Hinterlappen die Hormone Oxytocin, Vasopressin und Pitressin, die bei Blutdrucksteigerung und Eiablage mitwirken. In ihrem Vorderlappen werden viele Hormone aufgebaut, deren Wirkung die Funktion anderer innersekretorischer Drüsen mit steuert.

In der Schilddrüse wird Jod gesammelt und mit Hilfe von Fermenten über verschiedene Stoffe als Endprodukt das Hormon Thyroxin aufgebaut. Es spielt eine wesentliche Rolle im Stoffwechsel, vor allem für den Ablauf der Mauserprozesse und die Auslösung der Zugunruhe.

Von den Nebenschilddrüsen wird über das Parathormon der Kalzium- und Phosphatstoffwechsel reguliert, während die Nebennieren im Nebennierenmark Adrenalin erzeugen, das für die vermehrte Blutzufuhr zur Bewegungsmus-

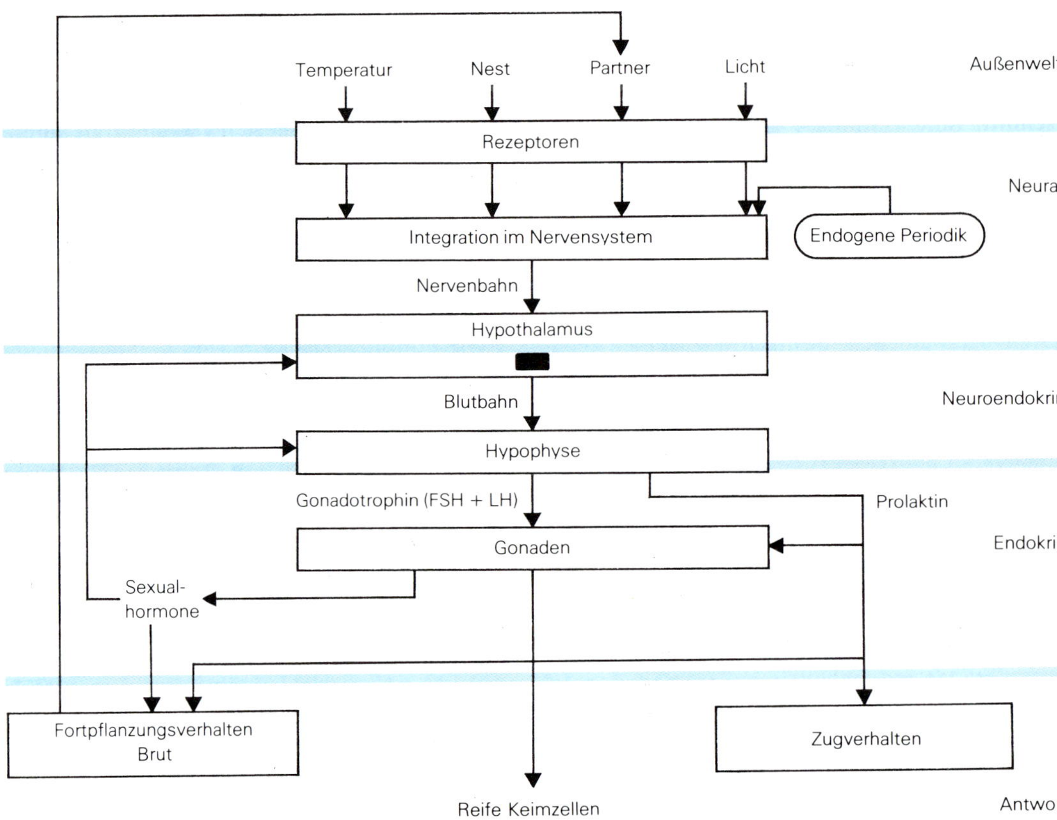

Schema des Zusammenwirkens neuraler, neuroendokriner und endokriner Steuerungssysteme (dunkles Rechteck im Hypothalamus: Symbol für neuroendokrine Zelle)

kulatur, zu Herz, Lunge und Hirn bedeutungsvoll ist. In der Nebennierenrinde entstehen Cortine, eine Hormongruppe, die zur Stärkung der Abwehrkräfte des Körpers dienen. Die Bauchspeicheldrüse produziert mit ihrem Inselgewebe Insulin. Dieses Hormon reguliert den Blutzuckerspiegel.

Sexualhormone entstehen in den Keimdrüsen, und zwar produzieren die Hoden das Testosteron, während im Eierstock das Follikulin oder Östron sowie das Progesteron gebildet wird. Männliche und weibliche Geschlechtshormone werden in geringen Mengen jeweils auch vom anderen Geschlecht hervorgebracht.

Der Anteil der geschlechtsspezifischen Hormonproduktion ist für männliches und weibliches Verhalten, für Rangordnungen innerhalb von Gemeinschaften und Gruppen, vor allem aber während der Balz, Paarfindung und -bindung von Bedeutung.

Das Vogelei

Zu Beginn der Fortpflanzungszeit reift im Eierstock des Vogelweibchens eine große Zahl an Eibläschen. Sie werden in der Rindenschicht des Eierstocks gebildet. Diese Follikel sind mikroskopisch klein. Mit ihrem Wachstum gewinnt der Eierstock an Größe. Er bekommt durch den unterschiedlichen Entwicklungsgrad der wachsenden Follikel traubenförmige Gestalt. Von den bis zu 25000 Follikeln werden bis zu 2 Dutzend weiter ausgebildet. Mit entsprechender Dotterzunahme der Eizellen hängen die Follikel wie gestielte Becher frei in der Leibeshöhle. Sie reißen bei entsprechenden Entwicklungsgrad der Eizellen auf. Die Dotterkugel wird vom Trichter des Eileiters aufgenommen. Er ist an elastischen Bändern aufgehängt und nähert sich zum Follikelsprung dem reifen Ei.

Die Befruchtung der Eizelle erfolgt vor der Eiweißbildung im oberen Eileiter. Die Spermienmenge einer Begattung kann zur Befruchtung aller Eier für ein Gelege ausreichen, jedoch finden durchweg bereits längere Zeit vor und auch während der Eiablage Begattungen statt.

Nach Vereinigung von Eizelle und Samenfaden beginnt sich die Keimscheibe, die dem Dotter aufliegt, zu teilen. Mit der Ausbildung des äußeren und inneren Keimblattes ist die Voraussetzung der weiteren Embryonalentwicklung gegeben. Sie findet bei Wärmezufuhr während der Bebrütung statt. So lange sie nicht erfolgt, stagniert die weitere Entwicklung. Somit kann die Embryonalentwicklung aller Eier jener Gelege, die erst nach Ablage des letzten Eis bebrütet werden, synchron ablaufen. Der Dotteranteil im Vogelei ist verhältnismäßig groß. Er beträgt bei Nestflüchtern bis zu 40 %, bei Nesthockern dagegen etwa 20 %. Das Dotter besteht

Singvogeleier. Das Gelege des Gelbspötters.
Foto: Spillner

Die hühnereigroßen Eier der Schmarotzerraubmöwe in der flachen Nistmulde der Moostundra.
Foto: Spillner

aus zwei unterschiedlichen Schichten, weißem und gelbem Dotter. Sie sind wechselnd konzentrisch gelagert. Eine Dotterhaut umschließt diese Eizelle. Sie wird aus Drüsenschläuchen im oberen Eileiterabschnitt zunächst von wasserhaltigem, nach außen schichtweise dichter werdendem Eiweiß umgeben. In der Eileiterverengung erfolgt die Ausbildung der Schalenhaut in zwei Lagen, zwischen denen am stumpfen Eipol nach der Eiablage die Luftkammer entsteht.

Da die Dotterkugel im umgebenden Eiweiß frei beweglich ist und sich während der Drehbewegung des sich weiter ausbildenden Eies auf dem Weg zur Kloake stets mit dem leichteren Pol der Keimscheibe nach oben wendet, werden Eiweißfasern der flüssigen Schicht zu Hagelschnüren aufgedreht. Sie heften sich an die Schalenhaut und bewirken den Schutz des Dotters vor Erschütterungen.

Dem Ei wird nach Eintritt in den Uterus noch einmal sehr dünnflüssiges Eiweiß zugeführt. Es tritt durch die Schalenhaut ein und gibt dem Ei die endgültige Größe. Danach beginnt die Schalenbildung.

Der Kalkgehalt des Blutes nimmt vor der Eiablage stark zu, und im Uterus tritt Kalk in eiweißhaltigen Lösungen aus. Auf die Schalenhaut wird vor allem kohlensaurer Kalk ausgefällt. Bei Kalkmangel kann die Schale nur unvollkommen oder gar nicht ausgebildet werden. Dann entsteht ein schalenloses Windei, das lediglich von der Schalenhaut ummantelt ist.

Die Eischale besteht aus senkrechten, winzigen Kalksäulen, den Mamillen, in zwei Schichten. In der oberen, der Schwammschicht, die mit einer elastischen Haut, der Kutikula, endigt, ist der Zusammenschluß der Säulen dichter. Zahlreiche – bis zu mehreren Tausend – Poren ermöglichen den lebensnotwendigen Gasaustausch, also Sauerstoffaufnahme und Kohlendioxydabgabe. Die unter der Kalkschale liegende Schalenhaut besitzt keine Atemporen. Hier erfolgt der Gasaustausch durch Osmose.

Über der Schalenoberfläche kann zusätzlich noch eine Schicht aufgelagert sein. So besitzen die Eier von Ruderfüßern einen kreideartigen Überzug, Lappentaucher dagegen eine glutinöse Schicht, die sogenannte Lederhaut.

Die Färbung des Vogeleis vollzieht sich beim Aufbau der Kalkstrukturen. Farbstoffe werden aus Drüsen des Uterus abgesetzt, doch wirken auch aus dem Eileiter nachfolgende Farbmengen gegen Ende der Kalkschalenbildung noch mit. Hieraus resultieren die Fleckenkränze am stumpfen Eipol vieler Vogelarten. Da das Ei mit dem spitzen Pol in Kloakenrichtung wandert, treffen die eiweißgebundenen Farbstoffe vom Eileiter vor allem den stumpfen Pol. Bänder und Linien werden durch Drehbewegungen des Eies verursacht. Die unterschiedlichen Eifarben lassen sich auf das Derivat eines Gallenfarbstoffes, das Oozyan, und das Derivat eines Blutfarbstoffes, das Protoporphyrin, zurückführen.

Während der Kalkschalenbildung ist der Uterus durch eine Ringmuskelschicht nach oben

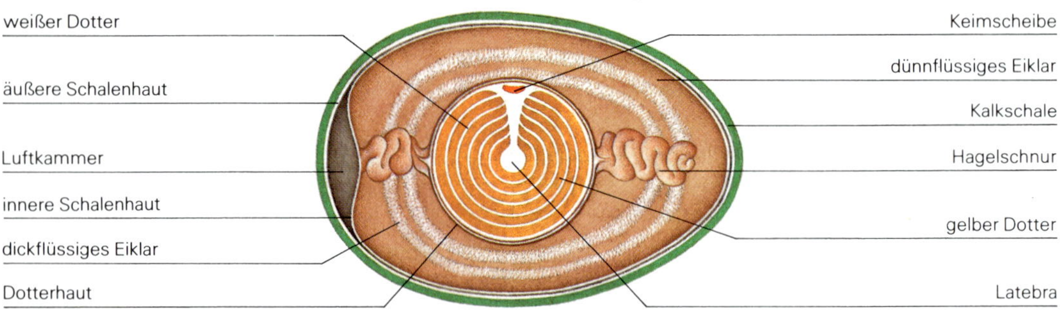

Schema des Vogeleis

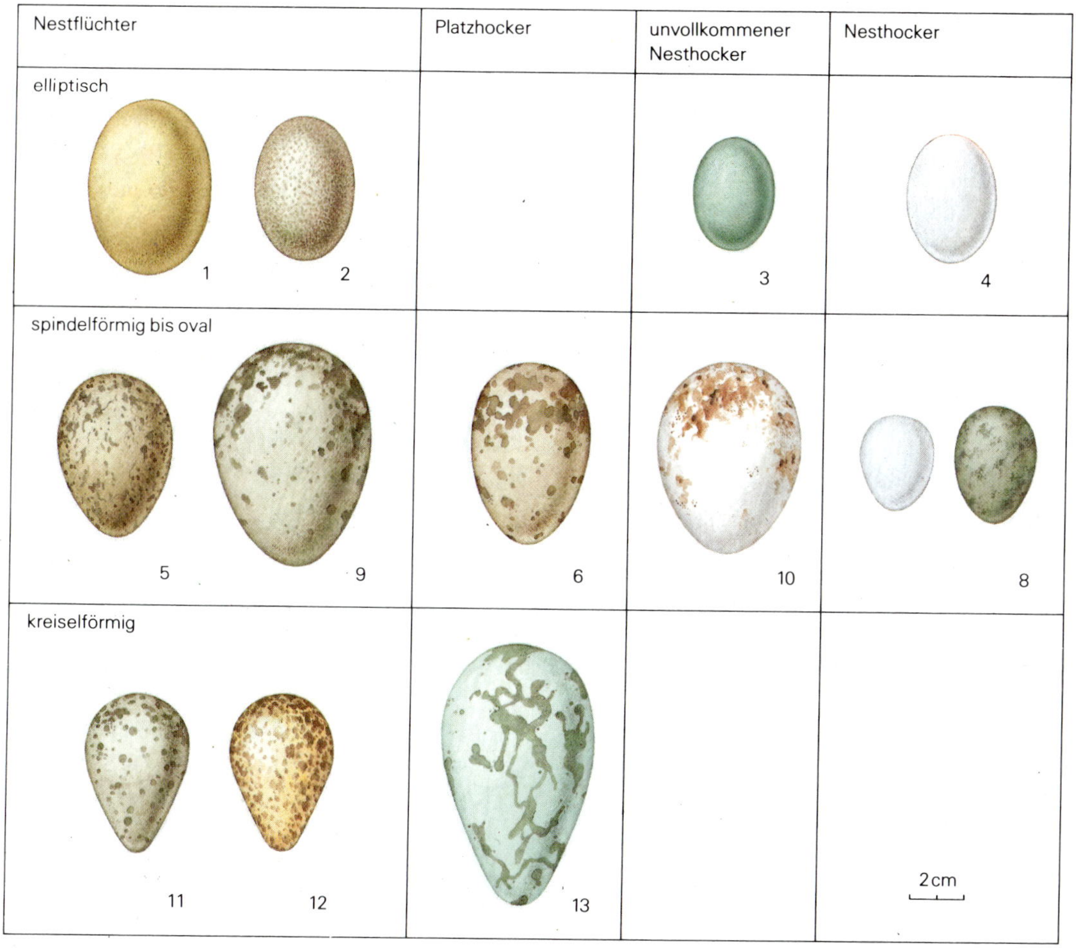

Eiformen
1 Tafelente; 2 Haubentaucher; 3 Rallenreiher; 4 Ringeltaube; 5 Triel; 6 Sturmmöwe; 7 Schwarzspecht; 8 Aaskrähe; 9 Großer Brachvogel; 10 Mäusebussard; 11 Uferschnepfe; 12 Kiebitz; 13 Trottellumme

und unten abgeschlossen. Vom Uterus gelangt das fertig ausgebildete Ei in die muskulöse Vagina. Durch reichliche Schleimabsonderung ihrer Drüsen wird die Eiablage erleichtert. In der Regel tritt das Ei mit dem spitzen Pol aus.

Die Eiformen bleiben innerhalb der Arten in der Regel konstant, Eifarbe und Farbmuster meist weniger. Innerhalb der Art und sogar eines Geleges können verschiedene Farbvarianten auftreten. Ein breites Farb- und Zeichnungsmusterspektrum weisen Kuckuckseier auf, doch legt jedes Kuckucksweibchen jeweils nur Eier eines Typs, der den Eiern des Wirtsvogels entsprechen soll, in dem das Weibchen aufgezogen wurde.

Auch bei Arten, die sich verwandtschaftlich nahestehen, gibt es große Unterschiede in der Farb- und Zeichnungskonstanz. So weisen die Eier des Baumpiepers beispielsweise ein großes Variationsspektrum auf, während die Eier des verwandten Brachpiepers in Farbe und Zeichnung relativ konstant bleiben. Gültige Regeln über Zuordnung von Form, Farbe und Zeichnung für Gattungen, Familien oder Ordnungen sind nicht zu erkennen, wenngleich gewisse Formen und Färbungen für bestimmte Vogelgruppen typisch erscheinen, wie die weißlichen, elliptischen Eier der Lappentaucher, die kurzovalen, weißen Eier der Eulen und kreiselförmige »tarnfarbene« Eier der bodenbrütenden Wasserläufer, Regenpfeifer und anderer Laro-Limikolen. Die Eigröße hingegen ist für jede Vogelart relativ konstant. Sie steht zudem in einem bestimmten Verhältnis zur Körpergröße, und zwar legen kleinere Arten die relativ größeren Eier. Nestflüchtereier sind schwerer als die Eier von Nesthockern, da Nestflüchter wesentlich weiterentwickelt schlüpfen. Dafür ist ein größeres Dottervolumen vonnöten, überdies wird ein Teil des Dotters noch als Nahrungsreserve nach dem Schlupf benötigt.

Embryonalentwicklung und Schlupf

Obwohl die Eizelle bereits im Eileiter befruchtet wird und die Zellteilung in der dem Dotter aufliegenden Keimscheibe in der für Vogeleier diskoidalen Furchung beginnt, setzt die eigentliche Embryonalentwicklung im Ei erst mit der Bebrütung, also durch entsprechende konstante Wärmezufuhr ein. Bereits am ersten Bruttag wird zwischen dem bereits vorhandenen Äußeren und Inneren Keimblatt das Mittlere Keimblatt entwickelt. Der Urmund wächst sich zur gestreckten Primitivrinne aus. Das Mittlere Keimblatt bildet mit Blutzellen über den Hellen Fruchthof hinaus den Gefäßhof, dem sich außen der Dotterhof anschließt. Der Grenzgraben schnürt den Hellen Fruchthof mit dem Keim so ein, daß er lediglich durch einen stielförmigen Gang mit dem Dotter verbunden ist. Das Innere Keimblatt wird zum beidseitig geschlossenen Darmrohr mit einer Mittelöffnung zum Dottergang.

Zwei Längsfalten, die Medullarwülste, schließen die Primitivrinne beidseitig ein. Sie wachsen zum Medullarrohr als Anlage des Zentralnervensystems zusammen. Es erweitert sich

Rotkehlchengelege während der Schlupfphase.
Foto: Spillner

im Vorderteil zu drei primären Gehirnbläschen. Unter der Medullarplatte scheidet das Mittlere Keimblatt die Rückenseite ab. Rechts und links davon entstehen die 52 Urwirbel, deren Zahl später auf 42 reduziert wird. Mit Ausnahme des Kopfes gehen aus diesen Ursegmenten das Skelett und viele Muskeln hervor.

Die Gestaltbildung setzt sich mit der sich bauchwärts bildenden Herzanlage, dem Auftreten von Augen und Gehörbläschen fort. In diesem Stadium hebt sich der Embryo durch Abfaltung von der Dottermasse ab. Zwischen deren Oberfläche und dem Vorderteil des Embryos bildet sich die Kopffalte. Das hintere Ende des Embryos wird durch die Schwanzfaltenbildung abgehoben. Während sich der Kopf ausbildet, dreht er sich zugleich linksseitig, und die Längsachse wird durch Scheitel- und Nackenbeuge gekrümmt. Vorder- und Hintergliedmaßen entwickeln sich nach Anlage von je vier später umgeformten Kiemenbögen des vorderen Körperabschnitts als zunächst stummelflossige Anhänge. Mit der vollständigen Abfaltung des Embryos verschmelzen seine Seiten zur Bauchwand. Gleichzeitig wird der Körper mehr und mehr linksseitig gedreht und eingekrümmt. Er bleibt lediglich durch den Nabel mittels eines Gefäßsystems in Verbindung, durch das die

Nährsubstanzen aus dem Dotter in den Darmkanal überführt werden.

Der Keimling ist bei Sperlingsvögeln nach etwa vier Tagen entwickelt. Danach erfolgt die weitere Ausbildung. So formen sich die stummelförmigen Gliedmaßen zu Beinen und Flügeln, aus den beiden ersten Kiemenbögen wächst der Unterkiefer heran, und der Kopf bildet sich aus. Die vom Echsenursprung herrührenden überzähligen Schwanzwirbel werden rückgebildet, und Federpapillen entstehen auf der hinteren Körperseite. Das Wachstum verläuft in den ersten Bebrütungstagen rascher als in den darauf folgenden.

Der Embryo entwickelt sich geschützt von Erschütterungen in der salzhaltigen Flüssigkeit der Amnionhöhle. Das Amnion, die kompliziierteste Eihaut, wird bei seiner Abfaltung sowohl von einem Teil des Mittleren wie des Äußeren Keimblatts gebildet. Die Amnionflüssigkeit wird durch rhythmisch arbeitende Muskeln der Amnionhaut durchmischt und der Embryo bewegt. Eine weitere, aus der Keimanlage entwickelte Eihaut umschließt den Dotter. Dieser Dottersack ist vor allem bei Nestflüchtern auch nach dem Schlupf reduziert noch vorhanden. Dottersackvenen sorgen für den Dottertransport. Sie befördern die Nährstoffe in den hinteren Herzausgang, später in die Leber. Zunächst nimmt der Körper aus dem Dotter nur Glukose, später auch Eiweiß und Fett auf. Verdauungsfermente der Dottersackwand dienen der Funktion des Dottersacks als nach außen verlagertem Darmraum.

Als embryonale Harnblase stülpt sich aus dem Endabschnitt des beiderseits geschlossenen Darmrohrs die Allantoishaut hervor. Sie wird vom Harn in die Leibeshöhle und durch den Nabel aus dem Körper gedrückt. Die Allantoisflüssigkeit ist vor allem in den letzten Bebrütungstagen stark mit Harnsäure angereichert, die mit den Exkreten aus dem Eiweißverbrauch zugeführt wird. Überdies spielt die Allantois eine wichtige Rolle im Gasaustausch. Sie gibt über das Blut Kohlendioxyd und Wasserdampf ab und nimmt Sauerstoff auf. Der Austausch erfolgt durch die Poren der Eischale. Somit ist die Allantois nicht nur Resorptions- sondern auch Atmungsorgan.

Während sich der Embryo über den Fötus zum schlupfreifen Vogel entwickelt, kann sich die Luftkammer durch den Flüssigkeitsverlust infolge von Eiweiß- und Dotterabbau auf ein Viertel des Eiraums ausdehnen. Der Fötus wendet sich so, daß sein Schnabel an der rechten Brustseite liegt. Auf der Oberschnabelspitze entsteht als hartes Kalkgebilde die Eischwiele, mit der die umgebenden Häute Amnion, Serosa und innere Schalenhaut bis in die Luftkammer durchbrochen werden. Die Allantois gibt ihr Blut an den Körper ab, von den Lungen wird Amnion-Eiweißflüssigkeit ausgetrieben, und die Atmung beginnt. Atmung und Lautäußerungen setzen je nach Größe und Brutdauer der Arten schon Stunden oder sogar zwei bis drei Tage vor dem eigentlichen Schlupf ein. Die Jungvögel verarbeiten in der Leber gespeichertes Glykogen und picken und stoßen mit Hilfe der Eischwiele gegen die Eischale am stumpfen Pol. Drehbewegungen, Nackenstöße und Bewegungen der Beine führen zum Bersten und Absprengen meist der gesamten Polkappe. Der Altvogel leistet beim Schlüpfen im allgemeinen keine Hilfe.

Singdrossel am Nest. *Foto: Tanner*

Das Leben des Vogels 3

Der Vogelgesang

Gesang spielt im Leben sehr vieler Vogelarten eine große Rolle. Das trifft vor allem für Kleinvögel zu. Wir stehen dabei allerdings vor der Schwierigkeit, Gesang genau zu definieren. In früheren Zeiten war man zunächst der Meinung, die Vögel sängen zur Erbauung des Menschen. Später herrschte die Auffassung, daß Vogelmännchen mit ihrem Gesang die arteigenen Weibchen erfreuen wollten. Heute wissen wir, daß Vogelsang grundsätzlich andere Funktionen hat.

Die Frage bleibt jedoch, ob wirklich nur das, was wir in einer bestimmten und von Melodik und Rhythmus geprägten Abfolge wiederkehrender und im Erbgut festgelegter Töne als Gesang empfinden, Vogelgesang ist. Wir sind kaum geneigt, die harten, gellenden Rufreihen von Großmöwen als Gesang zu akzeptieren, so wenig wie uns das monotone Schwirren des Feldschwirls als Vogellied erscheint. Und doch haben all diese höchst unterschiedlichen Lautäußerungen, die nur in ganz bestimmten Zeiten des Jahres in Übereinstimmung mit dem hormonalen Haushalt der Vögel vorgetragen werden, eine gleiche Funktion. Vogelgesang ist zum einen Werbung der revierbesitzenden Männchen. Sie werben weniger mit ihrer potentiellen Bereitschaft, sich verpaaren und kopulieren zu wollen, als mit dem behaupteten Revierbesitz. Somit wird der Gesang zur akustischen Demonstration und ist desto notwendiger, als optische Demonstration durch dichte Vegetation zu einem großen Teil, zumindest in Fernwirkung nicht oder nur unvollkommen stattfinden kann. Wir finden daher die meisten und andauerndsten Sänger unter den Kleinvögeln in vegetationsreichen Habitaten. Sie tragen zumeist kein auffälliges Prachtgefieder! So haben Arten, die sich täuschend ähnlich sehen (Fitis-, Wald- und Weidenlaubsänger) ganz charakteristische Gesänge, die sich nicht nur für uns Menschen deutlich unterscheiden!

Die akustische Demonstration hat jedoch nicht nur werbenden Charakter den Weibchen gegenüber, sondern ist andererseits gleichzeitig von einer aggressiven Komponente artgleichen Männchen gegenüber getragen. Somit ist Vogelgesang Lockung und Drohung zugleich und wird von beiden Geschlechtern der jeweiligen Art genetisch fixiert verstanden. Dabei, das haben vor allem Untersuchungen an Fitislaubsängern ergeben, muß das Lautangebot eine bestimmte Mindeststrukturierung aufweisen, um verstanden zu werden. Nur zusammenhängende Elementfolgen erwiesen sich im Experiment, bei dem über Tonband nach Revierbesetzung den Männchen unterschiedlich manipulierte Artgesänge vorgespielt wurden, als wirksam.

Die Strukturen des angeborenen Gesangs sind ein Isolierungsmechanismus zwischen nahe verwandten Arten, die in demselben Lebensraum vorkommen, wie beispielsweise Sprosser und Nachtigall. Die Nachkommen ererben die Anlagen ihrer artspezifischen Gesangsform. Sie kann durch Lernen von Gesangselementen der eigenen Art vervollkommnet werden, oder Bestandteile anderer, artfremder Gesänge werden zugefügt (Spottgesang bei Star, Gelbspötter, Sumpfrohrsänger, um nur einige Beispiele zu nennen).

Nicht alle singenden Vogelmännchen, die ein Revier besetzt haben, finden ein Weibchen. Solche unverpaart bleibenden Männchen singen in der Regel sehr viel länger als ihre verpaarten »Nachbarn«. Auch der Verlust eines Geleges oder von Jungen kann den Gesang der Männchen verlängern.

Kleinvögel beginnen häufig schon in ihren Winterquartieren zu singen. So besetzen Nachtigallmännchen in Ost-Nigeria beispielsweise

Singendes Braunkehlchen. *Foto: Kupfer*

Das Beutelmeisenmännchen markiert sein Revier durch Gesang und lockt in der Nähe seines bis zum Henkelkorbstadium gebauten Nestes Weibchen an. *Foto: Spillner*

Kleinstterritorien und singen dort, wenn in unseren Breiten mehr oder weniger strenger Winter herrscht. Ihr Gesang ist jedoch nicht so stark, laut und anhaltend wie im Brutrevier. Erst nach dem meist sehr raschen Rückzug in die Heimatgebiete, wenn die Gonaden voll ausreifen, setzt der volltönende Gesang in ganzer Stärke ein.

Eine Reihe von Arten bringt jedoch auch vor dem Wegzug im Spätsommer oder Frühherbst noch einmal Gesang hervor. Er unterscheidet sich vom Frühjahrsgesang in der Regel meist deutlich und hat keine reviermarkierende Bedeutung. Reviergesänge weisen feste Motive auf, die immer wiederkehren und denen individuelle Variationen und Spottelemente zugefügt werden können. Der Herbstgesang macht durchweg einen unentwickelten Eindruck, so wie ihn auch einige Jungvögel noch im selben Jahr vortragen. Dem jungen Buchfinkenhahn beispielsweise fehlt im Jugendgesang noch das Schlußmotiv, der charakteristische »Finkenschlag«. Dem Herbstgesang gleichzusetzen sind die unvollkommenen Balzflüge einiger Greifvogelarten im September oder Oktober.

Wir wissen, daß sich die männlichen Keimdrüsen nach der Brutzeit rasch wieder zurückbilden. Jedoch setzt zum Herbst die Reaktionsbereitschaft der Gonaden erneut ein. Sie wird allerdings durch die ständig abnehmende Tageshelligkeit ebenso wie durch Kälte gehemmt.

Helligkeit und Temperatur spielen als äußere Faktoren für den Frühjahrsgesang als Teil des Balzverhaltens eine wesentliche Rolle. Zunehmende Tageshelligkeit verschiebt den Sangesbeginn verschiedener Arten. Schwarz- und Singdrossel singen im Mai um Stunden früher als im März.

Für Goldammern wurde die Abhängigkeit des Gesanges nicht nur von der steigenden Lichtzunahme der Frühjahrstage, sondern auch von Temperaturen festgestellt. Die Reifung der Gonaden wird bei den Vogelarten aber nicht nur durch die Tageshelligkeit über Hypothalamus und Hirnanhangdrüse gesteuert. Die autonomen Rhythmen der letzteren werden auch

Lachmöwenkolonie. *Foto: Spillner*

von den Einflüssen anderer wichtiger Außenreize überdeckt.

Die jahreszeitlichen Faktoren allein reichen zur Keimdrüsenreifung nicht aus. Eine Stimulierung durch das Balzverhalten des Partners ist notwendig! Zwei getrennte Gruppen von Haussperlingsweibchen wurden außerhalb der Brutzeit einer steigenden Belichtung ausgesetzt. Nur in der Gruppe, in der sich auch Männchen befanden, entwickelten die Weibchen reife Ovarien. Nahezu alle Vogelweibchen legen nur dann Eier, wenn ein Geschlechtspartner vorhanden ist, Ausnahmen bilden Enten, Waldhühner und das domestizierte Haushuhn.

Ebenso wie die Balz eine notwendige Vorstufe zum Nestbau ist, kann der Bruttrieb nur durch vorangehende Nestbauhandlungen aktiviert werden. Reize bei diesen Handlungen beeinflussen über das Gehirn die Hypophyse und von hier aus das Gonadenwachstum.

Weidenlaubsänger und Waldlaubsänger sehen einander sehr ähnlich und bewohnen häufig den gleichen Lebensraum. Sie unterscheiden sich jedoch grundsätzlich durch charakteristischen Gesang.
Fotos: Hübner (a), *Scharnbeck* (b)

Das Revier

Das Revier, dessen unsichtbare Grenzen vor allem von männlichen Vögeln durch optische und akustische Demonstration behauptet wird, dient der Bestandsdichteregulierung innerhalb der Art. Reviergrenzen werden nicht gegen fremde, wenn auch nah verwandte Arten verteidigt.

Reviere werden von den meisten unserer Vogelarten nur zur Brutzeit besetzt, behauptet und verteidigt. Einige Arten, die standorttreu sind, wie der Schwarzspecht oder geschlechtsreife, verpaarte Kolkraben, vertreiben jedoch auch außerhalb der Brutzeit Vertreter der eigenen Art aus ihrem Revier.

In der Regel wird vom Revier dann gesprochen, wenn das Brutrevier gemeint ist. Allerdings stößt auch das auf einige Schwierigkeiten. In großen Vogelkolonien ist das eigentliche »Revier« oftmals nicht viel größer als die Hackdistanz zum nächsten Nest. Kleinvögel dagegen besitzen ein Revier, das im Verhältnis zu ihrer Körpergröße sehr groß ist und zugleich den größten Teil ihres Nahrungsreviers umfaßt. Möwen, Seeschwalben, aber auch Kormorane und Reiher, die dicht beeinander nisten, haben eine deutliche Trennung zwischen Nist- und Nahrungsrevier. Bei Greifvögeln liegt das Nistrevier mehr oder weniger im Mittelpunkt eines ausgedehnten Nahrungsreviers, das mit dem eigentlichen Nistrevier in enger Beziehung steht. Fremde Artgenossen werden daraus vertrieben!

Vögel mit Gruppenbalz und ausgeprägtem Sexualdimorphismus, wie Kampfläufer und Birkhühner, wiederum zeigen ein völlig anderes Revierverhalten. Hier haben an den Balzplätzen die männlichen Vögel ihre Kleinstterritorien, auf denen sie an der Gruppenbalz teilnehmen. Die Weibchen kommen zur Begattung dorthin. Ob diese untereinander in Brutrevierkonkurrenz stehen und ihre Nistplätze, an denen die männlichen Vögel keinen Anteil haben, durch entsprechendes Verhalten gegen Artgenossen markieren, ist ungewiß.

Es leuchtet ein, daß Großvögel ihr sehr ausgedehntes Nahrungsrevier nicht ständig überwachen und Brut- und Nahrungsrevier daher nicht identisch sein können, wie es bei vielen Kleinvögeln zumindest in groben Grenzen der Fall ist. Weißstörche demonstrieren ihren Territorialbesitz in beiden Geschlechtern sowohl durch entsprechende optische Gesten wie auch durch heftiges Schnabelklappern gegen Artgenossen. Diese Demonstration bezieht sich aber nur auf den eigentlichen Nestbereich. So werden Fremdstörche, die sich in der Nachbarschaft niederlassen, nicht vertrieben. Zu Kämpfen kommt es nur am Nest! Auf diese Weise ist es möglich, daß mehrere Weißstorchpaare auf einem Baum nisten können!

Die Bestandsdichte der Arten wird also nicht allein durch den Revierbesitz, sondern in starkem Maße von ökologischen Faktoren bestimmt. Entsprechend großes Nahrungsaufkommen und artgemäße Umwelt sind die zunächst regelnden Faktoren, unter denen Revierbildung erst erfolgen kann!

Für sehr viele Vogelarten, vor allem für die Kleinvögel unserer Wälder, ist Revierbesitz eine Voraussetzung zur Balz, zur Paarfindung und Fortpflanzung. Dabei spielen die Männchen die dominierende Rolle. Die Hähne der Buchfinken ersingen sich ihre Reviere teilweise schon vor der Ankunft der Weibchen, die im Gegensatz zu ihnen ins Winterquartier ziehen. Die Reviergrenzen sind nicht starr. Das wird vor allem bei denjenigen Kleinvögeln deutlich, die echte Zugvögel sind. Je mehr Männchen in einem für die Art optimalen Territorium eintreffen, desto mehr verkleinern sich die zunächst großen Reviere. Mindestgrößen können dabei allerdings nicht unterboten werden. Sie sind von Art zu Art in Abhängigkeit von Nahrungsangebot und Nistmöglichkeit verschieden.

Grundsätzlich werden alle Reviere von Männchen besetzt und gegen Männchen verteidigt. Das geschieht sowohl durch Gesang als auch durch optische Demonstration. Im Zen-

Dreizehenmöwen nisten in den Steilwänden nordischer Vogelfelsen auf engstem Raum dicht beieinander. *Foto: Spillner*

Schwarzspechte sind unverträglich gegenüber Artgenossen und vertreiben ihre Jungen aus dem Revier, sobald diese nicht mehr gefüttert werden müssen. *Foto: Zienert/Heidrich*

Der Pirol besetzt sein Revier erst im Mai. *Foto: Hoyer*

trum des besetzten Reviers ist jedes Männchen am sichersten und stärksten, gegen die Grenzen seines Territoriums nimmt seine Aggressivität männlichen Artgenossen gegenüber ab. Da nicht alle Männchen gleich stark sind, zudem noch unterschiedlichen Reifungsprozessen und damit verbundener Keimdrüsenhormonausschüttung unterworfen sind, werden die Reviergrenzen im unterschiedlichen Spannungsfeld von Angriffs- und Fluchttrieb verschoben. Kämpfe spielen dabei eine untergeordnete Rolle, da sie, wie wir später sehen, weitgehend vermieden werden. Nachkommen allerdings werden im eigenen Revier durchweg nur so lange geduldet, bis sie ihre Eigenständigkeit erlangt haben. Bei ausgesprochenen Standvögeln kann die Revierbehauptung so weit gehen, daß außerhalb der Fortpflanzungszeit sogar die Weibchen aus dem Revier vertrieben werden (Unverträglichkeit einiger Spechtarten).

Balzformen und Balzverhalten

Die Fortpflanzung der Vögel ist in unseren Breiten fast ohne Ausnahme jahreszeitlich und vom Nahrungsangebot zur Jungenaufzucht festgelegt. Kaum eine Vogelart kann seine Nachkommen zu einer beliebigen Jahreszeit aufziehen und ernähren. In Abhängigkeit vom Nahrungsangebot vollzieht sich daher auch die Balz entweder schon im Winter, wie beim Waldkauz oder dem Kolkraben, oder erst beim Eintreffen der echten Zugvogelarten im Mai, wie beim Pirol oder Baumfalken. Dabei ist die Balz nicht für alle Arten vom Revierbesitz abhängig. Wir können Balzverhalten teilweise auch schon lange vor dem Eintreffen im Brutgebiet beobachten, wie bei Schwänen, Gänsen und Enten. Andererseits kann es in engster Verbindung mit dem Besitz eines Kleinstterritoriums, dem künftigen Nest- oder Horstplatz stehen, wie bei Reihern und Kormoranen. Im Balzverhalten vereinen sich Strukturen unterschiedlicher Triebe zu einem komplexen System, das mit seinen genetisch fixierten Mecha-

Lange vor dem Eintreffen im Brutgebiet beginnen die in Dauerehe lebenden Singschwäne schon mit der Balz.
Foto: Spillner

nismen zwischen verwandten Arten isolierende Funktion besitzt. Innerhalb der Art dient es dem Aggressionsabbau, der gegenseitigen Duldung, der Stimulation und Synchronisation der Geschlechter. Es schafft somit die Möglichkeit zur Kopulation und der Artreproduktion über Brut und Jungenaufzucht.

Balzverhalten tritt häufig auch schon im Jugendalter vor Eintritt der Geschlechtsreife auf. So zeigen junge Dompfaffen eines Geschwisterverbandes häufig Paarungsaufforderungen und Nestbaubewegungen, ohne daß es indessen zur Verpaarung oder gar zur Kopulation kommen könnte. Es finden sich dabei sogar gleichgeschlechtliche Paare zusammen. Sobald im Frühherbst jedoch die Mauser ins Alterskleid einsetzt und mit dem Dichromismus des Männchen- und Weibchengefieders das Geschlecht auch äußerlich sichtbar wird, werden Zweitpartner gewählt, die im Winter bereits die einzige, feste Partnerbeziehung darstellen.

Graugänse und verwandte Arten machen ebenfalls eine längere Verlobungszeit durch, die zur Dauerehe führt. Geschlechtsreife Stockenten beginnen bereits im Herbst mit der Balz, die als Gruppenbalz nach Beendigung der Mauser ins Prachtkleid gezeigt wird. Sie beginnt mit dem Kokettierschwimmen der Enten. Sie schwimmen sehr rasch mit vorgestrecktem Hals, der schnell zurückgezogen und wieder gestreckt wird, zwischen den Männchen im Prachtkleid umher. Die Erpel antworten darauf und zwar synchron als Gemeinschaft mit dem »Grunzpfiff«. Sie ziehen den Schnabel an die Brust, richten sich steil im Wasser auf und stoßen einen nur ihnen typischen grunzenden, pfeifenden Ton aus. Er entsteht durch die besondere Stellung der knorpeligen Luftröhrenringe im gespannten Erpelhals. Der Grunzpfiffbewegung folgen weitere unterschiedliche Ausdrucksmotive der Erpel, die wiederum gemeinsam vollzogen werden. Diese synchrone Schaustellung bietet der Ente die Möglichkeit der Wahl. Erpel, die nicht synchron balzen und deren Ausdrucksbewegungen schwach sind, haben geringe Chancen.

Die Wahl der Ente offenbart sich im sogenannten »Hetzen«. Sie schwimmt auf einen der Erpel zu und weist dabei mit dem Schnabel über die Schulter drohend auf einen oder mehrere andere Erpel. Verbunden mit speziellen Lauten ist das der Hinweis für den erwählten Erpel, diese Geschlechtsgenossen und Konkurrenten anzugreifen. Er wird jedoch in den seltensten Fällen als Angriffsaufforderung beachtet. Die Geste ist in der Artentwicklung derart ritualisiert, daß sie nur als mögliches Angebot angenommen wird. Welche Kriterien die Ente zur Wahl motivieren, ist ungeklärt.

Je häufiger eine Ente ein und denselben Erpel mit der Hetzbewegung auffordert, desto stär-

Sichschütteln

Grunzpfiff

Verhaltensweisen eines Stockerpels während des »Gesellschaftsspiels«

ker bahnt sich eine feste Bindung an. Mehr und mehr bleibt das Paar beisammen, schwimmt und flieht gemeinsam, und das schon Monate vor der Reifung der Keimdrüsen und der damit verbundenen Notwendigkeit der Kopulation. Die kollektive Balz ist für viele Entenarten typisch und leitet über einen langen Zeitraum von der Paarfindung zur Paarbindung und zur Paarung.

Auch unter Sperlingsvögeln kann die Balz über eine größere zeitliche Distanz unterschiedliche Stufen durchlaufen. So lösen sich die Schwarmverbände der Goldammer beispielsweise bereits im Februar auf. Die Männchen sondern sich ab und beziehen Reviere. Sie werden sowohl optisch wie akustisch demonstriert. Von exponierten Singwarten tragen die Männchen einfache Lieder vor. Sowohl Gesang wie das leuchtende optische Signal der Männchenbrust sind Auslöser für die Weibchen, diese Reviere aufzusuchen. Die Weibchen binden sich zunächst noch nicht an ein bestimmtes Männchen und sein Revier, sondern wechseln von einem Revier zum anderen. Die Goldammerweibchen zeigen dem Männchen gegenüber zu dieser Zeit noch einen hohen Grad an Aggressivität. Sie drohen, fliegen auf die Männchen zu und treiben sie. Zu ernsthaften Kämpfen kommt es nicht, da sie wahrscheinlich durch ihr schlichtes Gefieder und Sangeslosigkeit deutlich als weiblich determiniert sind. So werden sie von den Männchen nicht als Rivalen bekämpft.

In dem Maße, wie ein Weibchen immer häufiger ein bestimmtes Männchen in seinem Revier aufsucht, mindert sich das Aggressivverhalten auf beiden Seiten. Die künftigen Partner fressen und picken zusammen wie im Großschwarm. Im Gegensatz zum Schwarmverhalten tritt jedoch das Aufsammeln und Zusammentragen von Nistmaterial als neues Verhalten auf. Das Männchen zeigt dabei auch bereits Anzeichen sexueller Aktivität. Allerdings dauert diese Phase nicht lange an. Vielmehr läßt sich das Weibchen nun innerhalb des gewählten Reviers in langen Verfolgungsjagden treiben. Diese Verfolgungsflüge sind auch bei anderen Kleinvögeln häufig.

Als nächste Vorstufe zur Paarung ist die Nistplatzwahl des Männchens zu werten. Es pickt Baumaterial auf, obwohl es am Nestbau später nicht teilnimmt, und trägt es zum ausgewählten, versteckt liegenden künftigen Nistplatz. Dieser muß allerdings nicht in allen Fällen vom Weibchen akzeptiert werden. Unter Flügel-

Trauerseeschwalbenmännchen in Imponierhaltung mit hochgestellten Flügeln am Nistplatz. Das Weibchen mit dicklich eingezogenem Kopf in Demutshaltung. *Foto: Spillner*

schwirren bei waagerecht getragenem Körper und abwärts gerichtetem Schnabel wird der Nestplatz vorgewiesen. Darauf folgen andere Ausdrucksbewegungen. Das Männchen trippelt mit gesträubtem Gefieder vom Weibchen fort, läßt die Flügel dabei hängen und den Schwanz schleifen. In der Regel erfolgt darauf wieder die Aufnahme von Nistmaterial. Eine andere Ausdrucksbewegung – Lauf zum Weibchen hin – ist stärker sexuell determiniert. In der aufrechten Körperhaltung des Männchens, angehobenem Schnabel und gelüfteten Flügeln ähnelt diese Ausdrucksbewegung bereits dem Verhalten unmittelbar vor der Begattung.

Zur Begattung kommt es jedoch nur nach der Paarungsaufforderung durch das Weibchen. Seine Haltung mit zitternden Flügeln ähnelt dem Bettelverhalten von Jungvögeln. In dieser Phase ist das Weibchen aggressionsfrei.

Gruppenbalz der Brandgänse vor einer möglichen Bruthöhle. *Foto: Spillner*

a b

c d

Koloniebrütende Vögel ohne äußeren, sichtbar erkennbaren Geschlechtsdimorphismus weisen sich möglichen Partnern gegenüber durch angeborene Ausdrucksbewegungen aus.
a Das Kormoranmännchen besetzt ein vorjähriges Nest oder entsprechend geeigneten Nistplatz und stellt sich mit optisch wirksamen »Flaggensignalen« seiner halbgeöffneten Flügel seinem Weibchen zur Schau.
b Bei Annäherung eines Weibchens wirft das bislang »flaggende« Männchen Kopf und Hals auf den Rücken und bringt gurgelnde Laute hervor.
c Die Gurgelphase des Männchens (hinten), während ein Weibchen in Blähpose am Nest gelandet ist.
d Wechselseitiges Wangenreiben ist Ausdruck des Vertrautseins. *Fotos: Spillner*

Nicht nur bei Sperlingsvögeln werden in die Balz häufig Elemente des Jugendverhaltens übernommen. Bettellaute und infantile Bewegungen zeigen unter anderem auch Rohrweihenweibchen.

Bei Seeschwalben spielen sowohl Futterübergabe wie der Hinweis auf einen möglichen Nistplatz, Drehen einer Nistmulde durch das balzende Männchen eine wichtige Rolle. Ausgedehnte Verfolgungsflüge sind hier ebenso wie bei Trauerseeschwalben festgelegter Teil des Balzverhaltens.

Für Vögel, die in Kolonien nisten, wie Reiher und Kormorane, spielt das Kleinstterritorium – eine zur Nestgründung geeignete Astgabel oder ein vorjähriger Horst – eine wesentliche Rolle. Hier sind Revierbesitz und künftiger Nistplatz auf ein Minimum reduziert, das mit entsprechenden Ausdrucksbewegungen und Lautäußerungen demonstriert wird. Das Graureihermännchen demonstriert Revierbesitz und Paarungsverlangen mit der Reckfigur und einem tiefen, weit hörbaren Orgeln bei gleichzeitigem Einknicken in den Fersengelenken, sobald sich ein Weibchen nähert. Männliche Kormorane geben weithin sichtbare optische Signale durch rhythmisches Flügelschwenken. Gurgeln als beschwichtigende Demonstration mit weit zurückgeworfenem Kopf über dem Rücken erfolgt bei Annäherung des Weibchens.

Küstenseeschwalbenmännchen bieten Fische als »Brautgeschenk« an, ehe es zur Paarung kommen kann. *Fotos: Spillner*

Limikolen fliegen die Grenzen ihrer Reviere ab und haben nicht nur typische Balzflugbewegungen, sondern auch entsprechende Lautäußerungen, wie Brachvogel und Rotschenkel. Eine Sonderstellung nimmt das Bekassinenmännchen ein, das nicht durch Kehl- und Schnabellaute, sondern durch Vibration der äußeren Steuerfedern akustisch demonstriert.

Flugbalz trifft für alle Greifvögel zu. Sie wird vor allem über dem Zentrum des Reviers, dem Standort des mehrjährig genutzten oder des neu zu bauenden Horstes gezeigt. Sie ist häufig mit entsprechenden Lautäußerungen beider Geschlechter verbunden. Beuteübergabe spielt in ihrer Balz nach infantilem Bettelverhalten der Weibchen eine wichtige Rolle zum Aggressionsabbau.

Verhaltensmuster und Instinkte

Vogelbalz ist von Art zu Art, sehr viel mehr aber zwischen Familien und Ordnungen differenziert. Es gibt eine große Fülle unterschiedlichen Verhaltens, das zur Paarfindung, -bildung und zur Vereinigung führt. Der Unterschied zwischen der lebenslangen Dauerbeziehung eines Graugans- oder Kranichpaares und der kurzzeitigen Kontaktaufnahme zwischen Kampfläuferweibchen zu den in Gruppen balzenden Männchen ist beträchtlich. Bei aller Differenz sind jedoch – wie auch für das Brut- und Aufzuchtverhalten – eine Reihe von Steuer- und Regelmechanismen identisch. Sie sind für jede Art im Erbgut festgelegt. Dieses angeborene Verhalten ist weitgehend starr, es ist der arteigene Code, der unter den jetzt herrschenden natürlichen Bedingungen die Artreproduktion ermöglicht. Dennoch sind die Individuen vor allem der hochentwickelten Arten keine Reflexautomaten.

Angeborene Strukturen können oder müssen sich mit erlernten ergänzen und dabei, wenn auch in engen Grenzen, zu individuellem und differenziertem Verhalten führen. Das angeborene Verhalten nennen wir instinktives Verhalten. Wir verstehen darunter wohlkoordinierte lebens- und arterhaltende Bewegungen, die als Antwort auf bestimmte innere wie äußere, vorwarnende, auslösende und richtende Impulse erfolgen. Instinkte sind hierarchisch organisierte nervöse Mechanismen.

Innere und äußere Faktoren

Wir wissen, daß im Zentralnervensystem Energie als »Aktionspotential« gestaut wird. Das hat jene Handlungsbereitschaft zur Folge, die wir als Trieb im weiteren, als Stimmung im engeren Sinn zu verstehen haben. Hormone beeinflussen in wahrscheinlich direkter Wirkung das Zentralnervensystem. Sie aktivieren die Sensibilität sensomotorischer Mechanismen. Äußere Faktoren wirken einerseits »stimmend« wie innere Faktoren und können die Bereitschaft zur Handlung ermöglichen. Andere äußere Faktoren (von vielen wahrgenommenen einige ganz bestimmte) wirken als Auslöser. Sie beeinflussen einen zentralnervösen Mechanismus, den wir Angeborenen Auslösemechanismus (AAM) nennen. Obwohl wir die unterschiedlichen AAM im Zentralnervensystem noch nicht orten können, ist jedoch anzunehmen, daß sie als neurophysiologische »Apparate« zwischen den Sinnesorganen und motorischen Zentren die Auswahl von Reizen aus dem Gesamtangebot vornehmen.

Instinktbewegung

Die gestaute Erregungsenergie wird vom angeborenen Auslösemechanismus durch Beseitigung eines nervösen Sperrmechanismus, eines Blocks, frei und in Bewegung umgesetzt.

Verhalten der Tiere, also auch der Vögel, äußert sich vor allem in ihrer Bewegung, in komplexen Bewegungsfolgen. Sie sind streng artspezifisch und werden Instinktbewegungen oder Erbkoordination genannt. Zwar sind sie nicht exakt definierbar, jedoch mit folgenden Merkmalen zusammenzufassen:

Sie werden durch bestimmte Außenreize ausgelöst.- Die Gestalt der Bewegung ist stereotyp. Ihre Vatiationsbreite ist innerhalb der Individuen einer Art äußerst gering (Balzbewegungen der Entenarten!). Die Instinktbewegung ist arttypisch.

Instinkthandlung

Instinkthandlungen setzen sich aus Instinktbewegungen und Orientierungshandlungen, den Taxien, zusammen. Für die situationsangepaßte Taxis, die den Vogel zur Reizquelle orientiert, muß die Außenreizung die ganze Reaktionszeit hindurch andauern. Sie richtet die Instinkthandlung auf ihr Ziel.

Der Nachweis für das Zusammenwirken von Taxis und Instinkthandlung wurde durch Versu-

a b
c d

Doppelschnepfen sind keine Koloniévögel, sondern Einzelbrüter. Sie besitzen keinen Geschlechtsdimorphismus und zeigen Gemeinschaftsbalz. So erstaunt es nicht, daß die Männchen während ihrer nächtlichen Balz über ein angeborenes Repertoir von Ausdrucksbewegungen und Tonfolgen verfügen. Jedes Männchen besitzt auf dem Balzplatz ein bis mehrere »personengebundene« Standplätze (kleine Erhebungen, Pflanzenkaupen), die immer wieder aufgesucht werden. Hier stellt es sich zur Schau, trägt mit geöffnetem Schnabel eine merkwürdig schnarrende Tonfolge vor (a), dabei wird die Brust vorgewölbt, gebläht und der Kopf in den Nacken geworfen, die Flügel zucken halb oder ganz geöffnet, und gleichzeitig wird der radförmig aufgefächerte Schwanz mit den weißen Steuerfedern schnell seitlich hin und hergeschwenkt (c). Flugsprünge und Zurücklaufen auf den Standplatz schließen die Bewegungsfolge ab, worauf die Männchen häufig starr mit schräg aufwärts weisendem Schnabel verharren (d). *Fotos: Spillner* che an Graugänsen erbracht. Brütende Graugänse rollen Eier, die außerhalb des Nestes liegen, mit der Schnabelunterkante wieder in die Nestmulde. Die Bewegungsform des Einrollens ist starr, der Hals wird nach gezieltem Strecken des Schnabels über das Ei zur Brust gekrümmt. Da sich ein Ei aber nur schwierig rollen läßt, muß es die Gans mit seitlich pendelnden Balancierbewegungen des Schnabels in entsprechender Lage halten.

Bei den entsprechenden Versuchen mit zahmen Graugänsen wurde während des Einrollvorgangs das Ei entfernt. Die Einrollbewegung als Erbkoordination wurde fortgesetzt, während das taxienbedingte Gleichgewichtsverhalten unterblieb. Beim Angebot von Attrappen, die nicht im Gleichgewicht gehalten werden mußten, fehlten ebenfalls die von Berühungsreizen des Objekts ausgehenden Orientierungsaktionen. Bei übergroßen Attrappen zeigte sich die Starrheit der Erbkoordination. Die Gänse konnten die Bewegung des Einrollens nicht weiterführen, wenn ein »Über«-Ei vor ihrer Brust steckenblieb.

Die Eieinrollbewegung ist starr. Sowohl eigene Eier als auch Fremdkörper werden mit der Schnabelunterkante in die Nestmulde gezogen. Dieses Trauerseeschwalbenmännchen rollt eigene Eier und einen Zylinder in die Nestmulde (a). Mit den gleichen Bewegungen werden auch die wenige Tage alten Jungvögel ins Nest zurückge»rollt« und unter Brust- und Bauchgefieder geschoben (b).
Fotos: Spillner

Fischadler sammeln starke Äste auf oder brechen sie durch Anflug von Bäumen, tragen sie in den Fängen zum Horst und verbauen sie dort mit dem Schnabel.
Foto: Spillner

Handlungskette

Viele Beobachtungen und Analysen von Verhaltensweisen haben deutlich gemacht, daß scheinbar einheitliche Instinkthandlungen aus einer Kette zueinandergehöriger Handlungen bestehen. Sie reißt in ihrem Ablauf, wenn eins der Glieder durch äußere Einflüsse aussetzt.

Jedes Glied wird durch spezifische Reize ausgelöst, und die Einzelhandlung führt in die Situation, in der auslösende Reize für die folgenden Handlungen wirken können. So ist der Nestbau der Vögel die Kette höchst unterschiedlicher Einzelhandlungen, die jeweils entsprechender Auslöser bedürfen. Die Instinkthandlungen einer Handlungskette sind arttypisch, sie sind angeboren, im Erbgut fixiert. Es treten in den Handlungsketten verschiedener Vogelarten jedoch auch Lücken im angeborenen Verhalten auf. Sie werden durch Lernvorgänge ausgefüllt. Je höher Tierarten entwickelt sind, desto eher können in der einheitlichen, auf ein arterhaltendes Ziel gerichteten Handlungskette angeborene und individuell erworbene Glieder aufeinander folgen.

Nur scheinbar sind die vielen Tausend Bewohner, die Lummen und Alken nordischer Vogelfelsen, nicht voneinander zu unterscheiden. Jeder Vogel, der hier sein Nest hat, kennt seinen Partner jedoch genau und findet ihn mühelos aus der Masse heraus. *Foto: Spillner*

Als typisches Beispiel dieser Instinkt-Dressurverschränkung dienen die Reaktionen des Sammelns und Einbauens von Nistmaterial bei Rabenvögeln. Als erstes Kettenglied tritt bei Kolkraben die Neigung, kleinere Gegenstände im Schnabel zu tragen und im Flug zu transportieren, schon weit vor der Geschlechtsreife ein. Dabei findet zunächst noch keine Bevorzugung bestimmter Stoffe oder Formen statt. Erst, wenn die entsprechende Instinkthandlung, die zitternde, seitliche Schiebebewegung, mit der die Vögel das Material an einem geeigneten Platz unterzubringen versuchen, gereift ist, tritt bewußte Wahl geeigneter Stoffe, also Zweige und Ästchen ein. Die zitternde Einbaubewegung läuft zunächst so lange ab, bis der zu verbauende Gegenstand sich festhakt. Dann wird er losgelassen. Dies Ende der Einbaureaktion scheint den Vögeln Befriedigung zu verschaffen, während bei ungeeignetem Material die begonnene Handlung erfolglos verläuft. So werden nach und nach immer mehr geeignete Niststoffe getragen und verbaut. Die Art der Bewegung ist angeboren und starr, die Wahl des Materials muß unter Reizbefriedigung erlernt werden!

Der befriedigende Einbau von Nistmaterial ist hierbei der Abschluß eines komplexen Verhaltensabschnitts. Reaktionsspezifische Energie wird damit abgebaut und der Trieb befriedigt, – Endhandlung der Kette.

Lernvorgänge sind unterschiedlich zu werten. Sie können als Übung zu verstehen sein. Das Flugvermögen ist beispielsweise angeboren. Junge Tauben, die experimentell an Flugübungen gehindert wurden, konnten dennoch fliegen. Sie waren imstande, sich in der Luft zu bewegen. Damit ist aber noch nichts darüber ausgesagt, wieviel ein Vogel an Lande- und Steuertechnik, am Manövrieren unter extremen Windverhältnissen usw. unter den jeweils herrschenden, oft ungünstigen Bedingungen zum angeborenen Verhalten üben und erlernen muß.

Im Erbgut der Arten ist das Bild des Geschlechtspartners codiert, es wird um die geschlechtsspezifischen Ausdrucksbewegungen erweitert, vor allem dann, wenn die Geschlechter über keinen Sexualdimorphismus verfügen. Die individuelle Kenntnis des Partners dagegen muß erworben, erlernt werden. Ebenso muß sich den Eltern aus Bild oder Lautäußerung die Kenntnis ihrer Jungen einprägen. Ein Blick in die scheinbar völlig gleichförmige Masse tausender oder vieltausender Individuen (Möwen, Tölpel) macht es deutlich. Wir sind nicht oder kaum in der Lage, den Einzelvogel vom anderen zu unterscheiden. Die Vögel selbst müssen und können es.

Das Kröpfen der Beute ist die Endhandlung des Beuteerwerbs. Baumfalke mit gerupftem Kleinvogel.
Foto: Spillner

Als Trieb-Dressurverschränkung ist auch die Gesangsentwicklung derjenigen Arten zu werten, denen Grundstrukturen des Gesangs zwar angeboren sind, die seine volle Ausprägung jedoch von anderen, erwachsenen singenden Artgenossen dazulernen, wie Nachtigallen und Finken. Auch das Spotten gehört dazu.

Appetenzverhalten

Triebbefriedigung führt zum Abbau der reaktionsspezifischen Energie. Daher sind viele Verhaltensformen zunächst Suche nach der Auslösesituation für die Endhandlung einer Kette. Während die Endhandlung starr ist, sind die Appetenzhandlungen variabel und zielstrebig. Allerdings ist Appetenzverhalten nicht in jedem

Falle einer Endhandlung vorgelagert, häufig führt es das Tier zunächst in eine neue Situation, aus der weitere Appetenz erwächst. Der kreisende Mäusebussard hat zunächst die Appetenz, seinen Jagdtrieb abzureagieren. Innerhalb seines angeborenen Jagdgebietsbildes hat er entsprechende konkrete Zusatzerfahrungen, die ihn ein bestimmtes Territorium und dort einen Pfahl aufsuchen lassen, von dem aus er mehrfach erfolgreiche Beute gemacht hat. Flug und Lauer können als Appetenz gewertet werden, das Auftauchen einer Maus ist der Auslöser für die Handlungskette, deren einzelne Glieder oder Phasen starr ablaufen: Beutegriff, Tötung, Rupfen, Kröpfen. Sie ist Endhandlung, zu der hierarchische Stadien der Appetenz führten.

Verhältnis verschiedener Instinkte zueinander

Jede Tier- also auch jede Vogelart besitzt ihr spezifisches Verhaltensinventar. Es setzt sich aus Gruppen funktionell zusammengehöriger Instinkttätigkeiten zusammen, die sich wiederum in einfachere untergliedern lassen. Somit können Verhaltensweisen der untergeordneten Stufen nur bei Aktivierung Instinkte höherer Ebene einsetzen. So schafft der hormonal bedingte Fortpflanzungsinstinkt die Voraussetzung für Gesang, Revierbesitz, Balz und Paarfindung, Paarung, Nestbau und Brutpflege. Äußere Faktoren auf niederer Ebene können nur dann zur Auslösung bestimmter Verhaltensweisen werden, wenn die nächsthöhere Instinktebene die Voraussetzung dafür schafft. Im Frühjahr demonstrieren Rotkehlchenmännchen Revierbesitz nicht nur durch Gesang, sondern auch optisch durch ihre ziegelrote Brust. Nur in dieser, vom Fortpflanzungsinstinkt vornehmlich beherrschten Periode ist die rote Brust ein auslösender Reiz für andere Männchen, zu drohen und zu kämpfen. Sie bekämpfen ein Büschel roter Federn, das mit einem Draht an einem Ästchen befestigt ist, viel heftiger als das natürliche unscheinbare Stopfpräparat ohne Brustrot!

Wir sehen hier die Parallele zum Verhalten der Goldammern, die im herbstlichen und winterlichen Schwarm ohne Fortpflanzungsinstinkt friedlich miteinander leben. Hier gibt es zwar auch Streitigkeiten, aber sie resultieren aus anderen Faktoren, wie Nahrungskonkurrenz oder möglicherweise der Unterschreitung der Individualdistanz.

Reaktionsauslösende Reize/ Schlüsselreize

Vögel sprechen vor allem auf optische und akustische Reize an. Aus der Fülle von Umweltreizen, die sie wahrnehmen, wirkt jedoch nur ein relativ kleiner Teil direkt reaktionsauslösend. Signal- oder Schlüsselreize werden aus der Fülle durch das Zentralnervensystem artspezifisch herausgefiltert. Sie haben durchweg einen

Kohlmeisen wachsen im Dämmerlicht von Nisthöhlen auf. Der Nisthöhleneingang als Lichtquelle wird beim Einschlupf der Altvögel abgedunkelt. Die Jungvögel »sperren« ungerichtet sowohl auf diesen optischen Reiz als auch auf die Geräusche, die beim Eintreffen des Altvogels entstehen. *Foto: Spillner*

hohen Grad der Unwahrscheinlichkeit, wie die leuchtenden Sperrachen von heimischen Kleinvogelarten mit entsprechenden komplementärfarbigen Saftmalen oder Haltungen und Bewegungen während der Balz durch Flügelstellung, Vorweisen leuchtender Merkmale. Zumeist werden Schlüsselreize in entsprechenden Kombinationen zusammengefaßt (Farbe, Form und Bewegung). Der Einzelreiz löst noch keine Reaktion aus. Daraus ergibt sich, daß sich die Wirkung der Schlüsselreize in einer bestimmten Situation addiert bzw. mangelnde Stärke des einen Reizes von einem anderen in der Kombination kompensiert werden kann. Eine Instinkthandlung antwortet also auf eine Summe sehr weniger, aber höchst eindrucksvoller Reize, die von der normalen Wahrnehmung in unwahrscheinlichem Sinne abweichen müssen.

Form und Bewegung spielen beispielsweise für das Fluchtverhalten vieler durch Greifvögel gefährdeter Arten eine wesentliche Rolle. Attrappenversuche haben gezeigt, daß Hühnervögel auf ein und dasselbe Flugbild verschieden reagierten. Bewegte es sich mit langem Hals vor dem Flügel voran, löste es keine Fluchtreaktionen aus. Umgekehrt alarmierte dasselbe Modell die Hühner sofort, sie sprachen es mit ihrer Flucht – kurznackig mit langem Stoß – als Greifvogel an!

Recht genau sind Schlüsselreizfunktionen an der Silbermöwe studiert worden. Silbermöwen tragen am gelben Unterschnabel, kurz vor der Spitze, einen roten Fleck. Er ist für die Jungmöwen nach einigen ungenauen Pickversuchen der Auslöser, genau auf die futterspendende Schnabelspitze zu zielen. Attrappenversuche ergaben jedoch nicht nur einen hohen Auslösewert für diesen Schnabelfleck, vielmehr stellte sich dabei auch der richtende Wert des Reizes heraus. Ausgelöste und gerichtete Reaktion laufen zugleich ab. Sie sind jedoch zu trennen, wie beispielsweise auch im Sperren von jungen Schwarzdrosseln deutlich wird. Solange die Amseljungen noch nicht sehen können, reagieren sie auf Nesterschütterung mit ungerichtetem Senkrechtsperren. Sobald sie jedoch optische Reize wahrnehmen können, sperren sie gerichtet auf die Altvögel.

Wiederum gaben Attrappenversuche die Antwort, wie und warum die Jungvögel reagieren. Als auslösend stellte sich eine Attrappengröße von mehr als 3 cm, ihre Bewegung und Erscheinen oberhalb der Augenhöhe der Nestlinge heraus.

Gerichtet waren die Bewegungen der Jungvögel jedoch nur dann, wenn bestimmte Formen angeboten wurden. Von zwei übereinander angebotenen dunklen Scheiben richtete die obere die Jungvögel optimal, wenn sie dreimal kleiner war als die untere. Das entspricht etwa dem Kopf-Brustverhältnis der Amsel, die am Nest erscheint!

Der auslösende Reiz genügt, um die Bewegung in Gang zu setzen. Sie bedarf keiner neuen Außenreize. Die orientierende Bewegung, die Taxis, ist dagegen »eine Folge vieler Antworten auf Außenreize, die die Bewegungsrichtung immer wieder und genau gemäß den räumlichen Besonderheiten der Umgebung einstellen, nachstellen und verbessern« (TINBERGEN).

Konfliktsituationen

Das System der Instinkte in seiner hierarchischen Ordnung ist um so starrer, desto niedriger die einzelnen Stufen organisiert sind. Auf unterster Ebene schließen die Erbkoordinationen einander aus. Der Stau von Erregungsenergie kann sich entweder nur über den einen oder den anderen Verhaltensweg entladen. So muß die Neigung zur Flucht voreinander bei Partnern eines Vogelpaares vor der Paarung auf ein Mindestmaß reduziert und zur Kopulation vollständig abgebaut sein, sonst käme es zu keiner Vereinigung!

Ein Graureihermännchen, das einen vorjährigen Horst besetzt hat und sich auf diesem Kleinstterritorium demonstriert, reagiert auf jeden sich nähernden Graureiher aggressiv. Andere Männchen landen nicht in seiner Nähe. Aber auch Weibchen werden zunächst ange-

Man ist geneigt, an die Legende vom Vogel Strauß zu denken, der bei Feindannäherung seinen Kopf in den Sand steckt: Die Graugans im Konfliktfeld zwischen Brut- und Fluchttrieb. *Foto: Spillner*

droht. Die Phase des Drohens und der Bereitschaft, den Horst im Kampf zu behaupten, ist zu Beginn der Balzphase am stärksten. Bei längerem Triebstau unter erfolglosem Balzen wird ein ankommendes Weibchen wesentlich schneller geduldet. Triebstau ist gleichbedeutend mit dem Stau reaktionsspezifischer Erregung, die entladen werden muß.

In dieser Phase der Balz spielen unterschiedliche Triebe eine Rolle. Sie liegen als Geschlechtstrieb, Aggressions- und Fluchttrieb im Widerstreit miteinander. Die Aggression wird durch entsprechendes, beschwichtigendes Verhalten, das nur im Inventar des Weibchens verankert ist, abgeschwächt. Der Fluchttrieb ist ohnehin nur schwach vorhanden, da sich ein Vogel in seinem Revier am sichersten fühlt. Die Stärke des Sexualtriebes ist abhängig von der hormonalen Entwicklung des Reihermännchens und von der Dauer des Triebstaus. Unter Umständen kann das Weibchen also noch vertrieben, im anderen Extrem sofort geduldet werden.

Jeder Vogelbeobachter wird schon gesehen haben, daß Vögel, die sich beunruhigt fühlen, plötzlich zu putzen beginnen. Das kann bei einer Bekassine der Fall sein, die zum Nest zurückkommt und vom Versteckzelt des Beobachters irritiert wird, es kann auch innerhalb eines Schwarms futtersuchender Strandläufer auftreten. Die Bekassine wird sowohl vom Brutzwang als auch vom Mißtrauen zur Situation getrieben. Die futtersuchenden Strandläufer stehen ebenso im Spannungsfeld der notwendigen Fluchthandlung. Andererseits sind sie getrieben, Nahrung aufzunehmen.

Wir sagten bereits, daß auf den unteren Ebenen des instinktiven Verhaltens sich die einzelnen Erbkoordinationen einander ausschließen. Die artspezifische Erregungsenergie kann entweder nur durch Flucht oder das Besetzen des Nestes durch die Bekassine bzw. die weitere Nahrungsaufnahme der Strandläufer abgebaut werden. In solchen Fällen scheint die Energie, die sich weder über den einen noch den anderen Block entladen kann, auf ein anderes Zentrum überzuspringen. So kommt es zu schein-

a c

b d

Paarbildung bei Lachmöwen
a Singrufendes Lachmöwenmännchen wirkt anlokkend auf Weibchen und distanziert andere Männchen.
b Das ruckartige »Wegsehen« mit Zuwenden des Hinterkopfes bei schlagbereit abgestellten Flügelbugen ist eine ritualisierte Beschwichtigungsgeste.
c Die Starrheit der angeborenen Ausdrucksbewegungen wird besonders deutlich, wenn sie unter ganz anderen Bedingungen ausgeführt werden: »Wegsehen« der Lachmöwen auf dem Wasser.
d Nach dem »Wegsehen« beginnt das Weibchen zu betteln, um das Männchen zum Auswürgen eines Speiballens zu veranlassen. (Vgl. auch das Farbbild auf Seite 100). *Fotos: Spillner*

werden vielfach mit Gestaltelementen kombiniert. Verhaltensweisen aus anderen Funktionskreisen werden entweder stark vereinfacht oder stark übertrieben.

Rhythmische Wiederholung kann ein anderes, wichtiges Merkmal von Ausdrucksbewegungen während der Balz sein, denn alle Sinnesorgane reagieren auf wiederholte, unterbrochene Reize stärker als auf gleichmäßigen Dauerreiz. So erzielt der »flaggende« männliche Kormoran seine Wirkung nicht allein aus der Flügelbewegung in Kombination mit der von Normalhaltungen abweichenden Gestalt. Vielmehr geben seine Flügel im Rhythmus der flaggenden Bewegung kurzzeitig einen weißen Fleck am Oberschenkel frei. Dieser Fleck wird nach der Fortpflanzungsperiode vermausert!

Balzende Kampfläufer schlagen in Flugsprüngen auffallend mit den Flügeln, daß die hellen Unterseiten Signalwirkung bekommen.

Der Kiebitz zeigt in der Flugbalz, die zugleich Reviermarkierung ist, spezielles Fluchtverhalten, mit Wendungen von einer auf die andere Seite, das deutlich vom »normalen« Fliegen abweicht. Bei der Bodenbalz dagegen stellt er die hellen Unterschwanzdecken auffällig zur Schau, die ansonsten verborgen sind.

Männliche Demonstration, vor allem im Zentrum des Reviers – oder, bei einigen Koloniebrütern, auf dem Nest – besitzt starke Elemente der Aggressivität. Sie wird von anderen, gleichartigen Männchen angeborenermaßen verstanden. Ernsthafte Kämpfe werden durch Drohen weitgehend unterbunden. Arteigene Weibchen müssen die Drohung durch entsprechende Haltungen – Beschwichtigungs- und Demutgesten – abbauen. In Beschwichtigungsgesten sind vielfach Elemente des Jugendverhaltens eingebaut.

Die Drohhaltung des Lachmöwenmännchens, oftmals einer entsprechenden Rufreihe folgend, wirkt abschreckend auf andere Möwenmännchen. Sie hat zugleich anziehende Wirkung auf noch nicht verpaarte Lachmöwenweibchen. Die Paarfindung vollzieht sich nicht ausschließlich am Standort der künftigen Kolonie, sondern häufig an nahegelegenen Plätzen, wie Inseln, bestimmten, höher gelegenen Ackerflächen,

Kopula der Schwarzstörche. Bei Störchen erfolgt die Kopula stets auf dem Horst. *Foto: Spillner*

Drohhaltungen der Silbermöwe

aber teilweise auch fernab des Brutgebietes. Zumindest zeigen einige Lachmöwen bereits an Winterstandorten ein Teil des Verhaltensrepertoires, das zum Balzgeschehen zählt.

Die Paarfindung geschieht nach folgendem Muster:

Das Männchen trägt mit etwas abgespreizten Flügelbugen eine Rufreihe vor. Bei Annäherung einer anderen Möwe wird das »Jauchzen« eingestellt, es folgt die Drohhaltung mit hackbereitem Schnabel, zum Schlag abgespreizten Flügelbugen. Die Körperfläche wirkt damit vergrößert. Diese Haltung wirkt auf andere Männchen abschreckend. Die weitere Handlung des drohenden Männchens ist vom Verhalten der sich nähernden Möwe abhängig. Nimmt die andere ebenfalls eine Drohhaltung ein, erfolgt Flucht oder Angriff. Im letzteren, selteneren Fall entwickelt sich ein mehr oder weniger heftiger Kampf, der vor allem mit Flügelhieben ausgetragen wird. Durchweg wird Drohung aber so verstanden, daß Kämpfe vermieden werden.

Während der Paarbildung füttern Lachmöwenmännchen die bettelnden Weibchen sowohl auf dem Land als auch auf dem Wasser. *Foto: Spillner*

Begattungsaufforderung bei einem Schwarzhalstaucherpaar auf einer Begattungsplattform. Sowohl Männchen als auch Weibchen können mit dieser Geste zur Begattung auffordern. *Foto: Spillner*

Da die Geschlechter der Lachmöwen sich äußerlich jedoch nicht unterscheiden, kann das Weibchen nur durch entsprechendes Verhalten in die Nähe des drohenden Männchens gelangen. Es trägt sich in einer flachen Beschwichtigungsgeste an. Der Hinterkopf wird dabei dem drohenden Schnabel dargeboten. Damit wird im drohenden Männchen Hemmung zum Hacken aufgebaut und die Aggressivität zum Teil blokkiert. Das Männchen zeigt ebenfalls die flache Beschwichtigung, beide Vögel richten sich wieder steil auf. In der Haltung sind die Elemente des Drohens bis zum schlagbereit geöffneten Flügelbug enthalten. Jedoch reißen beide Vögel nebeneinander herschreitend ihre Köpfe ruckartig zur Seite, so daß sie sich statt des Schnabels die Hinterköpfe zuwenden. Dieses »Wegsehen« ist die stärkste Form der Beschwichtigung. Darauf kann das Weibchen zu betteln beginnen, und das Männchen würgt einen Speiballen aus. Danach kann die Kopula erfolgen.

Die einzelnen Verhaltensmuster bedingen einander und lösen sich als Schlüsselreize aus. Bei Ausbleiben eines der Kettenglieder bricht die Handlung ab. Die kurzgefaßte Schilderung der Anpaarung bis zur Begattung entspricht schon der Idealphase, der einige Wahlversuche des Weibchens und abgebrochene Handlungsketten vorausgehen!

Kopulation

Die Weibchen vieler Vogelarten zeigen vor der Kopulation nicht nur entsprechende Beschwichtigungs- oder Demutsgesten, oftmals mit entsprechenden, aus dem Jugendverhalten übernommenen Lautäußerungen, sondern überdies direkte Paarungsaufforderungen. Schwarzhalstaucher nehmen eine senkrechte Haltung ein, in der das Gefieder gesträubt wird, der Körper zittert und der Hals gesenkt wird. Danach erfolgt ein flaches Hinducken mit ausgestrecktem Hals, so daß der herangeschwommene, meist hinter dem Steiß des sich anbietenden Vogels im Wasser liegende Partner aufreiten kann. Meisenweibchen und weibliche Finkenvögel tragen sich mit Flügelzittern und abgespreiztem Gefieder dem Männchen an. Seeschwalben und Möwen fordern in geduckter Haltung zur Kopulation auf.

Beim Lappentaucher ist häufig ambivalentes Verhalten zu beobachten. Die Partner, die keinen äußeren Geschlechtsdimorphismus besitzen, reiten wechselseitig auf. Ob es dabei jedoch wirklich zur Kopulation, also auch zur

Spermaübertragung kommt, ist ungeklärt. Vögel besitzen – mit wenigen Ausnahmen wie Straußen, einige Enten- und Gänsearten – keinen Penis. Störche und Reiher tragen Penisrudimente, andere Arten besitzen lediglich zur Fortpflanzungszeit Steißzapfen – die männliche Kloake steht etwas vor.

Die Samenübertragung geschieht innerhalb kurzer Zeit. Das paarungsbereite Weibchen wölbt seine Kloake soweit hervor, daß das Männchen seine Kloakenränder fest darauf pressen und ejakulieren kann.

Häufig scheinen die Kopulationen recht lang anhaltend zu sein. Genauere Beobachtungen zeigen jedoch, daß vom Aufreiten des Männchens bis zur erfolgreichen Vereinigung eine ganze Zeit vergehen kann, in der anscheinend eine letzte, notwendige Stimulation und Synchronisation erfolgen muß. Die Männchen von Möwen und Seeschwalben stehen minutenlang flügelschlagend auf dem Rücken der sich paarungswillig duckenden Weibchen, die häufig in das Brustgefieder der Männchen picken. Viele Männchen, vor allem größerer Vogelarten, fassen die Weibchen mit dem Schnabel hinter dem Kopf oder am Hals. Es kann zu mehrmaligem bis häufigem Aufreiten kommen. Es handelt sich dabei meist um Scheinkopulationen ohne Übertragung von Sperma. Bei Lappentauchern hat es den Anschein, als müßten sich Vögel oftmals erst in die »richtige« Stimmung versetzen.

Die Kopulation erfolgt – je nach Art – entweder auf dem Erdboden, auf Zweigen und Ästen, auf entsprechenden Paarungsplattformen wie bei Lappentauchern, oftmals auf dem künftigen oder vorhandenen Nest wie bei Reihern, Kormoranen und Störchen, bei Enten, Gänsen und Schwänen im Wasser.

Meist putzen sich die Weibchen ausgiebig nach dem Tretakt, zumindest werden die Federn wieder geordnet. Möwen und Seeschwalben stehen häufig nach der Kopulation nebeneinander, Reiher und Schwarzstorch zeigen mit wechselseitigem Gefiedernesteln eine Art Paarungsnachspiel.

Dauer der Partnerbeziehung

Außer den arterhaltenden, angeborenen Mechanismen, die das Verhalten zueinander steuern, kommen die meisten Vögel im intraspezifischen Verhaltensbereich nicht ohne Lernen aus. Die Partner eines Paares müssen sich nicht nur dulden und kennenlernen, sondern auch mit absoluter Sicherheit erkennen. Das ist um so notwendiger, je mehr Individuen einer Art auf engstem Raum beieinander leben, wie beispielsweise in den großen Kolonien der Tölpel, Lummen, Möwen und Seeschwalben.

Die meisten europäischen Vögel leben während der Brutzeit und zur Aufzucht der Jungen paarweise. Allerdings bestehen viele Partnerbindungen innerhalb einer Fortpflanzungsperiode

Beutelmeisen haben komplizierte Partnerbeziehungen. Die Bindung ist nicht einmal eine Brutbindung. Ein Männchen kann nacheinander mehrere Nester bauen, in denen verschiedene Weibchen brüten können. Das gleiche gilt für den Zaunkönig. *Foto: Spillner*

nur als Brutehen. Verschiedene Vogelarten, die mehrere Bruten machen, können sich jeweils neu verpaaren. Andere Arten gehen »Saison-Ehen« ein, in denen die Partner über zwei oder sogar drei Bruten zusammenbleiben. Lebenslange Dauerehen kennen wir dagegen nur von relativ wenigen Gattungen, Gänsen, Schwänen, Kranichen und Rabenvögeln und wenigen Adlern.

Woran Vögel ihren Partner so eindeutig aus der Menge der Artgenossen erkennen und unterscheiden können, ist nicht mit Sicherheit zu sagen. Es wird sich jedoch um komplexe Wahrnehmungen handeln, in denen Form, Farbe, Bewegung und differenzierte Lautäußerungen eine Rolle spielen. Silbermöwen erkennen ihren Partner nicht nur aus der Nähe, sondern auch aus Entfernungen von fast dreißig Metern. Junge Graureiher, die kurz vor dem Ausfliegen standen, waren dagegen nicht in der Lage, fremde Altvögel von ihren Eltern im Anflug zu unterscheiden. Möglicherweise war hierbei der Schlüsselreiz anfliegender Altvögel so stark mit anschließender Fütterung verbunden, daß dadurch sofort Bettelverhalten ausgelöst wurde. In diesem Falle wäre eine Unterscheidung auch nicht notwendig, denn eine eventuelle Fütterung durch nestfremde Altreiher käme den Jungen zugute!

Während der Brut- und Aufzuchtphase muß jedoch für die Partner eines Paares eine deutliche Prägung füreinander gegeben sein, um Droh- und Beschwichtigungsgesten weitgehend überflüssig zu machen. Für die Vogelarten, bei denen nur ein Geschlecht um die Brut und Aufzucht bemüht ist, ist das Erkennen überflüssig. Als Beispiel mögen balzende Birkhähne und Kampfläufer dienen. Sie stellen sich in Gruppenbalz zur Schau und werden kurzfristig von den Weibchen nur zur Begattung gewählt.

Bei Enten bebrüten allein die Weibchen das Gelege. An der Fütterung und Aufzucht der Jungvögel sind die Erpel nicht beteiltigt. Sie scharen sich zu dieser Zeit bereits zu Männchengesellschaften und späteren Mauserverbänden zusammen. Sie haben aber zumindest eine Zeitlang eine engere Bindung an jene Ente, die sie während der Gruppenbalz durch das »Hetzen« gewählt haben. Der Erpel begleitet die Ente zum Nistplatz und verweilt – je nach Art mehr oder weniger lange – öfter auch in Nestnähe.

Bei anderen Vogelarten kann der Eindruck von Dauerehe entstehen, weil in aufeinanderfolgenden Jahren dieselben Vögel miteinander verpaart sind. Die Beziehung der Partner wird jedoch vorrangig von der Bindung an das Brutrevier oder den Neststandort gesteuert, wie Beobachtungen an Weißstörchen ergaben.

Fast alle Kleinvögel verpaaren sich jährlich neu. Führen sie mehr als eine Brut aus, bleiben sie in der Regel auch zur zweiten Brut zusammen. Haussperlinge, die durchweg in lockeren Kolonieverbänden leben, kennen nicht nur ihre Partner, sondern auch andere Mitglieder der Kolonie. Sie fressen, baden und staubbaden häufig gemeinsam. Paare nutzen den Nistplatz außerhalb der Fortpflanzungszeit gemeinschaftlich als Schlafplatz. Kohl- und Blaumeisen können ebenfalls paarweise in Nistkästen oder Baumhöhlen ihres Brutreviers nächtigen.

Nestbau

Die Fähigkeit, Nester zur Bebrütung der Eier und zur Aufzucht von Jungen in arterhaltender Weise zu bauen, ist im Erbgut der Vogelarten fixiert. Sie ist von Art zu Art, mehr aber noch zwischen Gattungen, Familien und Ordnungen differenziert. Unsere Seeschwalbenarten scharren einfach Mulden in den Sand, die höchstens mit ein paar Muschelschalen ausgelegt werden. Im Nestbau von Goldhähnchen und Schwanzmeisen dagegen scheinen sich Techniken des Webens, Filzens und Knüpfens zu vereinen. Auch die an Halmen schwebenden Korbnester einiger Rohrsängerarten erscheinen uns als Inbegriff von Kunstfertigkeit.

Die oftmals verblüffenden Leistungen beim Nestbau beruhen nicht auf Verstandesleistung. Junge erstnistende Vögel bauen in der Regel so vollkommene Nester wie »erfahrene« Artgenos-

Schwanzmeisen betreiben einen material- und zeitaufwendigen Nestbau. Zur Innenausstattung des Nestes werden von beiden Partnern sehr viele Federn im Schnabel herangetragen. Witterungsabhängig kann die Gesamtbauzeit bis zu 14 Tagen betragen. *Foto: Spillner*

Falken besitzen keinen Nestbautrieb. Sie legen ihre Eier entweder ohne Unterlage auf Steinsimsen (Turmfalke, Wanderfalke) oder nutzen verlassene Nester von Krähen, Raben oder Greifvögeln. Dieser Baumfalke hat einen Kolkrabenhorst bezogen, nachdem dort die Jungen flügge geworden waren. Kolkraben nisten sehr zeitig im Jahr, und der Baumfalke kehrt erst im Mai aus dem afrikanischen Winterquartier zurück. *Foto: Spillner*

sen. Die Nester für Zweitbruten sind auch bei älteren Vögeln oft weniger sorgsam ausgeführt als die Bauten zur Jahreserstbrut. Vielfach herrscht die Meinung vor, daß besonders kompliziert auszuführende Nester wie der Bau der Schwanzmeisen, nur von einem Partner des Paares vollzogen werden könne, da die Einzelhandlungen der Vögel sich nicht ergänzen würden. Das ist nicht der Fall. Sowohl die Wahl der Nestbaustoffe wie auch deren Verarbeitung erfolgt unter speziellen optischen und taktilen Reizen, die in ihrer Summe zum arterhaltenden Objekt führen. Feststehende Regeln für die Beteiligung der Geschlechter gibt es nicht. Bei vielen Arten bauen nur die Weibchen, bei anderen Arten bereiten die Männchen den Bau fast vollständig vor, bis mit einer Verpaarung vom Weibchen der Innenausbau vorgenommen wird, wie bei Beutelmeise und Zaunkönig. Für diese Arten ist der Nestbau des Männchens bereits Teil des Balzverhaltens. Findet sich am Rohbau eines Beutelmeisenmännchens kein Weibchen ein, wird der Bau häufig aufgegeben und ein neues Nest gebaut. Zaunkönigmännchen bauen mehrere Nester in einer Brutsaison, durchschnittlich etwa 4–6, in Ausnahmefällen sogar bis zu einem Dutzend. Der Bau wird vor allem aus feuchten Fallaubblättern errichtet. Das Männchen singt in seiner Nähe und führt das Weibchen, das in seinem Revier erscheint, zum Nest. Das Weibchen baut das Werbenest mit Moos, Tierhaaren und Federn zum Brutnest aus.

Durchweg werden Vogelnester vor der Eiablage fertiggestellt. Die Nester unserer heimischen Enten sind zum Legebeginn allerdings oft noch sehr unvollkommen. Es fehlt zunächst die Innenausstattung aus Brust- und Bauchdunen, mit denen die Ente den Nestnapf füttert. Sobald das Gelege jedoch vollzählig ist und die Bebrütung beginnt, ist diese dichte, wärmedämmende Dunenschicht komplett. Wenn die Ente das Gelege verläßt, um Nahrung und Flüssigkeit aufzunehmen, deckt sie die Eier damit zu.

Verschiedene Vogelarten bauen an ihren Nestern auch noch während der Brut- und sogar

Beutelmeisenmännchen beim Bau seines Hängenestes an einer Weidenrute. Wenn sich in diesem Nestbaustadium kein Weibchen einfindet, beginnt das Männchen an anderer Stelle ein neues Nest zu bauen. Beutelmeisennester zählen zu den schönsten und kunstvollsten Nestern der mitteleuropäischen Vogelwelt. *Foto: Spillner*

während der Aufzuchtperiode weiter. So erfolgt die Übergabe von Pflanzenmaterial bei der Brutablösung bei Lappentauchern in beiden Geschlechtern zumindest im ersten Drittel der Brutzeit. Reiher tragen zur Brutablösung – je nach Art – entweder immer oder zeitweilig – Ästchen oder Schilfhalme im Schnabel heran. Die Übergabe von Nistmaterial ist hier zum Ritual geworden. Die Ausbauintensität erreicht beim Graureiher einen Höhepunkt, wenn die Jungvögel drei Wochen alt sind. Sie sind dann bereits so bewegungsaktiv, daß sie in den meist hochgelegenen, windexponierten Horsten einen entsprechenden Schutz gegen Absturz brauchen.

Auch Eulen bauen keine eigenen Nester. Der nordische Bartkauz brütet in den Horsten von Kolkrabe oder Rauhfußbussard oder auch in ausgehöhlten Baumstubben. *Foto: Spillner*

Habicht und Mäusebussard tragen in beiden Geschlechtern sowohl Nadel- wie Laubzweige zum Horst, vor allem dann, wenn die Jungen bereits geschlüpft sind. Der Anteil der Partner am Horstbau ist für einige Greifvogelarten jedoch noch ungeklärt. Vielfach beziehen sie über Jahre hindurch denselben Horst und stokken ihn auf. Oftmals werden verschiedene Horste im Wechsel genutzt. Falken haben keinen Nestbautrieb und beziehen leerstehende Horste anderer Greife, Krähen-, Kolkraben- oder Reihernester. Wanderfalken beziehen häufig Seeoder Fischadlerhorste oder legen ihre Eier auf dem nackten Erdboden in einer wenig ausgedehnten Mulde ab, wenn sie zur Population der Felsbrüter gehören.

Nestbauhandlungen setzen bei einigen Arten schon vor eigentlichen Balzhandlungen ein. So tragen und verbauen Elstern Zweige und Ästchen schon oftmals an milden Wintertagen, obwohl die Eiablage bei uns erst in der zweiten Aprilhälfte erfolgt.

Zeitig im Jahr bauen bei uns die Kolkraben. Das Männchen erneuert bereits im Februar den Unterbau des meist mehrjährig genutzten Horstes oder trägt Material für einen Neubau zusammen. Der Ausbau der Nestmulde mit Haaren und Pflanzenfasern erfolgt durch das Weibchen. In das fertiggestellte Nest werden die Eier jedoch auch schon Ende Februar oder Anfang März abgelegt.

Das Material zum Nestbau wird je nach Art gesammelt. Graureiher tragen Zweige, Äste vom Waldboden im Schnabel zu ihren Horsten, oder sie brechen Zweige von stärkeren Ästen ab. Schilfnister unter den Reihern, wie Dommeln, Purpurreiher und Silberreiher, knicken Schilfhalme und sammeln anderes Altschilf zum weiteren Ausbau im Schnabel dazu.

Greifvögel fassen Nistmaterial im Schnabel, lagern es jedoch im Flug häufig in die Fänge um, wie es bei nestbauenden Rohrweihen häufig zu beobachten ist. Störche tragen nicht nur Reiser und Äste im Schnabel, sondern auch Pflanzensoden, Gras- und Stallmistplacken. Horste vom Schwarz- und Rotmilan sind häufig mit Papierfetzen und Lumpen ausgelegt.

Kleinvögel bauen nach Ablage der Eier nicht mehr an ihren Nestern. Der Nestbautrieb erlischt bis zur erneuten Paarung, wenn die Art eine zweite Brut im Jahr aufzieht. Auch bei Verlust eines Nestes und des Geleges kommt es nicht nur zu hormonbedingtem Paarungs-, sondern auch Nestbauverhalten.

Bei koloniebrütenden Vögeln, wie Möwen, Lummen, Tölpeln und Scharben, scheint innerhalb der Brutgemeinschaft durch Stimmungsübertragung bedingte Synchronisation des Paa-

Schwarzhalstaucher nisten in Kolonien und sind fast immer mit anderen Koloniebrütern vergesellschaftet (Lachmöwen, Trauerseeschwalben). *Foto: Spillner*

Uferschwalben sind Erdbrüter in Kiesgruben und an Steilküsten, oft in sehr großen Kolonien. *Foto: Scharnbeck*

Das Blaukehlchen baut sein Nest sehr verborgen unter der dichten Vegetation aus Zwergbirke und Heidelbeere. *Foto: Spillner*

Ursprünglich nistete der Star in Naturhöhlen, wie ausgefaulten Aststümpfen oder verlassenen Spechthöhlen. Durch von Menschen geschaffene Nisthilfen (Starenkasten) wurde er zum Kulturfolger. *Foto: Spillner*

Schwimmnest des Haubentauchers.
Foto: Spillner

Fischadlerhorste auf Hochspannungsmasten, Beispiel für die Wahl neuer Neststandorte. *Foto: Hoyer*

In Saatkrähen-, Graureiher- und Kormorankolonien werden die Nestreste, die nach Winterstürmen in den Horstbäumen verbleiben, wieder bezogen.

Nisthöhlen von Spechten können mehrjährig genutzt werden, meist erfolgt jedoch für jede Brut der Bau einer neuen Höhle. Oftmals werden dazu Schlafhöhlen weiter ausgebaut. Verlassene Höhlen der Spechtarten sind bevorzugte Nistmöglichkeiten für andere, höhlenbrütende Arten, wie Waldkauz, Schellente, Hohltaube, Dohle, Star, Schnäpper, Gartenrotschwanz und Meisen.

Brutbiologie

Eiablage und Legeabstand

Zur Eiablage sucht das Vogelweibchen sein Nest auf. Das Ei wird direkt in die Nestmulde gelegt. Eine Ausnahme macht das Kuckucksweibchen, das sein Ei auf dem Boden ablegt und im Schnabel ins Wirtsnest praktiziert (das beste Beispiel dafür sind neben Sichtbeobachtungen Kuckuckseier oder aufgezogene Jungkuckucke in Zaunkönig- und Rauchschwalbennestern). Das Ei wird unter starkem Pressen, meist mit dem spitzen Pol zuerst, ausgestoßen. Der Vogel hebt sich dabei leicht an, Flügelzittern und -ausbreiten kann erfolgen, die Atemfrequenz ist erhöht, und der Schnabel wird oftmals leicht geöffnet.

Singvögel legen meist in den Morgenstunden ihre Eier ab. Untersuchungen an Waldlaubsängern ergaben große Zeitgenauigkeit von einem zum anderen Tag bis zur Komplettierung des Geleges mit sechs Eiern. Kann ein Vogelweibchen sein Nest durch Störungen und Feindeinwirkung nicht rechtzeitig aufsuchen, werden Eier verlegt. So wurden Tafel- und Stockenteneier ebenso auf Wiesen und Weiden gefunden wie verlegte Grauganseier.

Singvögel – mit Ausnahme des Kolkraben – legen täglich ein Ei. Ungünstige Witterungsbedingungen können die Eiablage verzögern, kleinere Arten bringen teilweise zwei Eier am Tage hervor, zeitig morgens und am späten Nachmittag. Dann verzögert sich der Legetermin des nächsten Tages.

Enten legen täglich ein Ei, das gleiche trifft

Zwergseeschwalben nisten in feinem Sand.
Foto: Friedrich

für Gänse zu. Limikolen legen in kleineren Arten täglich, während die größeren Arten, wie Brachvogel und Uferschnepfe, im Abstand von 36 bis 48 Stunden legen. Auch bei Möwen und Seeschwalben haben die größeren Arten die größeren Legeabstände. Ebenso benötigen Nachgelege häufig eine größere Gesamtlegezeit.

Greifvögel haben Legeabstände von anderthalb bis zu vier Tagen. Auch hier legen die großen Arten, die weniger Eier produzieren, in größeren Abständen als kleine Arten mit stärkeren Gelegen.

Eizahl

Eine Reihe von Vogelarten hat feststehende Gelegegrößen. Andere sind stark variabel. Unter Limikolen sind Vierergelege die Regel, doch kommen auch Dreiergelege (meist Nachgelege) und teilweise Fünfergelege (Austernfischer, Säbelschnäbler) vor. Für Mornell- und Seeregenpfeifer sind Dreiergelege als Normalfall anzusehen. Innerhalb einer Ordnung scheinen die größeren Arten durchweg schwächere Gelege zu besitzen. So legen Haubentaucher durchschnittlich vier oder fünf, Zwergtaucher dagegen sechs bis sieben Eier. Für die Ordnung der Seetaucher sind zwei Eier die Regel.

Eulen produzieren Gelege, die abhängig vom Nahrungsangebot sind. Das beste Beispiel dafür ist die Schnee-Eule, die in lemmingreichen Jahren mehr als ein Dutzend Eier legen kann. Auch die Gelegegröße der heimischen Schleiereule ist vom Mäuseangebot abhängig. In besonders nahrungsreichen Jahren bringt sie sogar zwei Bruten auf!

Starke Gelege besitzen viele, vor allem kleinere Entenarten. In Nestern von Mittelsägern und Brandgänsen finden sich häufig abnorm große Gelege. Zwanzig und mehr Eier sind keine Seltenheit. Sie stammen aber immer von mindestens zwei Weibchen! Stark variieren auch die Gelegegrößen der Graugans von nur drei bis zu zwölf Eiern pro Nest. Hühnervögel produzieren durchweg große Gelege. Auch hier

Bei Limikolen sind Vierergelege die Regel. Zumeist sind die Eier zur Tarnung gefleckt, so daß sie mit der Umgebung zu verschmelzen scheinen (Goldregenpfeifer). *Foto: Spillner*

Die Mönchsgrasmücke brütet regelmäßig zweimal im Jahr. *Foto: Fröhlich*

bringen die kleineren Arten mehr Eier hervor. Die Auerhenne legt durchschnittlich fünf bis acht, die Rebhenne dagegen 12 bis 19 Eier.

Relativ konstant ist die Eizahl bei Sperlingsvögeln. Durchweg werden vier bis sieben Eier gelegt. Unter verwandten Arten haben die größeren die kleinere Eizahl. So legen Kolkraben und Saatkrähen vier bis fünf Eier, Eichelhäher und Elster dagegen bis zu acht Eier. Meisen haben unter Sperlingsvögeln die stärksten Gelegegrößen. Für Blau- und Kohlmeisen sind 10 bis 12 Eier pro Nest keine Seltenheit.

Alle Vogelarten können mehr Eier produzieren, als zum kompletten Gelege notwendig sind. Bei Verlust des Geleges wird ein Nachgelege gezeitigt, jedoch nur dann, wenn das Gelege noch nicht zu lange bebrütet worden ist. Ein Raubwürgerweibchen erbrachte mit vier Nachgelegen 36 Eier!

Anzahl der Bruten

Die meisten heimischen Vögel kommen zur Artreproduktion mit einer Jahresbrut aus. Das trifft vor allem für größere Arten zu, die zudem noch wenige, oftmals – wie Adler, Kraniche und Seetaucher – sogar nur zwei Eier legen. Alle Greifvögel ziehen nur eine Jahresbrut auf, von den Eulen können Waldohreule und Schleiereule eine Ausnahme machen. Limikolen, Seeschwalben und Möwen nisten ebenso wie Reiher und Störche nur einmal im Jahr. Alle Rabenvögel haben ebenfalls nur eine Jahresbrut, während unter den Kleinvögeln recht differenzierte Verhältnisse bestehen. So brüten unter sich nahestehenden Arten die eine nur einmal, während die andere regelmäßig eine Zweitbrut ausbringt. Als Beispiel seien Gartengrasmücke und Mönchsgrasmücke, Baum- und Wiesenpieper, Braun- und Schwarzkehlchen genannt. Unter den Meisen, die regelmäßig zwei, selten auch dreimal im Jahr brüten, bilden Nonnen- und Weidenmeisen mit nur einer Brut eine Ausnahme. Spechte brüten ebenfalls nur einmal.

Verschiedene Arten, die zweimal brüten, wie Mehl- und Rauchschwalbe oder Stieglitze, bringen vereinzelt auch noch eine dritte Brut auf. Beim Schwarzkehlchen sind gelegentlich vier Jahresbruten, ebenso wie bei Haussperling und Ringeltaube, nachgewiesen worden. Die Eizahl in den Gelegen der Zweitbruten ist nicht geringer als zur Erstbrut. Bei Lerchen und Drosseln ist das Zweitgelege oftmals sogar stärker. Werden Nester mit geringer Eizahl gefunden, kann mit einiger Sicherheit darauf geschlossen werden, daß es sich um Nachgelege handelt.

Einige Arten vollbringen Schachtelbruten. Das Weibchen bebrütet bereits ein neues Gelege, während das Männchen noch mit der Aufzucht der Erstbrut beschäftigt ist. Solche verschachtelten Bruten können vereinzelt oder aber auch als Regelfall auftreten.

Brutbeginn

Man könnte meinen, der synchrone Schlupf der Jungen sei zur Aufzucht am zweckmäßigsten und daher die Regel. Das hieße zugleich, daß die Bebrütung der Eier erst nach Vollendung des Geleges einsetzen müßte, denn bis zum Schlupf benötigen alle Eier eines Geleges dieselbe Wärmezufuhr. Das ist jedoch nicht für alle Arten der Fall. Bebrütung nach Komplettierung des Geleges findet bei jenen Arten statt, deren Jungen echte Nestflüchter sind und bei denen das Weibchen die Jungen allein führt. Das trifft für alle Hühnervögel mit Ausnahme des Steinhuhns zu und gilt ebenso für die Entenarten. Auch Gänse beginnen mit der Bebrütung nach Ablage des letzten Eies, ebenso die Schwanenarten. Allerdings beginnen Weibchen des Höckerschwans manchmal schon mit der Ablage des vorletzten Eis zu brüten.

Seetaucher bebrüten ihr Gelege, das stets nur aus zwei Eiern besteht, schon vom ersten Ei an, während Lappentaucher teilweise ab erstem Ei meist jedoch mit halbem oder oftmals erst mit vollem Gelege zu brüten beginnen.

Greifvögel brüten meist vom ersten Ei an, das gilt durchweg auch für Eulen sowie für Störche und Reiher. Limikolengelege werden durchweg

regelmäßige Brutablösung bei Seeschwalben, Möwen, Alken, Ruderfüßern, Schreitvögeln, Rallen und Kranichen statt. Bei Enten, Gänsen und Schwänen brütet das Weibchen allein, wobei das Männchen bei Enten zu Beginn der Brutzeit sich noch in Nestnähe aufhält, die Männchen der Gänse und Schwäne die ganze Brutzeit in Nestnähe sind und das Nest auch gegen Feinde verteidigen.

Bei jenen Arten, deren Gelege allein vom Weibchen bebrütet werden, werden die Eier häufig mit Daunen oder Nistmaterial zugedeckt, sobald der brütende Vogel das Nest zur Nahrungs- oder Flüssigkeitsaufnahme verlassen muß. So wird nicht nur Sichtschutz gegen Raubfeinde wie Krähen und Raben geschaffen, sondern auch Wärmeverlusten vorgebeugt.

Bei den Greifvögeln ist der Brutanteil der Weibchen durchweg sehr viel größer, oft ausschließlich. Sie werden zur Brutzeit von den Männchen mit Nahrung versorgt, die meist in Horstnähe getragen und an bestimmten Plätzen übergeben wird. Häufig geht die Brutzeit mit der teilweisen Schwingenmauser der Weibchen einher, die damit weniger flugtüchtig sind.

Unter Sperlingsvögeln ist der Brutpflegeanteil der Geschlechter unter nahe verwandten Arten oftmals stark differenziert. So brüten die Männchen der Rauchschwalbe nicht, Mehlschwalbenmännchen dagegen regelmäßig. In der Familie der Rabenvögel bebrüten die Weibchen von Kolkraben und der Krähenarten das Gelege allein und werden vom Männchen gefüttert, dasselbe ist von Dohlen bekannt. Bei der Elster brütet fast ausschließlich das Weibchen, während sich die Partner von Tannen- und Eichelhäher regelmäßig ablösen.

Auch bei Rohrsängern und Grasmücken beteiligen sich beide Geschlechter an der Brut, manchmal ist der Anteil der Weibchen etwas größer. Bei Finkenvögeln brütet das Weibchen und wird vom Männchen gefüttert. Auch bei den Ammern überwiegt das Brüten der Weibchen. Für den Haussperling ist zeitweiliges Brüten des Männchens bekannt, Feldsperlinge scheinen sich häufiger abzuwechseln.

Die Brutablösungen erfolgen bei Kleinvögeln wesentlich häufiger als bei großen Arten. Oftmals wird in Abständen von einer knappen halben Stunde gewechselt, während Geier einen oder sogar mehrere Tage auf dem Nest ausharren.

Daß jedoch nicht allein die Körpergröße des Vogels für die Verweildauer auf dem Gelege ausschlaggebend ist, wird am Beispiel der Röhrennasen deutlich. So lösen sich die Partner des nur 20 cm großen Wellenläufers in Abständen von etwa 100 Stunden ab. Der brütende Vogel wird während dieser Zeit nicht mit Nahrung durch den Partner versorgt!

Der Bruttrieb als Teil des angeborenen Verhaltens ist hormonal bedingt und gesteuert. Er kann so stark sein, daß andere Triebe von ihm völlig überlagert werden. So ist bei einigen Arten der Fluchttrieb fast völlig erloschen. Im Zusammenspiel mit entsprechender Tarnfärbung brütender Weibchen (Waldschnepfe, Eiderente, Rebhuhn, Nachtschwalbe u. a.) ist das starre Verharren von Bodenbrütern sicher eine Möglichkeit des »Übersehenwerdens«.

Innerhalb einer Art ist der Bruttrieb individuell verschieden stark ausgeprägt. Der Beobachter kann immer wieder auf Individuen stoßen, die geradezu »brutwütig« sind. Bei Ablösungen entstehen merkwürdige Situationen, weil der ablösende Partner, der seinen Bruttrieb ebenfalls abreagieren will, den noch nicht ablösebereiten Vogel regelrecht aus dem Nest drängen muß. Singvögel kommen meist ohne Lautäußerungen zur Ablösung ans Nest. Limikolen können sich durch kurze Lautäußerungen ankündigen. Sie scheinen sich auch auf größere Entfernungen optisch zu erkennen. Greifvögel machen sich durch Rufe oder Rufreihen bemerkbar. Habicht- und Baumfalkenterzel kündigen die Beuteübergabe in Nestnähe durch lockende Rufreihen an, und sowohl die weißen Seeschwalbenarten wie auch die Trauerseeschwalbe reagieren auf die Rufe des Partners, der zur Ablösung heranfliegt. Graureiher und Kormorane haben ebenfalls spezielle Landelaute, die uns nicht differenziert erscheinen,

Lummen bebrüten nur ein Ei. Deutlich erkennbar, wie es vom Bauchgefieder regelrecht eingemantelt wird, wenn sich der Vogel zum Brüten niederläßt. Trottellumme. *Foto: Spillner*

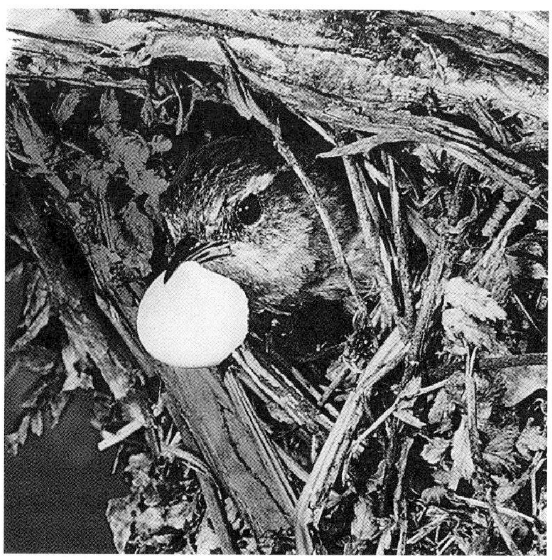

Das Zaunkönigweibchen trägt eine Eischale aus dem Nest. *Foto: Spillner*

dem brütenden Vogel jedoch im Verein mit dem optischen Erkennungsbild ermöglicht, den Partner von anderen Artgenossen zu unterscheiden.

Zur Brutablösung wird das Gelege meist vom ankommenden Vogel geordnet, und die Eier werden mehr oder weniger gewendet. Greifvögel betasten das Gelege manchmal mit dem Fang, jedoch werden auch hier die einzelnen Eier stets nur mit dem Schnabel gedreht. So unterschiedlich in ihrer Ausprägung und Wirkungsweise Vogelschnäbel beschaffen sind – Limikolen, Finken, Greifvögel – ist der Bewegungsablauf für alle, sich verwandtschaftlich oft sehr fern stehende Arten gleich. Der Vogel schiebt den Schnabel über das Gelege und zieht ihn mit der Schnabelunterkante in Richtung der gespreizten Beine. Dadurch kommen die Eier in Bewegung. Sie werden zu beiden Seiten vom ziehenden Schnabel gedreht. Auch während längerer Brutphasen werden die Eier auf diese Art gewendet. Der brütende Vogel steht auf, spreizt die Beine über der Nistmulde und setzt den Schnabel zur Bewegung der Eier ein.

Das Niedersetzen erfolgt vorsichtig. Brust- und Bauchgefieder sind dabei locker gespreizt. Vögel mit langen Beinen scheinen oftmals heftig auf das Gelege zu plumpsen. Der Stoß ist jedoch immer gegen den Rand des Nestes oder die Nestmulde gerichtet, damit die Eier weder erschüttert noch gedrückt werden. Nach dem Niedersetzen schüttelt sich der Vogel in eine möglichst bequeme Lage, oftmals schiebt der Schnabel die Eier unter der Brust noch weiter zurecht. Brust- und Bauchgefieder werden so weit abgespreizt, daß die Eier möglichst direkten Kontakt zur Haut haben. Sie werden wie in Taschen eingemantelt. Vögel, die überraschend vom Nest hochgetrieben werden, können beim jähen Abflug Eier verlieren.

Einer Reihe von Arten fallen im Verlauf der Brutzeit die Kleinfedern zu beiden Seiten des Brustbeins aus. Es entstehen die sogenannten Brutflecken, nackte Hautstellen, die den Eiern einen innigen Kontakt zur Blutwärme des Vogels ermöglichen. Ohnehin ist die Temperatur des Vogels während der Brut zum »Brutfieber« über das Normalmaß erhöht. Enten und Gänse polstern die Nestmulde mit ausfallenden oder ausgezupften Brustdunen. Damit wird das Gelege abgedeckt und isoliert, wenn das Weibchen das Gelege verläßt.

Aufzucht der Jungen

Mit dem Schlupf der Jungen entsteht für den bislang brütenden Vogel eine völlig neue Bezugssituation, die von angeborenen Verhaltensmustern gesteuert wird. Am Schlupf der Jungen sind die Eltern nicht aktiv beteiligt. Der brütende Vogel hebt sich lediglich vom Gelege oder steht auf, sobald sich die Jungen entweder noch aus dem Ei oder während des Schlupfes akustisch bemerkbar machen. Noch stärker reagiert er auf die Bewegungen der Jungvögel. Die Eischalen werden teilweise in der Nestmulde zerdrückt, meist aber entfernt. Das gilt nicht nur für die Arten, deren Junge längere Zeit oder für ihre gesamte Entwicklung im Nest verbleiben sondern auch für nestflüchtende Arten. Eischalen tragen nicht nur Blau- und Kohlmeise, Zaunkönig und Star, sondern auch Alpenstrandläufer, Möwen und Seeschwalben fort. Schwarzhalstaucher werfen Eischalen vom Nest ins Wasser oder picken sie am Nestrand entzwei.

Alle Jungvögel sind zunächst wärmebedürftig. Auch jene, die ein dichtes Dunenkleid tragen, müssen trocknen und werden vom jeweils im Nest anwesenden Altvogel solange gehudert, bis sie getrocknet und bewegungsaktiv sind. Ablösungen erfolgen wie zur Brutzeit zwischen den Partnern eines Paares. Der Hudertrieb hält bei denjenigen Arten am längsten an, deren Junge längere Zeit nackt oder nur spärlich bedunt sind.

Nesthocker

Nicht nur im äußeren Erscheinungsbild sondern auch im Verhalten erweisen sich die Jungvögel der verschiedenen Ordnungen sehr differenziert. Zu Nesthockern, die ihre gesamte Jugendentwicklung im Nest bis zum Flüggewerden oder kurz davor durchmachen, zählen alle Sperlingsvögel. Ein Großteil von ihnen, wie Rotkehlchen und Grasmücken, kommt ebenso wie die Jungen aus der Ordnung der Spechte, der Racken und der Segler nackt zur Welt. Andere Sperlingsvögel, wie Goldammer und Buchfink, tragen ein mehr oder weniger starkes Dunenkleid, das vor allem durch übergroße Kopfdunen auffällt. All diese, von OSKAR HEINROTH als »eigentliche« Nesthocker bezeichneten Jungvögel kommen mit geschlossenen Augen zur Welt und reagieren auf taktile Reize, vor allem auf die Erschütterung des Nestrandes.

Typische Nesthocker: Gerade geschlüpfte Gartengrasmücken, noch nackt und blind. *Foto: Spillner*

Als »uneigentliche« Nesthocker werden die Jungen jener Arten eingestuft, die mit geöffneten Augen und zumeist dichtem Dunenkleid schlüpfen, wie die Jungen der Greifvögel, der Störche und Reiher. Auch die Jungen der Eulen werden zu dieser Gruppe gezählt, obwohl ihre Augen zunächst geschlossen sind.

Für Nesthocker muß die gesamte Nahrung, die sie zu ihrer Entwicklung benötigen, ans Nest geschafft werden. In der Regel füttern

Die bereits leicht bedunten Goldammern sind nicht mehr so empfindlich und müssen nicht ständig gehudert werden. *Foto: Spillner*

Arbeitsteilung beim Fischadler: Das Weibchen hudert und bewacht die Jungvögel, während das Männchen Beute fängt. Fischadler sind Nahrungsspezialisten, die sich ausschließlich von Fischen ernähren. Das Männchen (rechts) hat soeben einen großen Brachsen in den Horst getragen, der vom Weibchen übernommen und in kleinen Stücken von Schnabel zu Schnabel an die Jungen verfüttert wird. *Foto: Spillner*

In den ersten Nestlingstagen übergibt das Stieglitzmännchen die gesammelten und im Kropf vorgeweichten Sämereien zunächst an das Weibchen, das sie dann an die Jungen verfüttert. *Foto: Spillner*

Junge Baumfalken sind, wie andere Greifvogeljunge, stark pelzig bedunt. *Foto: Spillner*

beide Elternteile, auch bei jenen Arten, deren Männchen sich nicht an der Bebrütung des Geleges beteiligen. Häufig kommt es zu einer gewissen Arbeitsteilung, die ihren Ursprung im Verhalten während der Brutzeit hat. So übergibt das Stieglitzmännchen in den ersten acht bis zehn Tagen die gesammelte Nahrung weiterhin an das Weibchen, das sie dann an die Jungen verfüttert. In der zweiten Aufzuchtwoche füttert das Männchen häufig schon selbst. Bei fast allen Greifvögeln wird die geschlagene Beute vom Männchen an das Weibchen übergeben, das auf dem Horst kleine Fleischfetzen vom Beutestück reißt und den Jungen vorhält. Jedoch wurden auch Männchen von Habicht, Rohrweihe und Baumfalk beobachtet, die Nahrungsstücke an die Jungvögel verfütterten. Vom Ende der dritten Lebenswoche sind junge Rohrweihen schon in der Lage, selbsttätig von übergebener Beute zu kröpfen.

Greifvögel tragen ihre Beute meist in den Fängen zum Horst. Das Männchen übergibt – ähnlich wie zur Brutzeit – die geschlagenen Stücke an speziellen Plätzen an das Weibchen. Vogelbeute wird dort gerupft. Diese Beuteübergabeplätze, es sind in der Umgebung eines Greifvogelhorstes meist mehrere, geben durch die verbleibenden Federn ein gutes Bild über das Nahrungsspektrum der jeweiligen Art. Kleinere Beutestücke können über die kurze Strecke vom Beuteübergabeplatz zum Horst auch im Schnabel transportiert werden. Greifvögel beginnen die Beute auf dem Horst meist vom Hals her aufzureißen. Innereien werden häufig vom fütternden Altvogel aufgenommen. Kleinere Beutetiere, wie Mäuse, können auch von relativ jungen Greifvögeln, wie zwölftägigen Rohrweihen, schon unzerkleinert verschluckt werden. In diesem Alter reagieren junge Greifvögel bereits zielgerichtet auf den Anflug eines Altvogels mit Bettellauten. Ebenso richten sich junge Störche und Reiher zur Landung des Altvogels aus. Jungstörche gruppieren sich sternförmig um den zum Horstboden gesenkten

Baumfalkenweibchen bieten ihren Jungen mit ausgebreiteten Schwingen Schutz gegen starke Sonneneinstrahlung. *Foto: Spillner*

Schnabel des Altvogels, der die mitgebrachte Nahrung ausspeit. Jungen Reihern wird das Futter zunächst ebenfalls vorgespieen, später fassen sie den Schnabel der fütternden Altvögel und lösen mit diesem Klammergriff den Würgreiz aus. Junge Kormorane stecken ihren Schnabel in den des fütternden Altvogels, der darauf Nahrung hochwürgt. Komorane tränken auf diese Weise auch ihre Jungen. Sie tragen Wasser im Kehlsack zum Nest.

Junge Tauben stecken ihren Schnabel zwischen die geöffneten Schnabelhälften des Altvogels. Sie werden in der ersten Lebenswoche mit einer speziellen Nahrung gefüttert, die nur von Tauben hervorgebracht werden kann, der Kropfmilch. Sie besteht zu etwa drei Vierteln aus Wasser, 7 bis 13 % Fett und fettähnlichen Stoffen, 10 bis 15 % Eiweiß sowie Mineralstoffen und verschiedenen Vitaminen (A, D, E und B-Komplex). Die Kropfmilch wird aus den Epithelzellen des Kropfes nach starker Fettablagerung gebildet. Die Kropfschleimhaut wächst zuvor in den letzten Bruttagen etwa auf die zehnfache Dicke. Die erste Kropfmilch wird bereits einen Tag vor dem Schlupf der Jungen gebildet und stellt die erste Nahrung dar. Sie wird zunächst in kürzeren Abständen in den Schlund der Jungen geträufelt. Bis zum sechsten Lebenstag füttern die Altvögel ausschließlich mit Kropfmilch, danach sind bereits im Kropf vorgequollene Sämereien zugefügt und vom zehnten Lebenstag an werden die Jungvögel nur noch mit kropferweichten Körnern gefüttert. Die kropfmilchabsondernde Schleimhaut wird in dem Maße wieder reduziert, wie der Anteil der Fremdnahrung zunimmt.

Für alle Sperlingsvögel sind die Sperrachen der Jungen charakteristisch. Sie wirken vor allem bei sehr jungen Vögeln übermäßig groß, zumal die Schnabelränder durch entsprechend dicke Wülste verbreitert werden. Die Jungen stoßen die Köpfe mit den weit sperrenden Schnäbeln zunächst ungerichtet nach oben, sobald beim Anflug eines Altvogels das Nest in Schwingung gesetzt wird. Für den Altvogel sind die zitternden, weiten Sperrachen der Auslöser, die im Schnabel oder im Kropf getragene Nahrung hineinzustoßen. Häufig sind die Sperrachen nicht nur gelb oder leuchtend rot, sondern mit zusätzlichen Farbmalen versehen, wie beim Kernbeißer, Dompfaff und Bluthänfling.

Die Häufigkeit der Fütterung für die Jungen der Nesthocker ist unterschiedlich. So füttern Eissturmvögel, die sich zur Brutzeit nur alle drei oder vier Tage am Nest ablösen, ihr einziges Junges nur einmal am Tag. Der Jungvogel wird allerdings auch erst mit etwa 50 Tagen

Buntspechte tragen Kotballen ihrer Jungen fort und lassen sie im Flug fallen. *Foto: Spillner*

In Nistkästen ist die Verlustrate in der Jungenaufzucht des Stars geringer, als in den tieferen Höhlen, die vom Specht übernommen werden. *Foto: Spillner*

Die Sperrachen der Jungvögel sind ein starker Reiz für die Dorngrasmücke. *Foto: Hoyer*

Raubwürger nimmt einen Kotballen ab, um ihn anschließend zu verschlucken. *Foto: Spillner*

flugfähig. Das Gegenstück dazu bilden die Meisen, die nahezu ununterbrochen füttern. Für ein Kohlmeisennest mit acht Jungen wurden für 15 Nestlingstage 5 330 Anflüge der Eltern registriert!

Die Höhlenbrüter unter den Nesthockern sind relativ gut geschützt. Freibrütende Nesthocker müssen dagegen nicht nur gegen Wärmeverlust geschützt werden. Starker Temperaturabfall wird durch das Hudern wettgemacht. Entsprechende Verhaltensweisen zeigen sowohl Sperlings- als auch Greif- und Schreitvögel, die ihren Jungen mit leicht geöffneten, über sie gebreiteten Flügeln Sonnen- wie Regenschutz bieten.

Zum Vorsorgeverhalten gehört auch die Beseitigung des Kots aus vielen Sperlingsvogelnestern. Während die uneigentlichen Nesthocker, wie Reiher, Störche und Greifvögel, ihren Kot über den Horstrand spritzen, ist bei fast allen Sperlingsvögeln der Kot von einer mehr oder weniger festen Hülle umgeben. Die Jungen setzen diese Kotballen entweder am Nestrand ab, wie Girlitz und Rauchschwalbe, deren Ballen nur schwach umhäutet sind, oder – und das geschieht in der Überzahl – sie richten den Bürzel

Beim Dompfaff sind die Sperrachen der Jungvögel mit auffälligen Saftmalen versehen. Männchen und Weibchen reagieren darauf in gleicher Weise und füttern zu gleichen Teilen. *Foto: Spillner*

steil nach oben, und der Altvogel wartet nach der Fütterung auf das Austreten des Kotballens am After. Die Kotballen werden entweder verschluckt – das geschieht beim Raubwürger und Eichelhäher geradezu gierig, bis die Jungen etwa 10 Tage alt sind – oder fortgetragen und im Flug abgeworfen.

Buntspecht und Schwarzspecht tragen ebenfalls meist große, von Holzspänchen in der Nestmulde ummantelte Kotballen fort, Eisvogeljunge spritzen ihre Exkremente jeweils nach der Fütterung in die Röhre, die zu ihrem Kessel führt, wodurch das eigentliche Nest sauber bleibt. Junge Wiedehopfe entleeren sich ebenfalls über das Nest hinaus durch den Eingang ihrer Höhlung. Die Sauberkeit des Nestes ist für alle nesthockenden Jungen von großer Bedeutung. So ist die Verlustrate in Starenbruthöhlen, aus denen die Jungvögel sich leicht entleeren können, wesentlich geringer als in sehr tiefen Höhlungen, in denen ein Teil des Kotes unter den Jungen verbleibt. In unsauberen Nestern ist der Parasitenbefall der Jungvögel wesentlich höher!

Fast alle Nesthockerjungen bleiben bis zum Flüggewerden im Nest. Allerdings gibt es auch hier eine Reihe von Ausnahmen. Bei einigen bodenbrütenden Arten, wie Lerchen und Piepern, huschen die noch nicht flugfähigen Jungen bereits nach 10 bis 11 Tagen aus dem Nest, ebenso klettern junge Gelbspötter schon in Büschen und Zweigen umher, ehe sie fliegen können. Junge Schwarzdrosseln verlassen ebenfalls häufig noch vor ihrer Flugfähigkeit das Nest und laufen am Boden. Greifvögel stehen als sogenannte »Ästlinge« eine Woche oder länger in der Nähe des Horstes, ehe sie die ersten zunächst noch unsicheren Flüge wagen.

Junge Falkenraubmöwen sind Platzhocker, die das ohnehin unvollkommene Nest – es ist lediglich eine Mulde in der vorhandenen Vegetation – schon wenige Stunden nach dem Schlupf verlassen. Sie halten sich jedoch im Umfeld auf und werden dort von beiden Eltern versorgt. *Foto: Spillner*

Platzhocker

Eine Sonderstellung zwischen den »uneigentlichen«, bedunten Nesthockern und den bedunten, bewegungsaktiven Nestflüchtern nehmen die Jungvögel der Seeschwalben und Möwen ein. Verwandtschaftlich stehen sie den Nestflüchtern der Limikolengruppe näher als den Nesthockern. Aber die Grenzen aller Katego-

Die tarnfarbenen Jungen der Trauerseeschwalben verlassen bei Störungen unter Warnlauten der Altvögel ihr Nest, um sich zu drücken. Sie kehren in den ersten Lebenstagen auf Lockrufe der Altvögel zurück, sobald die Gefahr vorbei ist. Später werden sie ohnehin nicht mehr am ehemaligen Nestort gefüttert.
Foto: Hlasek

Flußseeschwalbe mit fast flüggem Jungvogel. Junge Seeschwalben werden auch nach dem Flüggewerden noch eine Weile von den Altvögeln versorgt.
Foto: Spillner

rien sind nicht starr, und der Begriff Platzhokker kennzeichnet am ehesten das Verhalten der Jungvögel von Möwen und Seeschwalben. Die Vertreter dieser Gruppe sind Koloniebrüter, deren Nester teilweise sehr dicht beieinander liegen, oftmals aber auch in größerer Entfernung voneinander angelegt werden. Die Jungen sind bedunt wie Nestflüchterjunge. Sie sind jedoch nicht so bewegungsaktiv, sind auf die Fütterung durch die Eltern angewiesen, und werden durchweg von beiden Partnern eines Elternpaares mit Nahrung versorgt. Sie erkennen ihre Eltern an Lautäußerungen, während die Eltern sie sowohl akustisch wie optisch, vor allem durch die differenzierte Zeichnung des Kopfgefieders, von anderen Jungvögeln ihrer Art unterscheiden können.

Beim Auftauchen von Luft- oder Bodenfeinden verlassen die Jungvögel auf Alarmrufe der Altvögel das Nest, rennen oder schwimmen davon und suchen Deckung, während die flugfähigen Mitglieder der Kolonie auf den Feind hassen und ihn zu vertreiben suchen. Ihr tarnfarbenes Dunenkleid macht sie weitgehend unkenntlich. Auf Beruhigungslaute der Altvögel kehren sie zu den Nestern zurück. Junge Trauerseeschwalben werden bereits geraume Zeit vor dem Flüggewerden nicht mehr am Neststandort gefüttert, sondern die Nestgeschwister finden sich auf Pflanzenbülten zusammen, wo sie von beiden Eltern versorgt werden. Dunenjunge von Küsten- und Zwergseeschwalben bewegen sich schon ab dritten oder vierten Lebenstag vom Schlupfort weg und können zeitweilig von einem der Altvögel an einem anderen Platz gehudert und gefüttert werden.

In dieser Gruppe der Platzhocker, die im Gegensatz zu Nestflüchtern nicht eigenständig Nahrung erwerben kann und an ein bestimmtes Gebiet gebunden ist, sind Sinnesleistung und Fortbewegungsmöglichkeit weniger stark als bei Nestflüchtern ausgeprägt. Die Flugfähigkeit tritt wie bei Nesthockern erst spät ein. Seeschwalben werden auch nach dem Flüggewerden noch von den Eltern gefüttert, da sie die erfolgreiche Jagd erst erlernen müssen.

Nestflüchter

Zu den eigentlichen Nestflüchtern zählen Rallen, der Kranich, Trappen, Limikolen, Gänse, Enten und Schwäne und alle Hühnervögel. Die Jungen der See- und Lappentaucher gehören auch in diese Gruppe, nehmen darin jedoch eine Sonderstellung ein. Sie schlüpfen in verhältnismäßig großem Abstand, sie werden gefüttert und bewegen sich eine ganze Weile nicht selbständig in ihrem Lebensraum, sondern bleiben in den ersten Lebenstagen entweder noch im Nest, sitzen unter den Flügeln des weiterbrütenden Elterntieres oder fahren bei der Ablösung mit ihm davon. Die Jungen sind zwar auch in den ersten Lebenstagen schon schwimmfähig, können aber noch keine Nahrung erwerben und müssen ihr äußerst kurzes Dunengefieder, das bei längerem Verweilen im Wasser durchnäßt, im Gefieder der Altvögel trocknen. Fallen die Jungvögel bei überhasteter Flucht aus den Flügeltaschen des Elternvogels, versuchen sie schwimmend und tauchend zu den nächstgelegenen Pflanzengruppen, Schilf, Binsen oder Rohrkolben, zu gelangen, um sich dort zu verbergen.

Daß Lappentaucher mit ihren Jungen fliegen können, ist ins Reich der Fabel zu verweisen – die Jungen rutschen schon beim Start von den Altvögeln. Allerdings können Lappentaucher mit den Jungvögeln unter den Flügeln tauchen und Nahrung erbeuten, die sie beim Auftauchen mit einer Kopfwendung an die Jungen, die zwischen den Flügeln aus dem Rückengefieder hervordrängen, verfüttern.

Graugänse sind echte Nestflüchter. *Foto: Spillner*

Hochentwickelte Nestflüchter sind die Jungen der Enten, Gänse und Schwäne. Sie werden, sobald das gesamte Gelege geschlüpft ist, was nahezu synchron erfolgt, vom Nest geführt, wenn alle Jungen getrocknet sind. Bei Enten führt allein das Weibchen, Gänse- und Schwanenjunge werden von den Männchen, die sich auch zur Brutzeit in Nestnähe aufhalten, mit geführt. Diese Jungvögel können selbständig

Nahrung aufnehmen. Sie werden – je nach Entwicklungsstand – zunächst noch des öfteren, später selten vom Weibchen gehudert. Säger und Schwäne nehmen ihre Jungen häufig ins Gefieder auf und schwimmen mit ihnen. Zur Nacht werden die Jungen von Höckerschwan und Graugänsen manchmal zum Nest zurückgeführt und eingehudert. Graugänse nutzen jedoch auch fremde, verlassene Nester, Pflanzeninseln und Burgen von Bisamratten als Schlafplätze.

Enten- und Gänseküken können bei akuter Gefahr tauchen. Sie sind vor allem durch Rohrweihen gefährdet, jedoch können sie auch von größeren Hechten gefangen werden.

Die Jungen der Limikolen nehmen selbständig Nahrung auf, Austernfischer allerdings füttern ihre Jungen. Rallen bieten ebenfalls Nahrung an, die vom Schnabel gepickt wird. Jungen Kranichen wird in den ersten Tagen ebenfalls Nahrung gereicht oder gewiesen. Junge Hühnervögel nehmen selbständig Nahrung auf.

Mehr oder weniger stark ausgeprägt ist bei allen Nestflüchtern das Drücken der Jungen und das Verleiten des führenden Altvogels oder beider Eltern. Auf Warnlaute verteilen sich die Jungen und drücken sich in ihren tarnfarbenen Dunenkleidern an Pflanzen oder auf den Boden. Altvögel können sich – vor allem Bodenfeinden gegenüber – flügellahm stellen. Sie lenken so die Aufmerksamkeit des Raubfeindes auf sich und leiten ihn von den Jungen fort, immer in seiner fast greifbaren Nähe, bis sie dann in entsprechender Entfernung von den sich drückenden Jungen plötzlich wieder vor ihm auffliegen.

Der Familienverband

Der Zusammenhalt zwischen Alt- und Jungvögeln ist höchst unterschiedlich. Von echten Familienverbänden kann nur dort die Rede sein, wo beide Partner eines Paares an der Aufzucht der Jungen beteiligt sind, und der Zusammenhalt mit den Jungen so lange erfolgt, bis die Jungvögel ihrer Hilfe nicht mehr bedürfen. Für eine Reihe von Arten – Kranich, Gänse und Schwäne – bleibt die Bindung sogar bis zum nächsten Frühjahr bestehen.

Unter Sperlingsvögeln, die mehr als eine Brut machen, erlischt der Zusammenhalt von Alt- und Jungvögeln schon bald nach dem Flüggewerden der Jungen. Die Altvögel bauen ein neues Nest, paaren sich, und die Jungen streifen umher. Bei jenen Arten, die »Schachtel«-bruten haben, werden die Jungen ohnehin nur vom Männchen versorgt, während das Weibchen bereits mit der nächsten Brut beschäftigt ist. Die Jungen der letzten Jahresbrut bleiben häufig länger mit den Eltern zusammen, wie es für Stieglitze und Grünfinken die Regel ist. Solche lockeren Familienverbände vereinen sich im Spätsommer und Herbst oftmals zu kleinen Schwarmgemeinschaften.

Papageitaucher halten als Familien solange zusammen, bis das Junge völlig unabhängig vom Nahrungsangebot der Altvögel ist und selbständig jagen kann. Sie sind dann in größeren Trupps locker vergesellschaftet.

Möwen werden selbständig, sobald sie voll flugfähig sind und nicht mehr gefüttert werden müssen, Seeschwalben dagegen haben auch nach Erlangen der vollen Flugtüchtigkeit noch Bindung zu den Eltern und werden teilweise sogar noch während des Herbstzuges versorgt.

Für Greifvögel ist eine längere Phase des Bettelflugverhaltens typisch, in der die flügge gewordenen Jungvögel zum Teil noch Nahrung von den Eltern erhalten, jedoch schon selbsttätig zu jagen beginnen. Entsprechende Trainingshilfen bieten beispielsweise die Altvögel des Baum- und Wanderfalken, die geschlagene Beute in der Luft übergeben. Die Jungvögel stoßen nach den fallenden Stücken. Limikolen bleiben in der Regel nicht bis zum Herbstzug als Familienverband beisammen. Vielfach sondern sich die Männchen bereits eher als die Weibchen ab. Aus der frühen Auflösung der Familienverbände ergibt sich auch der getrennte Zug vieler Vogelarten. Zum Schwarmverhalten lange vor dem eigentlichen Zuggeschehen neigen Stare, Schwalben und Limikolen. Jungstare

Singschwanfamilie auf dem Heimzug. Die Altvögel führen noch die fünf unausgefärbten Jungen des Vorjahres. *Foto: Spillner*

Junge Eulen, die bereits flugfähig sind, werden noch von den Altvögeln versorgt und haben im Brutrevier ihre Ruheplätze. Sperbereule. *Foto: Spillner*

schließen sich bereits im Juni zu großen Verbänden zusammen, die sich in Obstgärten und Plantagen unliebsam bemerkbar machen. Kiebitze ziehen Ende Juni ebenfalls schon in Schwärmen im ungerichteten Zwischenzug.

Graugänse, deren Junge flugfähig geworden sind, schließen sich ebenfalls zu größeren Flügen zusammen, in denen die Familien jedoch zusammenhalten. Das gilt auch für die verwandten, nordischen Arten. Der Zusammenhalt von jungen Enten mit ihren Müttern erlischt mit dem Flüggewerden.

Brutparasitismus

Von der Brutbiologie anderer europäischer Vögel weicht das Fortpflanzungsverhalten des Kuckucks völlig ab. Er ist einer der ausgeprägtesten Brutparasiten. Brutparasitismus ist von verschiedenen Vogelordnungen weltweit bekannt, er ist in der Familie der Kuckucke am häufig-

Die Entwicklungsphasen eines Jungkuckucks. *Fotos: Schrempp*

Fütternder Teichrohrsänger.

2. Tag,

4. Tag,

6. Tag,

8. Tag,

10. Tag.

sten. Der europäische Kuckuck läßt seine Eier nicht nur in den Nestern verschiedener Wirtsvögel, die ihre Jungen mit tierischer Nahrung aufziehen, erbrüten, sondern das Kuckucksjunge besitzt die Fähigkeit, ungefähr einen halben Tag nach seinem Schlupf, noch nicht geschlüpfte Eier und die Jungvögel des Wirts mittels seines eingewölbten Rückens unter Stemmbewegungen über den Nestrand zu befördern. Seinem enormen Nahrungsbedarf wird mit der Futtermenge, die für die fünf bis acht Jungen der Wirtsvogelarten ausreicht, Rechnung getragen. Sein übergroßer Sperrachen besitzt hohen Auslösewert für die fütternden Wirtsvögel. Der Jungkuckuck verläßt das unter seiner Körper-

Brutparasitismus. Hinauswerfen eines Wirtsvogeleis durch den Jungkuckuck

masse zumeist zerstörte Nest im Alter von etwa drei Wochen und wird noch eine Weile von den Wirtsvögeln weiter gefüttert.

In Europa sind mehr als 130 verschiedene Vogelarten zeitweilig oder regelmäßig Wirtsvögel für den Kuckuck. Besonders häufig wurden Kuckuckseier in Nestern von Rohrsängern, Schmätzern, Stelzen und Grasmücken gefunden. Kuckucksweibchen legen bis zu zwei Dutzend Eier. Sie suchen in ihren Revieren, die durchweg kleiner als die Männchenreviere sind, nach im Bau befindlichen Kleinvogelnestern. Sie legen ihr Ei jedoch nur dann in das Wirtsnest, wenn das Gelege darin nahezu vollzählig ist. Da Kuckuckseier eine geringe Bebrütungsdauer von nur 12 Tagen beanspruchen, schlüpft der Jungkuckuck meist vor oder zumindest etwa gleichzeitig mit den Jungen des Wirtsvogels und kann sie entfernen.

Empfindlich auf die Belegung ihres Nestes durch ein Kuckucksei reagieren Laubsänger. Von 17 belegten Laubsängernestern wurden 13 von den Wirtsvögeln verlassen. In verschiedenen Sperlingsvogelnestern wurden von 273 Kuckuckseiern nur 62 % erbrütet, und von 109 Jungkuckucken starben 47 im Nest der Wirtsvögel! Obwohl Kuckucksweibchen in einer Fortpflanzungsperiode neue Nester belegen können, ist die Vermehrungsrate durch Verluste flügge gewordener Jungkuckucke so gering, daß der Bestand der Wirtsvogelarten in keiner Weise durch den Brutparasitismus gefährdet wird.

Jedes Kuckucksweibchen legt stets nur Eier eines Typs. Sie sind im Verhältnis zu seiner Körpergröße sehr klein und den Proportionen der Wirtsvogeleier angenähert. Auch die Färbung ist in mehr als der Hälfte aller Fälle sehr ähnlich. Eine krasse Ausnahme machen Kuckuckseier im Nest der Heckenbraunelle. Hier findet zu den hellblauen Eiern keine Anpassung statt, jedoch reagieren die Braunellen auch nicht auf das falschfarbene Fremdei. Da jedes Kuckucksweibchen zeitlebens Eier eines Typs produziert, kann nicht zu Unrecht von Stelzen-, Pieper-, Rohrsänger- und Schmätzerkuckucken als Typen gesprochen werden, die ihre Eier in eben diese Wirtsvogelnester legen. Höhlen- und Halbhöhlenbrüter werden ebenfalls des öfteren als Wirtsvögel gewählt, jedoch kommen junge Kuckucke aus diesen Nestern kaum zum Ausfliegen, da sie das enge Flugloch nicht passieren können.

Ernährung

Stoffwechsel und Nahrungsangebot

Vögel als Lebewesen mit hohen Körpertemperaturen haben einen raschen Stoffwechsel und benötigen dementsprechend häufig und viel Nahrung. Sie sind überdies auf Wasser angewiesen,

Vom Weißstorch ist bekannt und oft nachgewiesen, daß er seine Jungen tränkt. Auch der seltene heimische Schwarzstorch benäßt und tränkt seine Jungen bei hohen Tagestemperaturen. *Foto: Spillner*

ohne das die chemischen Umsetzungen im Körper nicht stattfinden können. Das Wasserbedürfnis ist bei jenen Arten, die sich vor allem von trockener Pflanzenkost ernähren, wie Finken, Ammern, Hühnervögel und Tauben, höher als bei Frucht- und Insektenfressern. Letztere kommen vielfach mit geringen, zusätzlich aufgenommenen Wassermengen aus.

Hühnervögel und Tauben dagegen trinken regelmäßig. Ist die Wasseraufnahme im Winter durch Frost unmöglich, wird vor allem von körnerfressenden Arten statt dessen Schnee aufgenommen.

Jungvögel kommen entweder schon durch die Anlage der Nester im Zweig- oder Baumschatten oder Beschattung durch die Elterntiere mit den Feuchtigkeitsmengen aus, die in der herangetragenen Nahrung enthalten sind. Aktives Tränken der Jungen wurde beim Weißstorch und Kormoran nachgewiesen. Nahezu alle Vögel sind auf Süßwasser angewiesen. Brackwasser ist für einige Arten verträglich, während Möwen und Röhrennasen durch spezielle Salzdrüsen auch Salzwasser unbeschadet verwerten können.

Die Schleiereule muß mehrere Mäuse am Tage fangen, um ihren Nahrungsbedarf zu decken. *Foto: Barenthin*

Bartmeisen passen sich dem Nahrungsangebot jahreszeitlich an und können den Winter als Samenfresser überdauern. *Foto: Spillner*

Der Nahrungsbedarf ist unterschiedlich groß. Generell verbrauchen kleine Arten im Verhältnis zur Körpermasse mehr Nahrung als große. Die kleineren Insektenfresser benötigen täglich etwa eine Nahrungsmenge, die ihrer eigenen Körpermasse entspricht. Der Nahrungsbedarf ist zugleich abhängig von der Bewegungsaktivität des Vogels und überdies jahreszeitlich differenziert.

Vor dem Zug werden durchweg entsprechend große Fettreserven im Vogelkörper aufgebaut, die verminderte Nahrungsaufnahme ausgleichen können. Hungerperioden sind die Regel bei einigen Arten vor dem Ausfliegen. Gegen Ende der Nestzeit werden sie weniger oder, wie bei den Röhrennasen, gar nicht gefüttert. Sie verlieren dabei ihr zeitweiliges Übergewicht.

Genaue Angaben über den Nahrungsbedarf liegen für Greifvögel und Eulen vor. So benötigt ein Mäusebussard täglich 7 bis 10 Mäuse, also etwa 135 g Fleisch, die Waldohreule 2 bis 4 Mäuse oder etwa 40 g Fleisch, während Habicht und Wanderfalke je nach Geschlecht zwischen 130 bis 160 g Fleisch benötigen. Ein Fischadlerpaar, das drei Jungvögel aufzieht, braucht von seiner Ankunft im heimatlichen Brutrevier ab Mitte März bis zum Wegzug mit den Jungvögeln im September etwa 2 dt Fisch, das sind pro Kopf und Tag etwa 400 g.

Greifvögel können – vor allem im Winter, wenn der Nahrungserwerb erschwert ist – tagelang hungern. Die Körpermasse nimmt dabei stark ab. Große Masseverluste erleiden auch Dommeln und Graureiher, die zu überwintern versuchen.

Kleinvögel können Hungerperioden nicht überstehen. So fallen Meisen, Rotkehlchen und Drosseln starken Schneefällen, Frosteinbrüchen mit Reif und Vereisung rasch zum Opfer. Körnerfresser sind durchweg weniger gefährdet. Allerdings stellen sich eine Reihe von Sperlingsvögeln, die als Stand- oder Strichvögel im Winter bei uns bleiben, auf andere Nahrung um, um den täglichen Bedarf zu decken. So kommen Saatkrähen, Eichelhäher, Spechte, Meisen und andere, die sich vornehmlich von tierischer Kost ernähren, im Winter teilweise oder völlig mit Sämereien, Eicheln, Koniferensamen, Bucheckern und Nüssen aus. Das Angebot zusätzlicher, von Menschen geschaffener Nahrungsquellen wie spezieller Winterfütterungen, aber auch das Angebot der Mülldeponien wird stark genutzt.

Besonders gut an das veränderte Nahrungsspektrum passen sich Bartmeisen an, die sich im Frühjahr und Sommer von Insekten und deren Larvenstadium ernähren. Ihr Magen verändert sich im Herbst, wird größer und bildet die für Samenfresser typischen Reibplatten aus. Damit sind die besten Voraussetzungen gegeben,

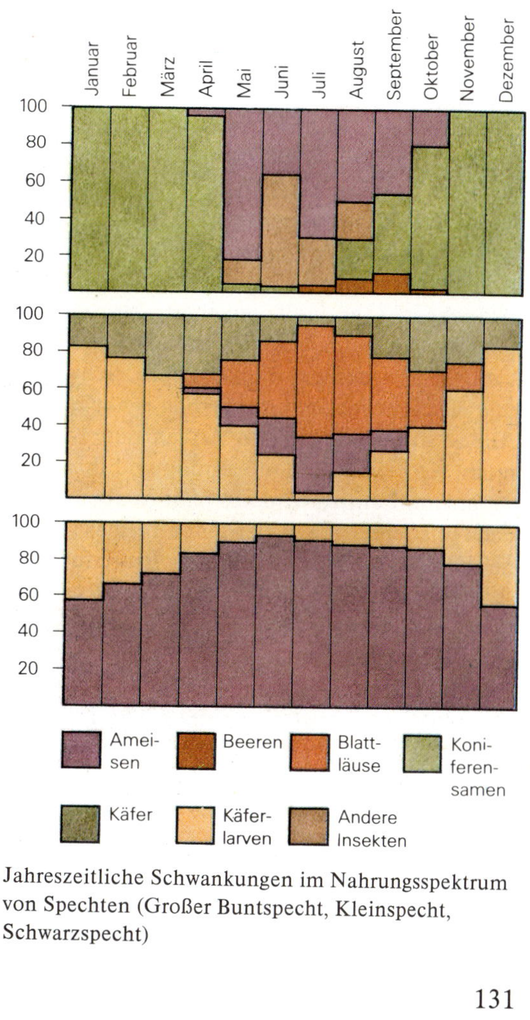

Jahreszeitliche Schwankungen im Nahrungsspektrum von Spechten (Großer Buntspecht, Kleinspecht, Schwarzspecht)

Der Tast- und Geschmackssinn ist bei den Schwimmenten, die gründelnd oder seihend ihre Nahrung suchen, gut entwickelt. Schnatterente. *Foto: Spillner*

Vögeln ebenso angeboren wie die Fähigkeit, sie zu erwerben. Darüber hinaus ist eine Reihe von Vogelarten in der Lage, auch im Hinblick auf die Verwertbarkeit oder Ablehnung bestimmter Objekte zu lernen. Diese Möglichkeit ist unter den euryphagen Arten naturgemäß am größten.

Nahrungssuche

Während der Fortpflanzungszeit ist für Sperlingsvögel das Brutrevier zugleich Nahrungsrevier. Vögel, die in Kolonien leben, wie Möwen, Seeschwalben, Alken, Ruderfüßer, Reiher und Saatkrähen, haben dagegen zum Teil sehr weit ausgedehnte Nahrungsreviere. Möwen und Krähen fliegen vielfach gemeinschaftlich auf Nahrungssuche. Sie sind auch außerhalb der Fortpflanzungszeit in größeren Schwärmen und Verbänden zusammen. Pelikane fischen häufig gemeinsam, während Reiher Einzeljäger sind.

Ausgedehnte Nahrungsreviere haben die größeren Greifvogelarten. Sie machen in Horstnähe keine Beute. Wichtigstes Sinnesorgan für die Nahrungssuche ist das Auge. Das Gehör spielt bei nächtlich lebenden Arten eine größere Rolle, bei Eulen, Triel und Nachtschwalbe. Der Tast- und Geschmackssinn ist bei den Schwimmenten, die gründelnd mit dem Schnabel das Wasser durchseihen, ebenso wichtig wie bei den Limikolenarten, die im Schlamm und Schlick nach Würmern und Mollusken stochern.

Die Nahrungsplätze werden nicht nur nach Futterangebot, sondern auch nach Sicherheit gewählt. Graugänse äsen mit ihren Jungen mit Vorliebe auf kurzrasigen Wiesen und Weiden, auf denen sich Bodenfeinde nicht unbemerkt nähern können. Bleß- und Saatgänse äsen im Herbst und Winter vor allem auf großen Getreide- oder Rapsschlägen, die frei von Hecken und Buschwerk sind. Limikolen meiden in Schwarmverbänden den Aufenthalt unter Steilufern. Reiher stellen sich zur Lauerjagd entweder auf freie Flächen, die ungehinderten Blick ermöglichen, oder suchen geschützte Zonen im Flachwasser, die mit umgebenden Schilfgürteln die Annäherung von Bodenfeinden erschweren.

Raben und Krähen nähern sich Fallwild, das unter Büschen oder am Waldrand liegt, wesentlich vorsichtiger als frei auf dem Feld liegendem Luder. Meisen und Finken verlassen ungern Buschwerk und Sträucher, um an eine Futterstelle zu gelangen, und ziehen im Winter vom Wald, dem Verlauf von Hecken folgend, zu den Fütterungen am Dorf- und Stadtrand. Bussarde, Weihen, Turmfalk und Würger wählen Lauerwarten, die sowohl eine möglichst beuteintensive Fläche einsehen lassen, als auch weite Sicht gegen eventuelle Feindannäherung ermöglichen. In rastenden und futtersuchenden Schwärmen sichern immer einige Individuen.

Vögel suchen ihre Nahrung in der Luft, auf Bäumen, Büschen, in Stauden, auf dem Boden, im Boden, auf und unter Wasser. Schwalben, Segler und Nachtschwalbe erbeuten fliegende Insekten im Flug, Lachmöwen und Trauerseeschwalben sind ebenfalls häufig als Flugjäger über Gewässern und angrenzenden Wiesen aktiv. Der Baumfalk ist nicht nur Kleinvogel-, sondern auch Fluginsektenjäger. Flugjäger sind eine Reihe von Falkenarten, während Habicht und Sperber Lauer- und Kurzstreckenjäger sind.

Weihen und Bussarde sind sowohl Suchflieger als auch Ansitzjäger. Zu den Suchfliegern gehören Röhrennasen, Seeschwalben und teilweise auch Möwen. Zu den Ansitzjägern können zumindest partiell auch Rotschwänze und Fliegenschnäpper gezählt werden. Echte Ansitzjäger sind der Eisvogel und die Würger.

Viele Sperlingsvögel sammeln ihre Nahrung am Boden oder von Samenständen. Aus dem Boden ziehen sowohl Drosseln wie auch verschiedene Limikolenarten ihre Nahrung. Verschiedene Drosselarten haben eine Vorliebe für kleinere Gehäuseschnecken, deren Gehäuse sie mit dem Schnabel auf Steinen zertrümmern. Diese Steine werden wiederholt aufgesucht, so daß sich größere oder kleinere Mengen zerschlagener Schneckengehäuse sammeln.

Ähnlich verhalten sich Buntspechte, die Kiefernzapfen von den Zweigen beißen und sie in geeignete Spalten und Ritzen einklemmen, um mit Schnabelhieben die Samen herauszuschlagen. Die geleerten Zapfen werden zu Boden geworfen und bilden oftmals ansehnliche Haufen unter diesen »Spechtschmieden«.

In Spalten und Ritzen von Rinden suchen Meisen, Baumläufer und Kleiber nach Insekten und Puppen. Spechte klopfen Rinde, Zweige und Stämme ab, um den Sitz minierender Larven aufzuspüren, die sie anschließend freimeißeln. Der Zwergspecht dagegen spürt im Herbst und Winter in trockenen Kletten und Distelstauden Insekten und Puppen auf.

Da fleischfressende Kleinvögel im Verhältnis zu ihrer Körpermasse den größten Nahrungsbedarf haben, sind sie nahezu den ganzen Tag auf Nahrungssuche. Schwalben und Segler fliegen und fangen von der Morgen- bis zur Abenddämmerung, Meisen, Goldhähnchen und Laubsän-

Großmöwen haben ein breites Nahrungsspektrum. Sie sind aber auch aktive Jäger. Sie greifen die unbewachten Jungen von Enten, Sägern und Artgenossen und machen im Winter regelrecht Jagd auf geschwächte und kränkelnde Entenvögel. Diese unausgefärbte Mantelmöwe hat eine Bergente erbeutet. *Foto: Spillner*

Kiebitz auf Nahrungssuche in der feuchten Uferzone eines Boddengewässers. *Foto: Spillner*

Mäusebussarde machen von Ansitzwarten vorwiegend Jagd auf Kleinsäuger. *Foto: Spillner*

Steinadler auf seinem Ruhebaum. *Foto: Spillner*

ger suchen ebenfalls unermüdlich Zweige, Knospen, Blätter und Blüten nach Nahrung ab.

Größere Pausen mit Putz- und Schlafverhalten sind bei Limikolen, Entenvögeln und Hühnern häufig. Kormorane müssen nach ausgedehntem Tauchen das Gefieder trocknen und sitzen mit ausgebreiteten Flügeln entweder auf den Horstbäumen oder auf Reusenpfählen, Klippen oder anderen Plätzen, die einen ungehinderten Abflug ermöglichen. Ausgedehnte Ruhepausen sind für größere Greifvögel und Geier kennzeichnend.

Nahrungsdeponie

Vorratswirtschaft findet sich bei verschiedenen Vogelarten, die sich verwandtschaftlich fern stehen. Am bekanntesten ist das Sammeln von Eicheln und Nüssen durch den Eichelhäher. Er transportiert mehrere Früchte teilweise auf einmal im Schlund über große Entfernungen und versteckt sie im Erdboden, zwischen Baumwurzeln und in der Moosschicht. Er soll im Gegensatz zum Tannenhäher, der ein ausgeprägtes Ortsgedächtnis hat, davon nur eine geringe Menge im Winter wieder auffinden. Andere Rabenvögel, wie Krähen und Kolkrabe, verstecken auch tierische Nahrung. Für die Würgerarten sind auf Dornen und Stacheldraht aufgespießte Beutestücke charakteristisch, Meisen dagegen verstecken Insektenlarven und -puppen. Sie verbergen auch Sämereien in Rindenspalten für die nahrungsärmere Winterzeit.

Lebenserwartung und Bestandschwankungen

Über das durchschnittliche Lebensalter und das Höchstmaß an Lebenserwartung innerhalb der einzelnen Vogelarten sind wir bislang relativ schlecht informiert. Altersgrenzen, die gefangen gehaltene Vögel erreichten, sind nur bedingt aussagekräftig. So werden freilebende Grasmükken wohl nie 24 Jahre alt werden, wie es für ein gekäfigtes Tier nachgewiesen wurde.

Wiederfunde beringter, freilebender Vögel geben ein genaueres Bild. Vor allem lassen sich daraus Schlüsse über Altersstrukturen ziehen. Küstenseeschwalben und Austernfischer wurden als älteste Ringvögel überhaupt mit einem Alter von je 27 Jahren nachgewiesen. Die Küstenseeschwalbe wurde tot auf ihrem Nest in einer Kolonie vor der Elbmündung gefunden. Ob sie jedoch den Alterstod gestorben ist, wurde nicht untersucht. Daß ein freilebender Vogel den Alterstod erreicht, ist sehr unwahrscheinlich!

Generell läßt sich sagen, daß große Vogelarten mit geringer Reproduktionsrate, wie Geier, Adler und Kraniche, eine wesentlich höhere Lebenserwartung haben als kleinere Sperlingsvögel mit zwei oder drei Gelegen zumeist hoher

Durch Ringnachweise ist bekannt, daß freilebende Austernfischer mindestens 27 Jahre alt werden können. *Foto: Kraatz*

Eizahl. Mehr als die Hälfte aller flügge werdenden Jungvögel lebt nicht länger als ein halbes Jahr, und von denjenigen Arten, die bereits im nächsten Jahr brutreif sind, kommen nicht einmal 20 % der ausgeflogenen Jungvögel zur Fortpflanzung.

Für Seeschwalben liegt die Verlustrate im ersten Lebensjahr bei mehr als 90 %, und für den

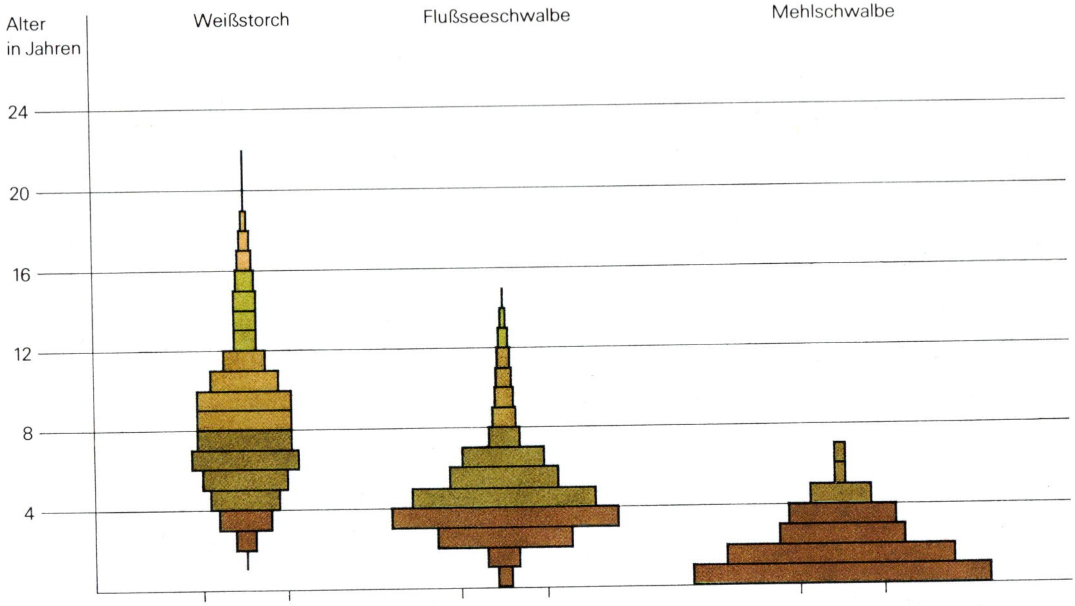

Altersaufbau von Vogelpopulationen

Graureiher wurden für denselben Zeitraum Verluste von rund 60% festgestellt. Dementsprechend ist die Alterszusammensetzung in den Brutkolonien. Bei der Flußseeschwalbe wurden 85% drei- bis siebenjährige Vögel gegenüber nur 1,5% einjährigen Exemplaren gezählt. Bei Silbermöwen wurden mehrfach 20jährige Exemplare nachgewiesen, doch die Summe von Ringwiederfunden ergab ein Durchschnittsalter von nur 2,4 Jahren!

Die Verlustrate ist allgemein für Weibchen höher als für Männchen, demzufolge ist die Nachwuchsrate für Weibchen höher.

Die durchschnittliche Todesrate nach dem ersten Lebensjahr liegt bei den Sperlingsvögeln zwischen 50 und 60%, die durchschnittliche Lebenserwartung beläuft sich – je nach Art und geographischer Verbreitung – auf ein bis anderthalb Jahre. Rabenvögel, vor allem der Kolkrabe, haben jedoch eine höhere Lebenserwartung. Letzterer erreicht in der Gefangenschaft ein Alter von über 60 Jahren.

Das Leben der Vögel ist von einer Vielzahl vornehmlich ökologischer Faktoren abhängig. Sie spielen für die Entwicklung des Bestands und die Stärke der Vogelpopulationen eine entscheidende Rolle. Bestandsschwankungen sind vielfach vom Nahrungsangebot abhängig, das meteorologisch stark beeinflußt sein kann. So wirken sich nahrungsverknappende, langanhaltende Kälteeinbrüche und Regenperioden während der Fortpflanzungszeit für insektenfressende Arten, vor allem für Fluginsektenjäger, wie Schwalben und Segler, oftmals katastrophal aus. Strenge, schneereiche Winter dezimieren Meisen, Baumläufer und Kleiber, aber auch verschiedene Drosselarten. Die Verluste können bis zu 90% des betroffenen Bestandes betragen. Allerdings wird die Reduzierung in den nachfolgenden Brutperioden sowohl aus eigenem Aufkommen als auch durch Zuzug aus nicht oder weniger betroffenen Gebieten meist rasch wieder ausgeglichen.

Hohe, durch Nahrungsmangel bedingte Winterverluste betreffen vor allem standorttreue Vögel, aber bei ausgedehnten Großwetterlagen auch Strichvögel und Teilzieher. So kommen in strengen Wintern mit raschem Kälteeinbruch ein Großteil der Bleßrallen um, die sich auf unseren Gewässern gesammelt haben und nicht weiterziehen. Das betrifft auch Höckerschwäne, vor allem deren Jungvögel, die häufig an ihren Aufzuchtgewässern verbleiben und dort verhungern oder im Eis einfrieren und die Beute von Füchsen, Krähen, Kolkraben und Seeadlern werden. Große Verluste weisen unter diesen Verhältnissen auch Graureiher auf, die entweder zu überwintern versuchen oder die bei früher Rückkehr von Starkfrösten und Schnee im Brutgebiet überrascht werden. In Nord- und Westdeutschland beginnen Graureiher ja oftmals schon Mitte März mit dem Brutgeschäft.

Anhaltende Trockenheit zur Fortpflanzungszeit kann mit entsprechendem Nahrungsmangel gekoppelt sein und ebenfalls zu erheblichen Verlusten führen. Für Seevögel sind starke und anhaltende Stürme in mehrfacher Hinsicht gefährdend. Einerseits besteht die Möglichkeit, daß die fliegenden Vögel verdriftet werden, andererseits sind die Arten, die im Sand nisten, wie Seeschwalben, Möwen und einige Limikolen, der Gefahr ausgesetzt, daß die Nester zugeweht oder aber vom Hochwasser erreicht werden. Die Jungvögel jener Arten, die tauchend oder stoßtauchend Nahrung erbeuten, können unter solchen Wetterbedingungen oft tagelang nicht gefüttert werden und verhungern.

Ein Überangebot von Nahrung kann zu verstärkter Vermehrung führen. In Jahren mit Mäusekalamitäten weisen die betroffenen Gebiete häufig nicht nur eine höhere Brutzahldichte an Turmfalken, Mäusebussarden und Eulen aus, sondern auch die Gelege sind durchweg größer. Daß einige Eulenarten unter derart günstigen Bedingungen zu Zweitbruten neigen, wurde erwähnt. Auch das Jungenaufkommen beim Weißstorch steht im Abhängigkeitsverhältnis vom Nahrungsangebot.

Schwanzmeisen gehören zu jenen Kleinvogelarten, die in harten Wintern starke Verluste erleiden.
Foto: Hoyer

Tierische Feinde und Anpassung

Außer von Parasiten und Krankheiten, denen alle Vogelarten ausgesetzt sein können, werden die einzelnen Arten mehr oder weniger direkt von tierischen Feinden dezimiert. Das betrifft sowohl den erwachsenen Vogel wie auch Jungtiere und Eier. Innerartliche Kämpfe, die zum tödlichen Ausgang führen, kommen außer bei Nestgeschwisterauseinandersetzungen meist nur in Ausnahmesituationen, wie extremer Nahrungskonkurrenz, vor. So wurde bei kämpfenden Mäusebussarden an Fallwild beobachtet, daß ein stärkeres Exemplar seinen Nahrungsgegner tödlich verletzte und kröpfte.

Das Spektrum der tierischen Feinde – von den Parasiten zunächst abgesehen – reicht von Raubfischen wie Hechten und großen Barschen, die dunenjunge Seeschwalben, Möwen und sogar Enten und Gänse fangen können, über Schlangen, Greifvögel und Eulen, Möwen, Schreitvögel bis zu Spechten und Sperlingsvögeln, zu Nagetieren wie Mäusen und Ratten und kleineren und größeren Raubsäugern, vom Mauswiesel bis zum Fuchs, Wolf und Bär.

Den stärksten Anteil in der Beuteliste stellen neben den Eiern die Jungvögel, sodann die brütenden Altvögel. Gefährdet sind in hohem Maße auch jene Arten, die zur Mauser flugunfähig oder behindert sind. In Mitteleuropa gehören – zumindest als Jungvögel – fast alle Vogelarten zur Beute von Greifvögeln und Eulen. Das betrifft nicht etwa nur die kleineren, wehrlosen Arten. Eulen schlagen sowohl Greifvögel, wie sie selbst zur Beuteliste der Taggreifvögel gehören. Neben jungen, unerfahrenen Vögeln werden vor allem kranke und geschwächte Exemplare die Beute von Raubfeinden. Einige Greifvögel, wie Sperber, schlagen Beute, die größer und schwerer als sie selbst sein kann.

Mäuse können Vogelbruten durch Okkupation der Nester gefährden, Bisamratten plündern Bleßrallengelege, Haus- und Wanderratten fressen sowohl Gelege wie auch Jungvögel. Alle Marderartigen, vom Mauswiesel bis zum Dachs, sind ebenfalls Eier-, Jung- und Altvogelfresser, so sie ihrer habhaft werden, und weder Fuchs noch Wolf noch Bär verschmähen die Gelege von Bodenbrütern. Auch Wildschweine fressen Gelege von Rauhfußhühnern, Enten, Gänsen, Limikolen und bodenbrütenden Sperlingsvögeln. Nicht zu unterschätzen sind die Verluste durch streunende Hauskatzen!

Das Eichhörnchen reguliert den Bestand von Amsel und Singdrossel, die eine relativ hohe Vermehrungsrate haben. *Foto: Massny*

Alle vom selektionierenden Feinddruck betroffenen Arten passen sich mehr oder weniger mit unterschiedlichem Verhalten, durch tarnfarbenes Gefieder der Weibchen bei Bodenbrütern, durch entsprechende Ei- und Dunenkleidfärbung oder auch durch kolonieweises Nisten an. Da diese Anpassung zur Arterhaltung über lange phylogenetische Zeiträume erfolgt, können plötzliche Feindeinwirkungen katastrophale Folgen haben, weil die Vögel darauf nicht reagieren können. So vernichteten auf Seevogelschutzinseln eingeschleppte Wanderratten innerhalb kurzer Zeit den gesamten Nachwuchs. Hier wurde den Seeschwalben und Möwen das Nisten in Kolonien zum Verhängnis. Es stellte eine zunächst unerschöpfliche Nahrungsquelle für die plündernden Nager dar.

Vom Wanderfalken angegriffene Stare schließen sich eng zusammen

Vorteilhaft erweist sich der Zusammenschluß in größeren Gemeinschaften Einzelfeinden gegenüber. Gemeinsam hassen Lachmöwen ebenso wie Trauerseeschwalben auf Rohrweihen, die sich der Kolonie nähern, allerdings nicht immer erfolgreich. Zusammenschlüsse bei Feindannäherung erfolgen außerhalb der Brutzeit bei Schwalben, Staren und Strandläufern. Erstere finden sich nicht nur zu engsten Flugverbänden einem Flugfeind gegenüber zusammen, sondern versuchen häufig, ihn gemeinsam zu vertreiben. Bleßrallen sammeln sich auf gro-

Bleßrallen, die in lockerem Verband über die Wasserfläche verteilt nach Nahrung suchen, schließen bei Auftauchen eines Seeadlers sofort zu einem dichten Pulk zusammen, der wie ein großer, einheitlicher Körper wirkt und aus dem der Beutegreifer nur mit Mühe ein Tier abdrängen könnte. *Foto: Spillner*

ßen Wasserflächen zu einer dichtaneinandergedrängten Masse, die zudem noch heftig Wasser tritt, sobald ein Seeadler heranstreicht. Schwächere Rallen, die den Anschluß an die Menge nicht finden, werden Beute des Adlers, der solche Stücke zudem noch abzudrängen versucht.

Auf Eulen wird sowohl von Kleinvögeln lärmend gehaßt, wie auch Greifvögel, Raben und Krähen versuchen, Eulen in die Flucht zu schlagen. Krähen- und Dohlenverbände verfolgen Habicht und Sperber.

Parasiten und Krankheiten

Kranke Vögel werden leichter eine Beute der Raubfeinde als gesunde. Sie können durch äußere Einwirkung verletzt oder an der Bewegung gehindert sein, wodurch ihnen die Nahrungsaufnahme erschwert wird. Sie können unter organischen oder infektiösen Erkrankungen leiden. Je nach Grad der Verletzung oder Erkrankung sind sie mehr oder weniger in der Bewegungsaktivität und Fluchtfähigkeit bis zur Flugunfähigkeit gestört. Sie zeigen mit gesträubtem Gefieder ihren verminderten Wärmehaushalt an und reagieren in schweren Fällen kaum noch auf die Vorgänge ihrer Umgebung. Länger anhaltende Krankheiten sind selten, alle ernsthaften Fälle enden meist rasch im Magen eines Raubfeindes.

Zur Erkrankung können äußere Umstände wie Nahrungsmangel, Wasserdurchlässigkeit und damit verbunden verminderte oder ausgeschaltete Wärmedämmung des Gefieders oder zu starke Erhitzung vor allem der Jungvögel führen. Giftstoffe wirken entweder rasch oder durch Summierung, wenn sie über eine Nahrungskette in den Vogelkörper gelangen.

Auf direkte oder indirekte äußere Einwirkung sind die meisten Mißbildungen bei Vögeln zurückzuführen. Mangelernährung von Jungvögeln, das Fehlen von Provitamin D, kann die Ursache von Schnabelmißbildungen sein. Letztere werden jedoch auch durch Verletzungen hervorgerufen. Durch Frosteinwirkung können Füße geschädigt werden. Erfrierungen kommen sowohl bei Sperlingsvögeln wie auch bei Rallen, Enten, Gänsen und Schwänen vor. Wasservögel, die zumeist über Nacht am Schlafplatz auf dem Eis festfrieren, haben keine Überlebenschancen. Bei plötzlichem Kälteeinbruch zu Beginn der Fortpflanzungsperiode im Zusammenspiel mit mangelnder Ernährungsmöglichkeit kann es zur Legenot durch Eileiterentzündungen, Einschnürungen oder Geschwüren am Eileiter kommen. Eier, die abnorm groß oder zu weichschalig sind, können im Eileiter stecken bleiben und eine zunächst örtliche Entzündung hervorrufen, die sich weiter ausbreiten und zum Tod führen kann.

Krankheiten werden bei Vögeln wie bei anderen Wirbeltieren durch Viren, Bakterien oder durch innere und äußere Parasiten verursacht. Während Parasitenbefall das Wohlbefinden der Vögel häufig nicht zu stark beeinträchtigt, können Viren und Bakterien die Todesursache für den einzelnen Vogel als auch für größere Vogelgruppen bis zum seuchenhaften Auftreten sein. Dabei entstehen auch für den Menschen oftmals ernsthafte Gefährdungen.

Federlinge (Mallophagen) gehören zu den verbreiteten stationären Parasiten der Vögel, von denen bereits über 3000 Arten bekannt sind. Die einzelnen Arten zeigen meist strenge Wirtsbindung und bevorzugen bestimmte Körperregionen. Auch die Gewohnheiten der Eiablage sind artspezifisch. Eine Adlerfeder (a) mit vielen über die ganze Federfahne verteilten Federlingseiern und eine Falkenfeder (b) mit am Federschaft konzentrierten Eiern

Unter den Viruskrankheiten ist die Ornithose von größter Bedeutung. Die Ende vorigen Jahrhunderts erstmalig nach dem Import von Papageien in Europa aufgetretene, vom Virus *Bedsonia psittacia* verursachte »Papageienkrankheit« ist inzwischen bei mehr als einhundert Vogelarten registriert worden. Verschiedene Stämme desselben Erregers verursachen vor allem unter koloniebrütenden Vögeln, aber auch bei Hausgeflügel und in der Ziergeflügelhaltung oftmals erhebliche Verluste. Die Ansteckung erfolgt über den Atemweg. Auch der Mensch kann von Ornithosen betroffen werden. Die verwilderten Haustauben der Großstädte bilden ein ständiges Erregerreservoir, da sich die Viren im abgesetzten, trocknenden Kot lange halten können. Bei Menschen treten durch Infizierung mit Ornithoseerregern typhus-, aber auch grippeähnliche Erscheinungen auf. Besonders charakteristisch ist eine bestimmte Form von Lungenentzündung. Ornithosen sind neben den bakteriell bedingten Salmonellosen für den Menschen eine ernste Gefahrenquelle, die mit zunehmender Zahl der verwilderten Haustauben in den Städten, aber auch durch die Ansammlung von Großschwärmen verschiedener Rabenvogelarten und Möwen an Mülldeponien zunimmt!

Ebenfalls durch Viren werden verschiedene Formen der Pockendiphterie verursacht, die vor allem Hühner- und Taubenvögel, jedoch auch Finkenartige befällt. Die Viren werden durch Körperkontakt sowie durch blutsaugende Insekten und Milben übertragen. Wildvögel infizieren sich oftmals über Kontakte zum Hausgeflügel. Das trifft auch für eine Form von Vogelpest, die Newcastle-Krankheit zu, die vor allem Hühnervögel befällt.

Vögel spielen eine große Rolle als Zwischen- oder Endwirte von Parasiten. Im Lebenskreis der »Fühlermade« *(Leucochloridium)* bilden Bernsteinschnecken den Zwischenwirt für verschiedene Entwicklungsstadien, während Kleinvogelarten als Endwirt in der Kloake die Geschlechtsreifen Saugwürmer beherbergen

Unter den bakteriellen Krankheiten spielt der durch *Salmonella typhimurium* hervorgerufene Paratyphus eine wesentliche Rolle. Besonders Enten und Gänse, noch mehr aber Möwen werden von Salmonellen befallen. Es gibt unter ihnen Salmonellenträger und -ausscheider. Letztere sind in ihrer Gesundheit nicht beeinträchtigt, stellen aber eine nicht zu unterschätzende Gefahr für andere Wirbeltiere und vor allem für den Menschen dar. Auch die Eier der genannten Gruppen sind häufig mit Salmonellen verseucht. Bei ungünstigen Ernährungssituationen, vor allem im Winter, treten Salmonellen gehäuft auf und können zum Massensterben führen. Für den Menschen kann die Krankheit ebenfalls äußerst gefährlich bis tödlich sein! Daher sollte die Fütterung von Möwen und verwilderten Tauben an den Fenstern in den Städten völlig unterbleiben, da die Erreger in staubförmig getrocknetem Kot eingeatmet werden können! Die Verschmutzung vieler Gewässer hat die Ausbreitung von Salmonellen begünstigt.

Die zunehmende Belastung von Gewässern, die mit einer übergroßen Phytoplanktonvermehrung und entsprechender Faulschlammablagerung einhergeht, begünstigt das Auftreten einer weiteren bakteriellen Krankheit, die häufig zum Massensterben von Wasservögeln führt, des Botulismus. Botulismus wurde erstmalig Ende vorigen Jahrhunderts in Südafrika festgestellt. In den USA starben 1932 allein am nördlichen Ufer des großen Salzsees etwa 250 000 Entenvögel, um 1952 wurden die Wasservogelverluste in den westlichen Staaten der USA auf 4 bis 5 Millionen geschätzt. Größere Botulismusausbrüche kamen auch in Europa, vor allem in heißen Sommern vor, so 1975 in England und im selben Jahr erstmalig auch in der DDR auf der Potsdamer Havel. Dort verendeten mehr als 300 Wasservögel in einem relativ kleinen Gebiet, darunter 101 Höckerschwäne.

Mauersegler-Lausfliege im hungrigen (a) und im vollgesogenen (b) Zustand

Die Todesursache ist ein Gift, das der Erreger *Clostridium botulinum* ausscheidet und das schon in geringsten Mengen wirksam wird. *Clostridium botulinum* Typ C kann auch in faulenden Pflanzen und in Tierleichen Gift bilden, das wiederum von Insektenlarven aufgenommen werden und somit verschiedene Vogelarten in deren Nahrung erreichen kann. Die Botulismuserreger, die nur den Darm der Vögel befallen, geben das Gift als Stoffwechselprodukte in den Blutkreislauf der Wirtsvögel ab, die sehr rasch durch Erschlaffung der Muskulatur bewegungsunfähig werden und bald sterben.

Unter tierischen Parasiten haben viele Vögel zu leiden. Endoparasiten leben im Inneren der Wirte und Ektoparasiten schmarotzen auf der Oberfläche, der Haut oder dem Federkleid.

Unter den Endoparasiten spielen verschiedene Bandwürmer, Haarwürmer, Spulwürmer und Magenwürmer eine große Rolle. Alle Arten zerstören mehr oder weniger Magen- und Darmschleimhäute, wodurch es zu Stoffwechselstörungen der befallenen Vögel, zu Darmverstopfungen, Abmagerung und Tod kommen kann. Schlecht ernährte Vögel leiden unter Wurmbefall am stärksten. Saugwürmer führen zur erhöhten Jungvogelsterblichkeit bei Weißstörchen und Seeschwalben.

Unter den Ektoparasiten treten vor allem Federlinge als häufigste Schmarotzer auf. Sie ernähren sich von der Oberhaut oder Bestandteilen der Federn, saugen jedoch kein Blut des Wirtsvogels und schaden ihm daher auf direktem Wege nur wenig. Im Zusammentreffen mit anderen, schwächenden Parasiten kann sich ihr Auftreten negativ auswirken. Weitaus gefährlicher, vor allem für Nestlinge von Sperlingsvögeln, ist der Befall durch Lausfliegen, Wanzen, Zecken und Milben, die in oftmals sehr großer Anzahl parasitieren und durch ihren Blutentzug die Jungvögel schwächen.

Sonstige Gefahren

Der freilebende Vogel ist in seiner Auseinandersetzung mit der Umwelt nicht nur seinen natürlichen Feinden, Krankheiten und Parasiten ausgesetzt. Über die Auswirkung von Witterung und Nahrungsmangel wurde bereits berichtet.

Wesentliche Gefahrenquellen sowohl für den einzelnen Vogel wie auch für Arten sind vielfach auf direkten oder indirekten Einfluß des Menschen zurückzuführen. Über den menschlichen Einfluß auf den Bestand der Vogelarten durch Umweltveränderung wird im weiteren noch zu sprechen sein.

See- und Wasservögel, vor allem aber Meeresvögel, sind in zunehmendem Maße durch Ölverschmutzungen gefährdet, die sich leider nicht mehr nur auf das unkontrollierte Ablassen von Ölrückständen beschränken, sondern mit Havarien von Großtankern und damit verbundenen gewaltigen Ölverlusten auf See verheerende Folgen nach sich ziehen können. Vergiftungen können aber auch auftreten durch chemische Substanzen, die zur Bekämpfung der Ölpest angewendet werden. Vergiftungserscheinungen durch Pflanzenschutzmittel können entweder direkt wirksam werden oder, wie beim Einsatz chlorierter Kohlenwasserstoffe, über die verringerte Nachwuchsrate zum Bestandsschwund oder zum Erlöschen der Art im betroffenen Gebiet führen.

Zugvögel sind nicht nur durch Vogelfänger und Jäger, durch unterschiedliche oder fehlende, aber auch durch biologisch falsche Jagdgesetze gefährdet, sondern auch durch Leuchtfeuer, Scheinwerfer und andere starke Lichtquellen, die der menschlichen Orientierung dienen. Starkstromleitungen, hohe Brücken und Hochhäuser können ebenfalls – vor allem bei schlechten Sichtbedingungen – zur Gefahrenquelle für fliegende Vögel werden. In Netzen und Reusen, die zum Trocknen aufgehängt werden, können sich Kleinvögel verfangen, und Taucher und Enten werden häufig von Fischern mit dem Netz tot aus dem Wasser gezogen.

Störungen in Vogelkolonien können zu panikartiger Flucht der Brutvögel führen, bei der Eier oder Jungvögel aus dem Nest geworfen werden. Tierische Feinde machen in Abwesenheit der Altvögel leichte Beute. Eine Reihe von Vogelarten – meist sind es die vom Aussterben bedrohten Formen – sind gegen menschliche Störungen am Nest oder im Brutrevier außerordentlich empfindlich und verlassen das Gelege oder die Jungvögel.

Kraniche. *Foto: Tiede*

Vogelzug 4

Wer von uns hat nicht schon staunend und sinnend den Zugvögeln nachgeblickt oder die Rufe nächtlicher Wanderer aus dem Dunkel vernommen? Unendlich alt ist die Beschäftigung des Menschen mit den Vögeln und ihrem Zug. Auf dreieinhalb Jahrtausende alten thebanischen Wandmalereien sehen uns Kraniche an, deren klangvolle Trompetenrufe heute wie einst über unseren herbstlichen Feldern erschallen. Eine noch tausend Jahre ältere Darstellung im Grabmal des TIN SAKKÁRA zeigt Kraniche als Haustiere der alten Ägypter. In der Pyrenäenhöhle von Gargas (Aurignac-Kultur) findet sich gar ein Kranichbild, das vor etwa 17000 bis 18000 Jahren gemalt worden sein dürfte. Der griechische Naturforscher und Philosoph ARISTOTELES (384–322 v. u. Z.) berichtet bereits über den Kranichzug und weiß, daß die Tiere aus nördlichen Ländern nach Ägypten ziehen. Ja, auch in der Ilias des HOMER wird der Vogelzug schon erwähnt. Aber wenigen nur waren die Aussagen zugänglich; sie fielen sogar lange der Vergessenheit anheim. Wundergeschichten und phantasievolle »Beweise« wurden zur Erklärung der Naturvorgänge erdacht. Erst anderthalb Jahrtausende später finden sich in einschlägigen Schriften wieder auf exakter Beobachtung und klarer Überlegung fußende Äußerungen. Die Denker der Renaissance griffen das uralte Thema wieder auf.

1750 gründete dann der schwedische Naturforscher LINNÉ das erste ornithologische Beobachtungsnetz zur Untersuchung des Vogelzuges. Aber auch er konnte sich noch nicht ganz lösen von den wundersamen Geschichten, die zu seiner Zeit das Naturverständnis widerspiegelten und zugleich prägten. Man glaubte, daß der Kuckuck sich winters in einen Sperber verwandle. Und selbst LINNÉ hielt es für möglich, daß Schwalben im Schlamm der Teiche überwintern. Und heute? Ist der Vogelzug für uns ohne Rätsel, ist er weniger wunderbar? Als LINDBERG 1927 als erster Mensch mit einem Flugzeug den Atlantik überquerte, hielt eine Welt den Atem an. In unseren Tagen verbinden Fluglinien alle wichtigen Punkte des Erdballs miteinander. Doch selbst der Nichtfachmann weiß, welch ungeheurer apparativer und organisatorischer Aufwand nötig ist, damit die modernen Düsenverkehrsmaschinen sicher ihren Weg nehmen können: Hunderte von Meß-, Kontroll- und Steuergeräten im Flugzeug selbst, ein ausgeklügeltes System von Funkfeuern und anderen Flugsicherungsmaßnahmen auf der Erde, hochqualifizierte Fachkräfte im Cockpit, elektronische Rechenanlagen zu ihrer Unterstützung! Aber Jahr für Jahr ziehen die Zugvögel ihren fernen Zielen zu, finden sie zum Teil, ohne je die Strecke geflogen zu sein.

Je mehr sich Wissenschaft und Technik entwickeln, desto mehr erstaunt uns das Wunderbare dieser Leistungen. Warum ziehen die Vögel? Was veranlaßt sie zum Aufbruch? Wie finden sie ihren Weg? Woher kennen sie ihr Ziel? Fragen über Fragen. Die unterschiedlichsten Deutungen wurden versucht, gegeneinander abgewogen und zum Teil wieder verworfen. Weltweit wird heute an der Lösung dieser Fragen gearbeitet. Manches konnte geklärt werden, vieles ist noch unsicher und harrt der Deutung oder des unwiderlegbaren Beweises.

Entstehung des Vogelzuges

Infolge der Erdachsenneigung gibt es wahrscheinlich seit Urzeiten unterschiedliche Klimazonen. Daher darf man annehmen, daß der Vogelzug eine sehr alte Erscheinung ist. Zugvögel flogen schon, als der Mensch noch nicht existierte.

Spätestens mit der allmählichen Abkühlung

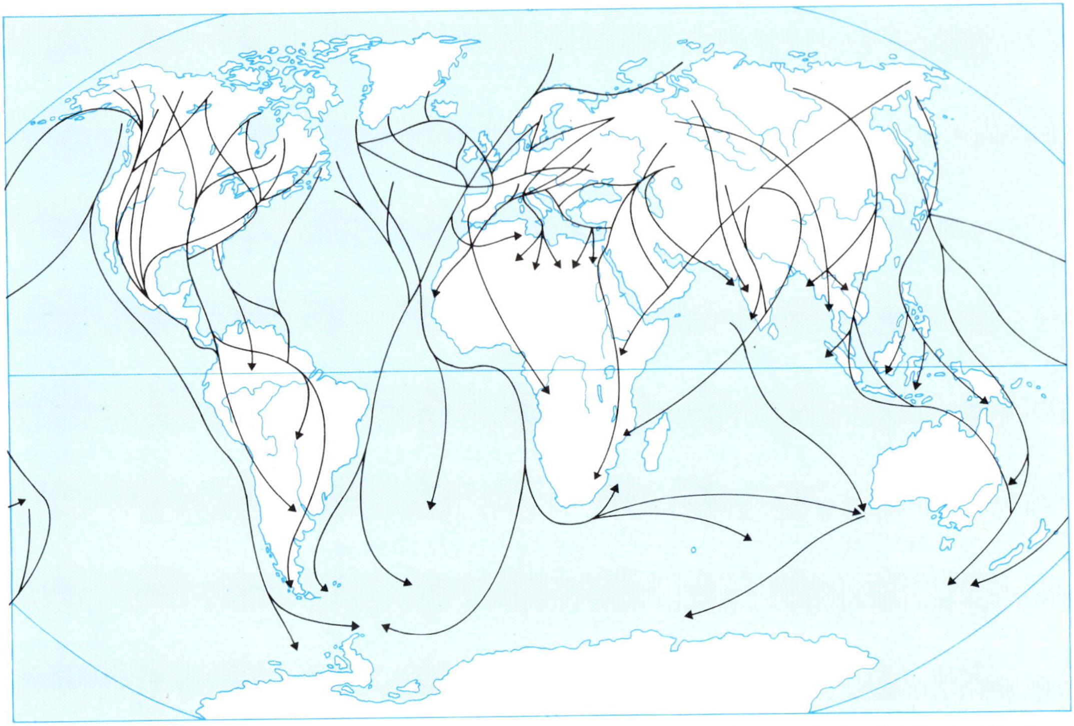

Einige der wichtigsten Zugstraßen des herbstlichen Vogelzuges. Auch ohne kartografische Details sind Bezüge zu den Oberflächenformen der Länder, zur Lage der Kontinente und ihren Umrissen und zur Land-Wasser-Verteilung auf der Erde erkennbar

Der Girlitz hat in diesem Jahrhundert sein Areal stark nach Nordwest erweitert. In den neu besiedelten Gebieten ist er zum Teilzieher geworden. *Foto: Barz*

im Miozän, einer Epoche des Tertiärs (Beginn vor etwa 26 Millionen Jahren), könnten die Züge entstanden sein und dann durch die diluvialen Eiszeiten und andere Klimaschwankungen in erdgeschichtlich jüngerer Zeit ihre heutige Ausprägung erfahren haben. Es ist schwer, Licht in jene weit zurückliegenden Vorgänge zu bringen, zumal die Paläoornithologie bisher viel zu wenig Material bearbeiten konnte.

Vögel sind äußerst dynamische Tiere. Umweltfaktoren, wie Populationsdruck, das Nahrungsangebot, zwischenartliche oder auch innerartliche Konkurrenz, können Anpassungen erzwingen und Ausbreitung bewirken. So kann der Vogelzug möglicherweise Tausende von Malen entstanden sein und aus ganz unterschiedlichen Gründen. Er kann auch im Laufe der Millionen Jahre währenden Entwicklung bei einer Art mehrfach entstanden sein, bei anderen wieder ist er zum Erliegen gekommen oder aber wir erleben gar heute die ersten Phasen seines Entstehens oder sein zögerndes Erlöschen.

Beispielsweise hat der Girlitz in den letzten zweihundert Jahren sich von seinem ursprünglichen Areal in Nordafrika und Südeuropa nordwestwärts und nordwärts ausgebreitet und das ganze westeuropäische Festland erobert. Inzwischen hat er Dänemark erreicht, brütet in Südschweden seit rund vierzig Jahren und ist am Finnischen Mehrbusen anzutreffen. In Afrika und Südeuropa ist der Girlitz Standvogel, in seinem neuen Ausbreitungsgebiet aber Teilzieher. Das heißt, in äußerst kurzer Zeit vermochte sich die Art den ökologischen Bedingungen im neuen Territorium anzupassen und zum Zugvogel zu werden. Dies könnte ein Beispiel für die Entstehung von Zug durch Ausbreitung sein. Viele heutige Zugwege widerspiegeln ganz zweifellos den einstigen Ausbreitungsweg.

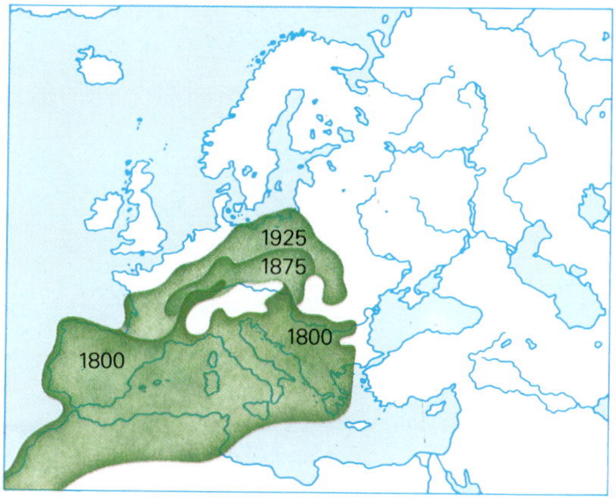

Das Vordringen des Girlitz in Europa. Inzwischen hat er sein Areal weiter nach Nordwesten ausgedehnt

Hier kann sich die gar nicht nur rhetorische Frage aufdrängen nach dem eigentlichen Ausgangspunkt des Zuges: Eroberten sich südlichere Vögel neue Lebensräume, deren Naturausstattung sie zwang, sie für einen mehr oder weniger großen Teil des Jahres vorübergehend wieder zu verlassen? Oder wichen eigentlich nördlich beheimatete Vögel den Unbilden der winterlichen Jahreszeit nach Süden aus? Möglich und darum auch wahrscheinlich sind beide Varianten. Die Eiszeiten mit ihren gravierenden Auswirkungen auf große Landschaftsteile, mit ihrem mehrfachen Wechsel zwischen Warm- und Kaltzeiten modulierten ganz unzweifelhaft das Zuggeschehen in den betroffenen Räumen, was sicher zu Veränderungen, Verlagerungen, ja zum Schwinden und Neuentstehen von Zugstraßen führte. Es wird auch von einer Reihe von Forschern für die Nordhalbkugel der Erde der Vogelzug ganz allgemein als Folge des Rückflutens einst verdrängter Tiere nach dem Ende der Vereisung angesehen. Aber, wie schon oben gesagt, gab es Vogelzug ganz zweifellos auch schon vor den Glacialperioden. Nicht nur das Klima mit seinen Veränderungen in großen Zeiträumen, auch konkrete Wettererscheinungen beeinflussen den Zug. Es lassen sich für viele Arten eindeutig Zusammenhänge mit dem

Die Türkentaube ist eines der auffälligsten Beispiele für Expansion, das darum auch besonders gut untersucht ist. Die Türkentaube ist, obwohl aus Süden eingewandert, Standvogel. *Foto: Holeček*

Zwergschwäne ziehen von Sibirien durch den Norden Mitteleuropas bis Südwestengland. *Foto: Spillner*

phänologischen Jahresablauf und dem damit in Zusammenhang stehenden Nahrungsangebot nachweisen.

Andererseits erfolgt der Aufbruch mancher Arten lange bevor Nahrungsmangel sie dazu zwingen würde, das gilt besonders für ausgesprochene Langstreckenzieher, während Kurzstreckenzieher in stärkerem Maße durch das konkrete Wetter und die dadurch beeinflußte Nahrungssituation stimuliert werden.

Im Jahre 1910 entwickelte Alfred Wegener seine Auffassung von der Kontinentalverschiebung, die nach jahrzehntelanger Diskussion und Ablehnung seit etwa zwei Jahrzehnten allgemein anerkannt wird. Nach der Kontinentaldrift-Hypothese sind die heutigen Kontinente auseinandergedriftete Teile eines Urkontinents. Natürlich wurde auch diese Hypothese zur Erklärung des Vogelzug-Phänomens herangezogen, ein Zusammenhang ist aber darum sehr unwahrscheinlich, weil die Vögel mit der Fähigkeit zu Weitstreckenflügen erst weit nach den Hauptphasen der Kontinentalverdriftung entstanden. Andererseits darf man zwischen den Kontinenten auch bis ins Tertiär vorhandene Landbrücken für möglich halten. Wir haben also wohl mit einem komplizierten Gefüge von Ursache-Wirkungs-Faktoren zu tun, die es schwer machen, alle diese so weit zurückliegenden Fragen klar und womöglich für alle Probleme gleichermaßen zu beantworten.

Sicher ist jedenfalls, daß in überwältigend vielen Fällen die Zugwege den ursprünglichen Einwanderungs- oder Ausbreitungswegen entsprechen, wodurch sich viele sonst unverständliche »Umwege« erklären.

So hat der Steinschmätzer, der in Europa und Teilen des palaearktischen Asien verbreitet ist, ostwärts Alaska und westwärts – von Europa aus – Grönland, Labrador und das Gebiet der Großen Seen in Nordamerika besiedelt. Alle diese Steinschmätzer überwintern in Afrika, so daß die »Grönländer« z. B. gezwungen sind, zweimal jährlich den Atlantischen Ozean zu überfliegen. Träfe nicht die Deutung des Zusammenhanges zwischen Zugweg und Einwanderungsweg zu, wäre diese für einen kleinen Singvogel enorme Meeresüberquerung unverständlich, denn die grönländischen Zugvögel ziehen im Winter zum größten Teil nach Amerika, von wo sie dermaleinst Grönland besiedelten.

Andererseits gibt es auch Beispiele dafür, daß sich völlig neue Zugwege herausbilden können: Ohrenlerchen wanderten in Skandinavien von Sibirien aus ein. Vor etwa 150 Jahren wurde die erste Brut in Skandinavien nachgewiesen. Etwa seit der Zeit erscheint die Art in Großbritannien. Um die Nordseeküste hat sie heute ihr Überwinterungsgebiet.

So setzen wir denn an den Schluß der mit so vielen verwirrenden Hypothesen, Meinungen und Auffassungen belasteten Frage nach dem Phänomen Vogelzug die biologische Antwort: Zug ist *möglich* geworden durch die physischen Voraussetzungen ungebundener, dynamischer Fortbewegung über weite Strecken. Zug ist für viele Arten *nötig*, um zu verschiedenen Jahreszeiten gute Lebensvoraussetzungen zu sichern.

Steinschmätzer. *Foto: Spillner*

In der dialektischen Wechselwirkung dieser beiden Aspekte sicherten sich viele Arten ihr biologisches Optimum, das immer auf Überleben und Vermehrung gerichtet ist.

Erforschung des Vogelzuges durch Vogelberingung

Die ersten Ansätze zu einer planmäßigen Beobachtung von Erscheinungen des Vogelzuges gehen auf den schwedischen Naturforscher Carl von Linné zurück, der die Ornithophänologische Methode vorschlug, nämlich an mehreren Orten das Erscheinen der Zugvögel zeitlich zu erfassen. Das Verfahren wird bei den großräumig organisierten Erfassungen von ziehenden und rastenden Wasservögeln im Prinzip noch heute angewandt.

Daneben sind modernste Verfahren im Einsatz, die manche ältere Vorstellung, besonders hinsichtlich des nicht sichtbaren Vogelzuges, ergänzt, aktualisiert oder berichtigt haben. Interessante Ergebnisse zeitigte das Zusammenwirken von Flugüberwachungs- und Flugwarndiensten, Meteorologen und Ornithologen, Ergebnisse, die das Grundlagenwissen der Ornithologie in diesen speziellen Fragen bereicherten, die andererseits aber für die Flugsicherung von eminentem Nutzen sind.

Dazwischen rangiert die »klassische« Methode der Vogelzugforschung mit Hilfe der wissenschaftlichen Vogelberingung. Der Däne Mortensen war der erste, der Vögeln Metallringe ums Bein legte, die mit einer Nummer und einer Rückmeldeadresse versehen waren. Mit 164 von ihm beringten Staren leitete er so das Zeitalter der wissenschaftlichen Vogelberingung ein. Die Resultate ermutigten bald zur Anwendung des Verfahrens auch in anderen Ländern: 1902 in Deutschland und in den USA, in Ungarn 1909, in Kanada, Rußland und Großbritannien 1909, in Jugoslawien 1910, in den Niederlanden, der Schweiz und Schweden 1911, in Australien 1912, in Finnland und Österreich 1913, in Norwegen 1914.

Vorwiegend wurden anfangs flugunfähige Jungvögel beringt. Allmählich aber wurden Methoden entwickelt und verfeinert und in großem Maße angewandt, die den Fang flügger Vögel erlaubten und schließlich während der Zugzeit

Rotkehlchen wird dem Netz entnommen. Das beringte Rotkehlchen liegt für einen Moment bewegungslos in Schreckstarre auf der Hand des Beringers. *Fotos: Spillner*

Netzwände in der Uferzone eines Gewässers. Hier werden während des Herbstzuges Laubsänger, Rohrsänger und andere Kleinvögel gefangen. *Foto: Hoyer*

Massenfänge möglich machten. Leichte, fast unsichtbare Netze für Kleinvögel, Reusen und sogar von Raketen über äsende Gänsevögel hinweggeschossene schwere Netze werden eingesetzt.

In den meisten europäischen Ländern wird heute die wissenschaftliche Vogelberingung mit staatlicher Unterstützung auf der Grundlage gesetzlicher Regelungen betrieben, wobei sich eine perfekt organisierte Breitenarbeit zahlreicher amtlich zugelassener ehrenamtlicher Beringer zusammen mit ornithologischen Fachleuten von wissenschaftlichen Einrichtungen und Instituten und unter deren Leitung entwikkelt hat. Helgoland und Rossitten (heute Rybatschi) können sich um den Ruhm streiten, die erste Vogelzugbeobachtungsstation der Welt gewesen zu sein. Die Klärung liefe auf Definitionsprobleme betreffs der Gründung oder Aufnahme der Beobachtungs- und Beringungstätigkeit und der Anerkennung als staatliche Dienststelle hinaus. Unsere Karte zeigt die Verteilung der 27 Beringungszentralen Europas. Daneben gibt es eine beträchtliche Zahl von Zweigstellen, zeitweilig besetzten Außenstellen und auch kleinere privat, institutionell oder gesellschaftlich betriebene Einrichtungen. Es wird geschätzt, daß seit 1890 etwa 55 bis 60 Millionen Vögel in der Welt beringt wurden, von denen über eine Million wiedergefunden wurde. Jährlich werden heute etwa zwei Millionen Vögel auf der Welt beringt. Die Aktivierung und Intensivierung des Beringungswesens erbrachte nicht nur eine quantitative Steigerung der Wiederfundquoten, sondern natürlich auch eine qualitative Verbesserung der Aussagen über den

Die Vogelwarte Kloster auf Hiddensee, Beringungszentrale. *Foto: Fischer*

Zug. Mehrfachfänge, individuelle zusätzliche Markierungen nach speziellen Programmen und die wohlüberlegte Erhebung zahlreicher Daten schon bei der Beringung und schließlich die Vervollkommnung der Auswertungsmethoden erweiterten den wissenschaftlichen Wert der Beringung als einer ornithologischen Forschungsmethode. Das hat die Bedeutung der Vogelwarten und Beringungszentralen und die Verantwortung der Beringer in der Gegenwart weiter erhöht. Die ungeheuer angewachsene Datenfülle wird längst in Datenbänken gespeichert und mit Hilfe von Computern aufbereitet, wo-

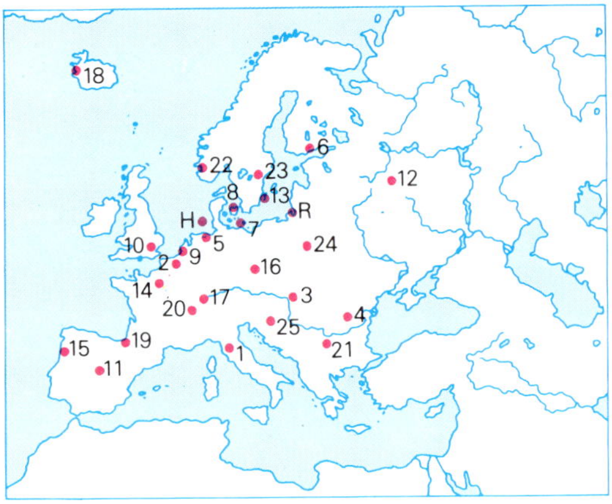

Die Beringungszentralen Europas

bei die internationale Abstimmung, Anpassung und Zusammenarbeit eine immer größere Bedeutung erlangt.

Wenn auch die Prozentzahl der Wiederfunde und Rückmeldungen zunächst gering erscheinen mag und außerdem je nach Art und Region variiert – bei Kleinvögeln normalerweise zwischen 0,5 und kaum 3 Prozent, bei Großvögeln zwischen 5 bis 10 Prozent, bei einigen Arten unter besonderen Umständen (Graureiher, Höckerschwan) auch zwischen 20 und 30 Prozent, so hat die jahrzehntelang mit großer Akribie betriebene Vogelberingung die räumlichen und zeitlichen Gegebenheiten des Vogelzuges aufgehellt, wie sie sich uns heute darstellen und wie sie im folgenden behandelt werden.

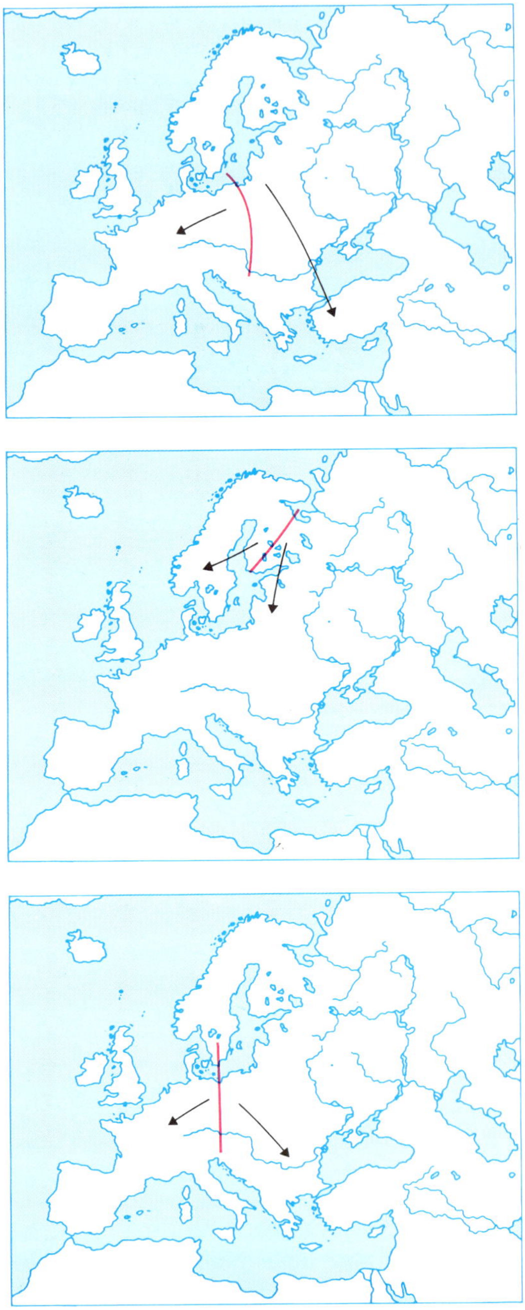

Zugscheiden (schematisch) bei Grauschnäpper, Weißer Bachstelze und finnischen Nebelkrähen, vgl. hierzu auch die Abbildung auf Seite 160, die die Zugscheide des Weißstorchs zeigt

Zugvogeltypen
Zugvogel

Der größte Teil der Vogelarten des nördlichen Teiles der Paläarktis sind Zugvögel. Nach Süden hin nimmt ihr prozentualer Anteil ab. Aber nicht nur südwärts, sondern auch – auf Europa bezogen – westwärts ist ihr Prozentsatz kleiner als im Osten. Es ist offenbar, daß dabei klimatische Faktoren eine Rolle spielen. Die Gebirgsstelze ist auf den Britischen Inseln in der Regel als Stand- oder Strichvogel einzustufen, während die gleiche Art in Westeuropa und Mitteleuropa vorwiegend Zugvogel (Kurzstreckenzieher), allerdings auch Strich- oder gar Standvogel, in Osteuropa jedoch Fernzieher bis Tansania und Malawi in Afrika ist. Ebenso ist die Bachstelze ein Teilzieher. Nördlichere Populationen »überziehen« auf ihrem Wege in den Süden, also etwa von Nordengland nach Spanien, die Brutgebiete der südenglischen Artgenossen, die den Winter über in Südengland verbleiben.

Es versteht sich, daß vor allem die Insektenfresser im Winter ihre Brutgebiete verlassen, also etwa Grasmücken, Fliegenschnäpper und Laubsänger, während manche Arten, wie Meisen und Sperlinge, sich auf vegetabilische Kost, also Sämereien, einstellen können. Überhaupt gibt es viele Mischtypen, so daß es in vielen Fällen schwer ist, eine eindeutige Zuordnung zu den Kategorien Zug-, Strich- oder Standvögel vorzunehmen. Beispielsweise gibt es bei Buchfinken und Meisen so starke individuelle Unterschiede, daß nicht nur das Zugverhalten der Tiere verschiedener Regionen, sondern sogar der des gleichen Gebietes variiert. Kohlmeisen des gleichen Ortes können als Standvögel das ganze Jahr (darum auch Jahresvögel) am Orte bleiben, während andere mehr oder weniger weit herumstreichen, also als Strichvögel einzustufen sind, und andere gar wirklich ziehen. Die Art in ihrer Gesamtheit wäre also als Teilzieher zu bezeichnen. Mit diesem Terminus benennt man sowohl Vögel im Übergangsfeld vom Stand- zum Strichvogel, wie in dem weiteren

Noch sperren die Jungen des Fitislaubsängers dem Altvogel entgegen. Schon wenige Wochen später werden sie ins afrikanische Winterquartier fliegen. Der Fitis ist ein echter Zugvogel. *Foto: Zienert*

Ein Insektenfresser, der im Norden Europas zu Hause ist, wie das Blaukehlchen, muß Zugvogel sein. *Foto: Spillner*

vom Stand- zum Zugvogel. Wir können also, je nach der Zeit des Aufenthaltes im betreffenden Gebiet, die Vögel auch nach den Jahreszeiten einteilen. So ist die Art Mäusebussard bei uns Jahresvogel, wenn das auch nicht jedes konkrete Einzelexemplar betrifft, denn während einige Exemplare uns verlassen, erhalten wir andererseits Zuzug aus nördlichen Gebieten. Der Wespenbussard allerdings ist in jedem Falle Zugvogel, er ist also ein ausgesprochener Sommervogel. Dagegen ist der Rauhfußbussard bei uns ausschließlich Wintervogel, da er nur im Winter zu uns kommt, während die Art insgesamt Stand-, Strich- und Zugvogel ist.

Ein echter (totaler) Zugvogel ist der Fitislaubsänger. Alle Rassen dieser Art brüten in der Paläarktis, und alle verbringen den Winter in den Tropen oder Subtropen. Vom Teilzieher Gebirgsstelze sind die Zugvögel, wie wir schon darlegten, zum Teil Kurzstrecken-, zum anderen Teil Langstreckenzieher.

Typische Beispiele für Kurzstreckenzieher sind Rotkehlchen und Singdrossel.

Strichvogel

Als Strichvogel bezeichnen wir solche Arten, die außerhalb der Brutzeit innerhalb ihres Brutareals oder auch darüber hinaus herumziehen. Für unsere mitteleuropäischen Gebiete wären die Haubenmeise und der noch nicht geschlechtsreife Kolkrabe Beispiele dieses Typs.

Standvogel

Standvögel verbleiben das ganze Jahr im Brutgebiet. Jedermann bekannte Vertreter dieses Typs sind bei uns der Haussperling, der Kleiber und die Goldammer. Behalten wir aber immer im Auge, was schon zu den Zugvögeln gesagt wurde, daß nämlich die Abgrenzung der einzelnen Kategorien oft schwierig ist und daß es von Gebiet zu Gebiet (Klima, Nahrungsangebot), aber auch innerhalb der Art von Individuum zu Individuum (Kohlmeise) fließende Übergänge gibt oder daß sich die Geschlechter nach Zugzeit, Zugintensität oder Zugentfernung unterschiedlich verhalten. Letzteres trifft zum Beispiel für Buchfinken und einige Tauchentenarten zu.

Invasionsvogel

Manche Arten, die im Normalfall Stand- oder Strichvögel sind, begeben sich unregelmäßig und dann mitunter in großen Massen auf die

Die Haubenmeise ist Strichvogel. *Foto: Trippmacher*

Die Kohlmeise ist ein typischer Standvogel. *Foto: Wolf*

Der Sibirische Tannenhäher ist ein typischer Invasionsvogel, der in unregelmäßigen Abständen, durch komplexe ökologische Ursachen bedingt, wobei die Tracht der Zirbelkiefern eine entscheidende Rolle spielt, in großer Anzahl in Mitteleuropa erscheint. Der Dickschnäbelige Tannenhäher, die Unterart in den Gebirgen Mitteleuropas, ist Standvogel.
Foto: Neubauer

Im Mittelalter galt der Seidenschwanz, der ebenfalls sporadisch in größerer Anzahl aus Skandinavien im Spätherbst und Winter zu uns kommt, als Unglücksvogel. Man glaubte aus seinem Auftreten auf Kriege oder die Pest schließen zu müssen. *Foto: Rinnhofer*

Wanderung. Eindrucksvolle Beipiele für solche Invasionen sind in Mitteleuropa der (Nordische) Tannenhäher, der Seidenschwanz und die Kreuzschnäbel.

Zwischenzug

Als Zwischenzug bezeichnen wir den Zug, den im Sommer flügge Jungvögel über weite Gebiete hinstreichend (also während dieser Phase als Strichvögel einzustufen) durchführen, bevor sie dann entweder zu Standvögeln oder Kurzstreckenziehern werden. Am auffälligsten ist bei uns der Zwischenzug der Kiebitze. Auch flügge Graureiher streichen vor dem eigentlichen Wegzug weit herum. Die Populationen verschiedener Lebensräume führen zum Teil Zwischenzug in unterschiedliche Richtungen aus, beispielsweise durchstreifen Stare der Baltischen Sowjetrepubliken die südlichen Ostseeländer und die aus der Schweiz gelangen bis zur Nordseeküste, bevor sie von dort aus zu ihren eigentlichen Überwinterungsgebieten in West- und Südwesteuropa und in den nordafrikanischen Mittelmeergebieten aufbrechen. Die Formen des Zwischenzuges sind unterschiedlich. Reiher streifen ungerichtet herum, Kiebitze teilweise gerichtet, Stare gerichtet.

Mauserzug

Als gerichteten Zwischenzug kann man auch den sogenannten Mauserzug auffassen. Der Mauserzug der Entenvögel ist allerdings insofern das Gegenteil des Zwischenzuges der Graureiher, als letztere sich weit über ein Territorium verteilen, während die sonst verstreut lebenden Entenvögel sich an besonderen Stellen zu großen Konzentrationen vereinen, um in diesem besonders geschützten, mit reichem Nahrungsangebot versehenen Gebiet die Zeit der Flugunfähigkeit zu überstehen. Wir sehen hieran wieder, daß die biologische Evolution in jedem Falle, wenn auch auf den unterschiedlichsten Wegen und in den verschiedensten Anpassungsformen, einen Kompromiß zwischen Möglichkeiten und Notwendigkeiten herbeiführt, um optimale Überlebenschancen zu sichern. Arten, die sehr schnell und gleichzeitig eine Gesamtmauser durchführen, sind während dieser Phase sowohl hinsichtlich der Nahrungsbeschaffung als auch hinsichtlich Feindsiche-

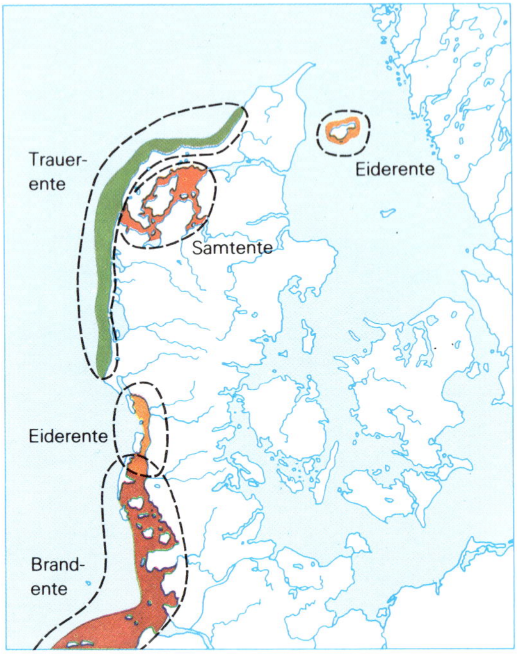

Mausergebiete von Trauerente, Samtente, Eiderente und Brandgans

Mausergewässer der Graugänse: Flachwasserseen in Mecklenburg. *Foto: Spillner*

rung auf Gebiete mit ganz bestimmter Naturausstattung angewiesen. So mausern die europäischen Brandgänse beispielsweise im Flachwassergebiet des Großen Knechtstandes in der Deutschen Bucht der Nordseee. An terrestrische Lebensbereiche gebundene Arten, wie etwa Singvögel, die ihr Gefieder ganz allmählich wechseln und daher keine Phase der Flugunfähigkeit durchmachen, sind einerseits nicht auf streng definierte Mausergebiete angewiesen, können sich eine solche Abhängigkeit infolge ihrer Lebensweise auch gar nicht leisten. Das sich aus der Evolution ergebende Optimum kann sehr unterschiedliche Erscheinungsbilder haben.

Zugweisen

Breitfrontzug

Von Breitfrontzug sprechen wir dann, wenn die ziehenden Vögel zwar gerichtet ziehen, also eine bestimmte Weg- oder Heimzugrichtung einhalten bzw. bevorzugen, aber nicht an bestimmte Zugwege gebunden sind. Dieser Breitfrontzug ist natürlich nur prinzipiell gerichtet, konkret erfährt die Richtung durch die Formen der Erdoberfläche, die zumindest streckenweise bestimmte Leitlinienwirkung ausüben können, manche Abweichung, so daß an bestimmten Konzentrationspunkten, bewirkt durch Gebirge, Küstenlinien, günstige Rastgebiete der Eindruck einer Zugstraße entstehen kann. Wenn solche geografisch-biologischen Gegebenheiten zu einem ungefähren Zusammenfall von Vorzugsrichtung und Leitlinienverlauf führen, entstehen durch Kanalisierung ausgesprochene Zugkorridore.

Breitfrontzug ist am häufigsten und führt, abgesehen von der oben beschriebenen Wirkung bestimmter Leitlinien, gerichtet, aber breit verstreut über Länder und Meere.

Ausgesprochene Breitfrontzieher lassen sich allerdings relativ wenig von ihrer Zugroute ablenken und streben meist auf annähernd kürzestem Wege ihrem Ziele zu. Besonders nachts

Der Säbelschnäbler ist ein Beispiel für Schmalfrontzug. *Foto: Mautsch*

kann man den Breitfrontzug der Kleinvögel oft eindrucksvoll erleben, weil sogar in Städten der Lärmpegel dann soweit absinkt, daß wir die Stimmen der Weltenwanderer aus dem Dunkel vernehmen.

Schmalfrontzug

Einige Vogelarten folgen meist, ohne daß uns ein zwingender Anlaß dafür erkennbar ist, bestimmten Zuglinien, die wir uns natürlich, von betimmten Konzentrationspunkten abgesehen, auch nicht als schmale Straße vorstellen dürfen. Unser Weißstorch ist das bekannteste Beispiel eines typischen Schmalfrontziehers. Auch der Kranich, Rotrückenwürger, Brand- und Küstenseeschwalbe und Säbelschnäbler folgen relativ eng begrenzten Zuglinien. Der östliche Zugweg des Weißstorches über den Bosporus und entlang den Mittelmeerküsten Kleinasiens wird auch von vielen Greifvögeln genutzt. An exponierten geografischen Punkten, wie der Straße

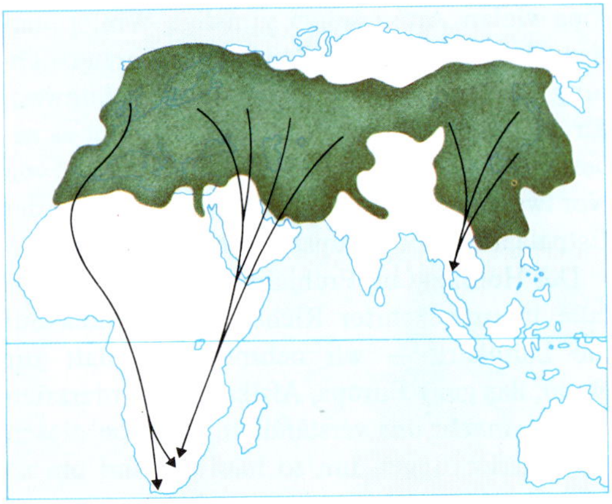

Schematische Darstellung der Wanderungen in Großbritannien, der Sowjetunion und in Ostasien beringter und in Afrika und Asien wiedergefundener Rauchschwalben. Die hervorgehobene Fläche stellt das Brutgebiet dar

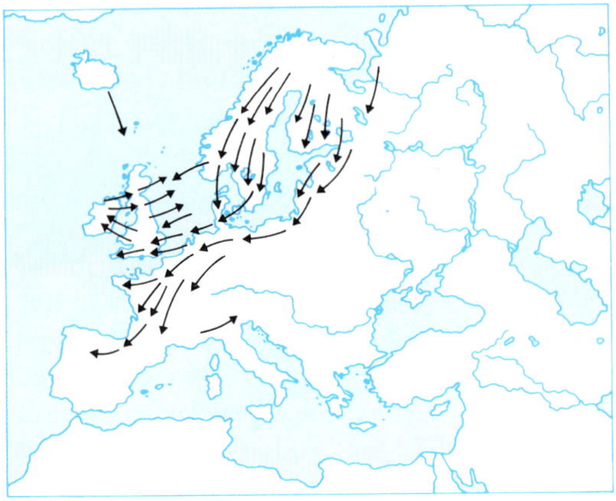

Herbstzugwege der Krickente zwischen Nord- und Westeuropa

Zugziele

In bestimmtem Maße sind Aussagen über die Zugziele schon enthalten in den vorhergehenden Abschnitten über die Zugvogeltypen, die Zugweise und die Zugwege. Noch weiter oben legten wir dar, daß nicht alle Teilpopulationen der gleichen Art das gleiche Zugverhalten zeigen und somit auch nicht die gleichen Zugziele haben. Selbst unser Mitteleuropa, die südliche Ostseeküste und das küstennahe Hinterland sind für eine Reihe nördlicher Vogelpopulationen schon das Ruhegebiet. Vollends trifft das für Westeuropa zu, das durch ein Überwiegen ozeanischer Klimaelemente, wobei dem warmen Golfstrom eine große Bedeutung zukommt, mildere Winter hat. Ein Teil unserer Graugänse beispielsweise verbleibt schon im Küstengebiet der westlichen Ostsee und der Nordsee, der Großteil allerdings überwintert am westlichen Mittelmeer.

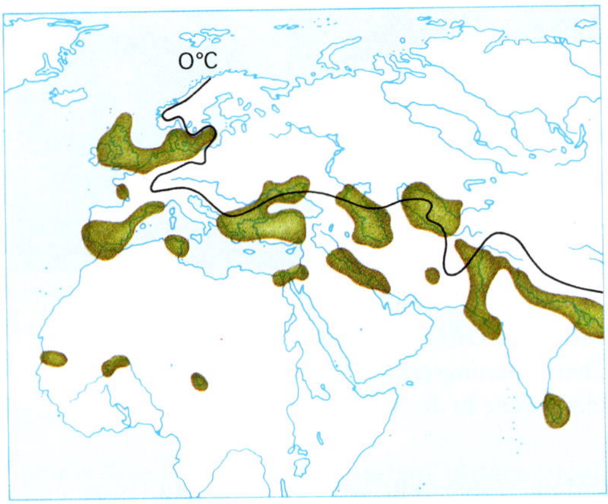

Die wesentlichen Winterquartiere eurasischer Enten und Limikolen in Europa, Südwestasien und im nördlichen Afrika in bezug zur 0°-Januar-Isotherme

Die nordischen Saat- und Bleßgänse verbleiben je nach Wetterlage und Nahrungsangebot oft zu vielen Tausenden in den Nordbezirken unseres Landes, weichen dann aber vor dem strenger werdenden Winter und bei geschlossener Schneedecke über der Wintersaat weiter westwärts nach Holland aus, wo es zu großen Konzentrationen kommt, aber sie ziehen auch weiter südwestwärts, um an Küsten und in Seegebieten Mittel-, West- und Südosteuropas oder gar in Nordafrika zu überwintern.

Unsere Rauchschwalben ziehen bis ins Äquatorgebiet, englische bis Südafrika. Die Kraniche haben ihre Hauptüberwinterungsquartiere im östlichen Nordafrika, unsere Weißstörche ziehen bis nach Südafrika. Unsere Karte zeigt an einigen typischen Beispielen afrikanische Win-

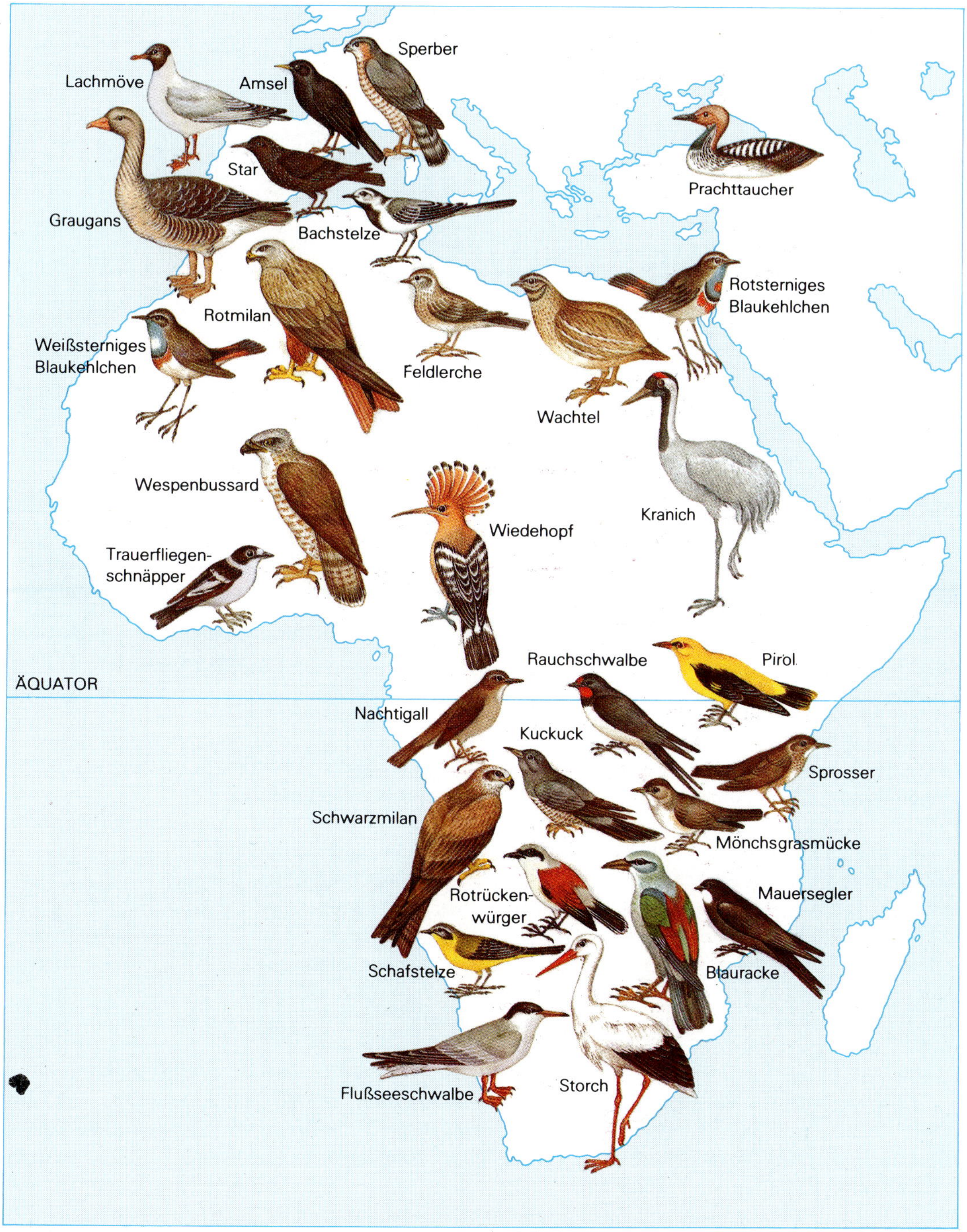

Afrikanische Winterquartiere mitteleuropäischer Zugvögel. Es sind nur die wichtigsten Zentren angegeben, die tatsächliche geografische Ausdehnung ist in vielen Fällen größer

Die heimischen Schwalbenarten sammeln sich vor dem Wegzug nach Afrika. Im Bild: Mehlschwalben.
Foto: Gagsch

terquartiere mitteleuropäischer Zugvögel. Die eingetragenen Vogelnamen deuten auf die hauptsächlichen Ruhegebiete hin und markieren in manchen Fällen auch nur das Kerngebiet, während die tatsächliche Verteilung weiterreicht. In der folgenden Übersicht sind für über 200 Vogelarten unter Zugrundelegung der mitteleuropäischen Verhältnisse die Zugziele oder Besonderheiten des Zugverhaltens zusammengestellt. Der leichteren Handhabung wegen wurden die Vögel ohne Rücksicht auf ihre Verwandtschaft alphabetisch aufgeführt. Dabei wurde, wie es sich in den meisten deutschsprachigen Fachzeitschriften durchgesetzt hat, der zusammengesetzten Namensform der Vorzug gegeben, also Rotmilan statt Roter Milan oder Milan, Roter. Die Rallen sind selbstverständlich als Rallen und nicht als Hühner bezeichnet, wie das noch hin und wieder geschieht (also Bleßralle und nicht Bleßhuhn; Kleinralle und nicht Sumpfhuhn, Kleines).

Die Abkürzungen in der Spalte »Kategorie« haben folgende Bedeutung:

S	Standvogel
Str	Strichvogel
Z	Zugvogel
D	Durchzügler
Wi	Wintergast
(Üw)	Überwinterungsversuche kommen vor.

Die Symbole + und − in den nach Dekaden unterteilten Monatsspalten beziehen sich auf Zugvögel (− möglich, + wahrscheinlich/häufig an zusagenden Örtlichkeiten). Man beachte stets Monat und Kategorie zusammen. Es sind Doppeldeutungen möglich, da S, Str, Z, D, Wi einander nicht immer ausschließen, sondern überlagern. (Verändert nach Creutz).

Artname	Kategorie	J	F	M	A	M	J	J	A	S	O	N	D	Zugziele u. -besonderheiten
Alpenstrandläufer	Z	···	···	··–	+++	+++	+++	+++	+++	+++	+++	–··	···	Küsten Nordost- und Nordwestafrikas, West- und Südwesteuropas und der Mittelmeerländer
Amsel	SZ	···	···	+++	+++	+++	+++	+++	+++	+++	+–·	···	···	etwa ein Drittel zieht nach Südwestfrankreich, Italien und Belgien. Andererseits Zuzug aus Nord. Vorwiegend Weibchen und Junge ziehen.
Austernfischer	SStrZ	···	···	+++	+++	+++	+++	+++	+++	+++	–––	···	···	West- Südwesteuropa, Nordafrika, selten bis in die Tropen
Bachstelze	Z(Üw)	···	··–	+++	+++	+++	+++	+++	+++	+++	+++	–··	···	Süd-, Südwesteuropa, Mittelafrika, Zugscheide!
Baumfalke	Z	···	···	···	–––	+++	+++	+++	+++	+––	–··	···	···	Ost-, Südafrika
Baumpieper	Z	···	···	···	+++	+++	+++	+++	+++	++·	···	···	···	Südwesteuropa, Mittelmeerländer, Afrika, südlich der Sahara
Bekassine	Z(Üw)	···	+++	+++	+++	+++	+++	+++	+++	+++	+++	++–	···	Südwest-, Südeuropa, Nord- und Mittelafrika
Bergente	DWi	–––	–––	+++	+++	–··	···	···	···	···	–––	+++	+++	Küsten Westeuropas und d. östlichen Mittelmeeres, im Binnenland seltener durchziehend
Bergfink	Wi	+++	+++	+++	++–	–··	···	···	···	·–+	+++	+++	+++	Heimat subarktische Wälder Nordeuropas
Berghänfling	Wi	+++	+++	+++	––·	···	···	···	···	···	·–+	+++	+++	regelm. an Nordseeküste, weniger an Ostsee, selten im Binnenland
Berglaubsänger	Z	···	···	···	··–	+++	+++	+++	+++	–··	···	···	···	Westafrika (Nigerien)
Birkenzeisig	I	+++	+++	+++	++–	···	···	···	···	···	–++	+++	+++	aus Nordeuropa regelm. bis ins Hinterland der Ostsee, seltener bis Alpenvorland und in benachbarte Länder vordringend
Blaukehlchen, Rotsterniges	D	···	···	···	··–	+++	···	···	··–	++–	···	···	···	Südwesteuropa, Nord-, Nordostafrika
Blaukehlchen, Weißsterniges	Z	···	···	·––	+++	+++	+++	+++	+++	++–	···	···	···	Südwesteuropa, bes. Nordwestafrika
Blaumeise	SStrZ	···	···	··+	+++	+++	+++	+++	+++	+++	++·	···	···	Richtung i.a. Nordost/Südwest bis 880 km nachgewiesen
Blauracke	Z	···	···	···	··–	+++	+++	+++	+++	+–·	···	···	···	Süd-, z.T. Westafrika, Zugrichtung Süd oder Südost
Bleßralle	SStrZ (Üw)	···	··–	+++	+++	+++	+++	+++	+++	+++	+++	–––	···	Südwest-, Südeuropa, Winterflüchter!

Artname	Kategorie	Monat J	F	M	A	M	J	J	A	S	O	N	D	Zugziele u. -besonderheiten
Bluthänfling	StrZ (Üw)	···	···	··+	+++	+++	+++	+++	+++	+++	+–·	···	···	West-, Südwesteuropa bis Nordwestafrika
Brachpieper	Z	···	···	···	··+	+++	+++	+++	+++	––·	···	···	···	Nordafrika bis Senegal und Äthiopien
Brachvogel	Z(Üw)	···	···	·–+	+++	+++	+++	+++	+++	––·	···	···	···	Mittelmeerländer, ganz Afrika. Im V/VI Frühsommerzug
Brandente	StrZ	···	···	+++	+++	+++	+++	+++	+++	···	···	···	···	Küsten West-, Südwesteuropas, selten im Binnenland
Brandseeschwalbe	Z	···	···	···	·–+	+++	+++	+++	––·	···	···	···	···	Küsten des westl. Mittelmeeres und Afrikas bis zum Kapland
Braunkehlchen	Z	···	···	···	··+	+++	+++	+++	+++	+–·	···	···	···	Zugrichtung Südwest bis tropisches Afrika
Bruchwasserläufer	Z	···	···	···	·–+	+++	+++	+++	++–	––·	···	···	···	Mittelmeerländer und ganz Afrika
Buchfink	SStrZ	···	···	–++	+++	+++	+++	+++	+++	+++	+––	···	···	von Skandinavien nach Mitteleuropa. Mitteleuropäische (namentlich Weibchen und Junge) nach Südwestfrankreich
Buntspecht	SI	+++	+++	+++	+++	+++	+++	+++	+++	+++	+++	+++	+++	in manchen Jahren von Nordeuropa nach Mittel- und Westeuropa
Dohle	SWi	+++	+++	++·	···	···	···	···	···	···	––+	+++	+++	die osteurop. Form *soemmeringii* zieht von der UdSSR b.z. Niederrhein
Dorngrasmücke	Z	···	···	···	··+	+++	+++	+++	+++	+++	···	···	···	tropisches Afrika
Drosselrohrsänger	Z	···	···	···	···	+++	+++	+++	+++	––·	···	···	···	Mittel- u. Südostafrika
Dunkler Wasserläufer	Z	···	···	···	·––	+++	+++	+++	+++	+++	–··	···	···	Mittelmeerländer, einzeln bis trop. Afrika
Eichelhäher	SWiI	+++	+++	+++	–––	–··	···	···	···	·––	+++	+++	+++	in manchen Wintern starke Invasionen aus Nord- und Nordeuropa
Eiderente	SStrZ	···	···	–++	+++	+++	+++	+++	+++	+++	+++	+––	···	Nordsee, weniger Ostsee u. westl. Mittelmeer, einzeln im Binnenland
Eisvogel	SStrZ	···	···	···	···	···	···	···	···	···	···	···	···	durch Beringung z.T. Zug über größere Strecken nachgewiesen. Richtung nicht eindeutig
Feldlerche	Z(Üw)	···	·––	+++	+++	+++	+++	+++	+++	+++	++–	–··	···	Südwesteuropa, Mittelmeerländer, Nordafrika
Feldschwirl	Z	···	···	···	··–	+++	+++	+++	+++	––·	···	···	···	Südwesteuropa u. Nordafrika
Feldsperling	SStr	···	···	···	···	···	···	···	···	···	···	···	···	Ringnachweise bis 450 km ungerichtet

Artname	Kategorie	J	F	M	A	M	J	J	A	S	O	N	D	Zugziele u. -besonderheiten
Fichtenkreuzschnabel	SStrI	···	···	···	···	···	···	···	···	···	···	···	···	unbeständig u. ungerichtet zw. nahrungsreichen Gebieten,
Fischadler	Z	···	···	···	·——	+++	+++	+++	+++	+++	——·	···	···	tropisches b. südl. Afrika in Südeuropa bereits S u. Str
Fitislaubsänger	Z	···	···	···	—++	+++	+++	+++	+++	++—	—··	···	···	tropisches bis südliches Afrika
Flußregenpfeifer	Z	···	···	···	—++	+++	+++	+++	+++	———	···	···	···	Ägypten, Binnenland von Mittel- u. Westafrika, bes. Kongo
Flußseeschwalbe	Z	···	···	···	·—+	+++	+++	+++	++—	—··	···	···	···	Küste Westafrikas bis Falklandinseln
Flußuferläufer	Z	···	···	···	·—+	+++	+++	+++	++—	—··	···	···	···	Westeuropa, Mittelmeerländer, ganz Afrika
Gänsesäger	SZWi (Üw)	+++	+++	++—	—··	···	···	···	···	···	··—	———	—++	Ostsee, Mitteleuropa
Gartenammer	Z	···	···	···	··+	+++	+++	+++	+——	···	···	···	···	Nordafrika
Gartengrasmücke	Z	···	···	···	··—	+++	+++	+++	+++	—··	···	···	···	trop. Afrika, bes. Kamerun
Gartenrotschwanz	Z	···	···	···	—++	+++	+++	+++	+++	+++	···	···	···	Südwesteuropa, Afrika, Äthiopien, Sudan
Gartenspötter	Z	···	···	···	··—	+++	+++	+++	++—	···	···	···	···	trop. Afrika südl. des Äquators
Gebirgsstelze	SStrZ (Üw)	···	··—	+++	+++	+++	+++	+++	+++	+++	++—	···	···	Südeuropa, Nord- und Südafrika
Gimpel	SStr Wi	+++	+++	+——	—··	···	···	···	···	···	——+	+++	+++	die östl. Form, *P.p. pyrrhula* aus Nord- u. Osteuropa als Wi von X bis IV in Mitteleuropa Invasionen!
Girlitz	Z(Üw)	···	···	·—+	+++	+++	+++	+++	+++	+++	+——	···	···	Südwesteuropa, Mittelmeerländer
Goldammer	SStr	···	···	···	···	···	···	···	···	···	···	···	···	z.T. Zug von Nordost- nach Südwesteuropa
Goldregenpfeifer	Z(Üw)	···	···	·—+	+++	+++	+++	+++	++—	———	—··	···	···	West- und Südeuropa, auch im Binnenland durchziehend
Grauammer	Z(Üw)	···	···	··+	+++	+++	+++	+++	+++	+++	+—·	···	···	Südeuropa, im Hinterland der Ostsee häufiger überwinternd als in Thüringen, Franken und dem Alpenvorland
Graugans	Z(Üw)	···	···	—++	+++	+++	+++	+++	+++	+++	——·	···	···	westl. Mittelmeer, seltener Küsten der Ost- und Nordsee
Graureiher	(S) StrZ (Üw)	···	··—	+++	+++	+++	+++	+++	+++	+++	+——	···	···	meist in südwestl. Richtung bis Südwesteuropa u. Mittelmeerländer, einzelne bis Mittelafrika
Grauschnäpper	Z	···	···	···	··—	+++	+++	+++	+++	——·	···	···	···	trop. u. südl. Afrika, Zugscheide!
Großtrappe	SStrZ	···	·—+	+++	+++	+++	+++	+++	+++	+++	+++	+—·	···	Südwest- und Südeuropa

Artname	Kategorie	J	F	M	A	M	J	J	A	S	O	N	D	Zugziele u. -besonderheiten
Grünfink	SStr	+++	+++	+++	+++	+++	+++	+++	+++	+++	+++	+++	+++	Nordosteuropäische Grünfinken ziehen meist nach Südwest, doch nicht übers Mittelmeer hinaus.
Grünschenkel	D	···	···	···	−−+	++−	···	···	−++	+++	−−·	···	···	Mittelmeer, Afrika und Südasien
Gryllteiste	Wi	+++	+++	+++	−−·	···	···	···	···	··−	+++	+++	+++	Nord-, häufiger Ostsee, Verirrte im Binnenland
Habicht	SStr	+++	+++	+++	+++	+++	+++	+++	+++	+++	+++	+++	+++	
Halsbandschnäpper	Z	···	···	···	··−	+++	+++	+++	+++	−−·	···	···	···	tropisches Westafrika
Haubenmeise	SStr	+++	+++	+++	+++	+++	+++	+++	+++	+++	+++	+++	+++	
Haubentaucher	SStrZ	···	·−−	−++	+++	+++	+++	+++	+++	−··	···	···	···	bis Mittelmeer und Nordafrika Richtung vorwiegend Südost
Hausrotschwanz	Z(Üw)	···	···	−−+	+++	+++	+++	+++	+++	+++	+−−	···	···	Südeuropa, Mittelmeerländer Nordafrika
Haussperling	S	+++	+++	+++	+++	+++	+++	+++	+++	+++	+++	+++	+++	in Osteuropa Str.
Heckenbraunelle	Z(Üw)	···	···	−++	+++	+++	+++	+++	+++	+++	−−·	···	···	Südwesteuropa, Nordafrika
Heidelerche	Z(Üw)	···	···	−++	+++	+++	+++	+++	+++	++−	···	···	···	Mittelmeerländer und Nordafrika
Heringsmöwe	SZ	···	···	···	··−	+++	+++	+++	+++	+++	−−·	···	···	Südwesteuropa bis trop. Afrika. Auch im Binnenland durchziehend
Höckerschwan	StrZ (Üw)	··−	−−+	+++	+++	+++	+++	+++	+++	+++	+++	+−−	−··	von Nord- u. Südeuropa nach Mitteleuropa und den Küsten Westeuropas u. der Mittelmeerländer
Hohltaube	StrZ (Üw)	···	··−	+++	+++	+++	+++	+++	+++	+++	−−·	···	···	Südwesteuropa
Kampfläufer	Z	···	···	−−−	−++	+++	+++	+++	+++	+++	−−−	···	···	durch das Binnenland bis Südafrika, verbleibt z.T. schon in Südwesteuropa u. am Mittelmeer
Kernbeißer	SStrZ	···	···	···	···	···	···	···	···	···	···	···	···	Nordosteuropäische K. ziehen, jedoch nicht über das Mittelmeer hinaus
Kiebitz	Z	···	·−−	+++	+++	+++	+++	+++	+++	+−−	−··	···	···	Küsten Westeuropas und der Mittelmeerländer. Mai bis Juni Frühsommerzug
Kiebitzregenpfeifer	D	···	···	···	·−+	+++	···	··−	−−+	+++	−−−	−··	···	Küsten Westeuropas, des Mittelmeeres und Afrikas bis Kapland. Durchzügler im Frühjahr seltener
Klappergrasmücke	Z	···	···	···	·−+	+++	+++	+++	+++	++−	−··	···	···	Äthiopien, Sudan

Artname	Kategorie	J	F	M	A	M	J	J	A	S	O	N	D	Zugziele u. -besonderheiten
Kleinralle	Z	···	···	···	·–+	+++	+++	+++	++–	–··	···	···	···	Mittelmeer bis Mittelafrika
Knäkente	Z	···	···	·––	+++	+++	+++	+++	++–	–··	···	···	···	Mittelmeer bis tropisches Afrika
Knutt	D	···	···	···	·––	+++	–··	···	–++	+++	–··	···	···	Küsten West- und Südwesteuropas, gelegentlich bis Südafrika, selten im Binnenland
Kohlmeise	SStrZ	···	···	···	···	···	···	···	···	···	···	···	···	Zahlreiche Ringfunde, vorwiegend Nordost-Südwest bis 1 370 km, X-III/IV
Kolbenente	SStrZ	···	···	·––	+++	+++	+++	+++	+++	+––	–··	···	···	Zug unklar (Mittelmeer)
Kormoran	SStrZ	···	·––	+++	+++	+++	+++	+++	+++	+++	–··	···	···	von Mitteleuropa Südsüdwest nach Mittelmeer, von Osteuropa nach Südost, Zugscheide!
Kornweihe	SZ	···	···	···	·––	+++	+++	+++	++–	–––	–··	···	···	West- und Südwesteuropa, Süd- und Südosteuropa, Nordafrika
Kranich	Z(Üw)	···	···	·––	+++	+++	+++	+++	+++	+++	––·	···	···	Nordafrika, Sudan
Krickente	SStrZ	···	···	··–	+++	+++	+++	+++	+++	+++	––·	···	···	West- und Südeuropa, Nordafrika
Küstenseeschwalbe	Z	···	···	···	··–	+++	+++	+++	+––	–––	–··	···	···	Küsten Afrikas, Südafrikas und der Antarktis, Küstenwanderer
Kuckuck	Z	···	···	···	·–+	+++	+++	+++	––·	···	···	···	···	Mittel- bis Südafrika, Altvögel ziehen vor den Jungen
Lachmöwe	SStrZ (Üw)	···	··–	+++	+++	+++	+++	+++	+––	–––	–··	···	···	Südwest- und Südeuropa, Mittelmeer, Nordafrika
Lachseeschwalbe	Z	···	···	···	··–	+++	+++	+++	+––	–··	···	···	···	Nord- und Mittelafrika, Küsten- und Binnenlandswanderer
Löffelente	Z(Üw)	···	···	·––	+++	+++	+++	+++	+++	––·	···	···	···	Mittelmeer bis trop. Afrika
Mantelmöwe	StrZ	···	···	·––	+++	+++	+++	+++	+++	–––	–··	···	···	West-, Südwest- und Südeuropa bis Mittelmeer
Mauersegler	Z	···	···	···	·––	+++	+++	+++	––·	···	···	···	···	trop. bis südl. Afrika. Trupps nordeurop. M. als D bis X
Mäusebussard	SStrZ	···	···	·–+	+++	+++	+++	+++	+++	+++	––·	···	···	Südwest- und Südeuropa, oft Winterflucht
Mehlschwalbe	Z	···	···	···	·–+	+++	+++	+++	+++	++–	···	···	···	West-, Ost- und Südostafrika
Merlin	DWi	–––	–––	–––	+++	–··	···	···	···	–++	+++	–––	–––	Mittel-, West- und Südwesteuropa bis Nordafrika
Misteldrossel	StrZ (Üw)	···	···	+++	+++	+++	+++	+++	+++	+++	+++	––·	···	Südwesteuropa, Nordafrika
Mittelsäger	StrZ (Üw)	···	···	···	·–+	+++	+++	+++	+++	+++	+++	+++	–··	Küsten der Nord- und Ostsee, Westeuropas, Mittelmeerländer und Afrikas. Seltener im Binnenland
Mittelspecht	SStr	···	···	···	···	···	···	···	···	···	···	···	···	
Mönchsgrasmücke	Z	···	···	···	·–+	+++	+++	+++	+++	+++	––·	···	···	Südeuropa, Afrika bis Lake Niassa, Zugscheide!

Artname	Kategorie	J	F	M	A	M	J	J	A	S	O	N	D	Zugziele u. -besonderheiten
Moorente	SStrZ	···	···	·–++	+++	+++	+++	+++	+++	+++	++–	–··	···	Mitteleuropa bis tropisches Afrika, Winterflucht in Tal-Lagen
Mornell-regenpfeifer	Z	···	···	···	·–+	+++	+++	+++	+––	–––	–··	···	···	Halbwüsten West- u. Nordafrikas
Nachtigall	Z	···	···	···	·–+	+++	+++	+++	++–	···	···	···	···	Mittelafrika von Liberia bis Sudan
Nacht-schwalbe	Z	···	···	···	··–	+++	+++	+++	+++	–––	···	···	···	Ost- und Süd-, vereinzelt Westafrika
Nebelkrähe	SStr	···	···	···	···	···	···	···	···	···	···	···	···	Osteuropäische N. ziehen X-III nach Westeuropa
Ohrentaucher	Wi	+++	+++	+++	++–	···	···	···	···	··–	+++	+++	+++	Nord- und Ostsee, West- und Mitteleuropa bis Mittelmeer
Pfeifente	Z	···	···	·––	+++	+++	+++	+++	+++	++–	––·	···	···	Mitteleuropa bis tropisches Afrika, im X/XI und III/IV häufiger Durchzügler aus Nordeuropa
Pfuhlschnepfe	D	···	···	···	–++	+–·	···	···	–++	++–	···	···	···	Küsten Westeuropas und Nordafrikas, seltener im Binnenland
Pirol	Z	···	···	···	···	+++	+++	+++	+++	···	···	···	···	Ostafrika von Äthiopien bis nach Südafrika
Prachttaucher	Z	···	···	···	·–+	+++	+++	+++	+++	+++	++–	–––	···	Ostsee, Mittel- und Schwarzes Meer, z.T. von Südwesteuropa, von M IV-M V und – weniger – EX-EXI Durchzug skandinav. Prachttaucher
Raubsee-schwalbe	ZD	···	···	···	··–	+++	+++	+++	+++	+++	–··	···	···	trop. u. südl. Afrika
Raubwürger	SWi	+++	+++	+++	–··	···	···	···	···	···	–++	+++	+++	Von X bis AIV nordöstl. R. als Wi und D
Rauch-schwalbe	Z	···	···	···	–++	+++	+++	+++	+++	+++	––·	···	···	Afrika südl. 12° N. Mitteleuropäische R. bes. im Kongogebiet. engl. in Südafrika
Rauhfuß-bussard	DWi	+++	+++	+++	–··	···	···	···	···	···	–++	+++	+++	von Nord- nach Mitteleuropa, selten weiter nach Süden
Rauhfußkauz	SStr	···	···	···	···	···	···	···	···	···	···	···	···	
Rebhuhn	SStr	···	···	···	···	···	···	···	···	···	···	···	···	Osteurop. R. ziehen nach Südwest
Regenbrach-vogel	D	···	···	···	·––	+++	–··	··–	++·	++–	···	···	···	westl. Mittelmeer, Afrika, selten im Binnenland
Reiherente	SStrZ	···	···	–++	+++	+++	+++	+++	+++	+++	––·	···	···	Mittel-, West- und Südeuropa bis tropisches Afrika
Ringeltaube	SStrZ	···	··–	+++	+++	+++	+++	+++	+++	+++	+––	–··	···	meist Südwest-Europa, weniger Südost
Rohrammer	StrZ	···	···	–++	+++	+++	+++	+++	+++	+++	++–	···	···	westl. Mittelmeerländer

Artname	Kategorie	J	F	M	A	M	J	J	A	S	O	N	D	Zugziele u. -besonderheiten
Rohrdommel, Große	StrZ (Üw)	···	···	––+	+++	+++	+++	+++	+++	+++	––·	···	···	West- und Südeuropa bis Mittelafrika
Rohrschwirl	Z	···	···	···	··–	+++	+++	+++	+++	++–	···	···	···	Sudan
Rohrweihe	Z	···	···	··–	+++	+++	+++	+++	+++	+––	–··	···	···	Mittelmeer bis trop. Afrika
Rotdrossel	D	···	···	––+	+–·	···	···	···	···	···	·–+	+–·	···	Südeuropa, selten Süd- u. Nordafrika
Rothalstaucher	StrZ (Üw)	···	··–	–++	–++	+++	+++	+++	+++	++–	–––	–··	···	Schweiz und Südeuropa, Mittelmeer
Rotkehlchen	StrZ (Üw)	···	··–	+++	+++	+++	+++	+++	+++	+++	+––	–··	···	Südeuropa bis Nordafrika
Rotkopfwürger	Z	···	···	···	··–	+++	+++	+++	+++	––·	···	···	···	über Südwesteuropa ins tropische Afrika nördl. d. Äquators
Rotmilan	Z(Üw)	···	···	··–	+++	+++	+++	+++	+++	––·	···	···	···	Südwesteuropa, Nordafrika, in Südeuropa S und Str
Rotrückenwürger	Z	···	···	···	··–	+++	+++	+++	+++	––·	···	···	···	über Südosteuropa nach Mittel- und Südeuropa
Rotschenkel	Z	···	···	·–+	+++	+++	+++	+++	+––	–··	···	···	···	Südwesteuropa, Nordost bis (selten) Südafrika
Saatgans	Wi	···	···	++–	–··	···	···	···	···	··–	–++	+++	+++	an Küsten und in Seengebieten Mittel-, West- und Südeuropas bis Nordafrika
Saatkrähe	SD	···	···	···	···	···	···	···	···	···	···	···	···	Osteurop. S. sind zwischen X und III Wintergast in Mittel- und Westeuropa
Säbelschnäbler	Z	···	···	···	–++	+++	+++	+++	+++	––·	···	···	···	Küsten West- und Südwesteuropas, einzeln bis ins tropische Afrika nördl. des Äquators
Samtente	Wi	+++	+++	+++	––·	···	···	···	···	··–	+++	+++	+++	Nord- und Ostseeküste, Westeuropa und westl. Mittelmeer, öfter im Binnenland
Sanderling	D	···	···	··–	+++	+–·	···	···	–++	+++	––·	···	···	Westeuropa, vereinzelt im Binnenland, im Frühjahr seltener
Sandregenpfeifer	Z	···	···	·–+	+++	+++	+++	+++	+++	–––	––·	···	···	West- und Südwesteuropa bis Nordafrika
Schafstelze	Z	···	···	···	–++	+++	+++	+++	+++	––·	···	···	···	über Südwesteuropa ins tropische und südl. Afrika
Schellente	Z(Üw)	···	···	·–+	+++	+++	+++	+++	+++	+–·	···	···	···	Küsten der Ost- und Nordsee, West- und Südeuropas, auch im Binnenland
Schilfrohrsänger	Z	···	···	···	·–+	+++	+++	+++	+++	+++	––·	···	···	Ostafrika (Äthiopien bis Transvaal)
Schlagschwirl	Z	···	···	···	···	–++	+++	+++	+++	–··	···	···	···	tropisches Ostafrika
Schleiereule	SStrZ	···	···	···	···	···	···	···	···	···	···	···	···	i.a. westwärts, oft jedoch ungerichtetes Umherstreifen
Schnatterente	SStrZ	···	···	·–+	+++	+++	+++	+++	+++	+++	+––	–··	···	Westeuropa b. tropisches Afrika

Artname	Kategorie	J	F	M	A	M	J	J	A	S	O	N	D	Zugziele u. -besonderheiten
Schreiadler	Z	···	···	···	·–+	+++	+++	+++	+++	++·	···	···	···	In Richtung Süd und Südsüdost bis nach Südafrika
Schwanzmeise	SI	···	···	···	···	···	···	···	···	···	···	···	···	gelegentlich Invasionsvogel in großen Mengen aus Nordost
Schwarzhalstaucher	Z(Üw)	···	···	···	–++	+++	+++	+++	+++	+++	+––	–··	···	West-, Südwest-, Süd- und Südosteuropa
Schwarzkehlchen	Z(Üw)	···	···	–++	+++	+++	+++	+++	+++	+++	++–	···	···	über Südwesteuropa in Mittelmeerländer und Nordafrika
Schwarzmilan	Z	···	···	··–	+++	+++	+++	+++	+++	––·	···	···	···	trop. bis Südafrika, oft truppweise
Schwarzstirnwürger	Z	···	···	···	···	+++	+++	++–	–··	···	···	···	···	über Südosteuropa bis Südafrika
Schwarzstorch	Z	···	···	···	·++	+++	+++	+++	++–	–··	···	···	···	Ost- und Zentralafrika, Zugscheide!
Seeadler	SStr	···	···	···	···	···	···	···	···	···	···	···	···	bes. Jungvögel streichen
Seeregenpfeifer	Z	···	···	··–	+++	+++	+++	+++	–––	–··	···	···	···	Südwest- und Südeuropa, Mittelmeer, selten Küsten Afrikas
Seggenrohrsänger	Z	···	···	···	··–	+++	+++	+++	+++	–··	···	···	···	tropisches Afrika
Seidenschwanz	I	+++	+++	+++	–––	–··	···	···	···	···	·––	+++	+++	im östl. Europa regelmäßiger Wi, sonst I, selten bis Südeuropa und Algerien vordringend
Sichelstrandläufer	D	···	···	·–+	+++	–··	···	·–+	+++	+–·	···	···	···	Ost- und Westküste Mittel- und Südafrikas
Silbermöwe	StrZ (Üw)	···	···	···	+++	+++	+++	+++	+++	+++	–··	···	···	verstreut nach allen Richtungen
Singdrossel	Z	···	···	–++	+++	+++	+++	+++	+++	+++	––·	···	···	Südwesteuropa und Mittelmeerländer
Singschwan	Wi	+++	+++	+++	–··	···	···	···	···	···	··–	+++	+++	bes. an Küsten, selten im Binnenland
Sommergoldhähnchen	Z(Üw)	···	···	··–	+++	+++	+++	+++	+++	+++	+++	···	···	Südwesteuropa, Nordafrika
Sperber	StrZ (Üw)	···	···	–++	+++	+++	+++	+++	+++	–––	–··	···	···	Südwesteuropa, nördl. bis tropisches Afrika. Winterflucht
Sperbergrasmücke	Z	···	···	···	···	+++	+++	+++	++–	···	···	···	···	Nordost-, Ost- und Südafrika
Spießente	Z(Üw)	···	···	–++	+++	+++	+++	+++	++–	–··	···	···	···	Mittel- und Westeuropa, Mittel- und tropisches Afrika
Sprosser	Z	···	···	···	·–+	+++	+++	+++	+++	···	···	···	···	Ostafrika
Star	Z(Üw)	···	··–	+++	+++	+++	+++	+++	+++	+++	––·	···	···	von den baltischen Ostseerepubliken in den Nordseeraum, von Mitteleuropa nach Südwesteuropa und Nordwestafrika, teilweise Zwischenzug

Artname	Kategorie	J	F	M	A	M	J	J	A	S	O	N	D	Zugziele u. -besonderheiten
Steinschmätzer	Z	···	···	·—+	+++	+++	+++	+++	+++	———	—··	···	···	über Südwesteuropa ins tropische Afrika
Steinwälzer	D	···	···	···	—++	—··	···	·—+	+++	+++	—··	···	···	Küsten West- und Südwesteuropas und Afrikas, selten im Binnenland
Sterntaucher	Wi	+++	+++	+++	———	—··	···	···	···	···	·——	——+	+++	atlant. Küsten bis Marokko, Ostsee, Mittel- u. Schwarzes Meer
Stieglitz	SStr	···	···	···	···	···	···	···	···	···	···	···	···	z.T. Zug nach Westeuropa
Stockente	SStrZ	···	··—	+++	+++	+++	+++	+++	+++	———	—··	···	···	Mittel-, West- und Südeuropa bis tropisches Afrika
Storch	Z(Üw)	···	···	·—+	+++	+++	+++	+++	++—	—··	···	···	···	Südafrika, Zugscheide: westl. Weg über Gibraltar, östl. über den Bosporus, die Türkei, die Länder östlich des Mittelmeeres, das Niltal aufwärts bis Südafrika, Junge wandern vor Altvögeln
Sturmmöwe	StrZ (Üw)	···	···	·—+	+++	+++	+++	+++	++—	———	···	···	···	Südwesteuropa bis Mittelafrika
Sumpfohreule	StrZI	···	···	——+	+++	+++	+++	+++	+++	++—	···	···	···	Zug bis Mittelmeer und Sudan, wie bei anderen Eulen von Kleinsäugervermehrung abhängig
Sumpfrohrsänger	Z	···	···	···	···	—++	+++	+++	+++	++—	···	···	···	Ost- und Südostafrika
Tafelente	SStrZ	···	···	·—+	+++	+++	+++	+++	+++	+++	———	—··	···	Mittel- und Westeuropa, Mittelmeerländer, Nordafrika
Teichralle	SStrZ	···	···	—++	+++	+++	+++	+++	+++	+++	———	—··	···	Mittelmeerländer
Teichrohrsänger	Z	···	···	···	···	+++	+++	+++	+++	+++	—··	···	···	Südwesteuropa, vorwiegend Ostafrika
Temminckstrandläufer	Z	···	···	···	·—+	++—	···	·—+	+++	—··	···	···	···	östl. Mittelmeer und Nord-(selten) Mittelafrika
Tordalk	SStrZ	···	···	···	—++	+++	+++	+++	+++	++—	—··	···	···	Küsten der Nord- und Ostsee, des Atlantik und westl. Mittelmeeres
Trauerente	Z	+++	+++	+++	—··	···	···	···	···	···	·——	+++	+++	Küsten Westeuropas und des Schwarzen Meeres, Ostsee spärlich, Binnenland selten
Trauerschnäpper	Z	···	···	···	·—+	+++	+++	+++	———	—··	···	···	···	Südwesteuropa, Westafrika (Guinea), Ostafrika
Trauerseeschwalbe	Z	···	···	···	++	+++	+++	+++	+——	———	—··	···	···	tropisches Afrika
Triel	Z(Üw)	···	···	···	—++	+++	+++	+++	+++	———	—··	···	···	Südwesteuropa, Nord- und Ostafrika

Artname	Kategorie	J	F	M	A	M	J	J	A	S	O	N	D	Zugziele u. -besonderheiten
Trottellumme	StrZ	···	···	···	—++	+++	+++	+++	—··	···	···	···	···	namentlich Junge verstreichen im Raum Norwegen, Ostsee u. Spanien Altvögel verlassen den Brutplatz zw. VIII u. XI
Tüpfelralle	Z(Üw)	···	···	···	·—+	+++	+++	+++	+——	———	—··	···	···	Südeuropa, selten bis Südafrika
Türkentaube	S	···	···	···	···	···	···	···	···	···	···	···	···	Wiederfunde bis zu 600 km
Turmfalke	SStrZ	···	···	—++	+++	+++	+++	+++	+++	+++	——·	···	···	West- und Südwesteuropa bis zum Äquator. Von Mitteleuropa meist nach Süd Winterflucht!
Turteltaube	Z	···	···	···	·—+	+++	+++	+++	++—	——·	···	···	···	Mittelmeerländer, Nordafrika bis Sudan, Zugscheide
Uferschnepfe	Z	···	···	·—+	+++	+++	+++	+++	+++	++—	—··	···	···	Mittelmeerländer, einzeln bis tropisches Afrika
Uferschwalbe	Z	···	···	···	·—+	+++	+++	+++	+++	——·	···	···	···	Ostafrika bis Transvaal, z.T. Westafrika
Uhu	SStr	···	···	···	···	···	···	···	···	···	···	···	···	
Wacholderdrossel	StrZ	···	···	·—+	+++	+++	+++	+++	+++	+++	++—	···	···	Südwesteuropa, Westafrika
Wachtel	Z	···	···	···	···	+++	+++	+++	+++	———	—··	···	···	Nordafrika bis in Tropen
Waldbaumläufer	S	···	···	···	···	···	···	···	···	···	···	···	···	
Waldkauz	S	···	···	···	···	···	···	···	···	···	···	···	···	in Nordeuropa Str
Waldlaubsänger	Z	···	···	···	·—+	+++	+++	+++	+++	++·	···	···	···	Westafrika, aber auch Kamerun, Kongo und Äthiopien
Waldohreule	SStr	···	···	···	···	···	···	···	···	···	···	···	···	teilweise I und Z nach West u. Südwest (abhängig von Kleinsäugern)
Waldschnepfe	Z(Üw)	···	···	—++	+++	+++	+++	+++	+++	+++	——·	···	···	West-, Südwesteuropa, Mittelmeerländer
Waldwasserläufer	Z	···	···	·—+	+++	+++	+++	+++	+——	—··	···	···	···	Westeuropa, Mittelmeerländer, Nordafrika bis Äquator
Wanderfalke	SStrZ	···	···	·++	+++	+++	+++	+++	+++	+++	——·	···	···	Südwesteuropa bis tropisches Afrika. Es ziehen vorwiegend Jungvögel, alte Brutpaare meist Standvögel. Im Winter gelegentl. nordische Zuwanderer, bes. Nordbezirke DDR
Wasseramsel	SStr	···	···	···	···	···	···	···	···	···	···	···	···	
Wasserralle	StrZ (Üw)	···	···	—++	+++	+++	+++	+++	+++	+++	+——	—··	···	Mittelmeerländer
Weidenlaubsänger	Z	···	···	———	+++	+++	+++	+++	+++	+++	++—	—··	···	Mittelmeerländer, Nordafrika
Wendehals	Z	···	···	···	·—+	+++	+++	+++	+++	—··	···	···	···	tropisches Afrika nördl. des Äquators, Iran, Indien

Artname	Kategorie	J	F	M	A	M	J	J	A	S	O	N	D	Zugziele u. -besonderheiten
Wespenbussard	Z	···	···	···	·–+	+++	+++	+++	+++	–––	–··	···	···	tropisches, selten südl. Afrika
Wiedehopf	Z	···	···	···	–++	+++	+++	+++	+++	++–	–··	···	···	Afrika zw. Sahara u. Äquator
Wiesenpieper	Z(Üw)	···	···	–++	+++	+++	+++	+++	+++	+++	++–	––·	···	Westeuropa, Mittelmeerländer
Wiesenralle	Z	···	···	···	···	–++	+++	+++	+++	–––	–··	···	···	Afrika bis zur Südspitze
Wiesenweihe	Z	···	···	···	·–+	+++	+++	+++	+++	––·	···	···	···	Mittel- bis Südafrika
Wintergoldhähnchen	SStr	···	···	···	···	···	···	···	···	···	···	···	···	Osteuropäische W. ziehen oft im IX/X nach Südwest
Zaunkönig	SStrZ	···	···	···	···	···	···	···	···	···	···	···	···	Wanderungen bis 1 460 km Südwest nachgewiesen
Zeisig	SStrZ	···	···	···	···	···	···	···	···	···	···	···	···	Unregelmäßige Masseneinfälle aus Nordosteuropa bis nach Nordwestafrika
Zwergmöwe	StrZ (Üw)	···	···	··+	+++	+++	+++	+++	+++	–––	–··	···	···	Westeuropa, Mittelmeer, auch Binnenlandzug
Zwergrohrdommel	Z	···	···	···	·–+	+++	+++	+++	+++	++–	–··	···	···	Nordost- und Ostafrika bis Kapland
Zwergsäger	Wi	+++	+++	+++	––·	···	···	···	···	···	–++	+++	+++	Europa zwischen Nord- und Ostsee und Mittelmeer
Zwergschnäpper	Z	···	···	···	···	+++	+++	+++	+++	––·	···	···	···	westl. Indien
Zwergschwan	Wi	+++	+++	+++	+––	···	···	···	···	···	·––	+++	+++	bes. Küsten Nord-, Ostsee; seltener Mitteleuropa und Mittelmeer
Zwergseeschwalbe	Z	···	···	···	·–+	+++	+++	+++	+++	––·	···	···	···	Westküste Afrikas
Zwergstrandläufer	D	···	···	···	···	+++	···	··–	+++	+++	–··	···	···	tropisches und südl. Afrika
Zwergtaucher	SStrZ	···	···	–++	+++	+++	+++	+++	+++	+++	––·	···	···	eisfreie Gewässer in Europa bis zum Mittelmeer

Zugleistungen

Zugstrecken

Bei der Behandlung der Zugvogeltypen und durch die tabellarische Übersicht der Zugziele (eindeutiger: Ruhe- oder Überwinterungsgebiete) wurde deutlich, daß es Kurzstreckenzieher und Langstreckenzieher und natürlich alle Übergangsformen gibt. Unsere in Südafrika überwinternden Weißstörche legen zweimal im Jahre eine Strecke von etwa 10 000 Kilometern zurück. Die jährlich zu bewältigende Gesamtflugstrecke der hochnordischen Küstenseeschwalbe beträgt bis zu 40 000 Kilometer.

Tagesstrecken

Die durchschnittliche Tagesstrecke während des dreimonatigen Herbstzuges unserer Weißstörche ist mit etwa 110 Kilometern anzusetzen, während der Heimzug im Frühjahr in etwa zwei Monaten bewältigt wird, was etwa 150 Kilometer pro Tag im Durchschnitt ausmacht. Es darf aber angenommen werden, daß die eigentliche Zuggeschwindigkeit und auch die konkreten Tagesstecken, abgesehen von Beeinflussung durch die Wetterverhältnisse, wenig schwanken, und daß der Heimzug im Frühjahr mit größerer Stetigkeit absolviert wird, während im Herbst

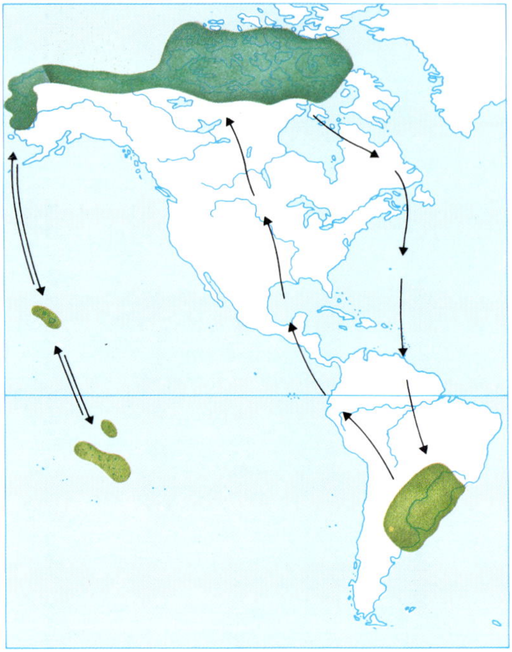

Zugwege des Goldregenpfeifers. Der Kanadische Goldregenpfeifer folgt auf dem Hin- und Rückzug unterschiedlichen Zugstraßen (Beispiel für Schleifenzug)

Goldregenpfeifer sind zu erstaunlichen Flugleistungen fähig. *Foto: Spillner*

größere Rastpausen eingelegt werden. Die topographischen Verhältnisse zwingen jedoch gerade manche Kleinvögel zu enormen Tagesstrecken, wenn sie beispielsweise im Nonstop-Flug das Mittelmeer oder die Sahara überqueren und dabei in manchen Fällen 2 700 Kilometer zurücklegen müssen.

Schnepfen haben es sehr eilig, sie legen Tagesstrecken von 500 Kilometern zurück. Zum Vergleich sei gesagt, daß eine fütternde Kohlmeise unter Umständen bis an 100 Kilometer absolvieren kann und Mauersegler das Zehnfache. Die kleine Bachstelze muß 450 Kilometer Mittelmeerstrecke bewältigen. Vorderindische Falken fliegen gar bis Afrika 3 000 Kilometer übers offene Meer, und der Sibirische Goldregenpfeifer legt in 35 bis 45 Stunden die 4 000 Kilometer von Alaska nach Hawai zurück.

Es liegt also eine erstaunenswerte physiologische Anpassung an zeitweilige Extrembeanspruchungen vor.

Zuggeschwindigkeit

Die eigentliche Zuggeschwindigkeit entspricht ungefähr der normalen Fluggeschwindigkeit der jeweiligen Art bei zügigem Geradeausflug, oder sie kann auch etwas darüberliegen. Sie beträgt beim Sperber etwa 40 km/h, bei der Rauchschwalbe etwa 45 km/h, bei der Nebelkrähe etwa 50 km/h, bei der Taube 60 km/h, beim Star etwa 75 km/h und bei Enten rund 90 km/h.

Zughöhe

Die Zughöhe wird stark von den topografischen und atmosphärischen Bedingungen beeinflußt und variiert außerordentlich stark. Über dem Meer und entlang der Küstenlinien spielt sich ein Teil des Zuges praktisch in Bodennähe ab. Ein Großteil des Zuges erfolgt unter 150 Metern. Man nahm früher an, daß er überhaupt kaum höher als 500 Meter erfolgt. Seit wir aber Radarbeobachtungen von Vögeln in großer Zahl haben und mit Höhenmessern und Sendern ausgerüstete Vögel unwiderlegbare Beweise für viel größere Höhen erbrachten, wissen wir es besser. Zweifellos ist ein beträchtlicher Teil des Zuges mit bloßem Auge nicht wahrnehmbar. Sperlingsvögel können über dem Meer in weniger als einem Meter Höhe ziehen, andererseits aber auch bis etwa 7000 Meter aufsteigen. Bei Gebirgsüberquerungen müssen naturgemäß große Höhen bewältigt werden. Aber auch ohne den Zwang durch die Oberflächenformen des überflogenen Gebietes werden günstigerer Windströmungen wegen oft große Höhen aufgesucht.

Kiebitze wurden mittels Radar oft zwischen 1600 und 2000 Metern nachgewiesen, aber auch in 3000 Meter Höhe. Viele Limikolen ziehen bis 3000 Meter hoch, manche Enten und Gänse in 4000 Metern Höhe, Kraniche bei 5000 Metern, auch nicht indentifizierte Kleinvögel mitunter zwischen 4000 und 6000, ja sogar bei 7000 Metern. Ein Teil des Vogelzuges spielt sich also außerhalb der »Reichweite« des Feldornithologen ab. Die Notwendigkeit zu Ruhepausen, zur Nahrungsaufnahme aber zwingt auch diese Höhen-Zieher immer wieder nach unten, so daß der Kenner an bestimmten Stellen mit großer Sicherheit den Vogelzug erleben und dabei auch Brutvögel fremder Gebiete kennenlernen kann. Küstenbereiche und auch binnenländische Feuchtgebiete sind gut einsehbare Rastgebiete für Limikolen und nordische Wasservögel.

An den Küsten ziehen die Limikolen, vor allem über kürzere Strecken, in geringen Höhen. Im Bild: Alpenstrandläufer. *Foto: Spillner*

Gänse ziehen häufig in großen Höhen in typischer Keilformation. *Foto: Scharnbeck*

Zug und Wetter

Meterologische und atmosphärische Bedingungen beeinflussen den Vogelzug. Die Kurzstreckenzieher sind stärker wetterabhängig, ihr Abzug oder Heimzug wird daher auch in stärkerem Maße vom Wetter beeinflußt, d. h. verzögert oder beschleunigt.

Daß Gegenwind den Zug behindert, bedarf keiner Erläuterung. Bei ungünstiger Windrichtung oder heftigem Sturm starten weder Tag- noch Nachtzieher. Bei normaler Windstärke ziehen die Vögel unabhängig von der Windrichtung. Wenn während des Zuges über dem Ozean plötzliche Stürme auftreten, kann es zu starken Verdriftungen kommen. Auch bei mehrtägiger Rast oder im Ruhegebiet können starke Wetterverschlechterungen zum Ausweichen in andere Gebiete führen. Die ausgesprochenen Langstreckenzieher ziehen nach ihrem »inneren« Kalender und lassen sich viel weniger vom örtlichen Wettergeschehen beeinflussen.

Man kann unter den Zug- und Strichvögeln geradezu zwei Grundtypen unterscheiden: Die stärker vom Wetter abhängigen *Wettervögel.* Solche stärker außenweltbedingte Vögel sind z. B. die Stockente, der Star, die Feldlerche oder die Ringeltaube. Weniger vom Wetter abhängige *Instinktvögel* sind dagegen der Mauersegler, der Kuckuck, der Pirol, der Weißstorch. Bei den

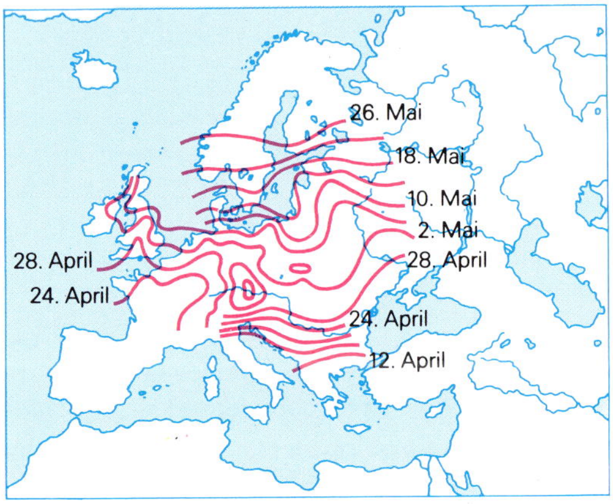

Isepiptesen des Mauerseglers

Wettervögeln dokumentiert ihr Zugverhalten diese Wetterabhängigkeit durch stärkere Schwankungen etwa der Ankunfts- oder Wegzugzeiten. Die Schwankungen von Jahr zu Jahr widerspiegeln das zeitliche Schwanken der Grenzen der natürlichen Jahreszeiten und sind so Bestandteil des phänologischen Kalenders, der die Jahreszeiten nicht astronomisch fixiert, sondern nach bestimmten Naturereignissen und Vorgängen (Blütezeiten, Zugvogelankunft, Reifezeiten u. dgl.).

Zusammenfassend kann als Orientierung für den Feldornithologen gesagt werden, daß allgemein Vögel bei gutem Wetter lieber ziehen, daß schlechtes Wetter die Zugaktivität hemmt und Sturm und schwerer Regen den Zug vorübergehend zum Erliegen bringen können. Wettervorhersagen lassen also auch Zugprognosen zu.

Zugphänologie

Das Schwanken der Ankunfts- und Abzugstermine der Zugvögel wird über Jahre in Ankunfts- und Abzugskalendern festgehalten. Die Orte

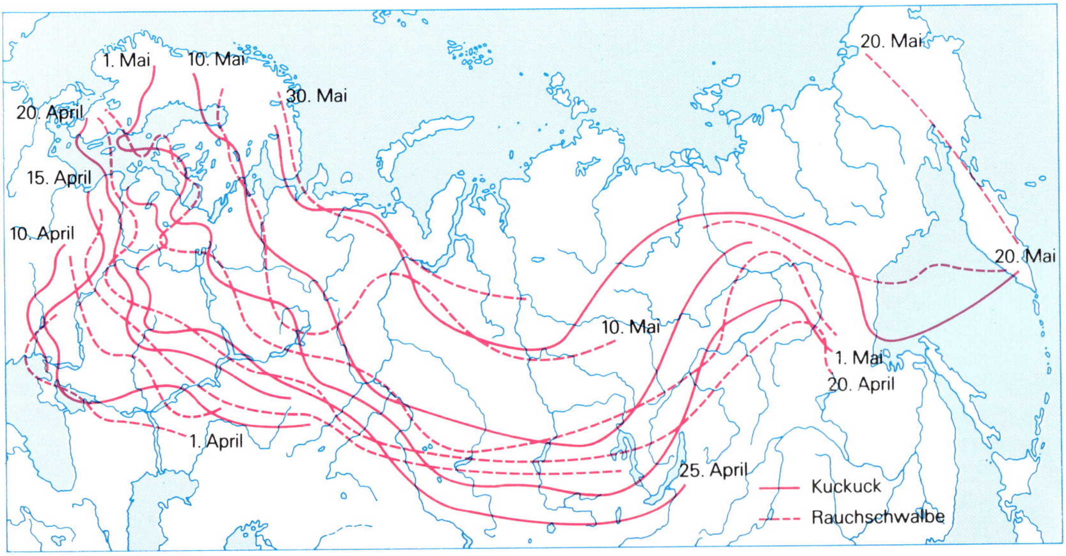

Isepiptesen (Linien gleichen Ankunftsdatums) von Kuckuck und Rauchschwalbe im nördlichen Eurasien. Nach VON MIDDENDORF

gleichen Ankunftsdatums verbindenden Linien werden Isepiptesen genannt. Je nach Vogelart (vgl. hierzu auch im Abschnitt »Zug und Wetter«) schwanken die Werte mehr oder weniger weit um einen langjährigen Durchschnittswert. Der aufmerksame Feldornithologe weiß bald, zu welchem Zeitpunkt etwa er für seinen Ort mit der Rückkehr »seiner« Mauersegler rechnen muß. Und führt er sein Beobachtungsjournal genügend lange und mit Sorgfalt, so wird er auch die Größe der möglichen Abweichungen kennen. Es ist in jedem Falle sinnvoll, wenn der Feldornithologe sich mit den Grundzügen der Meteorologie vertraut macht und auf die Zusammenhänge zwischen großräumiger Wetterlage und örtlichen Wettererscheinungen und der Zugaktivität achtet.

Zugphysiologie

Zugauslöser

Die zugauslösenden und den zeitgerechten Ablauf sichernden Mechanismen können wir uns im Vogel oder außerhalb des Vogels oder aber als eine Kombination beider Wirkprinzipien denken. Endokrine Drüsen bewirken im ersteren Fall durch Hormonausschüttungen Änderungen im Befinden und im Stoffwechselhaushalt. Auch die Bevorzugung animalischer Nahrung bei omnivoren Singvögeln (Allesfresser) wird endogen gesteuert. Sie führt zur Körpermasseerhöhung und zu Depotfettbildung. Zur Gruppe der endogen gesteuerten Zieher gehören vor allem viele Kleinvögel (Weichfresser und zarte Vögel). Sie ziehen früh weg und wandern mit auffallender Regelmäßigkeit (Instinktvögel, vgl. hierzu auch im Abschnitt »Zug und Wetter«). Für Kurzstrecken- oder Teilzieher darf mit einer weniger starken endogenen Programmierung gerechnet werden.

Die Wirkung der Drüsen und Hormone im Jahreslauf steuert den Rhythmus, dessen vier große Abschnitte Heimzug (Frühjahrzug), Fortpflanzung, Mauser, Wegzug (Herbstzug) sind. Im Frühjahr herrscht Reifungshormon vor, Stoffwechsel und Sauerstoffverbrauch werden herabgesetzt, was Fettansatz bewirkt. Zugunruhe treibt den Vogel aus dem Winterquartier fort ins Brutgebiet. Dort finden Balz und Fortpflanzung statt. Dann beginnen die laktogenen Hormone zu überwiegen. Sie wirken beruhigend und lösen den Brut- und Brutpflegebetrieb aus. Danach regt thyreotropes Hormon der Hypophyse die Tätigkeit der Schilddrüse an, der Stoffwechsel wird stark gesteigert. Es werden die Energien erzeugt, die während der Mauser zur Ersetzung des Federkleides notwendig sind. Die Körperreserven werden durch die Mauser stark angegriffen, die Vögel magern ab. Nun intensiviert das Tyroxin alle Lebensvorgänge:

Bei verlängertem Wachzustand sind die Nerven erregt, Reizempfindlichkeit und Erregbarkeit sind gesteigert. Das führt zu Unruhe, zu erhöhter Körpertemperatur, aber auch zu gesteigertem Appetit (bis zu 40 % Steigerung der Nahrungsaufnahme!), damit schließlich zu Fettansatz, der die Energie-Reserven für die bevorstehende Reise liefern muß. So ist die Zugdisposition gegeben.

Energetik

Fett ist ein leicht speicherbarer Brennstoff von höchstem Brennwert. Daher ist das auffälligste Merkmal beim zugdisponierten Vogel die angelagerte Fettreserve, die bei kleinen Singvögeln in vier bis zehn Tagen aufgebaut wird. Die tägliche Fettanlagerung liegt dabei je nach Art zwischen 0,1 und 1,5 Gramm. Die Größe des Fettdepots steht natürlich im Zusammenhang mit dem Zugverhalten. Nicht ziehende Kleinvögel weisen nur etwa drei bis fünf Prozent ihrer Lebendmasse an Fett auf. Kleine Langstreckenzieher, die beim Überqueren größerer geographischer Hindernisse (Wüste, Sahara, Mittelmeer) zu langen Nonstop-Flügen gezwungen sind, erreichen dagegen 30 bis 47 % Fett. Bei normalen Kurz- und Mittelstreckenziehern werden 13 bis 25 % Depotfett nachgewiesen. Bei Großvögeln ist die relative Fettmenge natürlich geringer als bei Kleinvögeln.

a

b

Die Limikolen legen während des Zuges ausgedehnte Pausen zur Rast und Nahrungssuche ein. Ruhender Alpenstrandläufer (a) und Rotschenkel bei der Futtersuche (b). *Fotos: Spillner*

Vor allem Segelflieger können durch die Nutzung der Thermik sehr viel Energie einsparen. Auch die Nutzung von Rücken- oder Seitenwind und bei einigen Großvogelarten die Einhaltung bestimmter Flugformationen gehört zur Flugstrategie. Für Flugzeuge ist beim schräg seitlich versetzten Gemeinschaftsflug eine erhebliche Energieeinsparung nachweisbar. Der Keilflug von Kranichen, Gänsen und Enten dient zweifellos dem gleichen Zweck, wenn das auch von einigen Forschern bestritten wird. Der aufmerksame Beobachter kann erleben, daß die Positionen innerhalb der Flugformation gewechselt werden, daß zum Beispiel die führende Gans sich zurückfallen läßt und ihre Position von der nächsten eingenommen wird oder daß ganze Teile des Flugkeils sich gegeneinander verschieben.

Die Windverhältnisse beeinflussen die Energiebilanz. Ein Taube mit einer Lebendmasse von 300 g benötigt für 1 000 km bei 10 km/h Gegenwind statt 19,5 Stunden 4,5 Stunden mehr. Sie verbraucht dann 76 Gramm Fett statt 62 (25 % der Startmasse statt 21 %). Rückenwind hat die gegenteilige Wirkung.

Knapp 40 Kilojoule Verbrennungswärme sind in einem Gramm Fett enthalten. Damit läßt sich unschwer sogar theoretisch ermitteln, wo einerseits die physiologischen Leistungsgrenzen der einzelnen Vogelarten liegen, da ja ihre zu befördernde Lebendmasse bekannt ist und für viele Arten die Größe der Fettdepots bei Zugbeginn ermittelt wurde, und es lassen sich aber auch die sonst kaum glaublichen Extremleistungen mancher Vogelarten verstehen.

Orientierung

Zu den fesselndsten Fragen der Ornithologie gehört zweifellos die nach dem Orientierungssinn der Vögel. Eine Schwalbe ist in der Lage, nach einem Flug von mehreren tausend Kilometern und nach einer Zwischenzeit von Monaten bei außerdem gegenüber der Abflugzeit verändertem Landschaftsbild ihr altes Nest wiederzufinden. Das setzt das Vorhandensein bestimmter Reize, das Vorhandensein eines Sinnesorgans zu ihrer Wahrnehmung und die Fähigkeit zur Umsetzung dieser Wahrnehmung im Dienste der Ortsbestimmung und der Richtungsfestlegung voraus. So einfach die theoretische Formulierung dieser Voraussetzungen ist, so schwer war – und ist zum Teil noch immer – die konkrete Deutung der Zusammenhänge und so aufwendig die Beweisführung bei manch klugem Erklärungsversuch.

Im 18. Jahrhundert nahm man an, daß die Tiere in Richtung der Meridiane gegen die Sonne wanderten und auf dem entsprechenden südlichen Breitengrad zur Ruhe kämen. Heute wissen wir durch die Ergebnisse der wissenschaftlichen Vogelberingung, daß das nicht stimmt. Im 19. Jahrhundert glaubte man, daß der Erdmagnetismus die Kraft sei, an der sich die Vögel orientieren. Das Empfangsorgan für die Wahrnehmung dieser Reize suchte man im Ohr. Man untersuchte die Wirkung von Deklination und Inklination. Schließlich wurde die sogenannte Corioliskraft verantwortlich gemacht, die besagt, daß ein gradlinig mit gleichbleibender Geschwindigkeit sich bewegender Körper durch die Drehbewegung der Erde auf der Nordhalbkugel nach rechts, auf der Südhalbkugel aber nach links abgelenkt wird, zum Pol hin ist die Ablenkung am stärksten, am Äquator am geringsten. Die Bogengänge im Labyrinth des Ohres sollten die Auswirkungen wahrnehmen. Auch das eventuelle Vorhandensein und der Einsatz eines kinästhetischen Bewegungsgedächtnisses wurde in Betracht gezogen. Damit war gemeint, daß alle Bewegungen, selbst passive, im Labyrinth des Ohres gespeichert und dann dort schließlich der umgekehrte Ablauf überwacht würde. Aber damit ließe sich ja bestenfalls die Rückkehr ermöglichen, niemals aber ein gerichteter Wegzug auch ohne Beisein schon erfahrener Artgenossen.

Immerhin spielte ein solches Bewegungsgedächtnis auch bei ursprünglicher menschlicher Orientierung in Steppe und Urwald eine Rolle.

Auch die hohe Empfindlichkeit des Vogelau-

sei eine Eigenschaft, von der wir bisher noch nicht viel mehr kennen, als ihre Auswirkung. Es ist auch durchaus möglich, daß Vögel weitere Informationen aus ihrer Umwelt verarbeiten, die bisher noch gar nicht zur Diskussion stehen, und daß sie in ihren jahrmillionenlangen Evolutionen Orientierungssysteme entwickelten, von denen uns womöglich jede Vorstellung fehlt. Ja nicht einmal die Art und Weise des Zusammenwirkens der bekanntgewordenen Faktoren ist geklärt.

Der schnellen Überblick-Information wegen seien hier aus der Fülle der angedeuteten Probleme die wichtigsten Begriffe, Themen und Ergebnisse der Orientierungsforschung aufgeführt.

Gebietsfixierung

Schon beim Jungvogel findet in einer kurzen, sensiblen Prägephase ein Prägeprozeß statt, der die erforderlichen Parameter über das Brutgebiet einspeichert und später der Heimfindung dient. In entsprechender Weise wird der Jungvogel beim ersten Aufenthalt im Überwinterungsgebiet navigatorisch geprägt.

Sonnenkompaß

Sinnreiche Laborversuche konnten den Sonnenkompaß der Vögel nachweisen. Die Azimutposition der Sonne wird dabei zur Tageszeit in Beziehung gesetzt. Bei Brieftauben wurde eine Genauigkeit von ±3 bis ±5 Grad ermittelt.

Sternkompaß

Wahrscheinlich ist Vögeln die Fähigkeit angeboren, aus der Rotation der Sternbilder die Rotationsachse abzuleiten.

Magnetkompaß

Die Suche nach nichtvisuellen Orientierungsmethoden der Zugvögel führte zum Nachweis eines Magnetkompasses. Allerdings wird nicht die Polarität der Magnetfelder wahrgenommen, sondern der Neigungswinkel der Feldlinien. Das macht von Wetterbedingungen und visueller Orientierung unabhängig. Transäquatorialer Zug jedoch bedarf zusätzlicher Orientierungs- oder »Verrechnungsmechanismen«.

Entfernungsinformation

Wenn außer der einzuschlagenden Richtung auch eine Information über die Entfernung zum Ziel angeboren ist, kann die Kombination beider Informationen ebenfalls ein Orientierungssystem bilden. Verfrachtungsversuche mit Staren und Laborversuche mit Grasmücken und Laubsängern führten auf diesem Gebiet zu neuen Erkenntnissen. Dauer und Intensität der Zugunruhe in einer Zugperiode ergaben proportionale Zusammenhänge mit den Zugentfernungen der betreffenden Arten.

Druckwahrnehmung

Druckwahrnehmung durch Vögel ist nachgewiesen. Die kleinste als wahrnehmbar festgestellte Druckabweichung betrug 10 mm H_2O oder 1 Millibar. Das entspricht einem Höhenunterschied von 10 Metern. Radarmessungen zeigten dann auch, daß ziehende Vögel auch ohne jede Möglichkeit visueller Kontrolle ihre Zughöhe erstaunlich genau einzuhalten vermögen. Auch die bemerkenswert eindeutigen kausalen Beziehungen zwischen Zugaktivität und Wetterlage bzw. Wetterveränderungen mögen auf diesem Wege zu erklären sein.

Infraschallwahrnehmung

Wie der Ultraschall oberhalb des für Menschen hörbaren Frequenzbereiches liegt, so der Infraschall unterhalb, also unter 10 Hertz. In Laborversuchen mit Tauben konnte festgestellt werden, daß die niedrigste wahrgenommene Wellenlänge 0,06 Hertz betrug. Viele natürliche Schallquellen erzeugen Infraschall (Wind an Gebirgskämmen, Meeresbrandung, Gewitter, Nordlicht, Tiefdruckgebiete, manche Luftschichtgrenzen). Dazu kommen künstliche Infraschallquellen. Beispielsweise konnten Tauben den durch ein Großüberschallflugzeug hervorgerufenen Infraschall nachweisbar über eine Entfernung von 300 Kilometern wahrnehmen. Infraschall pflanzt sich im Gegensatz zu den von uns wahrgenommenen höheren Frequenzen beinahe ohne Intensitätsverlust über Tausende von Kilometern fort. Das würde bedeuten, daß der Vogel in Mitteleuropa die Brandung an der Biscaja, den Infraschall eines Tiefdruckgebietes über dem Atlantik und den weit entfernter Gebirge physikalisch-theoretisch wahrnehmen könnte. Ob er das konkret-biologisch auch wirklich kann, ist nicht bewiesen, vollends ist schwer vorstellbar, wie die immer zahlreicher durch die Tätigkeit der Menschen hinzukommenden Infraschallquellen als Störgrößen ausgesondert werden sollten.

Sehvermögen

Daß Vögel zu sehen vermögen, bedarf keiner Diskussion. Jeder Vogelbeobachter, der sich unbemerkt einem Vogel nähern will, wird sehr schnell erkennen, welche große Bedeutung der Gesichtssinn für den Vogel hat. Besonders Vögel weiter Ebenen, etwa Watvögel, übersehen einen großen Teil des Gesamtpanoramas. Selbstverständlich wird, vor allem bei der Nahorientierung, das Auge und die gespeicherte »Kenntnis« des Umgebungsbildes genutzt. Bei Brieftauben zeigte sich, daß sie auch ultraviolettes Licht zu sehen und die Ebenen polarisierten Lichtes wahrzunehmen vermögen. Ob diese Fähigkeiten eine Rolle bei der Orientierung spielen, ist aber nicht bekannt.

Karte und Kompaß

Die drei oben genannten Kompasse allein lassen noch keine Navigation zu, dazu bedarf es außerdem verschiedener Informationen über den Standort und dessen Beziehungen zum Ziel, hier vereinfacht auch in Anlehnung an unsere Landkarten »Karte« genannt. Karte und Kompaß sind sicher das allgemeine Konzept für die Navigation der Zugvögel. Konkreter läßt sich das weithin ungeklärte Navigationsphänomen aber bisher kaum mit genügender Eindeutigkeit umreißen. Es gibt weitere interessante Denkansätze und Erklärungen für Teilfragen, aber keine umfassende Antwort für den Gesamtkomplex der Orientierung und Navigation.

Sumpfohreule. *Foto: Kraatz*

Der Vogel und seine Umwelt 5

Vogel und Landschaft

Unsere rezente Avifauna, also die von uns ins Auge gefaßte Vogelwelt eines kleinen Teiles der Paläarktis, ist ein Ergebnis der pleistozänen Vereisung und der postglazialen Klimanentwicklung, die zu einer Bewaldung großer Teile des mitteleuropäischen Territoriums führte. Das wiederum hatte die Einwanderung waldbewohnender Tierarten zur Folge. In geschichtlicher Zeit wurde der Mensch zunehmend zum Fauna und Flora beeinflussenden Wirkungsfaktor.

Bis auf äußerst geringe Teile ist die Landschaft, so wie wir sie heute vorfinden, das Ergebnis dieser Einwirkung, gewollter und ungewollter. Das heißt, sie ist Kulturlandschaft. Allzu oft wird vergessen, daß selbst im Gegensatz zu Stadt und Kultur als besonders natürlich und unberührt empfundene Landschaften ihre Entstehung und die Herausbildung und Erhaltung ihres besonderen Charakters erst der Tätigkeit des Menschen verdanken. Das gilt für die Lüneburger Heide wie für die ungarische Puszta und für die Kiefernforsten auf armen Standorten im Nordosten unseres Landes. Es ist unübersehbar, daß gerade in den letzten 150 Jahren die langsam gewordene historische Kulturlandschaft durch die industrielle Entwicklung stark verändert wurde. Was uns heute umgibt und was die Lebensräume für unsere Vogelwelt bildet, ist ein buntes Mosaik aus Ökosystemen unterschiedlichen Natürlichkeitsgrades.

Natürliche, vom Menschen beeinflußte Ökosysteme finden wir in Mitteleuropa nur noch an wenigen extremen Standorten und Lagen, etwa an schwer zugänglichen Steilhängen des Mittel- und Hochgebirges, eventuell noch an wenigen Stellen des Wattenmeeres.

Naturnahe Ökosysteme

Sie können wir in Form von Laubmischwäldern in Mittelgebirgslandschaften, in Waldzonen der alpinen oder montanen Stufen von Hochgebirgen, aber auch in Flußauen, Schilfgürteln, Dünenlandschaften und Hochmoorresten finden. Dort ist der antropomorphe Einfluß gering. Großer Strukturreichtum der Vegetation und daher zahlreiche Tiere sind zu erwarten.

Halbnaturnahe Ökosysteme

Entstanden in der Folge extensiver Nutzung durch den Menschen. Niedermoore, Magerwiesen und Zwergstrauchheiden sind Beispiele.

Naturferne Ökosysteme

Sie sind intensiv genutzte Agro-Ökosysteme, also Feldkulturland genau wie Dauergrünland. Hier dominieren die Kulturpflanzen, oft in Monokulturen, so daß nur wenigen Tierarten Lebensmöglichkeiten geboten werden. Diese Systeme lassen sich nur durch erhebliche Energiezufuhr seitens der Menschen erhalten.

Urban-industrielle Ökosysteme

Sie sind von Wohnsiedlungen, Industrieanlagen und Verkehrseinrichtungen gekennzeichnet.

Die Übergänge sind vielfältig und fließend, und diese unterschiedlichen Ökosysteme stehen einander selten großräumig gegenüber, sondern sind mannigfaltig miteinander verzahnt. Wenn wir die Ornithologie ernsthaft betreiben, sehen wir nie den Vogel oder die Vogelart schlechthin, sondern stets das Tier oder die Art eingebunden

Die Hochgebirge zählen zu den letzten naturnahen Ökosystemen unseres Kontinents. Diese Bergregionen im Schweizer Oberwallis sind Lebensraum von Schneefink, Alpendohle und Alpenschneehuhn.
Foto: Spillner

Die ausgedehnten Moorlandschaften Nordskandinaviens sind weitgehend menschlich unbeeinflußt geblieben und bieten Singschwan, Grünschenkel und Küstenseeschwalbe geeignete Lebensräume. *Foto: Spillner*

Die naturnah belassenen Waldberge im Südosten der VR Polen (Bieszczady) mit unbelasteten Wasserläufen sind Lebensraum für Schwarzstorch, Wasseramsel, Habichtskauz und Wanderfalke.
Foto: Spillner

Die extensiv genutzten Salzrasenwiesen auf den Inseln der Ostseeboddenkette beheimaten Brachvögel und Austernfischer. *Foto: Spillner*

in einen Lebensraum und von vielen Parametern dieses Lebensraumes abhängig.

Unsere grobe Gliederung nach dem »Grad der Natürlichkeit« kann nur ein Gerüst sein. In der Wirklichkeit haben wir es mit einem viel weiter zu untergliedernden System zu tun, und wir müssen unsere Beobachtungen und Forschungen stets in diesem mehrdimensionalen Zusammenhang sehen. Ja, im Laufe der Zeit entsteht durch Freilandbeobachtungen und ihre theoretisch-fachliche Ergänzung mit Hilfe der Literatur ein Gefühl für die Gesetzmäßigkeiten der Tier-Umwelt-Beziehungen, so daß der Kundige in einer bestimmten Landschaft gleich weiß, mit welchen Vögeln er zu rechnen hat und welche ganz bestimmt nicht zu erwarten sind.

Biotope Mitteleuropas

Genau wie die Liste der Beobachtungsthemen (vgl. im Kapitel »Praxis der Feldornithologie«) ist auch ein Überblick über die wichtigsten in Mitteleuropa zu erwartenden Biotope für den Ornithologen von Bedeutung. Er wird ihm helfen, bestimmte konkrete Landschaftselemente seines Beobachtungsgebietes zu erkennen und als Unterglieder größerer Ökosysteme zu begreifen und einzuordnen. Wir folgen der Gliederung von BEZZEL, die sich vor allem auf HEYDEMANN & NOWAK stützt.

1. *Ökosystemkomplex der stehenden Binnengewässer*
1.1 Seenbiotope
1.1.1 Oligotropher See
1.1.2 Mesotropher See
1.1.3 Eutropher See
1.1.4 Dystropher See
1.2 Weiherbiotope
1.3 Künstliche Gewässerbiotope
1.3.1 Stausee
1.3.2 Teich
1.3.3 Rieselfelder
1.3.4 Abgrabungswasser (Sand- und Kiesgruben u. ä.)

2. *Ökosystemkomplex der fließenden Binnengewässer*
2.1 Fluß- und Bachbiotope
2.1.1 Rasch fließender Bach (Forellenregion)
2.1.2 Ober- und Mittellauf von Flüssen
2.1.3 Unterlauf von Flüssen
2.2 Künstliche Gewässerbiotope
2.2.1 Kanäle, Gräben
2.2.2 Flußstauungen

3. *Ökosystemkomplexe der Röhrichte, Riede, Hochstaudenfluren, Verlandungsfluren (Grenze Süßwasser-Land)*
3.1 See- und Teichröhricht, Flußröhricht
3.2 Großseggenried
3.3 Kleinseggenried
3.4 Hochstaudenfluren
3.5 Niedrigwüchsige Uferzonen
3.6 Vegetationslose Sand-, Kies- und Schlammbänke

4. *Ökosystemkomplex der Moore*
4.1 Hochmoor
4.2 Flachmoor (mit Übergangsstadien)

5. *Ökosystemkomplex der Heiden*

6. *Ökosystemkomplex der Dünen und Trockenrasen*

7. *Ökosystemkomplex der Ruderalstellen, des Brachlandes, der Kiesgruben u. dgl.*
7.1 Ruderalfluren
7.2 Brachland, Kiesgruben
7.3 Geröllfluren
7.4 Felsen

8. *Ökosystemkomplex der Äcker und Feldfluren*
8.1 Äcker mit verschiedener Frucht (weitere Unterteilung möglich)
8.2 Weinkulturen
8.3 Obstkulturen (Strauchkulturen)
8.4 Baumschulen
8.5 Sonderkulturen (ackerartig genutzte Gärten u. ä.)

a b

c d

Allgemein abgenommen und gebietsweise verschwunden sind seit Mitte der vierziger Jahre nachstehende Vogelarten

a Steinkauz. *Foto: Baake*
b Sperber. *Foto: Trippmacher*
c Bekassine. *Foto: Leo*
d Drosselrohrsänger. *Foto: Schernick*

9. *Ökosystemkomplex des Grünlandes*
9.1 Wiesen- und Weidenbiotope
9.1.1 Frischwiesen und Weidenbiotope
9.1.2 Feuchtwiesenbiotope (bewirtschaftete Flachmoorwiesen)
9.1.3 Streuwiesenbiotope
9.2 Grünlandbiotope der Dämme, Wallanlagen, Deiche u. dgl.
9.3 andere Grünlandbiotope

10. *Ökosystemkomplex der Gebüsche, Feldgehölze und Hecken*
10.1 Gebüsche, Waldsaum-Heckenbiotope
10.2 Brachliegender Weinbergbiotop
10.3 Obstbaumgruppen (Streuobstwiesen)
10.4 Straßenrand-Gebüschpflanzungen

11. *Ökosystemkomplex der Waldtypen (aus ornithologischer Sicht bieten sich hier verschiedene Einteilungsmöglichkeiten an: nach Zusammensetzung der dominierenden Baumarten, nach Alter, Struktur)*
11.1 Laub- und Laubmischwälder
11.2 Nadelwald und nadelbaumbeherrschte Mischwälder
11.3 Gehölzbiotope der Auen, Feucht- und Naßstandorte, Bruchwälder
11.4 Einteilung nach Alter:
11.4.1 Schonung
11.4.2 Jungwuchs
11.4.3 Mittelstadium
11.4.4 Altbestand
11.4.5 Gemischte Altersstrukturen
11.5 Einteilung nach Struktur oder Ausdehnung
11.5.1 Lichter Wald
11.5.2 Großräumiger Wald
11.5.3 Kleinwälder
11.6 Einteilung nach Nutzungsintensität
11.6.1 Extensiv oder nicht bewirtschafteter Wald
11.6.2 Intensiv bewirtschafteter Wald

12. *Ökosystemkomplex der Gärten und Parks*
12.1 Einzelbäume und Baumgruppen im Siedlungsbereich
12.2 Hecken und Gebüsche im Siedlungsbereich
12.3 Kleingärten, Ziergärten, Gärtnereien
12.4 Parks und Friedhöfe
12.5 Stadt- und Parkrasenflächen

13. *Ökosystemkomplex der Siedlungen und Bauten*
13.1 Einzelgehöfte
13.2 Einzelbauten (auch technischer Art), Ruinen
13.3 Lockere Siedlung (wenig bebaut)
13.4 Dorf
13.5 Kleinstadt
13.6 Großstadtkern
13.7 Industrieanlagen
13.8 Verkehrsgelände

Meer und Meeresküste wurde nicht berücksichtigt. Dieses ineinander verzahnte Ökosystemgefüge ist nichts Statisches, sondern unterliegt einer starken Dynamik, die gerade in den letz-

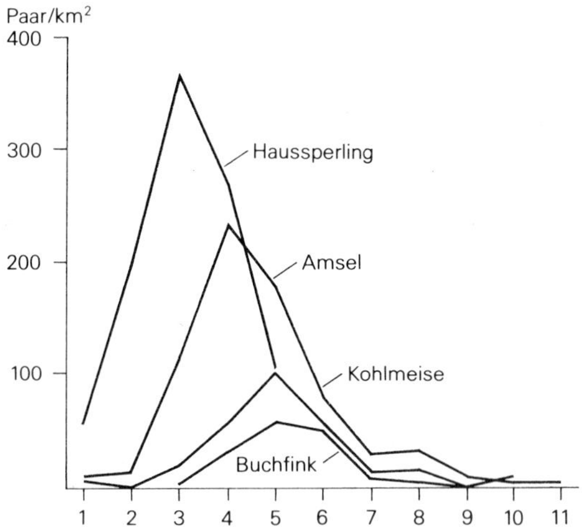

Siedlungsdichte einiger Singvögel einer mitteleuropäischen Großstadt in Abhängigkeit vom Biotop. Die Zahlen auf der Abszisse stehen für die Biotope: 1 Hafen- und Industriegelände; 2 »City«; 3 Wohnblockviertel; 4 Gartenstadt; 5 Grünanlage; 6 Wald (Altholz); 7 Wald (Stangenholz); 8 Feuchtgehölze; 9 Feldmark mit eingesprengten Gehölzen; 10 Sümpfe und Moore; 11 Wiesen und Weiden ten Jahrzehnten vor unseren Augen beschleunigt wirksam wird, weil Nutzungsformen und Flächenbedarf sich ändern und vor allem die Intensivierung der Nutzung sich stark auswirkt.

Während die mittelalterlichen Rodungen innerhalb großer Waldkomplexe neue Lebensräume schufen, vergrößerte sich auch das Vogelartenspektrum. Die zunehmende Industrialisierung der Landwirtschaft führt unvermeidlich zur Vereinheitlichung komplexer Biotopstrukturen und zum Einsatz von bisher dem Naturhaushalt fremden Stoffen. Saatgutbehandlung, veränderte Bodenbearbeitungsmethoden und veränderter Fruchtwechsel führten im Verein mit der Zunahme der mineralischen Düngung und dem Einsatz von Herbiziden zu einer erheblichen Verringerung der Artenzahl der Begleitflora, was wiederum Auswirkungen auf die Wirbellosenfauna und zumindest über diese auch auf die Vogelwelt hat. Verstärkte Inanspruchnahme von nutzbarem Ackerland für Wohn-, Industrie- und Verkehrsbauten verringert die nutzbare Gesamtfläche und bewirkt auf der verbleibenden Fläche weitere Intensivierung.

In der DDR veränderte sich der Flächenanteil der Hauptnutzungsarten wie in der Tabelle folgt.

Beispiel für die Veränderung des Flächenanteils (Angaben in Millionen Hektar)

Art	1950	1955	1960	1965	1970	1975	1980
Wald	2,90	2,94	2,96	2,95	2,95	2,95	2,95
Acker	5,02	4,99	4,85	4,72	4,62	4,70	4,78
Grünland	1,30	1,26	1,36	1,44	1,47	1,36	1,24
Ödland	0,10	0,15	0,082	0,084	0,082	0,075	0,071
Gewässer	0,22	0,20	0,20	0,21	0,21	0,22	0,22

Veränderungen im Landschaftsbild

Die Veränderungen im Landschaftsbild, in den Wirtschaftsformen bewirken die Dynamik in den Avifaunen. Sie sind für weiter zurückliegende Zeiten nur mit großen Unsicherheitsfaktoren erschließbar. Für die letzten hundert Jahre aber sind sie doch ungefähr übersehbar, mit sich steigerndem Genauigkeitsgrad zur Jetztzeit hin.

Folgende Trends sind offenbar (nach Bezzel):

1. Arten, die seit gut hundert Jahren abnehmen und wahrscheinlich heute in weit geringerer Populationsstärke vorkommen als vor der Jahrhundertwende.

1.1 Allgemeine und teilweise drastische Abnahme bis zum gebietsweisen Erlöschen des Bestandes:
Rohrdommel, Fischadler, Seeadler, Schlangenadler, Zwergadler, Schreiadler, Birkhuhn, Kranich (Tendenzen zur Stabilisierung von Teilpopulationen durch gezielten Biotopschutz), Zwergtrappe, Großtrappe, Wiesenralle, Alpenstrandläufer, Kampfläufer, Bruchwasserläufer, Flußuferläufer, Trauerseeschwalbe, Sumpfohreule (starke Bestandsschwankungen; Invasionen), Blauracke.

1.2 Allgemeine Abnahme seit 1850 mit regionalen, lokalen oder zeitlichen Ausnahmen:
Kormoran, Weißstorch, Schwarzstorch, Steinadler, Auerhuhn, Uhu, Wendehals.

1.3 Gebietsweise Abnahme seit 1850 mit regionalen und überregionalen Erholungen des Bestandes:
Graugans (z.T. Zunahme und Stabilisierung), Rotmilan, Haselhuhn, Steinhuhn, Habichtskauz, Weißrückenspecht.

1.4 Allgemeine Abnahme seit 1900, verstärkt seit etwa 1950:
Gänsesäger (regionale Erholungen), Habichtsadler, Goldregenpfeifer, Rebhuhn, Eisvogel, Blaukehlchen (regionale Erholungen), Raubwürger, Schwarzstirnwürger (starker Rückgang seit 1900), Saatkrähe.

1.5 Zunahme im 19. Jahrhundert, seit etwa 1900 aber allgemeine und stetige Abnahme:
Moorente, Wachtel, Tüpfelralle, Wiedehopf (trotz vorübergehender Arealausweitung), Hohltaube (zwischenzeitliche Erholungsphasen).

1.6 Zunahme seit 1850 oder 1900, aber spätestens ab 1950 Abnahme:
Brachvogel, Haubenlerche.

1.7 Bestandsschwankungen, seit 1900 mit überwiegender Abnahmetendenz, vor allem in neuester Zeit:
Rothalstaucher (regional), Knäkente, Wespenbussard, Habicht (neuerdings lokal Bestandserholung?), Seeregenpfeifer, Waldschnepfe, Rotschenkel, Turteltaube, Nachtschwalbe, Mittelspecht.

1.8 Allgemeine Abnahme seit 1940 oder 1950, gebietsweise schon verschwunden:
Löffler, Zwergdommel, Kornweihe, Wiesenweihe, Sperber, Rötelfalke, Wanderfalke, Triel, Bekassine (in vielen Gebieten Abnahme schon seit 1900), Schleiereule, Zwergohreule, Steinkauz, Heidelerche, Uferschwalbe, Gartenrotschwanz, Braunkehlchen, Schwarzkehlchen, Dorngrasmücke, Schilfrohrsänger, Drosselrohrsänger, Rotrückenwürger, Rotkopfwürger, Gartenammer.

1.9 Seit etwa 1950 oder später lokale oder auch allgemeine Abnahme (Tendenz nicht einheitlich):
Baumfalke, Feldlerche, Rauchschwalbe, Mehlschwalbe, Wiesenpieper (teilweise auch Zunahme), Steinschmätzer, Gelbspötter, Sperbergrasmücke, Goldammer, Grauammer.

2. Brutvögel mit sicherer oder möglicher Tendenzwende (seit Mitte des 19. Jahrhunderts Abnahme, dann Stabilisierung und mehr oder weniger Erhohlung).

2.1 Im Normalfall Bestand heute geringer oder nicht höher als im 19. Jahrhundert:
Graureiher, Rohrweihe, Schwarzmilan, Flußregenpfeifer, Flußseeschwalbe, Nachtigall, Bartmeise, Kolkrabe, (gebietsweise starke Zunahme).

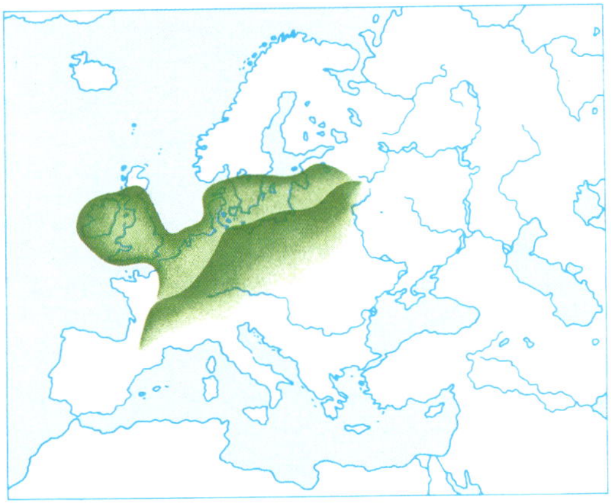

Ausbreitung des Schwarzhalstauchers

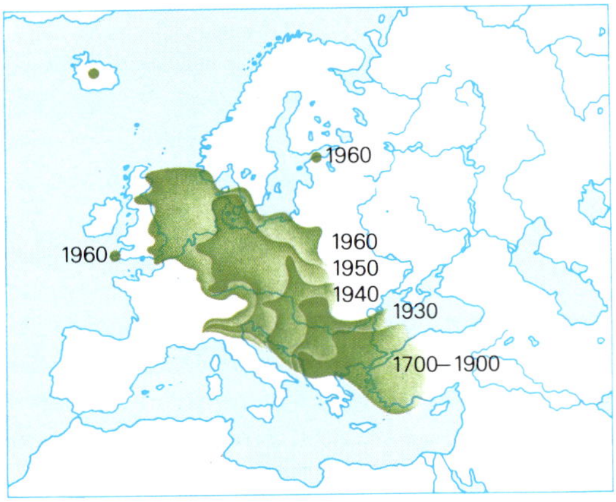

Erweiterung des Brutareals der Türkentaube in Europa von Südost nach Nordwest

2.2 Bestand heute möglicherweise höher als im 19. Jahrhundert:
Haubentaucher (neuerdings wieder lokale Abnahme), Brandgans, Eiderente, Kiebitz, Säbelschnäbler, Lachmöwe.

3. Arten mit zunehmender Tendenz, seit 1850
eingewanderte Arten, Arten mit Arealerweiterung.

3.1 Allgemeine Zunahme und Arealerweiterung seit 1850: Schwarzhalstaucher (neuerdings starke Schwankungen), Ringeltaube, Amsel, Wacholderdrossel, Star (neuerdings unterschiedliche Auffassungen über rapiden Rückgang), Haussperling, Feld-

a b

c d

Allgemeine Zunahme oder Arealerweiterungen in den vergangenen zwei Jahrzehnten weisen folgende Arten auf:

a Purpurreiher. *Foto: Hlásek*
b Rauhfußkauz. *Foto: Wolf*
c Beutelmeise. *Foto: Scharnbeck*
d Schwarzkopfmöwe. *Foto: Kraatz*

sperling, Grünfink, Girlitz, Karmingimpel, Höckerschwan, Stadttaube.

3.2 Gebietsweise Zunahme und Arealerweiterung seit Mitte des vorigen Jahrhunderts: Löffelente (neuerdings Abnahmetendenz!), Schellente (Rückschläge), Schwarzspecht, Heckenbraunelle, Hausrotschwanz.

3.3 Gebietsweise sichere Zunahme und Neuansiedlung seit etwa 1900: Schnatterente (lokale Abnahme), Kolbenente, Tafelente, Reiherente, Bleßralle, Austernfischer, Uferschnepfe (in neuer Zeit lokaler Rückgang), Sturmmöwe, Silbermöwe, Heringsmöwe, Mauersegler (aber auch Bestandseinbußen), Misteldrossel, Rohrschwirl, Sumpfrohrsänger, Grünlaubsänger, Sommergoldhähnchen, Trauerschnäpper.

3.4 Mögliche regionale Zunahme seit etwa 1900 oder früher: Teichralle, Sandregenpfeifer, Haubenmeise, Blaumeise, Kohlmeise, Elster, Buchfink.

3.5 Allgemeine oder regionale Einwanderung oder Zunahme seit etwa 1950 oder früher: Purpurreiher, Rauhfußkauz, Türkentaube, Blutspecht, Schlagschwirl, Birkenzeisig, Weidenmeise.

3.6 In den letzten ein bis zwei Jahrzehnten Arealerweiterungen, Vorstöße, Zunahme und Neuansiedlungen (Beständigkeit nicht sicher): Zwergmöwe, Schwarzkopfmöwe, Seidensänger, Orpheusgrasmücke, Blaßspötter, Beutelmeise, Bartmeise, Gimpel, Schwarzstorch.

Es muß angemerkt werden, daß manche der Zuordnungen sicher problematisch sind, klare Entscheidungen oft nicht möglich sind und vor allem aus der genauen Kenntnis eines bestimmten Gebietes diese für Mitteleuropa erarbeitete Übersicht andere Akzente bekommen könnte. Jedenfalls aber macht sie auf Tendenzen aufmerksam und mag den Beobachter anregen, möglichst unter Hinzuziehung neuer avifaunischer Werke diesen Tendenzen in seinem Exkursionsgebiet Beachtung zu schenken.

Biotope und Avizönosen

Stadtlandschaft

Städtische Ballungsräume sind in höchstem Maße unvollkommene Ökosysteme, die von natürlichen Ökosystemen ihrer Umwelt abhängen. Das führt zu Wechselwirkungen und zu Beziehungen des Städtischen Systems weit über die bebauten Stadtflächen hinaus. Die Frage der Anpassungsfähigkeit der Vögel an die Lebensbedingungen der urbanen Welt ist für die Erhaltung des Artenspektrums oder für seine Verkleinerung von großer Bedeutung. Damit wird die Stadtornithologie zu einem noch weithin und zu Unrecht unterschätzten Forschungsfeld.

City (Stadtzentrum)

In Mitteleuropa können als positives Extrem etwa bis zu 35 oder 40 Arten erwartet werden, auf einer Fläche von 10 ha zwischen 5 und 10, damit ist die City das allerärmste Kulturbiotop.

Es dominieren im allgemeinen Stadttaube und Haussperling, daneben mitunter Mauersegler und Dohle. Die Dominanzen der beiden erstgenannten Arten können bis zu 70 % betragen. Als Subdominante dürfen Amsel und oft auch der Hausrotschwanz erwartet werden. Das wären dann auch schon alle Arten mit möglicher hoher Präsenz. Unregelmäßig kommen vor: Türkentaube, Tumfalke, Grünfink, Star. Selbst für die ausgesprochenen »Stadtvögel« ist die Stadt kein optimaler Biotop, wie leicht mit Hilfe der zu errechnenden Diversitätswerte nachzuweisen ist.

Vom Herbst bis zum Frühjahr wird das eintönige Bild oft durch Tageseinpendler (Lachmöwe, Dohle, Saatkrähe) und durch Schlafplätze von Star, Haussperling und Berghänfling belebt.

Wohnblockzone

Ebenfalls fast geschlossen bebaut. Die vegetationslosen Flächen machen zwischen 50 und 100 Prozent aus; steriler Rasen, kurzzeitige Ruderalflächen ändern daran im Prinzip nichts. Von Bedeutung sind aber Stauden, Sträucher und Brachflächen. Sie können relativ viele Arten anziehen. Auf Ruderalflächen in Karl-Marx-Stadt wurden 57 Vogelarten nachgewiesen. Normalerweise dürften wir mit 10 Arten mehr rechnen als in der City. Mauersegler, Haussperling, Amsel und Grünfink sind stark vertreten, auch einige weitere Baum- und Gebüschbrüter. Insgesamt haben nur wenige Arten stabile Vorkommen. Der Haussperling kann mit einer Dominanz von 80 % auftreten.

Gartenstadtzone

Sie hat stärker durchgrünte, aufgelockerte Wohnbezirke mit manchmal reicher Vegetation auf mitunter mehr als 50 Prozent der Fläche, wobei allerdings Zier- und Nutzpflanzen dominieren. Die Gesamtzahl der Brutvögel (55–70), aber auch die Zahl der Arten mit hoher Präsenz ist weitaus größer als in der Innenstadt.

Amsel, Gartenrotschwanz, Haussperling, Grünfink, Klappergrasmücke, Feldsperling, Girlitz, Heckenbraunelle, Hänfling, Kohlmeise, Buchfink, Singdrossel, Blaumeise, Ringeltaube, Türkentaube können erwartet werden. Die Artenzahl nimmt ganz offensichtlich mit abnehmendem Bebauungsgrad zu.

Städtische Grünanlagen

Sie können bei genügender Größe (10 bis 20 ha oder mehr) als grüne Inseln mit relativ unabhängiger Avizönose betrachtet werden. Dabei spielt die Lage innerhalb der Stadt und eine

Charakteristische Vertikalverbreitung typischer Stadtvögel

»grüne« Verbindung zu anderen Parks oder zu Friedhöfen eine Rolle. So sind diese Gebiete in der Stadtlandschaft nicht nur am artenreichsten hinsichtlich der Brutvögel, sondern sie haben auch Bedeutung für Durchzügler und Wintergäste. Das Artenspektrum ähnelt meist dem der Laub- und Mischwälder. Hier kommen auch Kleiber, Gartenbaumläufer und Buntspecht vor. Extrem hohe Abundanzen der Amsel sind zu erwarten. Haussperling, Feldsperling, Türkentaube fehlen nicht, vielleicht können sogar große Höhlenbrüter (Hohltaube, Schwarzspecht) und Greifvögel und Eulen angetroffen werden. Birkenzeisig, Misteldrossel, Wacholderdrossel findet man hier und da, bei Vorhandensein von Gewässern auch Stockente, Teichralle, Bleßralle und sogar Reiherente.

Dem Turmfalken bietet die Stadt kaum Nahrungsgrundlage, wohl aber mit einer Häufung von »Kunstfelsen« entsprechende Brutplätze. *Foto: Braake*

Auf Berliner Friedhöfen wurden 56 Brutvogelarten festgestellt, die in der Dominanzskala in folgender Reihenfolge auftraten: Amsel, Grünfink, Star, Blaumeise, Kohlmeise, Feldsperling, Weidenlaubsänger, Ringeltaube, Fitislaubsänger, Nachtigall, Haussperling, Gelbspötter. Kontrollflächen auf anderen Friedhöfen in Deutschland brachten ähnliche Ergebnisse.

Industrie- und Verkehrsanlagen

Industriebereiche sind oft auch »Immissions-Landschaften«, die viele naturfremde Stoffe aus dem Produktionsprozeß aufweisen. Vogeleier aus solchen Bereichen wiesen erwartungsgemäß eine höhere Schadstoffkontamination auf als die Eier aus naturnäheren Vergleichsgebieten.

In diesen Bereichen fallen aber auch Abfälle und Abprodukte an, die von Vögeln genutzt werden und sie in großer Zahl anziehen (Müllkippen, Verladeplätze), zum Beispiel von Lachmöwen und Krähen. Mitunter treffen wir auf eine hohe Artenzahl, weil einerseits das Nahrungsangebot groß sein kann, und andererseits zumeist in der Kulturlandschaft selten gewordene Biotope (Ödflächen) vorkommen. Stadttaube und Haussperling sind meist dominant, Amsel, Star, Hausrotschwanz, Grünfink, Kohlmeise, Mauersegler, Elster sind zu erwarten. Interessant ist ein Vergleich zwischen dem »alten« Hafen Hamburg und dem vergleichsweise viel »moderneren« Hafen Rostock: Während im Hamburger Hafen elf Brutvogelarten festgestellt werden konnten, brüten im Rostocker Hafen

In den Stadtzentren ist der Hausrotschwanz keine Seltenheit, weil ihm dieser Lebensraum viele Nistnischen bietet. *Foto: Zienert*

Nach dem Haussperling ist der Grünfink der häufigste Brutvogel der Wohnblockzone. *Foto: Scharnbeck*

nur 7 Arten bei extremer Dominanz des Haussperlings. Sofern das Werkgelände noch stark gegliedert ist, reich strukturierte Landschaftselemente aufweist, kann eine erstaunlich artenreiche Restfauna der Umgebung nachgewiesen werden oder gar von einstmals naturnahen, aber stark gestörten Landschaften Zuwanderung erhalten.

arme und von sehr häufiger Bearbeitung betroffene Dauergrünland.

Nicht übersehen dürfen wir aber die Rolle, die weite Flächen der offenen Agrarlandschaft Mitteleuropas als Rast- und Nahrungsgebiete im Winterhalbjahr spielen: Wildgänse, Ringeltauben, Limikolen, Saatkrähen, Dohlen erscheinen stellenweise in großer Zahl. Für die Wildgans sind viele Gebiete von Westpolen, die nördlichen Teile beider deutscher Staaten und der Niederlande von außerordentlicher Bedeutung.

Für Bleß- und Saatgänse sind die ausgedehnten Ackerflächen im Norden Mitteleuropas als Äsungsflächen auf dem Zug von größter Bedeutung. *Foto: Spillner*

Agrarlandschaft

Feldfluren und Gründland Die reinen Ackerflächen sind äußerst artenarm, denn nur wenige Bodenbrüter haben noch eine Lebenschance. Feldlerche, Rebhuhn, Schafstelze, Grauammer wären zu erwarten, auch Sumpfrohrsänger, Wachtel, Goldammer, Fasan, Braunkehlchen, Rohrammer. Die agrotechnische Entwicklung, die Chemisierung der industriell betriebenen Landwirtschaft und die damit verbundene weitgehende Flurneuordnung lassen hier weniger als für andere Biotope zuverlässige Voraussagen zu. Um so mehr bietet sich damit ein Forschungsthema an. Das gilt ähnlich für das arten-

Hecken, Feldgehölze, Dörfer Was unter dem Stichwort Ackerbau und Grünland ausgeführt wurde, erklärt schon die nicht zu unterschätzende Bedeutung, die selbst Baum- und Strauchgruppen und Hecken von geringer Ausdehnung für das Artenspektrum der Feldmark und der Wiesenflächen haben. Im Vergleich zu der geringen Fläche solcher Einsprengsel ergibt sich eine erstaunliche Wirkung, die noch über die des geschlossenen Waldes hinausgeht. Das

Busch- und baumreiche Flurlandschaften, wie diese Hügellandschaft in der ČSFR, bieten einer artenreichen Kleinvogelwelt günstige Lebensbedingungen. *Foto: Spillner*

Rotrückenwürger sind Charaktervögel der heckenreichen, offenen Landschaft, in der sie nach Insekten, Kleinsäugern und Eidechsen jagen können. *Foto: Schönn*

In Getreidefeldern und in der Vegetation der Brachflächen trägt der Feldschwirl seinen schwirrenden Gesang vor. *Foto: Kraatz*

unterstreicht den Wert, den auch Klein- und Kleinststrukturen für die umliegende Landschaft haben. Wir können in und um Hecken und Ackergehölzen etwa die Arten erwarten, die in der gebüschreichen Zone der Gartenstädte leben; hier kommen natürlich noch Arten dazu, wie etwa der Mäusebussard.

Interessant ist die Aussagefähigkeit einer neueren englischen Studie, die auf dem Vergleich von 37 landwirtschaftlich genutzten Flächen von je 5 Hektar Größe, über mit eindeutig unterschiedlicher ökologischer »Randausstattung« basiert: Auf reinem Agrarland wurden 5 Vogelarten festgestellt; schon bei Vorhandensein eines Randstreifens mit einem Graben waren es 7,5 Arten, bei Vorhandensein niedriger Hecken auf Rainen 12 Arten und bei höheren und dichteren Hecken 17 Arten. In der Nähe von buschdurchsetzten Feldgehölzen wurden gar 19 Arten auf dem Acker gezählt.

Ländliche Siedlungen

Sie sind ähnlich artenreich wie Busch- und Baumgruppen in der Agrarlandschaft. Hier treffen Vögel, die wir aus der Stadt kennen, mit solchen zusammen, die auf umliegenden Freiflächen ihre Nahrung suchen. Die in Stadtbiotopen heute kaum noch anzutreffenden Vogelarten, wie Weißstorch, Steinkauz, Schleiereule, Mehl- und Rauchschwalbe, können hier vorkommen; natürlich sind wie in der Stadt Haussperling, Star und Amsel dominant. Typisch sind im Dorf weiter Grauschnäpper und Bachstelze sowie die Buschbrüter der Gartenstadtzone.

Brachflächen

Sie können wichtige ökologische Zellen in einer sonst stark genutzten Landschaft sein. »Ödlandvögel«, wie Steinschmätzer, Brachpieper, »Akkervögel«, wie Rebhuhn, Wachtel, Kiebitz, können hier geeigneten Lebensraum finden. Bei größerer Vegetationsdichte wäre an Braun- und Schwarzkehlchen, Sumpfrohrsänger und Feldschwirl zu denken, bei feuchteren Stellen an den dann dort dominanten Sumpfrohrsänger und die Begleitarten Baumpieper, Feldschwirl, Dorngrasmücke, Rohrammer, bei Vorhandensein von Tümpeln sogar an Teichralle, Stockente, Wasserralle.

Im Winterhalbjahr bilden Ödflächen eine Nahrungsquelle für samen- und beerenfressende Vogelarten und auch für Insektenjäger, wie Grasmücken und Laubsänger.

Die in Mitteleuropa bestandsbedrohten Trauerseeschwalben legen ihre Kolonien häufig in den Randzonen oder auf schwimmenden Inseln von Fischteichen an. Hier ein Paar während der Balz. *Foto: Spillner*

Fischteiche

Sie zeigen uns eine grundsätzlich ähnliche Problematik hinsichtlich ihres Vogellebens, wie die Feldmark, denn auch in der Fischwirtschaft werden die traditionellen Bewirtschaftungsformen durch intensivere Methoden abgelöst. Von der traditionellen Teichwirtschaft profitierten einstmals Schwarzhalstaucher, Schnatter-, Tafel-, Kolben- und Reiherente, Lachmöwe, vielleicht auch Rohrdommel und Zwergdommel, Rallen, Rohrsänger, Beutelmeisen; als Nahrungsgäste kamen Reiher und Kormorane. Abgelassene Teiche zogen Flußregenpfeifer, Kiebitz und andere Limikolen an. Zweifellos wurden manche Arten in ihrer Arealerweiterung durch das System von Teichwirtschaften unterstützt. Kein Wunder, daß bekannte Teichgebiete nicht nur Konzentrationsgebiete für die Vogelwelt waren, sondern ebenso die Ornithologen anzogen und der Feldornithologie Mitteleuropas damit manche Impulse verliehen, wie zahlreiche Bearbeitungen beweisen.

Die moderne Fischwirtschaft verändert die ökologischen Bedingungen für die Vögel zum Negativen hin (Beseitigung des Bewuchses der Dämme, totale Entlandung der Teiche mit modernen Maschinen, Vertiefung der Teiche, Anreicherung mit Nährstoffen) – unübersehbare Parallelen zur Entwicklung auf den Acker- und

Uferschwalben nisten häufig kolonieweise in den Abbruchwänden von Kiesgruben. *Foto: Gagsch*

Naturnaher Wald, wie dieser Linden-Stieleichen-Mischwald, wird von Höhlenbrütern und vielen Singvogelarten bewohnt. *Foto: Spillner*

Grünflächen. Das sei hier sachlich und ohne Polemik festgestellt. Denn zum einen sind Teichwirtschaften nun einmal Produktionsobjekte, und eine Bewahrung einiger Teiche als Reservate erfordert ein aufwendiges Programm von Folgemaßnahmen zur Biotopsicherung und -gestaltung.

Abbaugebiete

Steinbrüche können Lebensraum bieten für Turmfalke, Hausrotschwanz, Feldsperling, Kohlmeise, ja sogar für den Uhu. Der Steinkauz kann vorkommen, Mauersegler, Gebirgsstelze, Bachstelze, Grauschnäpper, Gartenrotschwanz, Rotkehlchen, Steinschmätzer, Amsel, Tannenmeise, Dohle wurden als Brutvögel nachgewiesen.

Kiesgruben können Bleßralle, Teichralle und Austernfischer anziehen, Sandregenpfeifer, Flußregenpfeifer, Steinschmätzer, Uferschwalbe, Hausrotschwanz, Feldlerche, Fitis, Hänfling, Amsel, Bachstelze je nach Dichte und Höhe des ungebundenen Bewuchses.

Wälder

Die Wälder sind die Domäne der Singvögel mit einem hohen Anteil von Busch- und Baumbrütern. Auch Bodenbrüter, wie Heidelerche und Baumpieper, finden wir auf Waldlichtungen. Viele Buschbrüter sind für den Waldrand typisch. Auch einige Vögel der Feldmark, wie Goldammer und Feldsperling, pendeln hier zwischen den verschiedenen Lebensräumen. Eine Reihe von »Waldvögeln« ist an bestimmte Waldarten gebunden: Haubenmeise, Goldhähnchen, Kreuzschnabel leben im Nadelwald; Blaukehlchen, Schlagschwirl, Sumpfrohrsänger sind feuchtigkeitsliebende Auenvögel. Sehr viele Waldvögel zeigen Neigung, auch größere Feldgehölze, Parks, Friedhöfe und Gebüschgruppen zu besiedeln.

Der Großlebensraum Wald ist in Mitteleuropa in unterschiedlichen Formen vorhanden und wurde und wird durch den Menschen nachhaltig beeinflußt. Wie schon bei der Übersicht über die wichtigsten mitteleuropäischen Ökosysteme vermerkt, müßten im konkreten Falle bei Beobachtungen und deren Eintragungen im Beobachtungstagebuch so genau wie irgend erfaßbar auch Feststellungen über Baumartenzusammensetzung, Dichte, Kronenschlußgrad, Alter und Wirtschaftsform des Waldes notiert werden, wenn unsere Notizen später Grundlage für Vergleiche oder auch nur Quelle eigener Belehrung sein sollen.

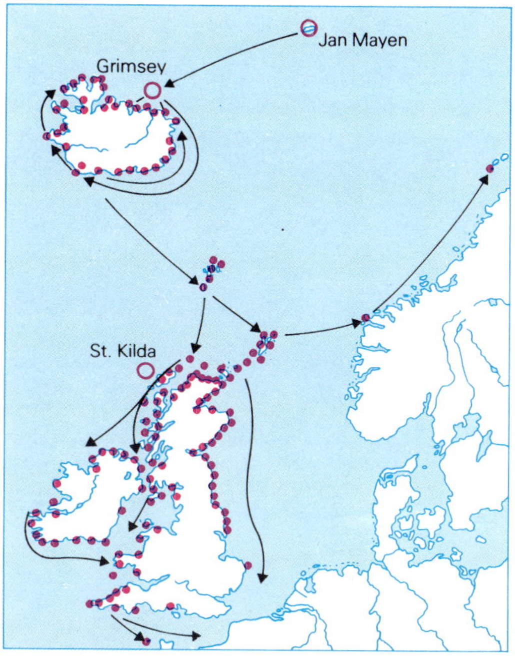

Der Eissturmvogel hat von Jan Mayen, Grimsey und eventuell auch St. Kilda aus in rund 200 Jahren etwa 1000 neue Kolonien gebildet. Für diese südwärts gerichtete Ausbreitung war aber nicht das milder gewordene Klime die Voraussetzung. Wahrscheinlich waren Walfang und dann die nordatlantischen Hochseefischerei die begünstigenden Faktoren: Die Vögel folgten den Fischdampfern, die ihnen mit Fischabfällen und Abfallfischen eine vorher nicht gekannte Ernährungsbasis boten

Ursachen langfristiger Bestandsänderungen

Sie sind für viele Arten nicht in der wünschenswerten Eindeutigkeit bekannt. Unübersehbar aber ist die Tatsache, daß menschliche Eingriffe in die Ökosysteme Lebensmöglichkeiten für manche Arten einschränken, für andere gar beseitigen, und für wieder andere auch verbessern können. Moderne Agro-Ökosysteme sind unvermeidbar ausgesprochen strukturarm und bieten nur Lebensraum für artenarme Tiergesellschaften. In vielen Fällen wirken mehrere Einflüsse gleichzeitig und potenzieren sich in ihrer Wirkung.

Klimaschwankungen

Einige langfristige Bestandsschwankungen der letzten 150 Jahre werden mit klimatischen Veränderungen erklärt. Das betrifft normalerweise solche Arten, die in dem jeweiligen Gebiet ihre Verbreitungsgrenze hatten, also ohnehin offenbar gerade noch zusagende Lebensmöglichkeiten fanden und demzufolge auch empfindlicher auf die Veränderung einzelner Umweltfaktoren reagierten. Hinzu kommt, daß in einem Gebiet mit einer Verbreitungsgrenze ein deutliches Verschieben dieser Grenze, ob sie nun eine Verringerung oder eine Ausdehnung des Areals bedeutet, eher auffällt, als etwa eine zehnprozentige oder gar fünfzigprozentige Abnahme einer Art in ihrem Hauptverbreitungsgebiet. Die zehnprozentige Abnahme wird mit Sicherheit niemandem auffallen, wenn es sich um eine kommune Art handelt. Wie wir heute wissen, fallen Bestandseinbußen ohne vergleichbare quantitative Untersuchungen erst dann ins Auge, wenn der Bestand stark reduziert ist.

Das Klima macht man verantwortlich für die Zunahme bzw. Ausbreitung der Knäkente, der Wachtel, der Tüpfelralle, der Blauracke und des Steinrötels im 19. Jahrhundert, ebenso für die Abnahme bzw. Arealeinschränkung für das Auerhuhn, den Goldregenpfeifer, die Blauracke, den Wendehals, den Rotkopfwürger, den

Wenn Ackerflächen umbrochen werden, stellen sich Lachmöwen häufig in großen Schwärmen zur Nahrungssuche ein. Sie nehmen Insekten, deren Larven und Regenwürmer auf. *Foto: Hoyer*

Schwarzstirnwürger und den Steinrötel im 20. Jahrhundert. Neben in der Populationsdynamik der Art liegenden Gründen spielte womöglich auch das Klima als Auslöser mit eine Rolle bei der Ausbreitung der Türkentaube durch Europa, die sich innerhalb weniger Jahrzehnte vor unseren Augen vollzog und die daher sehr gut untersucht ist.

Intensivierung der Landwirtschaft

Wälder, Ödland, Moore und Feuchtflächen wurden in Weiden und Wiesen umgewandelt, Grünland andererseits wieder in Äcker, viele Kleinstrukturen wurden beseitigt (beispielsweise blieben von den berühmten »Knicks«, den Feldhecken in Schleswig-Holstein, von einstmals 70 000 km nur etwa 20 000 km erhalten, wodurch schätzungsweise die Brutreviere für etwa eine Million Vögel verlorengingen). Neue Anbaumethoden, die schnellere Folge der Feldbearbeitung und der Einsatz von Insektiziden und Herbiziden konnten nicht ohne Wirkung bleiben, da dadurch unvermeidlich eine Verknappung des Nahrungsangebotes für solche Arten bewirkt wurde, die an Feldraine und frühere Begleitpflanzen der Kulturarten (»Unkräuter«) und Hecken und Feldgehölze und deren Insektenfauna gebunden sind.

Unzweifelhaft sind von den Veränderungen in der Landwirtschaft und Landschaft negativ betroffen Wiesenweihe, Kornweihe, Wespenbussard, Rebhuhn, Wachtel, Wiesenralle, Großtrappe, Brachvogel, Uferschnepfe, Kampfläufer, Steinkauz, Nachtschwalbe, Heidelerche, Feldlerche, Wiesenpieper, Braunkehlchen, Schwarzkehlchen, Dorngrasmücke, Rotrückenwürger, Raubwürger, Gartenammer (Ortolan), Goldammer. Andere Arten profitierten andererseits davon, etwa Ringeltaube, Haussperling, Feldsperling, Saatkrähe, vielleicht auch Buchfink und Amsel.

Forstwirtschaft

Die Forstwirtschaft des 18. und 19. Jahrhunderts hat vielen Waldvögeln neue Lebensmöglichkeiten und Voraussetzungen zur Ausbreitung ge-

Der Zwergtaucher zählt zu jenen Arten, die unter zu intensiver Freizeitnutzung der Gewässer stark leiden können. *Foto: Scharnbeck*

boten. Die neuere Entwicklung verläuft anders. Der Anteil von Laub- und Nadelwald hat sich etwa umgekehrt. Während früher der Laubwaldanteil im Durchschnitt doppelt so hoch war wie der des Nadelwaldes, schrumpft der prozentuale Anteil des Laubwaldes heute immer mehr. Der Strukturreichtum des Waldes ging weit zurück. Die Zunahme unterholzarmen Hochwaldes, stärkere Erschließung u. v. m. beinträchtigten Haselhuhn, Schreiadler, Seeadler, Nachtschwalbe, Hohltaube und Nachtigall.

Der Einsatz von agrochemischen Mitteln in der Forstwirtschaft bleibt natürlich auch nicht ohne Auswirkungen auf Floren- und Faunenelemente der Waldgesellschaften.

Erholung und Tourismus

Wanderer, Touristen, Angler, Skiläufer können erhebliche Störfaktoren für empfindliche Vogelarten sein. Nur in wenigen Fällen sind diese kausalen Beziehungen allerdings offenkundig oder gar quantifizierbar, zumal ja meist oder immer mehrere Faktoren gleichzeitig wirken. Die Anlage von Skilifts und Abfahrtstrecken aber beseitigte in mehreren nachgewiesenen Fällen die Balzreviere von Birkhühnern und führte zum Erlöschen von Teilpopulationen in den Alpen. Der stark angewachsene Angel-Betrieb führt teilweise zu Störungen im Ökosystem durch Faunenverfälschungen, Überbesatz mit Fischen und einer konstanten Störung in der Uferzone. Für einige Arten sind diese Störfaktoren untersucht und als eine der Ursachen für die Abnahme der Bestände nachgewiesen, nämlich für Zwergtaucher, Zwergrohrdommel, Rohrdommel, Eisvogel, Drosselrohrsänger.

Durch das in Mode gekommene Windsurfen werden Störungen auf vielen Seen weit über die sonstige Badesaison ausgedehnt. Das hat erhebliche Auswirkungen auf rastende und brütende Wasservögel.

Bestimmte Vogelarten allerdings profitieren vom Tourismus, von Zeltplätzen u. dgl., wie Lachmöwe, Bleßralle, Stockente, Höckerschwan und Krähen, was allerdings wieder in anderer Hinsicht Probleme aufwirft, wie etwa die Übertragung von Krankheitserregern durch Möwen oder die Belästigung von Menschen durch Höckerschwäne.

Weitere Einflüsse

Die Verdrahtung der Landschaft und der Verkehr bleiben in dem eng besiedelten Mitteleuropa auch nicht ohne Folgen auf die Vogelwelt. In den Niederlanden schätzt man die Summe der jährlichen Drahtopfer zwischen 600 000 und einer Million Vögeln. Beim Weißstorch steht in Europa der Tod an Freileitungen an erster Stelle aller ermittelten Todesursachen. Straßenopfer gibt es vor allem bei häufigen Arten und bei Zugvögeln, aber auch bei Greifvögeln und Eulen, wie die Auswertung von Ringfunden beweist. In England wird die Zahl der jährlich auf den Straßen getöteten Vögel auf 2,5 Millionen geschätzt.

Im zentralen Mitteleuropa ist das Haselhuhn aus vielen ehemaligen Lebensräumen völlig verschwunden. In den naturnahen Wäldern im Osten der VR Polen (Bielowiezsa) sind stabile Populationen erhalten geblieben. *Foto: Vogel*

Wer, wie die Autoren, seit Jahrzehnten auf unseren Fernverkehrsstraßen unterwegs ist, auf

»Verdrahtete« Landschaft im dichtbesiedelten Mitteleuropa wird vielen Vogelarten zum Verhängnis. Der Weißstorch steht in Europa an erster Stelle der Todesopfer an Freileitungen. *Foto: Spillner*

Vielfach bemühen sich die Energiebetriebe, die Gefahr für Großvögel zu mindern. Hier werden Bügel über spannungsführenden Leitungen angebracht, die Greifvögel, wie Fischadler, gefahrlos anfliegen können. *Foto: Hoyer*

manchen Strecken über Jahre mit einer bestimmten Regelmäßigkeit, weiß, daß die Zahl der Verkehrsopfer (das gilt nicht nur für Vögel, auch für Lurche, Kriechtiere und Säuger wie Hasen, Wildkaninchen und Igel) etwa mit der Steigerung des Verkehrs stetig stieg, dann aber einen Kulminationspunkt erreichte und schließlich trotz weiter steigender Verkehrsdichte allmählich, in manchen Gebieten merklich abfiel. Damit wird uns die Senkung der Verluste als Senkung der möglichen Verluste durch offenbar erhebliche Abnahme der Populationsdichte bewußt gemacht.

Beabsichtigte Einflüsse

In nicht wenigen Fällen wurden Vogelbestände früher regelmäßig genutzt (Fleisch, Eier, Federn), in anderen in falscher Betrachtung der biologischen Gegebenheiten bewußt dezimiert, weil man sie als Nahrungskonkurrenten oder Schädlinge betrachtete. Im Abschnitt Jagd und Naturschutz gehen wir ausführlich darauf ein.

Auch von Seiten der Ornithologie und des Naturschutzes sind aber heute, gerade in einzelnen Schutzgebieten, bestandsregulierende Maßnahmen notwendig, um den Druck begünstigter Arten auf weniger konkurrenzfähige zu verringern.

Umweltbelastungen

Es soll hier nicht diskutiert werden, ob den Umweltbelastungen durch bewußt eingesetzte Gifte oder unabsichtlich freigesetzte Schadstoffe eine Sonderstellung im Spektrum der bestandsverändernden Faktoren für die Vogelwelt zukommt oder nicht. Das ist sicher von Fall zu Fall verschieden, unterliegt auch Wandlungen durch Forschung, wirtschaftliche Absichten einerseits und wirtschaftliche Rücksichten andererseits und ist zugegebenermaßen auch im bestimmten Maße ein »Modethema«.

Eine Zeitung, die was auf sich hält und das durch Aufgreifen solcher Themen der Zeit kenntlich machen will, bringt früher oder später, mehr oder wenig häufig und auch mehr oder wenig sachlich und wissenschaftlich fundiert, Beiträge über die Umweltverschmutzung, während sie gleichzeitig die Stärkung der Energiebasis und die immer bessere verkehrstechnische Erschließung des Landes feiert. Niemand diskutiert die Abschaffung von Hochspannungs-Überlandleitungen, niemand will Fernverkehrsstraßen abschaffen oder die schnellere und saubere Beförderung durch die elektrische Eisenbahn ablehnen. Aber die unterschiedlichsten Interessengruppen diskutieren über die negativen Begleiterscheinungen der modernen Land- und Forstwirtschaft. So kommen wir nicht umhin, auch vom Standpunkt des Ornithologen dazu Stellung zu nehmen, ohne etwa das vielschichtige Problem hier breit auffächern zu wollen. Unbestreitbar ist, daß heute von der modernen Landwirtschaft je Flächeneinheit mehr Produkte erzeugt werden, als auf der gleichen Fläche früher möglich war. Ebenso unbestreitbar ist, daß auch die Anwendung von mineralischem Dünger und der Einsatz von Herbiziden zur selektiven Bekämpfung von Konkurrenzpflanzen und von Pestiziden zur Bekämpfung von Schadorganismen bei dieser positiven Entwicklung eine Rolle gespielt haben und weiter spielen werden. Was das Thema so brisant macht, sind die zunächst nicht gleich erkannten unerwarteten Nebenwirkungen auf die Natur und schließlich die unvermeidbare Einbeziehung des Menschen als eines Teiles der Natur in dieses Wirkungsgefüge. Denn die Pestizide beispielsweise bedrohen nachgewiesenermaßen Vogelpopulationen in ihrem Bestand, aber die Pestizidproblematik ist breiter und betrifft auch uns Menschen.

Durch Anreicherung in den sogenannten »Nahrungsketten« ist das Endglied der jeweiligen Nahrungskette oft einem vielfach höheren Einfluß von Giften ausgesetzt, als man verantworten oder auch nur erwarten könnte, so daß es nicht verwundert, in einem wissenschaftlichen Sammelband »Wald, Landeskultur und Gesellschaft« (Dresden 1973) den Satz zu lesen, daß es keine voraussichtlich sicheren Toleranzgrenzen für Pestizide im wässrigen Milieu gebe, sobald diese in eine Nahrungskette eintreten und angereichert werden. Zudem haben die meisten Insektizide eine lange Wirkungsdauer (DDT, Aldrin, Dieldrin beispielsweise hat im Boden eine Persistenz von 6 bis 12 Jahren). So ist es verständlich, daß in vielen Ländern die als am gefährlichsten erkannten Umweltgifte, wie etwa DDT, verboten wurden und daß intensiv an der Entwicklung weniger bedenklicher Pflanzenschutzmittel gearbeitet wird. Daß Greifvögel und landschaftliche Strukturelemente, wie Hek-

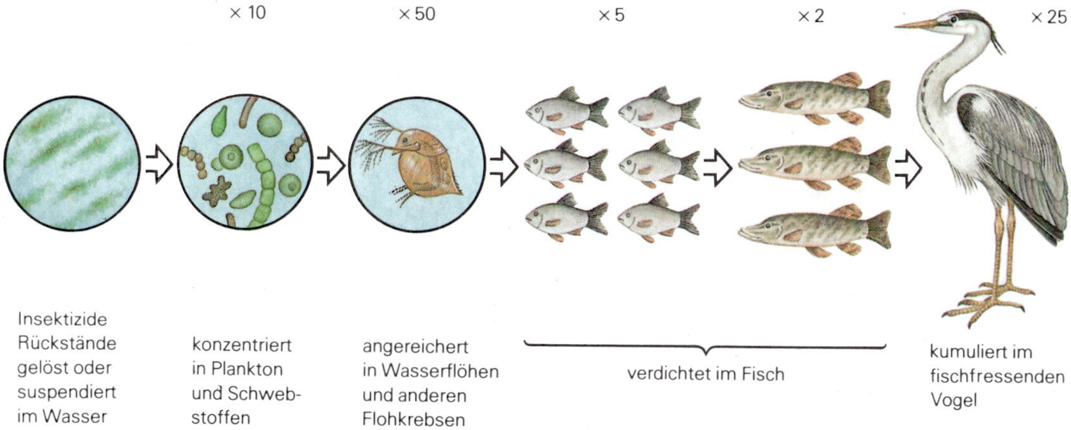

Der Vogel als Endglied von Nahrungsketten wird durch Biozide gefährdet ken, wertvoller und sinnvoller seien als im Übermaß eingesetzte Schädlingsbekämpfungsmittel, ist ein stark beachteter und sehr ernst zu nehmender Ausspruch.

Es wurden äußerst strenge Bestimmungen zur Erprobung und Anwendung von Agrochemikalien erlassen. Aber nur akute Giftwirkung läßt sich methodisch leicht prüfen. Die Ermittlung möglicher Nebenwirkungen ist aufwendig und teuer. Spätfolgen lassen sich erst nach langer Zeit (nach wie langer?) erkennen. Und manche dieser unerwünschten Wirkungen waren offenbar vorher überhaupt nicht erforschbar. Das Denken wurde erst in diese Richtung gedrängt, als die unerwarteten Folgen eingetreten waren und sich nicht mehr übersehen und leugnen ließen.

Heute wissen wir, daß Vögel wichtige Bioindikatoren für uns darstellen, daß Veränderungen in ihrem Artenspektrum und ihrer Populationsgröße uns Veränderungen im Zusammenspiel der natürlichen und anthropomorphen Umweltfaktoren signalisieren. Das führte schon in vielen Fällen dazu, daß die Forschung sich eingehender auch mit den möglichen Auswirkungen auf den Menschen beschäftigte und daß Entscheidungen getroffen wurden, die solche negativen Auswirkungen eingrenzten, und daß verstärkt nach Alternativen gesucht wird. So dürfte die Landwirtschaft künftig zweifellos mit einer möglichst ausgewogenen Kombination biologischer und chemischer Wirkfaktoren und bei Beachtung der natürlichen Grundlagen aller pflanzlichen und tierischen Produktion ihre hohen und weitgehend stabilen Erträge sichern.

Der Brachvogel bewohnt sowohl naturnahe Landschaften als auch landwirtschaftlich genutzte Flächen.
Foto: Hoyer

Auch zur Erreichung dieser für die menschliche Gesellschaft wichtigen, ja für ihre gedeihliche Entwicklung unabdingbaren Ziele ist die ernsthafte Beachtung des Bioindikators »Vogel« und damit eine systematisch betriebene ornithologische Freilandforschung vonnöten.

Kulturflüchter – Kulturfolger

An dieser Stelle mögen einige Worte zu den in der Literatur öfter verwendeten Begriffen »Kulturflüchter« und »Kulturfolger« gesagt sein. Die Begriffe sind so ungenau, daß sie bestenfalls eine Aussage für eine bestimmte Situation (eine bestimmte Art in einer bestimmten Umwelt in einer bestimmten Situation) treffen.

Wir wollen das an zwei Beispielen erläutern. Der Brachvogel kommt bei uns in den Niederungen und auf den weiten Grünflächen der Flußtäler vor. Während er um die Jahrhundertwende auf dem Gebiet unserer Nordbezirke merklich im Bestand zunahm, ist er heute überaus selten geworden. Wir konnten zum Vergleich die Verhältnisse studieren, unter denen er in Finnland lebt. Die finnischen Ornithologen bezeichnen ihn zwar als »ziemlich selten«, aber es gibt immerhin etwa 44 000 Brutpaare. Sein Hauptverbreitungsgebiet in Finnland ist die Gegend mit der stärksten landwirtschaftlichen Nutzung. Er folgte geradezu dieser Linie. Bei Alvettula zählten wir nahe einer Landstraße und direkt an einem Gehöft auf knapp 1 km^2 sechs Paare und studierten ihre Reviere. Der Vogel stellt offenbar relativ starre Ansprüche an seinen Lebensraum und ist damit sehr abhängig von dem diesen Lebensraum gestaltenden Menschen. Starke Verkopplung mit zu intensivem

Schlaf- und Sammelplatz der Kraniche. *Foto: Freymann*

Viehauftrieb werden ihm ebenso zum Verhängnis wie Ausmähen oder meliorationsbedingte Veränderungen in der Landschaft. Also spezielle Erscheinungen in der Wirtschaftsweise vertreiben oder fördern ihn. So kann, wie das finnische Beispiel zeigt, der vermeintliche »Kulturflüchter« geradezu »Kulturfolger« werden.

Sicher muß man sich die Zunahme in Norddeutschland gegen Ende des vorigen Jahrhunderts auf ähnliche Weise erklären. Die unüberlegte Anwendung des Begriffs Kulturflüchter vereinfacht die komplizierten Wechselbeziehungen zwischen dem Naturhaushalt und der Wirtschaft in unzulässiger Weise. Der große Sammelplatz der Kraniche am Ostufer der Müritz wurde aufgegeben, als Naturschützer in wohlmeinender Absicht einen eindeutigen Schutz des Gebietes durchsetzten und es nicht mehr durch extensive Beweidung genutzt wurde, wodurch die sonst freie, übersichtliche Fläche durch Samenanflug bestockte. In gewissem Sinne war der Kranich an die menschliche Wirtschaftsweise in jenem Gebiet gebunden gewesen; er zog sich also wegen der Nichtbewirtschaftung zurück.

Bei dem scheuen Bewohner stiller Waldbrücher dürfte es also sehr schwer sein, eine einfache und immer stimmende Zuordnung vorzunehmen. Und wenn wir schon die Termini Kulturflüchter und Kulturfolger an sich als problematisch nachweisen können, so gilt das vollends, wenn wir eine positive oder negative Wertung damit koppeln, denn die gefährlichsten Schadinsekten sind zweifellos in ihrer lawinenhaften Übervermehrung nur darum so gefährlich, weil sie »extreme Kulturfolger« sind, weil nämlich die Wirtschaftsform des Menschen ihnen unnormal günstige Lebens- und Vermehrungsmöglichkeiten bietet und sie so gegenüber ihren Konkurrenten fördert.

Mit dem Begriff »nützlich« oder »schädlich« sollten wir noch vorsichtiger umgehen, weil er eine extrem und ausschließlich unter meist sehr einseitiger menschlicher (wirtschaftlicher) Augenblicksinteressenlage getroffene Wertung ausdrückt, die bei Beachtung weiterer Faktoren ungültig sein und in größeren Zusammenhängen und auf lange Sicht umgekehrt zutreffen kann. Fast immer ist eine solche Apostrophierung unwissenschaftlich und oberflächlich. Wenn in bestimmten Situationen doch von

Schaden oder Nutzen gesprochen werden soll, müssen die konkreten Bezüge eindeutig ausgesprochen werden, um eine ungerechtfertigte Übernahme des Urteils für anders gelagerte Fälle zu vermeiden. Die Natur kennt kein »gut« und kein »böse«, sie kennt lediglich Ursachen und Konsequenzen.

Vogel und Jagd

Ein merkwürdiger Widerspruch besteht zwischen der realen Bedeutung der Jagd für die Existenzsicherung des Menschen und ihren Auswirkungen auf die betroffene Tierwelt. In einer frühen Phase der Entwicklung des Menschen und der menschlichen Gesellschaft war die Jagd Notwendigkeit im totalen Sinne des Wortes. Die geringe Bevölkerungsdichte brachte es mit sich, daß lange Zeit nur der »Überschuß« abgeschöpft wurde.

Wir wissen heute, daß unter natürlichen Bedingungen kein Räuber seine Beute ausrottet. Nicht die Räuber regulieren die Zahl der Beutetiere, sondern in den meisten Fällen ist es umgekehrt, nämlich daß die Anzahl der Beutetiere die Dichte ihrer Prädatoren bestimmt. Mit der Zunahme der Bevölkerung und der Vervollkommnung der eingesetzten Jagdtechnik entstand aber dann hier und da doch ein starker Jagddruck auf manche Tierarten. Aber uns muß hier nicht die Frage beschäftigen, ob gegen Ende der Eiszeit Großsäuger von Menschen übernutzt und damit ausgerottet wurden.

Näher interessieren uns schon die Moas, flugunfähige Riesenvögel in Neuseeland, die ein Opfer der um 1150 und 1350 eingewanderten Maori wurden. Mit einer Masse von maximal 15 Zentnern waren sie natürlich begehrte Jagdbeute in dem mit tierischem Eiweiß nicht gerade gesegneten Land. Vergleichbar war wohl das Schicksal der Riesenstrauße Madagaskars.

Dennoch handelte es sich um Ausnahmen, und ausgesprochene Jägervölker rotteten kaum jemals und irgendwo ihre Jagdbeute aus.

Erst mit der Erschließung der Kontinente durch die Europäer wurde das anders. Manche Tierart starb zweifellos dahin, bevor sie der Wissenschaft überhaupt bekannt wurde, beispielsweise individuenschwache Inselpopulationen.

Die Dronte, ein fetter Vogel von der Größe eines Schwanes, lebte auf den Inseln Mauritius, Reunion und Rodriguez. Mauritius wurde 1505 entdeckt. Von da an dienten die Dronten der Versorgung der Ostindiensegler.

Als gegen 1600 die Insel Sträflingskolonie der Holländer wurde, kamen auch Hunde, Katzen und Schweine ins Land. Bereits nach zwei Jahrzehnten war die schwerfällige Dronte selten und von 1681 datiert die letzte Beobachtung. Kein Museum auf der Welt besitzt einen Balg der Dronte.

Der flugunfähige Riesenalk lebte um den Nordatlantik. Zur Zeit NAPOLEONS holte man Riesenalken schiffsladungsweise aus den Gewässern Islands für die Versorgung der Truppen. 1830 erlosch die letzte Brutkolonie, 1844 wurde das letzte Brutpaar erlegt.

Kann man in diesen Fällen noch von einer Ausrottung durch unvernünftige Nutzung sprechen, so wird die Angelegenheit problematischer, wenn die Jagd außer ihrer Versorgungsfunktion noch zusätzlich einen sportlichen Aspekt erhält, der zeitweise dominierend sein kann.

In der Feudalzeit war Jagd längst mehr, als Aberntung eines natürlichen Überschusses. Die Kopplung mit festen Regeln, Gebräuchen und Zeremonien und ihre weitgehende Bindung an hochprivilegierte Schichten machten die Jagd, als man natürlich vorwiegend längst von Haustieren lebte, zum »Bewährungsfeld« der Bevorrechteten.

Natürlich verzehrte man Wildbret, aber die Art der Ausübung der Jagd kennzeichnet ihren sportlichen Charakter, so ist auch das Renomieren mit hohen fürstlichen Abschußzahlen zu verstehen.

Schwer sind die Grenzen zu ziehen zwischen den unterschiedlichen Motivierungen der Jagd. Meist sind sicher mehrere Motivationen beteiligt. Versuchen wir, evolutionäres Denken hier-

Der Vogelfang mit Dohnen und Netzen wurde nicht nur in früheren Zeiten, sondern auch in Mitteleuropa bis ins vorige Jahrhundert betrieben. Darstellung aus dem 16. Jahrhundert nach einer Zeichnung von Adrian Collaert

bei anzuwenden und das Mit- und Nebeneinander verschiedener Jagdhaltungen auch als Aufeinanderfolge stark gesellschaftlich geprägter Phasen aufzufassen, so ergäbe sich eine grobe Systematisierung, deren gleitende Übergänge sofort ins Auge fallen:
- Ernährungsjagd,
- Sportliche Vergnügungsjagd,
- Kommerzielle Jagd,
- Ausrottungsjagd,
- Regulative Jagd,
- Sportliche Wirtschaftsjagd,
- Erntejagd.

Die Ernährungsjagd ist bittere Notwendigkeit. Nur in Ausnahmefällen störte sie die natürlichen Ökosysteme. Die sportliche Jagd des Mittelalters diente zum Teil der Versorgung, mehr noch dem Vergnügen. In extremen Fällen überwog absolut das Schießvergnügen, also der Spaß am Töten.

So war es offenbar im Falle der nordamerikanischen Wandertauben, die in unvorstellbarer Populationsdichte im mittleren Westen der USA in Kolonien lebte und außerhalb der Brutzeit in großen Schwärmen und Schlafgesellschaften auftrat. Es gibt Schätzungen für stundenlang den Himmel verdunkelnde Schwärme in Größenordnungen von ein oder gar zwei Milliarden Tieren. Hemmungslos schoß man in die Taubenschwärme hinein. Kommerzielle Haltungen und Jagdfieber hielten sich vielleicht die Waage. Die Tauben wurden gepökelt auf die städtischen Märkte gebracht. In einigen Jahrzehnten war diese Naturressource verbraucht, nein verschleudert. Während man gegen 1880 in einem Bundesstaat noch eine Milliarde Tauben erbeutete, wurde um 1900 die letzte Wandertaube geschossen. Der Bestand brach so plötzlich zusammen, daß nicht einmal eine Restpopulation Gelegenheit hatte, wegen Unrentabilität der kommerziellen Wandertaubenjagd zu überleben.

Hier war also kommerzielle Jagd zur Ausrottungsjagd geworden, wenn wohl sicher die Ausrottung auch nicht beabsichtigt war. In vielen Fällen aber, auch wenn sie nicht so spektakulär waren, wie das Beispiel aus Übersee, wurden Vogelbestände bewußt gezehntet, ja ihre Vernichtung angestrebt und eifrig betrieben. Das betraf viele Arten von Großvögeln, vor allem jene, die der Mensch in mangelnder Einsicht in die Naturzusammenhänge als Konkurrenten betrachtete, als arge Schädlinge. Auch in diesem Falle spielen andere Motivationen mit hinein, und wir wissen, daß auch forschende Ornithologen mit Fleiß Vögel töteten.

Im Königreich Preußen wurden in einem einzigen Jagdjahr (um 1900) laut amtlicher Statistik abgeschossen:

6 000 Birkhühner	160 Stein- und Schreiadler
3 250 Haselhühner	34 Seeadler
820 Großtrappen	504 Fischadler
280 Schwäne	190 Uhus.
510 Kormorane	

Dazu kamen noch 113 300 nicht näher gekennzeichnete »andere Raubvögel« und zahlenmäßig nirgendwo erfaßtes sonstiges »Geflügel«.

Diesen Aderlaß konnte die Großvogelwelt auf die Dauer natürlich nicht verkraften, zumal, wenn allmählich im Gefolge wirtschaftlicher und industrieller Entwicklung weitere Belastungsfaktoren hinzukamen. Aber nicht, um über die Generation unserer Großväter den Stab zu brechen, bringen wir diese Zahlen. Wir können an das Verhalten von vorgestern nicht mit den Haltungen und Erkenntnissen von heute herangehen. Wenn also auch Empörung überflüssig ist, zumal sie ohnehin nichts zu ändern vermag, so sollte sich doch Erstaunen einstellen angesichts dieser Zahlen, denn um 6 000 Birkhühner schießen zu können, müssen ja mindestens 6 000 und weit mehr gelebt haben.

Wenn wir über das Thema »Vogel und Jagd« nachdenken, dürfen wir nicht vergessen, daß meist nur Vögel von einer bestimmten Größe an, die als Jagdbeute lukrativ waren, oder als vermeintliche Schädlinge verfolgt wurden, in den Statistiken auftreten.

Erinnern wir uns an unseren Versuch der Gliederung der Jagdentwicklung nach Motivationsphasen, so leuchtet ein, daß in früheren Jahren, als die landwirtschaftliche Produktion den Bedarf an tierischem Eiweiß für den größten Teil der Bevölkerung nicht so selbstverständlich deckte wie heute, mancherorts nahezu jeder eßbare Vogel gejagt wurde. Leider geschah (und geschieht) das in manchen Ländern auch dann noch, als keine bittere Notwendigkeit mehr dazu zwang.

Der französische Schriftsteller Pagniol schildert in seinem autobiografischen Roman »Eine Kindheit in der Provence« sehr eindrucksvoll, wie in den ersten Jahrzehnten unseres Jahrhunderts in Südfrankreich das Schießen auf alles, was Federn trug und vor die Flinte kam, ein sonntäglicher Volkssport war. Ganze Landschaften wurden leergeschossen. Auch heute kommen in Italien jährlich Singvögel zu Millionen auf den Markt, die vorwiegend auf dem Zug er-

Im selben Jagdjahr konnten, ebenfalls in Preußen, noch 504 Fischadler geschossen werden. *Foto: Spillner*

Wildgänse unterschiedlicher Arten zählen noch heute in ganz Europa zum jagdbaren Wild. *Foto: Spillner*

legt werden. Manche Schätzungen nehmen 100 Millionen pro Jahr an, andere das Doppelte.

Während des dreitägigen Volksfestes zu Ehren des »Vogelheiligen« werden in dem kleinen italienischen Ort Sacile etwa 120000 kleine Singvögel verspeist.

Gewiß ist das bei der Belastung der Natur nicht mehr zu verkraften. Und ob es für die Beteiligten wirklich nötig ist, darf zumindest in Zweifel gezogen werden. Aber bevor wir lautstarke Aktionen gegen Vogelmord in südlichen Ländern bejahen, wollen wir bedenken, daß auch bei uns in überwiegendem Maße Wintergäste und Durchzügler bejagt werden.

Die winterlichen Ansammlungen von Saatkrähen entstammen nordöstlichen Populationen und werden bei ihrer Rückkehr in der Sowjetunion als »Frühlingsvögel« begrüßt, und die meisten Enten und Gänse haben in Skandinavien und im hohen Norden der Sowjetunion ihre Heimat. Schwedische Forscher wiesen darauf hin, daß ein wesentlicher Grund für den Bestandsrückgang des heimatlichen Federwildes in der jagdlichen Übernutzung in den Durchzugs- und Winterbeständen liege.

Der berühmte sowjetische Ornithologe Dementjew wird in dem 1973 im Landwirtschaftsverlag Berlin erschienenen »Buch der Hege« im gleichen Sinne zitiert, da bei fast allen nordeurasischen Gänsearten ein Bestandsrückgang zu beklagen sei. Es bedarf sorgfältiger Feldfor-

Unbegreiflich erscheint heute der Abschuß von rund 50 000 Mäusebussarden im Kältewinter 1962/63.
Foto: Baake

schung und internationaler Abstimmungen, um der Jagdplanung in den Durchzugsländern ein wissenschaftlich begründetes Limit zugrunde legen zu können. In unserem Lande werden diese Arbeiten durch die Zentrale für Wasservogelforschung geleitet und koordiniert.

Auch der Federn wegen wurde einmal gejagt, und das in einem Ausmaße, das wir uns heute nicht mehr vorstellen können, aber gleichzeitig einen Eindruck vermittelt von der einstigen Stärke der Vogelpopulationen. In einer Leipziger Firma wurden um die Jahrhundertwende jährlich über 4 500 000 Lerchenflügel und 1 500 000 Schneehuhnflügel verarbeitet. Neben Paris und London war Leipzig damals europäischer Hauptumschlagplatz für Vogelfedern.

Solche Zahlen, Zustände und Motivationen gehören der Vergangenheit an, ebenso prinzipiell das sinnlose Abschießen. Auf der Basis tieferer Einsichten wurden viele gegenseitige Vorurteile zwischen Ornithologen und Jägern überwunden. Und in nicht wenigen Fällen ist der Ornithologe auch Jäger und der Jäger Vogelschützer. In ihren besten Vertretern ist solche Einsicht in die weitgehende Interessenparallelität nicht erst heute entstanden. Die Zusammenarbeit zwischen Ornithologen und Jägern ist möglich und notwendig, und sie wird praktiziert.

Beim Schutz der Greifvögel wie in der Wasservogelforschung können wir uns die vor Jahrzehnten geführten Diskussionen kaum mehr vorstellen. Wir könnten die heutige Jagd in Mitteleuropa als auf wissenschaftlicher Grundlage betriebene sportliche Wirtschaftsjagd kennzeichnen. Sie erhält durch selektive Hegemaßnahmen den Wildbestand, nutzt ihn wirtschaftlich und leugnet dabei auch die Freude an der Ausübung des Weidwerkes nicht.

Die in unserer Gliederung als letzte genannte

a

b c

Jagdbare Vögel:
a Bleßgans. *Foto: Tiede*

b Habicht. *Foto: Freymann*
c Silbermöwe. *Foto: Spillner*

Form der Erntejagd ist vielleicht die versachlichte Nutzjagd der Zukunft, wie sie in der Sowjetunion für bestimmte Arten und in bestimmten Gebieten als ökonomischste Form der Aberntung des erzielbaren biologischen Überflusses schon ausgeübt wird.

Es ist unwahrscheinlich, daß mit einer solchen Entwicklung so bald in Mitteleuropa zu rechnen ist, wo die starke Verflechtung unterschiedlichster Landschafts- und urbaner Strukturen wohl die prinzipielle Weiterführung der Jagd in den uns bekannten Formen geradezu voraussetzt.

In Zusammenarbeit zwischen Ornithologen, Jagdwissenschaftlern und Jägern wird die weitere Einsicht in die biologischen Gesetzmäßigkeiten zu fördern sein. Denn heute schon ist es unbegreiflich, daß noch biologisch unbegründete, ja verwerfliche Aktionen vorkommen, wie der Abschuß von rund 50 000 Mäusebussarden im Kältewinter 1962/63.

Im Jahre 1987 wurde in der DDR die 3. Durchführungsbestimmung zum Jagdgesetz erlassen, die die jagdbaren Tiere verzeichnet und die Jagd- und Schonzeiten ausweist. Dabei fanden Erkenntnisse der jagdwissenschaftlichen wie der ornithologischen Forschung und des Naturschutzes Beachtung.

Jagdbare Vögel sind demnach 28 Arten:

Fasan	*Phasianus colchicus*
Rebhuhn	*Perdix perdix*
Stockente	*Anas platyrhynchos*
Tafelente	*Aythya ferina*
Krickente	*Anas crecca*
Reiherente	*Aythya fuligula*
Ringeltaube	*Columba palumbus*
Türkentaube	*Streptopelia decaocto*
Graugans	*Anser anser*
Saatgans	*Anser fabalis*
Kanadagans	*Branta canadensis*
Bleßgans	*Anser albifrons*
Waldschnepfe	*Sxolopax rusticola*
Graureiher	*Ardea cinerea*
Bleßralle	*Fulica atra*
Haubentaucher	*Podiceps cristatus*
Höckerschwan	*Cygnus olor*
Habicht	*Accipiter gentilis*
Mäusebussard	*Buteo buteo*
Kolkrabe	*Corvus corax*
Rabenkrähe	*Corvus corone corone*
Nebelkrähe	*Corvus corone cornix*
Saatkrähe	*Corvus frugilegus*
Elster	*Pica pica*
Eichelhäher	*Garrulus glandarius*
Silbermöwe	*Larus argentatus*
Sturmmöwe	*Larus canus*
Lachmöwe	*Larus ridibundus*

Ebenso sind die Jagdzeiten festgelegt. Fünf Arten sind ganzjährig jagdbar, für 25 Arten gelten zeitliche Einschränkungen.

Fasanenhähne und -hennen	1. Oktober bis 31. Januar
Fasanenhähne bei Ansitz- und Pirschjagden	1. Oktober bis 31. März
Rebhühner	1. September bis 30. November
Ringel- und Türkentauben	1. August bis 31. März
Waldschnepfen	1. September bis 31. Dezember
Stock-, Tafel-, Krick- und Reiherenten	15. August bis 31. Januar
Grau-, Saat-, Kanada- und Bleßgänse	15. Juli bis 31. Januar
Graureiher	1. Juli bis 31. Januar
Haubentaucher	1. Juli bis 31. Januar
Bleßrallen	1. Juli bis 31. März
Lach-, Sturm- und Silbermöwen	1. Oktober bis 31. Januar
Kolkraben	1. August bis 31. Januar
Raben- und Nebelkrähen	ganzjährig
Elstern	ganzjährig
Eichelhäher	ganzjährig

Die Saatkrähe genießt nicht mehr nur in Brutkolonien Schutz, sondern hat jetzt ganzjährig Schonzeit. Neueste Bestandserfassungen erbrachten erschreckende Beweise jahrelangen Abwärtstrends in den Zahlen der Brutpaare und der Brutkolonien. Elster, Aaskrähe und Eichelhäher sind weiter ganzjährig jagdbar. Ihnen werden immer wieder Schäden im Niederwildrevier, an landwirtschaftlichen Kulturen und auch an Singvogelbruten angelastet. Darüber gibt es sehr kontroverse Diskussionen, die dahin tendieren, daß Fachleute auch für diese Rabenvögel prinzipiell ganzjährig Schutz fordern, da auch diese Arten ihre Funktion in der Biozönose haben.

Drei Arten sind in der Liste nicht enthalten: Waldschnepfe, Habicht und Mäusebussard. Sie sind gemäß Absatz 2 und 3 des § 2 prinzipiell ganzjährig geschützt.

Der Ornithologe begrüßt dankbar die ganzjährige Schonzeit für die Waldschnepfe, vermag aber nicht recht zu verstehen, warum sie dann noch weiter als jagdbar gelten muß. Diskussionen lösen sicher auch hin und wieder die Absätze 6 und 7 des § 2 aus, die die Möglichkeit von Sonderregelungen beim Auftreten größerer nachweisbarer Schäden durch jagdbare Greifvögel und in Anlagen der Fischwirtschaft durch jagdbare Wasservögel enthalten. Auch engagierte Vogelschützer sollten verstehen, daß die genauen Festlegungen über zulässige Ausnahmen zur Abwehr größerer wirtschaftlicher Schäden ein notwendiger, vernünftiger Kompromiß sind, der die betroffenen Arten nicht zum Freiwild macht.

Das Thema der »regulativen Jagd« ist unter ornithologischem Gesichtspunkt nicht ohne Brisanz. Die früher betriebene gnadenlose Verfolgung von im Naturhaushalt angeblich überflüssigen »Konkurrenten« wurde auch als notwendige regulative Maßnahme hingestellt und sicher auch so empfunden. Die Lage ist heute anders. Daß in die Populationen der jagdbaren Säuger regulierend eingegriffen werden muß, ist selbstverständlich. Deren natürliche Feinde existieren nicht mehr und ihr Bestand muß in Einklang mit der wirtschaftlichen Nutzung der Wälder, Äcker und Grünflächen gehalten werden. Im Falle des Federwildes aber steht nicht die Frage, wieviel und was geschossen werden muß, sondern was und wieviel geschossen werden darf, nicht im Sinne einer Abschußplanung, sondern im Sinne der biologisch vertretbaren und einer sich darauf stützenden, möglichst international abgestimmten Limitierung.

Und genau auf diesem Wege entwickelt sich die internationale Zusammenarbeit, wenn es auch noch vieler abgestimmter Forschungen auf der Grundlage koordinierter feldornithologischer Arbeit in den beteiligten Ländern bedarf. Biotopschutz, Hegemaßnahmen und ein Netz staatlich ausgewiesener Schutz- und Schongebiete sind Ergebnisse und Grundlage solcher Bemühungen zugleich. Hier wird die natürliche Verflechtung jagdwirtschaftlicher Überlegungen mit dem thematisch weitgespannten Engagement des wissenschaftlich begründeten Naturschutzes unserer Zeit besonders deutlich. Denn trotz eindeutig wirkender Begriffe wie Jagd und Naturschutz ist die Behandlung dieser Themen in verschiedenen Kapiteln letzten Endes nichts weiter als der Versuch, den Stoff der Übersichtlichkeit halber zu gliedern und zu ordnen. Auch ergeben sich neue Sichtweisen und Erkenntnisse, wenn man ein Thema von mehreren Seiten her angeht. In der Wirklichkeit sind die Fragen derart miteinander verflochten, daß eine isolierte Betrachtung leicht ein falsches Bild ergibt. Die Darlegungen im Abschnitt »Jagd« und die im Abschnitt »Naturschutz« sind im Zusammenhang zu sehen und beide wiederum im Zusammenhang mit allem, was über Bestandsveränderungen und deren Ursachen ausgeführt wurde.

Trotz in Einzelfragen divergierender Auffassungen muß letzten Endes alles einmünden in das gemeinsame Ziel: Unter den Bedingungen einer intensiv betriebenen Land- und Forstwirtschaft in einer hoch belasteten Kulturlandschaft die Fortexistenz eines möglichst reichen Artenspektrums zu erhalten, einerseits wissend, daß das nicht überall und flächendeckend möglich ist, andererseits mit dem Bewußtsein der Verantwortung, das in ausgewiesenen Gebieten um so nachdrücklicher zu sichern.

Und das auch dann, wenn damit Aufwendungen verbunden sind. Auch ein Kunstwerk oder ein kulturgeschichtlich interessantes Gebäude läßt sich nicht ohne Kosten erhalten. Wir müssen dahin kommen, den Zeugnissen der jahrmillionenlangen natürlichen Evolution mindestens mit der Ehrfurcht zu begegnen, wie wir sie gegenüber einem fünfhundertjährigen Bauwerk empfinden. Das Bauwerk läßt sich immerhin erforderlichenfalls wiedererrichten, ein gestörtes Ökosystem kaum und eine ausgestorbene Art nie.

Vogel und Naturschutz

Wenn wir das Wort Naturschutz im weitesten Sinne fassen, so gab es Ansätze in der Haltung dazu schon sehr früh, und auch ohne gesetzliche Regelungen. Jägervölker wußten sehr genau, daß sie ihre Lebensgrundlage zerstörten, wenn sie die Bestände übernutzen. Und die einheimische Bevölkerung »erntete« in den Seevogelkolonien auf den nordatlantischen Felseninseln immer nur so viele Tiere, daß die Kolonien ihren Bestand halten konnten. Erst die rücksichtslose Ausbeutung durch »Fremde« veränderte vielerorts die Situation.

Die ersten Schutzbestimmungen aus dem Mittelalter waren im eigentlichen Sinne Festlegungen von Schonzeiten oder dienten der Sicherung von Privilegien für »Naturnutzer« höherer Stände.

1572 wurde eine »Mecklenburgische Polizey- und Land-Ordnung« erlassen, die zur Erhaltung des Feldjagdwildes auch Schonzeiten für Gänse, Enten, Trappen, Rebhühner und anderes Federwild festlegte. Eine vergleichbare Verordnung kam 1575 unter dem Herzog von Weimar zustande. Der Kurfürst von Brandenburg erließ 1582 ein »Verboth des Schiessens der Schwanen«. Der preußische Landtag beschäftigte sich 1606 ebenfalls mit Jagd- und Schonzeiten und legte auch Strafmaße fest: Übeltäter aus dem »Herren- und Adelsstand« mußten 10 Gulden Bußgeld zahlen, verstieß aber »ein gemeiner Mann« gegen die Schonzeiten, wurde sein Jagdgerät eingezogen und er kam »in den Thurm«.

Papageitaucher wurden auf den nordatlantischen Inseln vernünftig genutzt. Ihre Eier wurden gesammelt, ein Teil der Brutvögel getötet und gepökelt, und doch der Gesamtbestand der Kolonien dadurch nicht gefährdet. *Foto: Spillner*

Wenn also das Töten eines Reihers mit schwerer Strafe belegt wurde, so nicht, um den Reiher als Glied der natürlichen Lebensgemeinschaft zu erhalten, sondern um dieses »Beizwild der Könige« für die Jagdfreuden der feudalen Herren zu sichern, denn man brauchte eine Menge Wild für die fürstliche Kurzweil, und es mußte auch für festliche Tafeln bereitstehen. Bei der Vermählungsfeier des polnischen Herzogs JOHANN SIGISMUND im Jahre 1594 wurden (neben 3 Wisenten, 20 Elchen, 10 Rothirschen,

22 Stücken Kahlwild, 36 Wildschweinen, 29 Frischlingen, 2 Bären, 48 Rehen und 272 Hasen) 5 Schwäne, 123 Auerhähne, 279 Birkhühner, 433 Haselhühner, 47 Rebhühner und 413 Wildenten verspeist.

Allerdings gab es auch schon im Mittelalter Bestimmungen über den Schutz der Nachtigall, die mit Klagen über ihre Abnahme begründet wurde. Der Naturschutz im eigentlichen Sinne aber entspringt dem Empfinden, Denken und Wissen der Neuzeit, in der einerseits die gesellschaftlich-ökonomische Entwicklung zu einer enormen Wirkungssteigerung der Produktivkräfte führte, was nicht ohne Einfluß auf die Natur bleiben konnte, und die andererseits und damit verbunden eine wissenschaftliche Denkweise förderte, die zum Nachdenken über solche Einrichtungen führte, daraus Schlußfolgerungen ableitete, die die Grundlage einer neuen ethischen Haltung bilden sollten. Nicht wirklichkeitsfremde »Naturfreunde« waren es, die die Notwendigkeit einer solchen, von Einsicht in die Zusammenhänge getragenen Haltung artikulierten.

Karl Marx betonte in seinem politökonomischen Hauptwerk »Das Kapital« nachdrücklich, daß weder ein einzelnes Individuum, auch

Schon im Mittelalter wurde die Abnahme der Nachtigallen beklagt. *Foto: Scharnbeck*

nicht eine ganze Gesellschaft, ja nicht einmal alle Nationen zusammen Eigentümer der Erde seien, sondern nur Nutznießer, die sie nachfolgenden Generationen verbessert zu hinterlassen hätten. Und Friedrich Engels wies in seiner »Dialektik der Natur« unter Bezug auf das verödete Griechenland, Mesopotamien und Kleinasien darauf hin, daß auch dort die Nutzer, besser: rücksichtslose Ausbeuter der Naturressourcen die Folgen nicht bedachten, ja wohl nicht einmal ahnten, was sie mit ihren zunächst erfolgreichen wirtschaftlichen Maßnahmen für die Zukunft auslösten.

Ernst Moritz Arndt schrieb 1820, der Mensch müsse die Erde, die Natur so verwalten und regieren, daß das Schöne und Gute in ihr bleiben und wachsen könne. Weil in gewissen Epochen des gesellschaftlichen Tiefstandes und der menschlichen Bildung und Entwicklung der Mensch anfange, ohne Sinn und Kunst die Natur zu zerstören und zu verderben, müsse er das mit Sinn und Kunst wieder gutmachen.

Einsichten setzen Erkenntnisse und Wissen voraus. Dieses Wissen muß verbreitet werden, muß Allgemeingut sein, wenn es auf die Dauer eine tragfähige Grundlage für den vernünftigen Umgang mit der Natur sein soll.

Karl Liebknecht machte 1912 in einer Rede vor dem preußischen Abgeordnetenhaus auf diese dialektische Wechselwirkung zwischen Mensch und Natur aufmerksam, wenn er auf die Bedeutung der, wir würden heute sagen: Öffentlichkeitsarbeit, hinwies, weil es seine Überzeugung war, daß die Menschen nur dann das nötige Verständnis für den Schutz der Natur aufbringen, wenn sie mit der Natur vertraut gemacht werden und ein inniges und »natürliches« Verhältnis zu ihr haben.

Zu Beginn unseres Jahrhunderts breitete sich dieses Gedankengut in vielen Ländern aus und es entstand, unterschiedlich initiiert, unterschiedlich organisiert, unterschiedlich legalisiert und unterschiedlich institutionalisiert und auch unterschiedlich erfolgreich, versteht sich, das, was wir heute als den eigentlichen Beginn der Naturschutzbewegung bezeichnen.

Nistkastenbau und -betreuung machen Kinder und Jugendliche mit dem praktischen Vogelschutz vertraut. *Foto: Spillner*

Nisthilfen

Zunächst denkt man beim Stichwort Vogelschutz wohl an den sogenannten »praktischen« Vogelschutz, wie er in seiner wissenschaftlich begründeten, experimentell erprobten und mit Erfolg angewandten Methode auf den Freiherrn VON BERLEPSCH in Seebach zurückgeht. Im wesentlichen ging es darum, in Gärten, Parkanlagen und in der freien Landschaft das Angebot von Nistmöglichkeiten und von Nahrung zu erhöhen. Während letzteres durch den Anbau oder die Schonung beeren- und samentragender Kräuter, Sträucher und Bäume geschieht, wird ersteres durch die Erhaltung vorhandener und das Angebot künstlicher Brutstätten verwirklicht. Allenthalben werden heute Nisthöhlen aufgehängt, um die durch modernen Waldbau verringerte Zahl natürlicher Höhlen auszugleichen. Forstbetriebe, Jugendarbeitsgemeinschaften und Schulen arbeiten dabei zusammen. Für die ausgesprochenen Höhlenbrüter ist das Prinzip stets gleich: An geeigneter Stelle in einem geeigneten Biotop wird ein Kasten angebracht, der je nach Vogelart unterschiedlich groß ist. Kleine Kästen für Meisen, Kleiber, Baumläufer, Trauerschnäpper, Gartenrotschwanz und Wendehals haben eine Grundfläche von etwa 12 cm × 12 cm und eine Höhe von 20 cm. Das Flugloch befindet sich in 4 cm Entfernung vom überstehenden Dach. Eine Wand sollte zur Säuberung zu öffnen sein. Der Fluglochdurchmesser beträgt 32 mm. Allerdings ist der Kasten dann auch dem Haussperling zugänglich. Ein Fluglochdurchmesser von 26 mm läßt nur kleine Meisen hindurch. In den Gartenanlagen sollte man vier Fünftel der Kästen mit dem großen Durchmesser anbringen, im Wald ausschließlich, weil dort ja im allgemeinen keine Sperlinge leben.

Günstig ist es, die Vorderwand in der Höhe des Flugloches zu verdoppeln, damit durch die größere Tiefe (etwa 4 cm) Sperlingen das Eindringen und Freßfeinden das Hineinlangen erschwert wird.

Für größere Vögel kommen die Maße des sogenannten Starkastens in Betracht: Grundfläche 15 cm × 15 cm, Höhe 25 cm, Fluglochdurchmesser 5 cm. Dieser Kasten ist auch dem Wiedehopf zugänglich. Die Anbringung von Starkästen, früher allgemein übliche »Mode«, ist insofern problematisch, als der Star beim Fehlen genügenden Nahrungsangebotes in Obstanlagen sehr unangenehm in Erscheinung treten kann. Andererseits wird von Ornithologen in letzter Zeit weltweit ein Schwinden der Starbestände konstatiert: In den USA hat er stark abgenommen, in Finnland ist er nahezu ausgestorben, und auch bei uns erreichen die Starenansammlungen an den Schlafplätzen kaum noch irgendwo die einst vertrauten Zahlen.

Für Hohltaube, Blauracke, Turmfalke und Steinkauz muß der Kasten die Grundmaße 25 cm × 25 cm und 35 cm Höhe haben und ein Flugloch von 10 cm Durchmesser. Der Waldkauz braucht einen Kasten von 30 cm × 30 cm Grundfläche und 40 cm Höhe mit einem Flug-

Auf mecklenburgischen Feldgewässern haben Schellenten erfolgreich in solchen Nistkästen gebrütet.
Foto: Spillner

Weithin sichtbares Beispiel praktischen Vogelschutzes: Dreibock mit Nistrad für den Weißstorch.
Foto: Spillner

a b

Manche Gewässer lassen sich mit Trauerseeschwalben besiedeln, wenn geeignete Nisthilfen angeboten werden. Das farbig eingefärbte Brutfloß aus Schaumplast (a) fügt sich der natürlichen Umgebung wesentlich besser ein, als die nackte, kaum von Pflanzen bedeckte Kunstinsel (b), die jedoch auch von den Seeschwalben angenommen wurde.
Fotos: Scharnbeck (a), *Spillner* (b)

Auch dort, wo es scheinbar nicht vonnöten ist, wie in den Wäldern Nordschwedens, können Kunsthorste zur Ansiedlung von Vogelarten dienen. In der Provinz Norbotten nisten die meisten Bartkäuze auf solchen künstlichen Nisthilfen. *Foto: Spillner*

lochdurchmesser von 13 cm. Da Eulen gern dunkel brüten, wird das Flugloch am besten oben seitlich in einer Ecke angebracht. Speziell für Baumläufer gedachte Nistkästen erhalten statt des Flugloches im Vorderteil hinten seitlich einen Einflugschlitz von 2,6 cm Breite und 11 cm Höhe.

Halbhöhlen für Rotschwänze, Bachstelzen und Graue Fliegenschnäpper erhalten eine Grundfläche von 12 cm × 12 cm und auch eine Höhe von 12 cm. Eine Seite bleibt in der oberen Hälfte offen. Wir bringen diese Halbhöhlen am besten an Gebäuden (Lauben, Schuppen) an, da sie an Bäumen selten besetzt werden.

Allgemein ist die Ostseite für die Einflugöffnung zu bevorzugen, auch die Südseite ist möglich, die sogenannte Wetterseite (West) ist zu vermeiden.

Das Anbringen kleiner Bretter etwa 8 bis 10 cm unter dem Dach oder im Stall unter der Decke bietet für Schwalben eine Stütze zum Nestbau. Strauchbrüter können wir unterstützen, indem wir Nestquirle zusammenbinden und überhaupt, indem wir an störungsfreier Stelle Büsche anpflanzen oder dulden. Auch Kletterpflanzen (Efeu, Wilder Wein, Waldrebe, Geißblatt, Schlingknöterich, Rosen) werden gern angenommen. In der Nähe der Gebüsche sollten wir unter allen Umständen das alte Laub liegenlassen. Es raschelt bei Annäherung von Feinden (Katze) und begünstigt viele Insekten. Der heute leider sehr in Mode gekommene, gepflegte, ständig kurzgeschnittene und von jedem sprossenden und blühenden »Unkraut« freigehaltene Vorgartenrasen mag vielleicht noch unser Auge täuschen, für das natürliche Ökosystem ist er nicht viel wertvoller als ein dauerhafter Kunstrasen.

Auf jeden Fall lohnt sich an katzensicherer Stelle, etwas erhöht oder etwas entfernt von Büschen die Anlage einer Vogeltränke. Erst durch sie werden wir mitunter auf Vögel aufmerksam, die in unserer Umgebung sonst unbemerkt leben.

Winterfütterung

Die Winterfütterung ist ein viel diskutiertes Thema. Es soll nicht geleugnet werden, daß in gestörten Ökosystemen der Mensch manchen Tieren helfen kann oder muß, bestimmte Extremsituationen (Witterung, Nahrungsmangel) zu überbrücken. Der Jäger tut es ja in jedem Falle, um eine größere Wilddichte zu erhalten, als sie unter natürlichen Umständen möglich wäre.

Vom biologischen Standpunkt aus gesehen aber ist es widersinnig, im Garten zuerst eine sterile Landschaft durch Entfernen oder einfach gedankenlosen Verzicht auf samen- und beerentragende Sträucher zu schaffen, und dann den Winter über die Vögel am Fenster zu füttern. Zweifellos geht ein gefühlsmäßiger Gewinn davon aus, der auch seinen ethisch-erzieherischen

Meisen müssen eigentlich im Winter nicht gefüttert werden, aber der ethisch-erzieherische Wert für Kinder steht außer Zweifel. *Foto: Martin*

Drosseln (im Bild: Wacholderdrossel) kann die Winterzeit durch Gaben von Fallobst und Beeren erleichtert werden. *Foto: Spillner*

Wert hat, zumal für Kinder. Andererseits führt die Fütterung zahlreiche Vögel auf engem Raum zusammen, schafft dadurch wieder eine unnatürliche Situation und birgt die Gefahr der schnellen Übertragung und Ausbreitung von Krankheitserregern mit sich. Schlimm ist es auch, daß der Handel nahezu ausschließlich absolut ungeeignete »Futterhäuschen« anbietet. Eine vernünftige Fütterungseinrichtung muß nicht kompliziert gebaut sein, aber sie muß wettersicher sein, das heißt, sie muß das Futter und die fressenden Vögel vor Regen und Sonne schützen.

Wo es am Fenster angebracht ist oder frei im Garten steht, müssen das Dach oder die (vielleicht verglasten) Seitenwände soweit heruntergezogen sein, daß diese Grundforderung erfüllt ist. Außerdem muß die Konstruktion so sein, daß die Vögel nicht von der Seite, sondern von unten den Futtertisch anfliegen. Das alles setzt auch eine bestimmte Minimalgröße der Grundfläche voraus, zumindest 40 cm × 30 cm. Es gibt keinen anderen Weg, als unter Berücksichtigung der konkret gegebenen Maße (etwa der Breite der Fensterflügel) ein solches Futterhaus zu bauen.

Der geschickte Bastler findet auch konstruktive Möglichkeiten, die eine Aufnahme größerer Futtermengen und deren Nachrutschen auf einer Schräge sichern (Futterautomat). Futter kann man kaufen, etwas mühevoller, aber auch schöner ist es, es wenigstens zum Teil selbst heranzuziehen und zu sammeln.

Ganz allgemein aber gilt: Besser heimische Sträucher fördern und den Rasen nicht mähen, als Vögel mit Importfutter füttern.

Artenschutz – Biotopschutz

Vogelschutz kann sich heute nicht mehr auf die Anbringung von Nistkästen und Winterfütterung beschränken, ja diese sind nicht einmal die tragenden Elemente. Notwendig ist eine bis ins Detail gehende Erfassung der Lebensansprüche der Vogelarten in ihrer Abhängigkeit von den anderen Faktoren des Ökosystems und der

Luderplätze, die nur unter Beachtung veterinärhygienischer Bestimmungen und mit Zustimmung der staatlichen Stellen eingerichtet werden dürfen, können wesentlich dazu beitragen, Greifvogelbestände zu erhalten, ja sogar zu erhöhen. Das beweist die Zunahme der Steinadlerpopulation in Schweden. In Mitteleuropa können Luderplätze für Mäuse- und Rauhfußbussard, für den Habicht und Seeadler nützlich sein. Die Bilder zeigen Mäusebussard und Steinadler am Luder. *Fotos: Spillner*

Biozönose. Auf dieser Grundlage erst kann ein wissenschaftlich begründeter Artenschutz betrieben werden, der letztendlich auf Dauer nur durch Biotopschutz, also durch die Erhaltung, Pflege und auch Wiederherstellung von Lebensräumen möglich ist.

Nur wenn die einschlägige Gesetzgebung auf einem hohen Niveau der Forschung basiert, spiegeln die Gesetze das wirklich Notwendige wider und können bei ihrer praktischen Umsetzung den gewünschten Einfluß auf die Erhaltung der Ökosysteme und ihrer einzelnen Faunen- und Florenelemente haben. Eine immense Arbeit gerade der Feldornithologen war notwendig, um die wissenschaftlichen Grundlagen für die neue Artenschutzbestimmung unseres Landes zu liefern, die 1984 als 1. Durchführungsbestimmung zur Naturschutzverordnung verabschiedet wurde. Sie fordert nicht nur allgemein den rücksichtsvollen Umgang mit der Natur und listet auch nicht nur die besonders zu schützenden Pflanzen und Tiere auf, sondern legt entsprechend den unterschiedlichen Schutzbedürfnissen vier Schutzkategorien fest. Danach gibt es:

- Geschützte, vom Aussterben bedrohte Arten (Kategorie A)
- Geschützte, bestandsgefährdete Arten (Kategorie B)
- Geschützte, seltene Arten (Kategorie C)
- Geschützte, kulturell und volkswirtschaftlich wertvolle Arten (Kategorie D)

Für die Arten der Schutzkategorien A bis C gelten die vom Institut für Landschaftsforschung der Akademie der Landwirtschaftswissenschaften der DDR ausgearbeiteten und vom Ministerium für Land-, Forst- und Nahrungsgüterwirtschaft bestätigten Artenschutzprogramme. Darüber hinaus können die Räte der Bezirke und Räte der Kreise weitere Maßnahmen zur Bestandsförderung oder Bestandsvermehrung festlegen, Schutzzonen ausweisen oder ökologisch besonders geeignete Brutstätten und Lebensräume zu Schongebieten erklären. Für die Freilandforschung an geschützten Tierarten einschließlich des Fotografierens gibt es Regelungen mit dem notwendigen Spielraum für die Berücksichtigung der konkreten Erfordernisse.

Die Artenliste enthält in den vier Schutz- bzw. Gefährdungskategorien folgende Vogelarten:

A. Geschützte, vom Aussterben bedrohte Vogelarten

1.	Schwarzstorch	*Ciconia nigra*
2.	Schreiadler	*Aquila pomarina*
3.	Seeadler	*Haliaeetus albicilla*
4.	Kornweihe	*Circus cyaneus*
5.	Wiesenweihe	*Circus pygargus*
6.	Fischadler	*Pandion haliaetus*
7.	Wanderfalke	*Falco p. peregrinus*
8.	Birkhuhn	*Lyrurus tetrix*
9.	Auerhuhn (mitteleuropäisches)	*Tetrao urogallus major*
10.	Haselhuhn	*Tetrastes bonasia*
11.	Kranich	*Grus grus*
12.	Großtrappe	*Otis tarda*
13.	Alpenstrandläufer	*Calidris alpina schinzii*
14.	Zwergseeschwalbe	*Sterna albifrons*
15.	Uhu	*Bubo b. bubo*
16.	Sperlingskauz	*Glaucidium passerinum*
17.	Steinkauz	*Athene noctua*
18.	Blauracke	*Coracias garrulus*
19.	Wiedehopf	*Upupa epops*
20.	Seggenrohrsänger	*Acrocephalus paludicola*

B. Geschützte, bestandsgefährdete Vogelarten

1.	Schwarzhalstaucher	*Podiceps nigricollis*
2.	Zwergdommel	*Ixobrychus minutus*
3.	Rohrdommel	*Botaurus stellaris*
4.	Weißstorch	*Ciconia ciconia*
5.	Sperber	*Accipiter nisus*
6.	Rotmilan	*Milvus milvus*
7.	Baumfalke	*Falco subbuteo*
8.	Tüpfelralle	*Porzana porzana*
9.	Wiesenralle	*Crex Crex*
10.	Sandregenpfeifer	*Charadrius hiaticula*
11.	Bekassine	*Gallinago gallinago*

Der Volksmund verlieh der Bachstelze zahlreiche Namen: Wippzagel, Quickstaart und Wippstaart sind Beispiele dafür. *Foto: Mautsch*

Kernbeißer Keespasteenbieter; die Goldammer Geelgaus; der Kranich Krohn oder Krahn; der Sperling Lüning oder Lünk und die Stare heißen Spreen.

Diese kleine Auswahl unterstreicht das Gewicht, das die mittlerweile erreichte Einheitlichkeit der, sagen wir: schriftsprachlichen deuschen Vogelnamen/Buchnamen hat und zeigt vollends, daß die vieltausendfache Synonymik nur durch eine international verbindliche Regelung überbrückt werden konnte. Aber dazu und zu den Regeln dieser internationalen Benennung später.

Die Kenntnis aber solcher Mundartnamen kann dem Kundigen andererseits etwas über ehemalige oder gegenwärtige Vogelvorkommen verraten, da sie in vielen Orts- und Flurnamen weiterleben (der Scholwerberg bei Feldberg, die Dörfer Spreenhagen oder Krohnhorst in der Ukkermark).

Mitunter sind die auf Naturbeobachtung begründeten und ohne Rücksicht auf das biologische System gebildeten Namen treffender als manche Buchnamen. Die Vielfalt der Benennungsmotive und der jeweils durch den Namen hervorgehobenen Merkmale und Eigenschaften ist sprachkundlich, volkskundlich und auch biologisch interessant. So verwundert es denn nicht, wenn in vogelkundlichen Monographien oft auch der Bedeutung des jeweiligen Vogelnamens Beachtung geschenkt wird oder wenn sich auch prominente Avifaunisten, wie etwa SCHALOW oder HEYDER, auch mit den volkstümlichen Vogelnamen ihrer Bearbeitungsgebiete beschäftigen, ja wenn darüber wissenschaftliche Arbeiten erscheinen.

Interessante Ergebnisse zeitigten die Forschungen bei der Erfassung und vergleichenden Bearbeitung von mundartlichen Vogelnamen. Besonders eingehend erfaßt ist beispielsweise der Namenkomplex für den Weißstorch, dessen niederdeutsche Varianten – jeder kennt »Adebar«! – die deutschen und niederländischen Siedlungswege bei der sogenannten deutschen Ostexpansion in damals slawische Gebiete im Nordosten des jetzt deutschsprachigen Raumes erhellen halfen, – die Vogelnamenkunde als Hilfswissenschaft der Regionalgeschichte, der Siedlungsgeschichte und anderer Wissenschaftsbereiche. Auch die Linguistik beschäftigt sich mit Vogelnamen. In manchen Ländern gibt es mehr oder weniger umfangreiche Namensverzeichnisse, in Großbritannien ein vorbildliches Vogelnamenlexikon. Ein Lexikon deutscher Vogelnamen befindet sich in Arbeit.

Wie treffend ist doch der Name Schwan, wenn wir wissen, daß seine indogermanische Wurzel »rauschen, tönen« bedeutet und den klangvollen Flug der großen Vögel bezeichnet. Verständlicherweise groß ist die Zahl der lautnachahmenden Vogelnamen. Kuckuck, Pirol und Uhu sind jedermann vertraute Beispiele. Aber auch Rabe, Krähe und Häher gehören in diese Reihe.

Weniger bekannt ist heute der früher allgemein verbreitete Name Gauch für Kuckuck, der ebenfalls einen allerdings seltener gehörten oder beachteten oder erkannten Stimmlaut des Kuckucks nachahmt. Auch der Name Hupup für den Wiedehopf ist lautnachahmend, ebenso Fink, Ziemer für die Wacholderdrossel, Schnärrer für die Misteldrossel, Fitis(-laubsänger), Zilpzalp (Weidenlaubsänger). Der Name Karrekit ist die außerordentlich treffende Wiedergabe eines metronomhaft rhythmisierten arttypischen Liedteiles des Drosselrohrsängers. Kiebitz und Triel sind hervorragende Stimmnachahmungen, nicht anders Kran, Kron, Krun für Kranich, Üprump für die große Rohrdommel, die ihrem weithin hallenden Ruf gleichzeitig den Namen Moorochs verdankt. Wer die Namen Kirre oder Kiere für die Fluß- und Küstenseeschwalben hört, vernimmt geradezu deren Rufe über Strand und Brandung.

Jeder Vogelfreund kennt das »Ork« des Haubentauchers, der denn auch in den Mundarten weithin nach diesem Ruf benannt wird. Pickwerwick kennzeichnet treffend die Wachtel durch die Wiedergabe ihres Rufes. Dull-Lerche wird regional die Heidelerche genannt. Schellente, Klappergrasmücke, Schwirl, Schnatterente, Schreiadler, Pfeifente, Schnarcheule (Schleiereule), Jammervogel (Wendehals), Wiesenquietscher (Braunkehlchen), Regenpfeifer bedürfen gegenüber dem aufmerksamen Vogelbeobachter keiner weiteren Erklärung.

Wie bei den vorigen Beispielen ein Gehöreindruck, so lieferten bei anderen Vögeln Farbeindrücke das Benennungsmotiv. Grünfink, Schwarzdrossel, Blaumeise, Buntspecht, Grünspecht, Schwarzspecht, Braunkehlchen, Blaukehlchen sind eindeutige Beispiele, ebenso Rotkehlchen, Rotschwanz, Brandgans, Goldhähchen, Trauerente, Strandelster (für Austernfischer), Rotmilan, Schwarzmilan, Schwarzstorch, Graureiher und Purpurreiher.

Vergleiche verwandter Vogelarten führen zu den Zusätzen Groß-, Klein-, Zwerg- (Zwergtaucher, Kleinralle, Kleinspecht, Mittelsäger, Zwergsäger).

Auffallende Besonderheiten am Gefieder, an den Beinen, dem Schnabel erzeugten Namen wie Spießente, Stelzenläufer, Kreuzschnabel, Säbelschnäbler, Gabelweihe (Rotmilan), Schwanzmeise, Löffler, Sichler.

Eigenarten des Nahrungserwerbs sind festgehalten in Namen wie Bienenfresser, Wespenbussard, Mäusebussard, Sperber (ursprünglich Sparw-aro, also Sperlings-Aar), Fliegenschnäpper, Schmarotzerraubmöwe, Kernbeißer.

a

b

Vogelnamen leiten sich häufig von den Lauten der Vögel ab, so Turteltaube (a), Dullerche für die Heidelerche (b).
Fotos: a *Gebauer,* b *Scharnbeck*

Besonderheiten beim Nestbau oder bei der Wahl der Brutplätze spiegeln sich in Hohltaube, Grabgans (Brandgans), Kleiber (er verklebt teilweise den Eingang zur Bruthöhle), arttypisches Verhalten in Wendehals, Wippsteert und Wippvogel (Bachstelze), der bevorzugte Aufenthalt der Art in Mandelkrähe (Blauracke), Uferschwalbe, Heidelerche, Waldstorch (Schwarzstorch).

Abergläubische Vorstellungen oder auch nur Unkenntnis führten zu Namen wie Unglückshäher, Totenvogel (Steinkauz), Unglücksvogel (Seidenschwanz), Ziegenmelker (Nachtschwalbe).

Vogelkundler vieler Generationen bemühten sich um die Durchsetzung einheitlicher Vogelnamen im gesamten deutschen Sprachgebiet, um Verwechslungsmöglichkeiten und Irrtümer auch bei Nichtverwendung der wissenschaftlichen Nomenklatur auszuschließen oder weitestgehend einzuschränken. Wir können für unsere heutige Zeit konstatieren, daß der Gebrauch einheitlicher und eindeutiger Vogelnamen sich im Prinzip durchgesetzt hat, daß auch allgemein für *Ardea cinerea* nicht mehr Fischreiher, sondern analog zu den anderen Reihern Graureiher gebraucht wird, daß die Rallen auch meist als solche im Namen erkennbar sind und nicht mehr Hühner genannt werden (Bleßralle), daß die Zusammenschreibung von Grundwort und Kompositum sich durchsetzt (Schwarzstorch, Rotmilan, Schwarzmilan statt Schwarzer Milan u. dgl.). Nicht nur die Autoren von Fachartikeln und Büchern, die Redaktionen und Lektorate, auch die Ornithologen ganz allgemein sollten diesen sinnvollen und vernünftigen Ausgleichs- und Vereinheitlichungsprozeß unterstützen, ohne weithin bekannte hochsprachliche Synonyme und die schönen treffenden mundartlichen Namen vergessen machen zu wollen – auch sie sind lebendes Kulturgut.

Treffender kann ein Name nicht sein: Der Kleiber »verkleibt« den Eingang seiner Nisthöhle mit feuchtem und dann erhärtendem lehmigen Erdreich.
Foto: Massny

Internationale Vogelnamen

Früher stellte man dem deutschen und anderen nationalsprachlichen Namen den Begriff der lateinischen oder wissenschaftlichen Namen gegenüber. Das hat seinen Ursprung in den nach festen international anerkannten Regeln gebildeten Tiernamen und daneben früher gebrauchten unübersichtlichen und oft schwer zuzuordnenden volkssprachlichen Namen, deren es für manche Vogelart Dutzende gab, wovon oft auch mehrere Synonyme in die Fachliteratur Eingang fanden und mitunter von einzelnen Ornithologen oder Ornithologengruppen gar hartnäckig gegeneinander verteidigt wurden.

Der Begriff »Lateinischer Name« ist falsch. Es werden auch Wortelemente anderer Sprachen verwendet, allerdings nach bestimmten Regeln latinisiert bzw. im Klangbild dem Lateinischen angeglichen. Genauso falsch ist es, die deutschen Namen als unwissenschaftlich zu bezeichnen, da heute niemand mehr in ernstzunehmender Fachliteratur nach Belieben einen ihm besonders vertrauten oder zusagenden Regionalnamen verwendet, sondern den allgemein

Der Odinswassertreter trug früher den mißverständlichen Namen Odinshühnchen. Er gehört selbstversändlich so wenig zu den Hühnervögeln wie Bleß- und Teichralle, die als Bleß- und Teichhuhn bezeichnet wurden. Übrigens ist noch bemerkenswert, daß beim Odinswassertreter das Weibchen das Prachtkleid trägt, während das schlichtfarbene Männchen mit Brut und Aufzucht betraut ist. *Foto: Spillner*

üblichen Namen der Bestimmungsbücher und Vogelverzeichnisse. So stehen sich denn die exakten deutschen (bzw. englischen, niederländischen, polnischen ...) Namen einerseits und die internationalen andererseits gegenüber. In diesem Sinne gebrauchen und vertreten wir diese Termini.

Wissenschaftliches Ordnungssystem

Bei der Behandlung der Vielfalt mundartlicher und regionaler Vogelnamen mit der großen Zahl von Synonymen (mehrere Namen für das gleiche Tier) wurden die internationalen wissenschaftlichen Namen erwähnt, die ein Tier eindeutig bezeichnen. Wenn der Anfänger in der Beschäftigung mit der Vogelkunde aber nicht nur den Einzelnamen sieht, sondern ihn im Kontext mit den anderen Namen betrachtet, scheint die Aussage über die Eindeutigkeit und Klarheit getrübt. Der Laie muß zunächst verwirrt sein vom Klassifizierungssystem für die Tiere und Pflanzen. Spätestens dann, wenn er etwa bei Benutzung mehrerer Bücher darauf stößt, daß offenbar Namen hin und wieder geändert werden und die Reihenfolge, ja sogar die Zuordnung zu den nächst höheren Kategorien nicht unwandelbar feststehen. Verständnis für diese Vorgänge können wir erlangen, wenn wir erfahren, wie und zu welchem Zweck das Klassifizierungssystem entstand, welche Ordnungskriterien ihm zugrunde lagen und nach welchen Regeln verfahren wurde.

Jedermann erkennt unter den ihm bekannten Vögeln Gruppen von Vögeln, deren Ähnlichkeit die Annahme erweckt, sie stünden einander verwandtschaftlich näher als den Vögeln einer anderen Gruppe. Beispielsweise verbindet man ganz bestimmte Vorstellungen mit dem Oberbegriff Ente oder Eule. Daß die Stockente und die Tafelente einerseits zusammengehören und der Steinkauz und der Waldkauz andererseits, daß aber der verwandtschaftliche Abstand zwischen Stockente und Waldkauz groß ist, bedarf keiner Erläuterung.

Es ist also offensichtlich, daß es Vogelgruppen gibt, die zu unterschiedlichen Zeiten von einem gedachten hypothetischen Stammbaum und seinen Nebenästen abzweigten und im dialektischen Wechselspiel vom Selektionsdruck der Umwelt und den sich entwickelnden Anpassungsmechanismen auch nach unterschiedlichen Seiten hin abweichen. Aber die Sache ist komplizierter: Nicht alle Arten oder Gruppen, die bei oberflächlicher Betrachtung gleich oder sehr ähnlich wirken, sind miteinander verwandt. Im Laufe der Evolution kamen verschiedene Vögel ganz unterschiedlicher Abstammung in verschiedenen Teilen der Welt in eine sehr gleichartige Umgebung mit sehr ähnlichen oder gleich wirkenden Umweltfaktoren.

So führten Anpassungsvorgänge zu großer Ähnlichkeit. Wir sprechen dabei von Konvergenzen, die ein Anatom natürlich leicht aufklären kann. Der Krabbentaucher und der Magellan-Sturmtaucher sind auf den ersten Blick kaum zu unterscheiden. Der erstere aber gehört

Silbermöwenpaar im Gebiet der südlichen Ostsee.
Foto: Hoyer

zur Familie der Alken und somit wie die Familie der Möwen, die Familie der Schnepfen und andere zur Ordnung der Watvögel *(Charadriiformes)*, während sein Doppelgänger mit den Albatrossen und Sturmvögeln zur Ordnung der Röhrennasen *(Procellariiformes)* gehört.

Artenentstehung

Es gibt eine Reihe von Evolutionsfaktoren, deren Zusammenwirken den Evolutionsprozeß beeinflußt und steuert.

Mutabilität Die Mutation, das heißt, die Fähigkeit zur Abwandlung von Erbfaktoren erweitert die genetische Mannigfaltigkeit der Population bzw. ihres Genpools. Die Mutationshäufigkeit wirkt viel stärker zentrifugal, als zentripetal, so daß eine ständige Tendenz zum Zerfall der Gleichförmigkeit des Genpools bewirkt wird. So kann man die Mutation als den Motor der Evolution bezeichnen.

Schwankung der Populationsgröße Die Individuenzahl einer Population und deren Schwankungen beeinflussen die Zusammensetzung des Genpools und dessen Kombinationsmöglichkeiten. Beispielsweise können sich bisher nur mitgeführte Erbkomponenten, wenn sie bei Verkleinerung der Population zufallsbedingt ein größeres prozentuales Gewicht erhalten, unter Umständen durchsetzen. Die kleinen Populationen von nur hundert bis tausend Tieren der Darwinfinken auf den Galapagos-Inseln veranschaulichen das sehr überzeugend.

Annidation Darunter versteht man die Verdrängung unterlegener Artgenossen in »ökologische Nischen«. Mutanten können sich von der Stammform dadurch unterscheiden, daß sie innerhalb des gleichen Territoriums abweichende

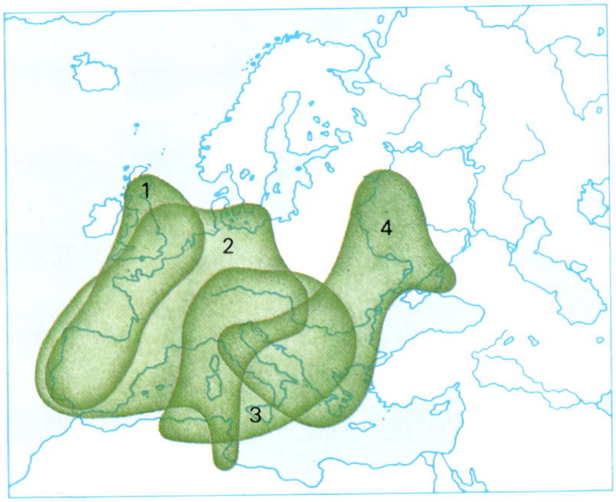

Lebensräume verschiedener Lachmöwenpopulationen. Territorien von beringten Vögeln aus den Gebieten Cumberland (1), Oberlausitz und oberes Elbgebiet (2), Ungarn (3) und Moskau (4)

Bedingungen des Lebensraumes zu nutzen vermögen, es sind »Ökomutanten«.

So haben sich die verschiedenen Darwinfinken auf unterschiedliche Nahrung spezialisiert, um bei diesem »Paradebeispiel« zu bleiben.

Isolation Abgetrennte Teile des Genpools können ihre Besonderheit bewahren und entwickeln und so zur Bildung neuer Unterarten und schließlich Arten führen.

Die Isolationsmechanismen können sehr unterschiedlich sein: Wir unterscheiden:
– Geografische Isolation
Nach der Eiszeit bildete sich die zirkumpolar

lebende Silbermöwengruppe, die heute aus fünf Geschwisterarten besteht und hochwahrscheinlich noch vor zehn- bis fünfzehntausend Jahren eine einzige Art bildete. Hier erfolgt Artbildung gewissermaßen vor unseren Augen. Die Endglieder dieser Artenkette, die von der Beringsee aus nach West und Ost sich rund um die Polgebiete ausbreiteten, begegnen einander aus entgegengesetzten Richtungen in Nordwesteuropa und verhalten sich (und sind!) wie verschiedene Arten mit deutlichen Unterschieden in Färbung, Nahrung, Stimme, Ansprüchen an den Nistplatz, Zuggewohnheiten.

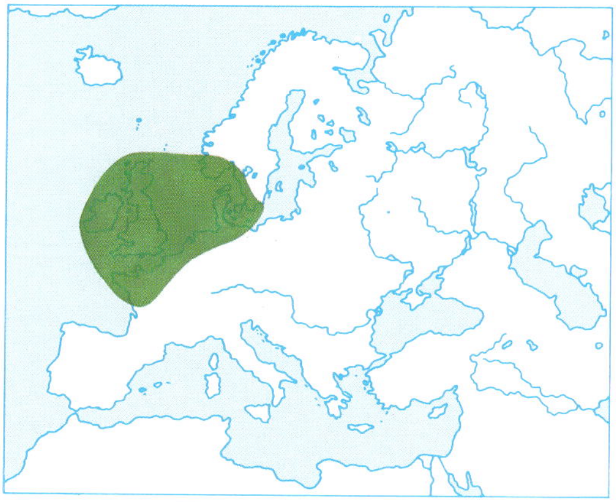

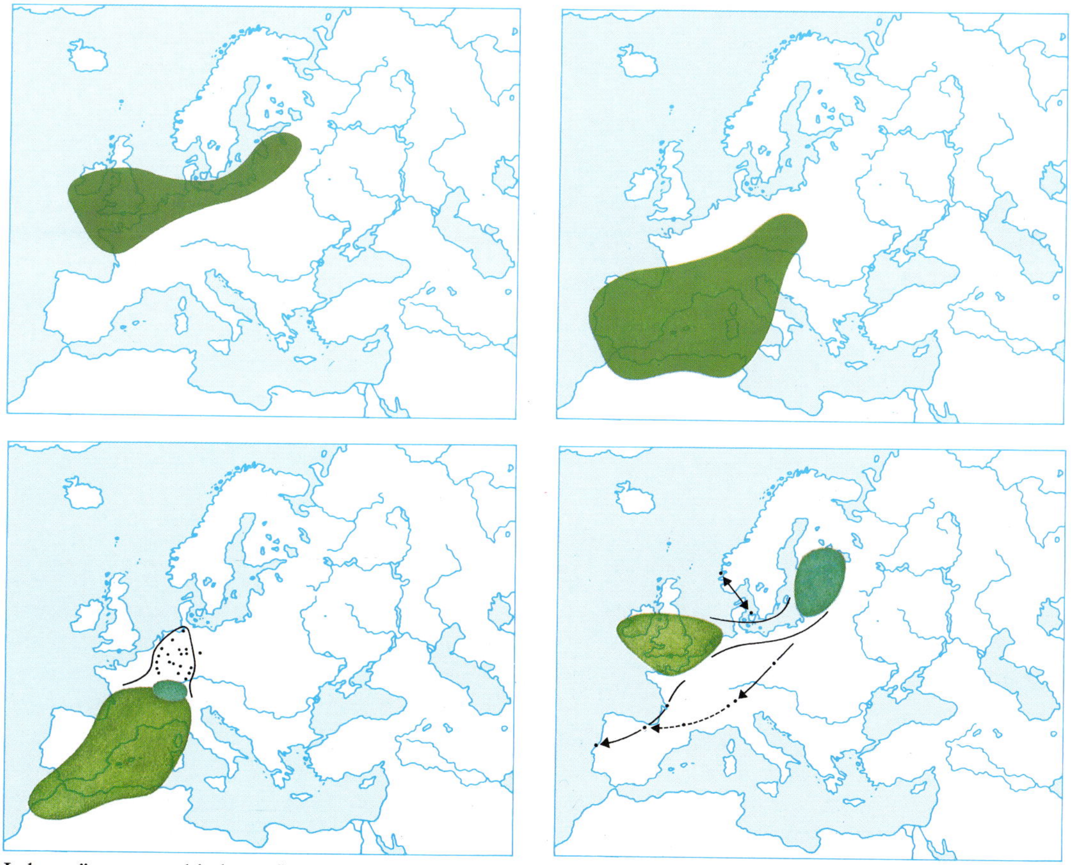

Lebensräume verschiedener Starpopulationen
Karte a: Dänische Population;
Karte b: Population der baltischen Sowjetrepubliken;
Karte c: Population der sächsischen Bezirke der DDR und der ČSSR;
Karte d: Schweizer Population.
Karte e: Vor dem eigentlichen Wegzug führen die baltischen Stare einen Zwischenzug in die Länder an der südlichen Ostseeküste, die Schweizer Stare gar einen Zwischenzug bis zur Nordseeküste durch

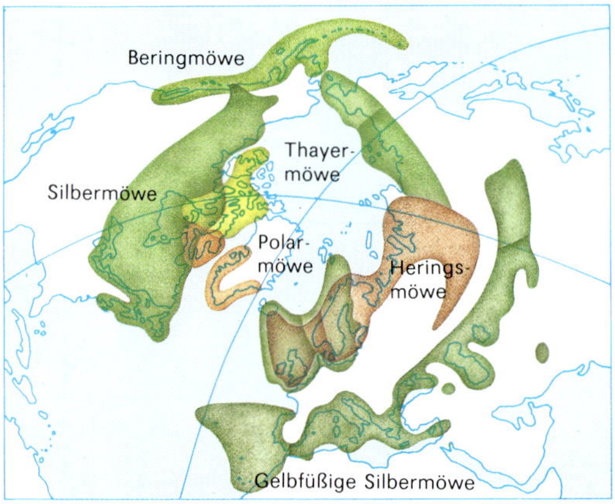

Die zirkumpolare »Möwenkette«. Aus geografischen Rassen oder Unterarten können durch Isolation neue Arten entstehen. Unterschiedliche Umweltfaktoren verursachen eine unterschiedliche Entwicklung, die schließlich zur Trennung führt. Überzeugend zeigt das die »Silbermöwengruppe«, die vor zehn- bis fünfzehntausend Jahren mutmaßlich eine einzige Art war und sich von der Beringsee ostwärts und westwärts ausbreitete. Es entstanden mehr oder weniger abweichende Unterarten. In Westeuropa trafen schließlich beide Ausbreitungswellen zusammen: Vom Westen aus Amerika kam die »hellmantelige« Silbermöwe, von Osten aus Sibirien die »dunkelmantelige« Heringmöwe. Deutliche Unterschiede in Färbung, Nahrung, Stimme, Habitatansprüchen, Zuggewohnheiten hatten sich herausgebildet. Die Endglieder dieser zirkumpolaren Ausbreitung sind wirklich eigene Arten. Die Abbildung zeigt die sich teilweise überlagernden Verbreitungsgebiete

– Ökologische Isolation
Die Nutzung getrennter Biotope im gleichen geografischen Gebiet.
– Fortpflanzungsbiologische Isolation
Hier wirken die Unterschiede im Paarungsverhalten oder Paarungsbehinderungen durch Nichtübereinstimmung der Kopulationsorgane.
– Genetische Isolation
Die Folge von Änderungen in den Chromosomensätzen, sie verhindert eine erfolgreiche Fortpflanzung.

Selektion Die natürliche Auslese drängt untaugliche Mutanten zurück und bevorteilt quantitativ die Genbestände eines selektionsbevorteilten Gentyps. Die Auslesefaktoren sind sehr vielfältig: Einwirkung der unbelebten Natur (Wetter, physikalische und chemische Bedingungen), Freßfeinde, Futterkonkurrenten, Parasiten, Krankheitserreger, geschlechtliche Auslese.

Verwandtschaftserforschung

Wenn komplexe Systeme in einer Zahl von Merkmalen große Ähnlichkeiten zeigen, schließen wir intuitiv auf Verwandtschaft. Niemand wunderte sich je über gewisse Ähnlichkeiten des Aussehens oder Verhaltens von Vater und Sohn.

Aber was dem natürlichen Empfinden selbstverständlich war, brauchte in der Wissenschaft Zeit und unwiderlegbare Beweise, um anerkannt zu werden. Die Einsicht in die Verwandtschaft und gemeinsame Abstammung von Sprachen setzte sich eher allgemein durch als die gleiche Erklärung für vergleichbare Erscheinungen und Zusammenhänge in der Biologie. Direkte und vor allem indirekte Beweise in ungeheurer Fülle wurden aber durch verschiedene wissenschaftliche Teildisziplinen bereitgestellt und verhalfen der Abstammungslehre zum Durchbruch. Zur Deutung der Verwandtschaft werden heute Zeugnisse vieler Bereiche herangezogen:
– Zeugnisse der Systematik
Es gibt kaum Arten mit durchgehend konstanten Merkmalen, so daß wir den Artbegriff besser mit unscharfen Grenzen sehen. Fließende Übergänge und sogenannte »Brückenformen« sogar auf höherer systematischer Ebene erleichtern das Verständnis für den nicht statischen Charakter der Einheiten im System.
– Zeugnisse der Verhaltensforschung
Manche unterschiedlich aussehenden Entenarten zeigen sehr große Ähnlichkeiten in ihrem hochentwickelten Sozialverhalten (z. B. Balz), so daß sich auch von hier aus gemeinsame Ursprünge erschließen lassen. Andererseits können (Entwicklungs-)Unterschiede im Verhalten

nahe verwandter Arten auch als Typen einer phylogenetischen Reihe aufgefaßt werden und so den Entwicklungsgang veranschaulichen. Der österreichische Verhaltensforscher und Nobelpreisträger KONRAD LORENZ, einer der »Väter« der Verhaltensforschung, stellte hierzu an Entenvögeln bahnbrechende Forschungen an.

– Zeugnisse der Parasitologie
Die ererbte Wirtsspezifität von Parasiten läßt oft sehr eindeutige Rückschlüsse auf die Verwandtschaft ihrer Wirte zu (Parasit als entsprechender Ahnenpaß).

– Zeugnisse der Physiologie
Die weitestgehende Übereinstimmung der physiologischen Grundfunktionen ist ein überzeugender Beweis der Phylogenese.

– Zeugnisse der Biochemie
Die Universalität mancher Stoffgruppen unterstreicht den gemeinsamen Ursprung allen Lebens. Abweichungen und streng artspezifische Stoffe (Eiweiße) wiederum lassen unterschiedliche Verwandtschaftsgrade erkennen. So ist beispielsweise die relativ enge Verwandtschaft zwischen Eulen und Nachtschwalben oder zwischen Schwalben und Kolibris kaum augenfällig oder gar einleuchtend, läßt sich aber durch die arttypische Bewegung der Eiweißmoleküle aus Vogeleiern im elektrischen Feld (Elektrophorese) nachweisen. Die Größe der Übereinstimmung bei Sequenzanalysen bei Nukleinsäuren (DNA) und Eiweißen ergibt ein zahlenmäßig faßbares Maß der stammesgeschichtlichen Verwandtschaft.

– Zeugnisse der Serologie
Die bei erworbener Immunität im Blutplasma enthaltenen Präzipitine reagieren mit dem artspezifischen Antigen anders als mit fremden oder mehr oder weniger entfernten Verwandten und lassen daraus quantitative Aussagen über den Grad der Verwandtschaft zu.

– Zeugnisse der Erbbiologie
Bestimmte embryonale Formen lassen sich oft nur stammesgeschichtlich erklären. Das biogenetische Grundgesetz von ERNST HAECKEL, wonach die Embryonalentwicklung die stammesgeschichtliche Entwicklung wiederholt, kann als ein »Finalprodukt der Entwicklung« in der heutigen Erscheinungsform und Lebensweise eines Tieres nicht mehr erkennbare Abstammung aufhellen und damit verwandtschaftliche Beziehungen verdeutlichen.

– Zeugnisse der Morphologie
Der gemeinsame »Bauplan« war schon für DARWIN ein Zeugnis der stammesgeschichtlichen Verwandtschaft der Lebewesen. Vogelflügel und Säugervorderextremität gehen auf den gleichen Bauplan zurück (homologe Organe), nicht aber Insekten- und Vogelflügel (analoge Organe).

– Zeugnisse der Paläontologie
Erhalten gebliebene Überreste vorgeschichtlicher Tierarten können unwiderlegbare Beweise der Evolution sein. Der Urvogel Archaeopteryx der Jurazeit zeigt (schon) Vogel- und (noch) Reptilienmerkmale.

– Tiergeografische Zeugnisse
Da die geografischen Gegebenheiten die Ausbreitung der Tierarten beeinflussen, bestehen auch Zusammenhänge zwischen den Arealen und dem Grad der Verschiedenheit seiner Bewohner. In unserem Falle müssen wir allerdings die Flugfertigkeit der Vögel und überdies Veränderungen der Oberflächenformen der Erde im Laufe der Erdgeschichte berücksichtigen.

Faunenregionen der Erde

Die moderne Tiergeographie teilt die Erde in sechs große zoogeographische Regionen ein, deren Grenzen nicht scharf zu ziehen sind, zwischen denen es einige Mischbezirke gibt und die auch in Unterbezirke weiter untergliedert werden können. Unser Beobachtungsgebiet gehört der Paläarktis an, und auch alles, was uns umgibt, ist noch Paläarktis. Nach Westen reicht sie bis auf den Atlantik hinaus, nach Osten noch viel weiter, nämlich durch ganz Asien hindurch bis in den Pazifik. Wenn wir es auch immer mit Vögeln der paläarktischen Faunenregion zu tun haben, wollen wir uns doch einen kleinen Überblick über die sechs Faunenzonen verschaffen.

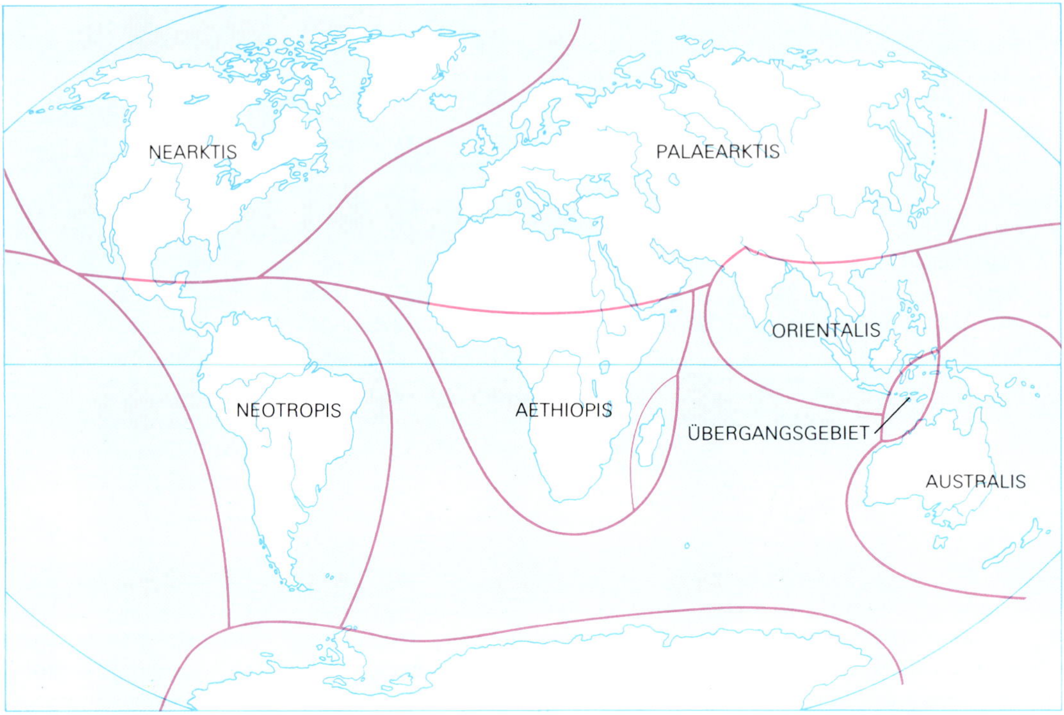

Die tiergeografischen Regionen der Erde

Sommerliche Tundra an der norwegischen Eismeerküste. Hier leben Schneeammer, Schmarotzerraubmöwe, Rotkehlpieper und Alpenschneehuhn. *Foto: Spillner*

a b

Vertreter der mediterranen Fauna:

c d

a Bienenfresser. *Foto: Schernick*
b Seidenreiher. *Foto: Rinnhofer*

c Sichler. *Foto: Sionchin/Gritschenko*
d Löffler. *Foto: Rank*

Paläarktis Sie umfaßt Europa und Asien (unter Ausschluß der südlichen Teile des Kontinents) und Nordwestafrika, also Iran, Afghanistan, den Himalaya. Der größte Teil Chinas und Japans gehören dazu. In diesem riesigen Territorium können wir verschiedene Faunentypen unterscheiden:

- den arktischen (Tundren mit Alpenschneehuhn, Eisente, Gerfalke, Schneeammer, Knutt),
- die sibirische boreale Zone (vor allem Taiga mit Bartkauz, Rotdrossel, Bergfink),
- den chinesisch-mandschurischen (Misch- und Nadelwälder Ostasiens),
- den mediterranen (Kalanderlerche, Mittelmeersteinschmätzer),
- den tibetischen (Hochländer Zentralasiens),
- den palämontanen (Hochgebirgszone der Paläarktis) (Alpenbraunelle, Mauerläufer, Schneefink),
- den turkmenischen (Tiefländer vom Kaspischen Meer bis an die Gebirge mit Steppenkiebitz, Nonnensteinschmätzer),
- den mongolischen (zentralasiatische Hochsteppen mit Zitronenstelze, Würgfalke).

Die Region ist mit insgesamt 1 100 Arten relativ artenarm. Als einzige Familie ist die der Braunellen *(Prunellidae)* nur in dieser Region vorkommend (endemisch).

Nearktis Sie umfaßt Grönland und Nordamerika einschließlich des Hochlandes von Mexiko.

Vor allem im Norden und durch viele zirkumpolar auftretende Arten hat die Fauna große Ähnlichkeit mit der der Paläarktis.

Darum wurden beide Regionen auch unter dem Namen Holarktis zusammengefaßt. Im Süden allerdings gibt es Übergänge zur Neotropis.

Endemisch sind in der Nearktis die Truthühner *(Meleagrinae).* Die Region ist mit 750 Arten noch artenärmer als die Paläarktis.

Neotropis Sie reicht vom Südrand der mexikanischen Hochebene durch Mittelamerika bis zur Südspitze Südamerikas und schließt die Karibik ein.

Das feuchtheiße Amazonasbecken gehört wie die trockenkalten Anden dazu. Südamerika ist mit 2 500 Vogelarten der vogelartenreichste Kontinent. Allein in Kolumbien leben 1 500 Arten. Rund 25 Familien sind endemisch bzw. in der Region entstanden.

Äthiopis Afrika südlich der Sahara einschließlich Madagaskars beherbergt mit 1 350 Arten ebenfalls eine reiche Vogelwelt. Es ist jedoch in vielen Gebieten deutlich artenärmer als die Neotropis (vgl. Kongo/Amazonas). Am artenreichsten sind die Hochplateaus Ostafrikas. Das lange von Afrika getrennte Madagaskar bildet eine eigene, relativ artenarme biogeografische Untergruppe.

Orientalis Zu dieser Region gehören die südostasiatische Inselwelt (Sumatera, Djawa, Kalimantan), die Philippinen und das tropische Asien (der indische Subkontinent und Hinterindien mit Burma, Thailand, Laos, Kampuchea, Vietnam) und südliche Teile Chinas. Die Fauna hat Ähnlichkeiten mit der der äthiopischen Region. Etwa 1 500 Arten leben hier.

Australis Das Gebiet ist seit langem vom eurasischen Kontinent isoliert, aber durch Inselgruppen mit der orientalischen Region verbunden. Neuguinea, Australien, Neuseeland und Ozeanien gehören dazu. Insellagen führten trotz geringer Artenzahl zu relativ vielen Endemiten. Zusammenfassend können wir den Gegensatz konstatieren, daß in der Holarktis die wenigsten Vogelarten, aber bei weitem die meisten Ornithologen vorkommen.

Taxonomie

Die Bemühungen, die möglichst realen Verwandtschaftsverhältnisse der Vögel aufzuhellen, führten zu Gruppierungen, die wiederum zu übergeordneten Gruppen zusammengefaßt wurden. So ergab sich die hierarchische Klassifikation. Alle Organismen werden in bestimmte Ka-

In Mitteleuropa gilt die Elbe als Grenze der Verbreitungsgebiete von Nebel- und Rabenkrähe. In diesem Bereich kommt es zu Bastardierungen, ein Beweis dafür, daß die so unterschiedlich aussehenden Vögel Unterarten einer Art sind, die wir als Aaskrähe bezeichnen. *Fotos: Hoyer, Spillner*

tegorien oder Taxa eingeordnet. Kategorie bedeutet hierbei eine Rangstufe in der Hierarchie, zu der alle Taxa gleichen Ranges gehören. Die wichtigste Kategorie ist die Art (Species), als »Gruppe von tatsächlichen oder möglichen miteinander kreuzbaren Populationen, die von anderen solchen Gruppen bezüglich der Fortpflanzung getrennt sind« (MAYR) definiert. In dieser real existierenden Fortpflanzungsgemeinschaft können alle Individuen mit einem Artgenossen des anderen Geschlechts fruchtbare Nachkommen erzeugen. Trotzdem gibt es im Erbgut der Art, dem Gen-Pool, eine beachtliche Mannigfaltigkeit, die sich in ihrem relativ stabilen Gleichgewichtszustand durch Fortpflanzung erhält, aber auch Wandlungen durch Mutationen zuläßt, mit denen dann die Evolution gewissermaßen »experimentiert« und bei Vorhandensein entsprechender Voraussetzungen (Isolierung) unter Umständen zu neuen Arten führt.

Daß dieser Weg über Unterarten (Subspecies) führen kann, ist verständlich, ebenso, daß für lange Zeit mit fließenden Grenzen zu rechnen ist. Ein erst im 19. Jahrhundert erkanntes Beispiel solcher Artaufspaltung sind die Sumpf- und die Weidenmeise. Sie sehen einander äußerlich sehr ähnlich und sind schwer zu unterscheiden. Verhalten und Lautinventar zeigen sowohl Gemeinsames als auch Unterschiede.

Bei abweichenden Habitatansprüchen kommen sie dennoch oft in gleichen Habitaten vor, ohne sich miteinander zu kreuzen. Sie haben sich also irgendwann in früherer Zeit voneinander getrennt und können nun nebeneinander leben. Die Raben- und die Nebelkrähe dagegen bewohnen getrennte Gebiete. In der Begegnungs- und Überlappungszone ihrer Gebiete kreuzen sie sich miteinander. Sie sind Unterarten der gleichen Art, die wir als Aaskrähe bezeichnen. Die Aaskrähe ist daher streng genommen eine theoretische Größe, da es sie real nicht gibt. Sie existiert in Form der Unterart Rabenkrähe oder der Unterart Nebelkrähe oder als Bastard von beiden. Fassen wir zusammen: Die Art ist das einzige Taxon von realer biologischer Bedeutung. Ihre Individuen erkennen einander als zur gleichen Art gehörig und können sich miteinander verpaaren.

Viel weniger eindeutig ist der nächst höhere

Begriff der Gattung. Nicht immer sind die Gemeinsamkeiten so auffällig und so eindeutig, daß eine klare Zuordnung leicht fällt. So gehören Misteldrossel, Wacholderdrossel, Singdrossel und Amsel zur gleichen Gattung *(Turdus)*, während die ebenfalls zur Familie der *Turdidae* (Drosseln) gehörende Steinrötel und Blaumerle eine andere Gattung *(Monticola)* bilden. Wieder zu einer anderen Gattung *(Luscinia)*, der Familie Drosseln, gehören Nachtigall und Sprosser. Bei solchen Zuordnungen sind die Meinungen oft geteilt, ohne daß man sagen könnte, wer recht hat und wer irrt. Subjektive Auffassungen über die Wertigkeit taxonomischer Kriterien spielen mitunter eine große Rolle. Vollends herrscht keine Einmütigkeit darüber, in welcher Reihenfolge die Gattungen innerhalb der Famlie zu ordnen seien. Während die einen dieses Problem umgehen und eine Ordnung nach dem Alphabet vornehmen, bemühen sich andere, im näheren oder ferneren Bei- oder Nacheinander ihre Auffassungen von den verwandtschaftlichen Beziehungen der Gruppen innerhalb der Familie zum Ausdruck zu bringen.

Es darf aber nicht außer acht gelassen werden, daß solche Auffassungen in erheblichem Maße von hypothetischem Charakter sind.

Zusammenfassungen verwandter Arten ergeben das höhere Taxon Gattung, über dem als höheres Taxon die Familie steht. Hier gilt das für die Gattung Gesagte analog. Wie groß die Gemeinsamkeiten sein müssen, um die nächsthöhere Kategorie zu umreißen, ist bis zu einem gewissen Grad Ansichtssache. Das Wissen um die Nähe oder Ferne der Verwandtschaft hängt natürlich außerdem vom Stand der systematischen Forschung ab. Im Idealfall widerspiegelt eine Gattung einen bestimmten Bereich der Anpassung. Die Angehörigen der Gattung *Parus* (Meisen) nehmen im Wald eine andere ökologische Nische ein, als die der Gattung *Sylvia* (Grasmücken) oder der Gattung *Turdus* (Drosseln). Das gilt entsprechend für die Familien. Sehr klar ist das Anpassungsspektrum der Familie *Picidae* (Spechte) gegenüber anderen Familien zu erkennen.

Da wir um die ständige Entwicklung wissen – Evolution ist kein historisches Ereignis der Vergangenheit, sie findet immer, auch heute statt! – ergibt sich logisch, daß all diese Grenzziehungen letzten Endes willkürlich sind und daß es viele Zwischenstufen gibt, ja geben muß. So wird denn auch in manchen Klassifikationen viel mit solchen Zwischenkategorien gearbeitet, in anderen weniger.

Beispielsweise kann man alle Eulen als eine Familie auffassen *(Strigidae)* oder aber, wie es oft geschieht, die Ordnung *Strigiformes* (Eulenvögel) in die Familie der Schleiereulen *(Tytonidae)* und der »Eulen im engeren Sinne« *(Strigidae)* aufteilen. Ähnlich ist es bei der Ordnung der Greifvögel *(Falconiformes)*, die meist in vier Familien geteilt wird: Neuweltgeier *(Cathartidae)*, Sekretäre *(Sagittariidae)*, Habichtartige *(Accipitridae)* und Falken *(Falconidae)*. Manche Forscher geben diesen vier Familien den Rang selbständiger Ordnungen, andere halten die Altweltgeier *(Aegypiidae)* für eine eigene Familie und stellen von den Habichtartigen *(Accipitridae)* sogar den Fischadler zur selbständigen Familie *Pandionidae*.

Ebenso werden mal die Rauhfußhühner *(Tetraonidae)* als eigene Familie innerhalb der Ordnung der Hühnervögel *(Galliformes)* angesehen, mal werden Birkhuhn, Auerhuhn genau wie Rebhuhn und Wachtel zur gleichen Familie Hühner *(Phasianidae)* gestellt. Bei den artenreichen Ordnungen der Wat- und Möwenvögel *(Charadriiformes)* und der Sperlingsvögel *(Passeriformes)* sucht man, durch die Einführung von Unterordnungen und Unterfamilien einen besseren Einblick in die verwandtschaftlichen Verzweigungen zu vermitteln. Auch die elf Familien der Kranichvögel *(Gruiformes)* werden manchmal als selbständige Ordnungen aufgefaßt. Gleiches gilt von den Unterordnungen der Rackenvögel *(Coraciiformes)* und Vergleichbares für die Familie der Sänger *(Muscicapidae)*, die man in 15 Unterfamilien gliedert, von denen man eine Reihe als selbständige Familie heute zu ganz anderen Singvogelfamilien in Beziehung setzen möchte.

Selbst die Vogelordnungen werden nicht immer gleich geordnet. Interessant ist die Aufteilung aller Vogelordnungen in drei Gruppen (Bruns): in Lauf- und Bodenvögel, Wasser- und Sumpfvögel, Baumvögel. Diese total funktional bezogene Großgliederung ergibt natürlich wiederum einige Umstellungen in der inneren Gliederung (Reihenfolge) der bekannten Systeme. Allen vertrauten Systemen gemeinsam ist das Bemühen, die Vögel nicht nur in der untersten Kategorie (Art) eindeutig zu benennen, sondern durch die Zusammenfassung zu größeren Einheiten und deren gegenseitige Zuordnung den Wissensstand und die eigene Position des Wissenschaftlers auszudrücken und damit gleichzeitig rückwärts die Evolution aufzuhellen.

Da wir gezwungen sind, vieldimensionale Strukturen bei der Wiedergabe zu vereinfachen, entsteht aus dem womöglichen Nebeneinander im Stammbaum ein scheinbares Nacheinander. Um auch diesem erzwungenen Nacheinander in Listen und Verzeichnissen noch einen Sinn zu geben, faßt man die Reihenfolge als Ausdruck der Weiter- und Höherentwicklung auf und beginnt die Liste mit den entwicklungsgeschichtlich alten (primitiveren) Arten und führt sie fort zu den entwicklungsgeschichtlich für jünger gehaltenen. So ergibt sich die Liste, die mit der Ordnung der *Tinaniformes* (Steißhühner Südamerikas) beginnt und mit der artenreichen Familie der Sperlingsvögel *(Passeriformes)* endet. Daß unterschiedliche Auffassungen über Entwicklung und Verwandtschaft innerhalb der Ordnung zu unterschiedlichen Reihenfolgen führen, versteht sich. In der Ordnung Sperlingsvögel steht manchmal die Familie der Webervögel *(Ploceidae)*, zu denen unsere Sperlinge gehören, an letzter Stelle der Liste für unser Territorium, im anderen Falle aber die Rabenvögel *(Corridae)*. Daß es auch möglich ist und so gehandhabt wurde, ganz allgemein die gewissermaßen umgekehrte Reihenfolge zu verwenden, sei nur noch angemerkt. Der Benutzer älterer ornithologischer Literatur wird Werke finden, die mit den Rabenvögeln beginnen. Wie dem

Vogelnamen sind meist nur Annäherungen an die Wirklichkeit: Der Weißstorch ist nicht nur weiß, und der Schwarzstorch ist nicht nur schwarz. Der Name Ciconia weist beide als Arten der gleichen Gattung aus. *Fotos: Wölfel, Spillner*

auch sei, jeder Forscher glaubt gute Gründe zu haben. Und nur Spezialisten mit einem tiefen Einblick und großem Überblick können in der Diskussion um Rangfolge, Reihenfolge und Zuordnung mitstreiten. Für die praktischen Belange der Ornithologen gibt es nur den Weg, sich des für seinen Bereich verbreiteten oder eines der verbreitetsten Systeme zu bedienen. Unseren praktischen Bedürfnissen kommt es entgegen, daß die bei uns üblichen Systeme glücklicherweise eine allzu starke Gliederung vermeiden. Es genügt zudem, mit den Kategorien Ordnung, Familie, Art (in einigen Fällen dazu noch Unterart) umzugehen. Der Feldornithologe hat es ja mit dem konkreten Tier, also mit der Art bzw. Unterart zu tun. Eine gewisse Einsicht in das gesamte Ordnungssystem erhöht jedoch sein biologisches Verständnis und erleichtert den Umgang mit der Literatur ganz wesentlich.

Nomenklatur Es gibt feste Regeln für die wissenschaftlichen Benennungen von Tierarten, die »Internationalen Regeln für die Zoologische Nomenklatur«. Der fixe Ausgangspunkt für die Zoologische Nomenklatur wurde mit dem 1. Januar 1758, dem Erscheinen der 10. Auflage von LINNÉS »Systema naturae«, datiert. Danach gab es selbstverständlich Verbesserungen und Verfeinerungen des Regelsystems, die von internationalen Kongressen beschlossen, von entsprechenden nationalen wissenschaftlichen Einrichtungen gebilligt und damit für verbindlich erklärt wurden. Es ist Sinn der Regeln (Vorschriften und Empfehlungen), die Stabilität und Universalität wissenschaftlicher Tiernamen zu fördern und zu gewährleisten, daß jeder Name einmalig und unterschiedlich ist. Eines ihrer grundlegenden Prinzipien ist die Priorität.

Jede Art hat, zurückgehend auf LINNÉ, einen Doppelnamen. Der Weißstorch zum Beispiel heißt *Ciconia ciconia* (LINNÉ), der Schwarzstorch *Ciconia nigra* (LINNÉ). Der erste, großgeschriebene Name bezeichnet die Gattung, der zweite, kleingeschriebene die Species innerhalb der Gattung. Beide zusammen aber bilden den verbindlichen Artnamen. Der Name dahinter, in wissenschaftlichen Werken zumindest bei Diskussionen systematischer Problematik unbedingt notwendig, bezeichnet den Erstbeschreiber. Wenn der Name in Klammern steht, bedeutet das, daß die verwandtschaftliche Zuordnung und damit die Benennung verändert wurde, die Art also einer anderen Gattung zugeordnet wurde, als es der Erstbeschreiber tat, dessen Name aber erhalten bleibt.

Unterarten werden dadurch benannt, daß dem zweiten Namen ein dritter hinzugefügt wird. Gleicht dieser dritte dem zweiten Namen, kann der zweite abgekürzt werden. Für den praktischen Gebrauch des Feldornithologen genügt nicht nur die binäre Benennung, sondern die ternäre würde in vielen Fällen eine Genauigkeit vortäuschen, die gar nicht garantiert werden kann, selbst wenn sie manchmal in hohem Grade wahrscheinlich ist.

Die Namen der Familien sollen nach der typischen Gattung, die der Ordnung nach der typischen Familie gewählt werden, wobei es freilich einen subjektiven Spielraum dafür gibt, was als typisch anzusehen ist.

Die Namen der Unterfamilie haben stets die Endung *-inae*. die der Familie *-idae*, die der Ordnung enden auf *-formes*, so daß man auch am einzelnen Namen die Kategorie, die taxonomische Ebene im hierarchischen System erkennen kann.

Klassifikation der Vögel

Es gibt etwa 8 600 lebende Vogelarten auf der Welt. Je nach Klassifikationssystem schwankt diese Zahl ein wenig. Größere Abweichungen zeigen die Systeme hinsichtlich ihrer Zahl von Familien und Ordnungen, da bei den höheren Taxa subjektive Entscheidungen eine größere Rolle spielen.

In der nachfolgenden Übersicht werden alle für unser Gebiet nachgewiesenen Vogelarten mit ihrem internationalen, wissenschaftlichen und dem allgemein üblichen, weitgehend ein-

Aus der Familie der Trappen kommt nur die Großtrappe in Mitteleuropa als Brutvogel vor. Sie ist vom Aussterben bedroht. *Foto: Budich*

heitlich verwendeten deutschen Namen in der systematischen Reihenfolge aufgeführt. Sie sind nach Ordnungen und Familien geordnet. Da wir von unserer heimischen Vogelwelt ausgehen, sind also nur jene Ordnungen und Familien aufgeführt, von denen Vertreter bei uns leben, durchziehen oder als Seltenheit oder Irrgäste nachgewiesen wurden. Das heißt, solche Ordnungen oder Familien, deren Vertreter etwa ausschließlich in Südamerika vorkommen, sind nicht verzeichnet. Trotzdem hielten wir es für sinnvoll, jeweils bei den Familien anzugeben, mit wieviel Arten sie in der Welt vertreten sind und wieviele davon in Europa vorkommen, wieviele davon wiederum bei uns vorkommen (warum nicht alle Zahlen exakt sind und sein können, wird dem Leser klar beim Studium des Kapitels über das wissenschaftliche Ordnungssystem). Es ergibt sich so ein Bild der Verbreitung der Vogelarten. Wenn es in der Welt über 200 Spechtarten gibt, davon in Europa aber nur 10 und davon bei uns 7 vorkommen, wird klar, daß der Verbreitungsschwerpunkt in anderen Teilen der Welt liegen muß.

Ebenso bei den Racken: Zwar gibt es auf der Welt »nur« 17 Arten der Familie *Coraciidae*, aber in Europa wie bei uns nur eine Art, die Blauracke, die zudem als »sehr seltener Brutvogel« gekennzeichnet ist. Die Blauracke ist also offensichtlich für unser Territorium kein typischer Brutvogel. Genau die gleichen Zahlen gelten für die Familien *Alcedinedae*, zu der unser Eisvogel gehört. Ähnlich ist es beim Bienenfresser, für den die Zahlen 24/1/1 lauten.

Es scheint kein Zufall zu sein, daß diese farbenprächtigen, auffälligen Vogelgestalten uns auch ohne solche Betrachtungen über die Verbreitungsschwerpunkte wie wundersame Boten aus einer anderen Welt vorkommen. Bei der Angabe der Artenzahl für die DDR sind die ausgestorbenen Arten und die Irrgäste nicht mit berücksichtigt, weil die Zahl sonst einen falschen Eindruck induzieren würde. Das sei am Beispiel der Trappen verdeutlicht.

Es gibt in der Welt 22 bis 24 Arten in der Trappenfamilie, nur 2 davon kommen in Europa vor:

Die Großtrappe *(Otis tarda)*, die in Kultursteppen und Steppen von Europa durch das mittlere Asien bis zum Ussuri vorkommt. Und die Zwergtrappe, die in Südeuropa, Kleinasien bis Turkestan lebt. Die Zwergtrappe ist bei uns lange ausgestorben, die Großtrappe ist ein vom Aussterben bedrohter Vogel in unserem Land. Faunenlisten aber verzeichnen jeden Nachweis für unser Territorium, also auch die Kragentrappe *(Chlamydotis undulata)*, die in Vorder- und Südostasien und Nordafrika lebt. Lediglich zweimal wurde sie – noch dazu in der 1. Hälfte des vorigen Jahrhunderts – hier nachgewiesen.

Damit enthält das offizielle Verzeichnis nach faunistischem Brauch drei Trappenarten, während gerade eine Art sich noch in Restvorkommen hält und wahrscheinlich mit dem Zusammenbrechen der Population gerechnet werden muß.

Deutlich abgesetzt allerdings werden auch die nicht mitgezählten Seltenheiten. Ehemalige Brutvögel und Irrgäste werden namentlich genannt und eindeutig als solche bezeichnet. Damit wird gleichzeitig ein Gesamtüberblick im Sinne einer Faunenliste geboten. Die immerhin möglicherweise zu erwartenden oder gar wahrscheinlich vorkommenden Vögel werden von den unwahrscheinlichen und beinahe keinesfalls zu erwartenden Vögeln einerseits klar unterschieden, andererseits in ihrem systematischen Kontext aufgeführt.

In jedem Falle ist vermerkt, ob es sich um einen Brutvogel, einen Durchzügler oder Winter-(Sommer-)gast handelt. Da eine Art hier bei uns brüten, in anderen Teilpopulationen aber hier durchziehen oder hier Ruhequartier haben kann, treten oft mehrere Bezeichnungen nebeneinander auf. Wenn wir in einigen Fällen verbale Quantitätsangaben hinzufügen (etwa »sehr selten«, »gelegentlich«), so sind wir uns der Problematik dieser Verfahrensweise bewußt, zumal im Zeitalter der quantitativen Avifaunistik und bei dem Wissen um oft schnelle Veränderungen. Daß auch die knappe Aussage »Brutvogel« nicht bedeutet, die Art sei relativ gleichmäßig oder auch nur gleichmäßig häufig oder überhaupt im gesamten Gebiet vorhanden, bedarf eigentlich keiner Betonung.

Das gilt analog für die Kennzeichnung als »Durchzügler« oder »Wintergast«: Natürlich ist die Samtente (eine echte Meeresente) eher an der Küste zu erwarten als im Binnenland. Das gilt ebenso für solche Arten, die bestimmte Sammel- oder Rastplätze aufsuchen. Wir wissen um die Abnahme vieler Vogelarten. Im Kapitel »Vogel und Umwelt« ist mehr darüber zu lesen.

Damit mag dem einen oder anderen Leser

eine so knappe Kennzeichnung überflüssig erscheinen. Dennoch meinen wir, eine kurze Kennzeichnung ist notwendig und besser als keine. Wollte man genauer sein, müßte man viele Gesichtspunkte berücksichtigen und würde den Übersichtscharakter dieser Liste sprengen.

Was die Reihenfolge und die Gliederung betrifft, so folgen wir dem in unserem Lande verbreitetsten System, das prinzipiell auf den Amerikaner WETMORE (A revised classification for the birds of the world. Washington 1951) zurückgeht. Es ist durch die verbreitetsten, auflagenstärksten ornithologischen Bestimmungsbücher und Avifaunenverzeichnisse allgemein bekannt. In Kleinigkeiten haben wir neue Modifikationen, die uns in Büchern von STEPHAN und MAUERSBERGER auffielen und das uns vertraute »Arbeitsmittel« nicht wesentlich verändern, berücksichtigt. Im übrigen sind wir weit davon entfernt, den Anschein erwecken zu wollen, als wollten wir mit der Entscheidung ein Urteil zugunsten einer und zuungunsten einer anderen Klassifikation abgeben.

Für unsere Zwecke ist das Ordnungssystem zum einen tatsächlich Arbeitsordnungssystem, zum anderen Informationsquelle über verwandtschaftliche Gruppierungen in der Klasse der Vögel. Dieser folgen wir im notwendigen Vertrauen auf jene, deren diffiziler Detailforschung, und auf jene, deren großer Zusammenschau es sein Entstehen verdankt.

Ordnung *Gaviiformes,* Seetaucher
Familie *Gaviidae,* Seetaucher
In der Welt 4–5 Arten, in Europa 4, bei uns 4 Arten.
Gavia arctica (LINNÉ), Prachttaucher
Regelmäßiger Durchzügler
Gavia immer (BRÜNNICH), Eistaucher
Seltener Wintergast
Gavia adamsii (GRAY), Gelbschnabeltaucher
Irrgast
Gavia stellata (PONTOPPIDAN), Sterntaucher
Regelmäßiger Durchzügler, Wintergast

Ordnung *Podicipediformes,* Lappentaucher
Familie *Podicipedidae,* Lappentaucher
In der Welt 18–20 Arten, in Europa 4, bei uns 4 Arten.
Podiceps cristatus (LINNÉ), Haubentaucher
Brutvogel, Durchzügler, überwintert
Podiceps griseigena (BODDAERT,) Rothalstaucher
Brutvogel, ausnahmsweise überwinternd
Podiceps auritus (LINNÉ), Ohrentaucher
Durchzügler, Wintergast, gelegentlich übersommernd
Podiceps nigricollis (C.L.BREHM), Schwarzhalstaucher
Brutvogel, Durchzügler, vereinzelt überwinternd
Podiceps ruficollis (PALLAS), Zwergtaucher
Brutvogel, Durchzügler, regelm. überwinternd

Ordnung *Procellariiformes* Röhrennasen
Familie *Procellariidae,* Sturmvögel
In der Welt 51–56 Arten, in Europa 3, bei uns 0 Arten (3 Irrgäste)
Puffinus puffinus (BRÜNNICH), Schwarzschnabelsturmtaucher, Irrgast
Fulmarus glacialis (LINNÉ), Eissturmvogel, Irrgast
Pagodroma nivea FORSTER, Schneesturmvogel, Irrgast

Familie *Hydrobatidae,* Sturmschwalben
In der Welt 20–22 Arten, in Europa 2, bei uns 2 Arten.
Hydrobates pelagicus (LINNÉ), Sturmschwalbe
Irrgast
Oceanodromq lucorhoa (VIELLOT), Wellenläufer, Irrgast

Ordnung *Pelecaniformes,* Ruderfüßer
In der Welt 7–9 Arten, in Europa 1, bei uns 0 Arten, (1 Irrgast).
Familie *Sulidae,* Tölpel
Sula bassana (LINNÉ), Basstölpel, Irrgast

Familie *Phalacrocoracidae,* Kormorane
In der Welt 29–30 Arten, in Europa 3, bei uns 1 Art.

Phalacrocorax carbo (Linné), Kormoran
Brutvogel, teilweise überwinternd, Durchzügler
Phalacrocorax aristotelis (Linné), Krähenscharbe
Irrgast

Familie *Pelecanidae,* Pelikane
In der Welt 6–8 Arten, in Europa 2, bei uns 0 Arten, (2 Irrgäste).
Pelecanus onocrotalus (Linné), Rosapelikan
Irrgast (möglicherweise aus Gefangenschaft)
Pelecanus crispus (Bruch), Krauskopfpelikan
Irrgast (Gefangenschaftsflüchtling?)

Ordnung *Ciconiiformes,* Schreitvögel
Familie *Ardeidae,* Reiher
In der Welt 58–59 Arten, in Europa 9, bei uns 3 Arten.
Ardea cinerea (Linné), Graureiher
Brutvogel, teilweise überwinternd, Durchzügler
Ardea purpurea (Linné), Purpurreiher
Irrgast, selten Brutvogel
Egretta garzetta (Linné), Seidenreiher
Irrgast
Casmerodius albus (Linné), Silberreiher
Irrgast
Ardeola ralloides (Scopoli), Rallenreiher
Irrgast
Ardeola ibis (Linné), Kuhreiher
Irrgast
Nycticorax nycticorax (Linné), Nachtreiher
Irrgast
Ixobrychus minutus (Linné), Zwergrohrdrommel
Spärlicher Brutvogel
Botaurus stellaris (Linné), Rohrdrommel
Spärlicher Brutvogel, teilweise überwinternd, Durchzügler

Familie *Ciconiidae,* Störche
In der Welt 17–18 Arten, in Europa 2, bei uns 2 Arten.
Ciconia ciconia (Linné), Weißstorch
Brutvogel, Durchzügler
Ciconia nigra (Linné), Schwarzstorch
seltener Brutvogel, Durchzügler bzw. Irrgast

Familie *Threskiornithidae,* Ibisse
In der Welt 28–32 Arten, in Europa 2, bei uns 0 Arten, (2 Irrgäste).
Platalea leucorodia (Linné), Löffler
Irrgast
Plegadis falcinellus (Linné), Sichler
Irrgast

Ordnung *Phoenicopteriformes,* Flamingos
Familie *Phoenicopteridae,* Flamingo
In der Welt 5–6 Arten, in Europa 1, bei uns 0 Arten, (1 Irrgast).
Phoenicopterus ruber (Linné), Rosaflamingo
seltener Irrgast (meist Flüchtlinge aus Tiergärten)

Ordnung *Anseriformes,* Gänsevögel
Familie *Anatidae,* **Entenvögel**
In der Welt etwa 147, in Europa über 40, bei uns 33 Arten.
Anas platyrhynchos (Linné), Stockente
Häufiger Brutvogel, teilweise überwinternd, Durchzügler, Wintergast
Anas crecca (Linné), Krickente
Brutvogel, Durchzügler, Wintergast
Anas querquedula (Linné), Knäkente
Brutvogel, Durchzügler, zum Teil Wintergast
Anas strepera (Linné), Schnatterente
Brutvogel, Durchzügler, Wintergast
Anas penelope (Linné) Pfeifente
sehr seltener unregelmäßiger Brutvogel, häufiger Durchzügler, Wintergast
Anas acuta (Linné), Spießente
Seltener Brutvogel, Durchzügler, gelegentlicher Wintergast
Anas clypeata (Linné), Löffelente
Seltener Brutvogel, Durchzügler, gelegentlicher Wintergast
Netta rufina (Pallas), Kolbenente
Sehr seltener Durchzügler, Brutvogel, seltener Wintergast
Aythya marila (Linné), Bergente
Durchzügler, Wintergast, gelegentlich übersommernd
Aythya fuligula (Linné), Reiherente
Brutvogel, Durchzügler

Aythya ferina (LINNÉ), Tafelente
Brutvogel, Durchzügler, Wintergast
Athya nyroca (GÜLDENSTÄDT), Moorente
Seltener Brutvogel, manchmal überwinternd
Bucephala clangula (LINNÉ), Schellente
Brutvogel, Durchzügler, Wintergast
Bucephala islandica (GMELIN), Spatelente, Irrgast
Clangula hyemalis (LINNÉ), Eisente
Durchzügler, Wintergast, gelegentlich übersommernd
Melanitta fusca (LINNÉ), Samtente
Durchzügler, Wintergast, gelegentlich übersommernd
Melanitta nigra (LINNÉ), Trauerente
Durchzügler, Wintergast, gelegentlich übersommernd
Histrionicus histrionicus (LINNÉ), Kragenente
Irrgast
Polysticta stelleri (PALLAS), Scheckente
Irrgast
Somateria mollisima (LINNÉ), Eiderente
Wintergast, Sommergast, Durchzügler
Somateria spectabilis (LINNÉ), Prachteiderente
Seltener Irrgast
Oxyurra leucocephala (SCOPOLI), Ruderente
Irrgast
Mergus serrator (LINNÉ), Mittelsäger
Brutvogel, Durchzügler, Wintergast
Mergus merganser (LINNÉ), Gänsesäger
Seltener Brutvogel, Durchzügler, Wintergast
Mergus albellus (LINNÉ), Zwergsäger
Durchzügler, Wintergast
Tadorna tadorna (LINNÉ), Brandgans
Brutvogel, Durchzügler, unregelmäßiger Wintergast
Casarca ferruginea (PALLAS), Rostgans
Irrgast
Anser anser (LINNÈ), Graugans
Brutvogel, Durchzügler, gelegentlich überwinternd
Anser albifrons (SCOPOLI), Bleßgans
Häufiger Durchzügler, Wintergast
Anser erythropus (LINNÉ), Zwerggans
Seltener Durchzügler, Wintergast
Anser fabalis (LATHAM), Saatgans
Durchzügler, Wintergast
Anser brachyrhynchus (BAILLON), Kurzschnabelgans
Vereinzelter Durchzügler, Wintergast
Anser indicus (LATHAM), Streifengans
Sommergast (aus Gefangenschaft oder Einbürgerungen)
Anser caerulescens (LINNÉ), Schneegans
Irrgast und – meist – aus Gefangenschaft
Branta bernicla (LINNÉ), Ringelgans
Durchzügler, spärlicher Wintergast
Branta leucopsis (BECHSTEIN), Weißwangengans
Durchzügler, auch Wintergast
Branta canadensis (LINNÉ), Kanadagans
Jahresgast, vereinzelt Brutvogel
Branta ruficollis (PALLAS), Rothalsgans
Irrgast
Cygnus olor (GMELIN), Höckerschwan
Brutvogel, Durchzügler, Wintergast
Cygnus cygnus (LINNÉ), Singschwan
Durchzügler, Wintergast, übersommert regelmäßig
Cygnus columbianus (Ord), Zwergschwan
Durchzügler, Wintergast

Ordnung *Falconiformes*, Greifvögel
Familie *Accipitridae*, Greifvögel (Habichtartige)
In der Welt 200–210 Arten, in Europa 27, bei uns 13 Arten.
Neophron percnopterus (LINNÉ), Aasgeier
Sehr seltener Irrgast
Gyps fulvus (HABLIZL), Gänsegeier, Irrgast
Aegypius monachus (LINNÉ), Kuttengeier
Irrgast
Aquila chrysaetos (LINNÉ), Steinadler
Heute sehr seltener Durchzügler, ehemaliger Brutvogel, Wintergast
Aquila rapax (TEMMINCK), Steppenadler
Seltener Irrgast
Aquila clanga (PALLAS), Schelladler
Irrgast
Aquila pomarina (C. L. BREHM), Schreiadler
Seltener Brutvogel
Hieraaetus fasciatus (VIEILLOT), Habichtsadler
Irrgast
Hieraaetus pennatus (GMELIN), Zwergadler
Irrgast

Buteo buteo buteo (LINNÉ), Mäusebussard
Häufiger Brutvogel, teilweise überwinternd, Durchzügler, Wintergast
Buteo buteo vulpinus (GLOGER), Falkenbussard
Durchzügler, gelegentlich Wintergast
Buteo lagopus (PONTOPPIDAN), Rauhfußbussard
Durchzügler, Wintergast, ausnahmsweise übersommernd
Buteo rufinus (CRETZSCHMAR), Adlerbussard
Irrgast
Accipiter nisus (LINNÉ), Sperber
Brutvogel, Durchzügler, Wintergast
Accipter gentilis (LINNÉ), Habicht
Brutvogel, Durchzügler, Wintergast
Milvus milvus (LINNÉ), Rotmilan
Brutvogel, Durchzügler, gelegentlich überwinternd
Milvus migrans (BODDAERT), Schwarzmilan
Brutvogel, Durchzügler
Elanoides forficatus (LINNÉ), Schwalbenweihe
Irrgast
Haliaeetus albicilla (LINNÉ), Seeadler
Brutvogel, Durchzügler, Wintergast
Pernis apivorus (LINNÉ), Wespenbussard
Brutvogel, Durchzügler
Circus aeruginosus (LINNÉ), Rohrweihe
Brutvogel, Durchzügler
Circus cyaneus (LINNÉ), Kornweihe
Sehr seltener Brutvogel, Durchzügler, Wintergast
Circus macrourus (GMELIN), Steppenweihe
Ausnahmsweise Brutvogel, gelegentlicher Durchzügler, sehr seltener Wintergast
Circus pygargus (LINNÉ), Wiesenweihe
Sehr seltener Brutvogel, Durchzügler, ausnahmsweise Wintergast
Cireaetus gallicus (GMELIN), Schlangenadler
Ehemals sehr seltener Brutvogel, gelegentlicher Durchzügler bzw. Irrgast
Pandion haliaetus (LINNÉ), Fischadler
Brutvogel, Durchzügler, ausnahmsweise überwinternd

Familie *Falconidae,* Falken
In der Welt 54–58 Arten, in Europa 10, bei uns 4 Arten.

Falco subbuteo (LINNÉ), Baumfalke
Seltener Brutvogel, Durchzügler
Falco peregrinus (TUNSTALL), Wanderfalke
Sehr seltener Brutvogel, Durchzügler, Wintergast, Irrgast
Falco columbarius (LINNÉ), Merlin
Durchzügler, Überwinterer
Falco cherrug (GRAY), Würgfalke, Irrgast
Falco rusticolus LINNÉ, Gerfalke, Irrgast
Falco vespertinus (LINNÉ), Rotfußfalke
Durchzügler, vereinzelte Bruten
Falco naumanni (FLEISCHER), Rötelfalke
Irrgast
Falco tinnunculus (LINNÉ), Turmfalke
Brutvogel, Durchzügler, Wintergast

Ordnung *Galliformes,* Hühnervögel
Familie *Phasianidae,* Hühner
In der Welt 198–205 Arten, in Europa 12, bei uns 5 Arten.
Lagopus lagopus (LINNÉ), Moorschneehuhn
Ehemaliger seltener Gast
Lyrurus tetrix (LINNÉ), Birkhuhn
Seltener Brutvogel
Tetrao urogallus (LINNÉ), Auerhuhn
Seltener Brutvogel
Tetrastes bonasia (LINNÉ), Haselhuhn
Ehemaliger Brutvogel (möglicherweise brüten noch vereinzelt Paare)
Perdix perdix (LINNÉ), Rebhuhn, Brutvogel
Coturnix coturnix (LINNÉ), Wachtel
Brutvogel, Druchzügler
Phasianus colchicus (LINNÉ), Fasan
Brutvogel (eingebürgert)

Ordnung *Gruiformes,* Kranichartige
Familie *Gruidae,* Kraniche
In der Welt 14 Arten, in Europa 2, in der DDR 1 Art.
Grus grus (LINNÉ), Kranich
Brutvogel, Durchzügler, ausnahmsweise überwinternd

Familie *Otididae,* Trappen
In der Welt 22–24 Arten, in Europa 2, in der DDR 1 Art.

Otis tarda (LINNÉ), Großtrappe
Brutvogel
Tetrax tetrax (LINNÉ), Zwergtrappe
Ehemals Brutvogel, heute Irrgast
Chlamydotis undulata (JACQUIN), Kragentrappe
Einst Irrgast

Familie *Rallidae,* Rallen
In der Welt 133–138 Arten, in Europa 9, bei uns 6 Arten.
Rallus aquaticus (LINNÉ), Wasserralle
Brutvogel, gelegentlich überwinternd, Durchzügler
Porzana porzana (LINNÉ), Tüpfelralle
Seltener Brutvogel, Durchzügler
Porzana pusilla (PALLAS), Zwergralle
Seltener Brutvogel, seltener Gast, Durchzügler
Porzana parva (SCOPOLI), Kleinralle
Seltener Brutvogel, Durchzügler
Crex crex (LINNÉ), Wiesenralle
Brutvogel, Durchzügler
ausnahmsweise überwinternd
Gallinula chloropus (LINNÉ), Teichralle
Brutvogel, teilweise überwinternd, vielfach auch Wintergast, Durchzügler
Fulica atra (LINNÉ), Bleßralle
Häufiger Brutvogel, teilweise überwinternd, Durchzügler, Wintergast

Ordnung *Charadriiformes,* **Watvögel** und **Möwen**
Familie *Haematopodiae,* Austernfischer
In der Welt 5–7 Arten, in Europa 1, bei uns 1 Art.
Haematopus astralegus (LINNÉ), Austernfischer
Brutvogel, Durchzügler, seltener Wintergast

Familie *Charadriidae,* Regenpfeifer
In der Welt 61–63 Arten, in Europa 8, bei uns 10 Arten.
Chettusia leucura (LICHTENSTEIN), Weißschwanzkiebitz
Irrgast
Chettusis gregaria (PALLAS), Steppenkiebitz
Irrgast
Vanellus vanellus (LINNÉ), Kiebitz
Brutvogel, Durchzügler, gelegentlich Wintergast
Charadrius hiaticula (LINNÉ), Sandregenpfeifer
Brutvogel, Durchzügler
Charadrius dubius (SCOPOLI), Flußregenpfeifer
Brutvogel, Durchzügler
Charadrius alexandrinus (LINNÉ), Seeregenpfeifer
Sommergast, Durchzügler, früher Brutvogel
Charadrius leschenaultii (LESSON), Wüstenregenpfeifer, Irrgast
Pluvialis squatarola (LINNÉ), Kiebitzregenpfeifer
Durchzügler, Wintergast
Pluvialis apricaria (LINNÉ), Goldregenpfeifer
Durchzügler, Wintergast, früher Brutvogel
Pluvialis dominica (MÜLLER), Kleiner Goldregenpfeifer, Irrgast
Eudromias morinellus (LINNÉ), Mornellregenpfeifer, Durchzügler
Arenaria interpres (LINNÉ), Steinwälzer
Durchzügler, ausnahmsweise Wintergast, Übersommerer, früher Brutvogel

Familie *Scolopacidae,* Schnepfen
In der Welt 82–85 Arten, in Europa 24, bei uns 24 Arten.
Gallinago gallinago (LINNÉ), Bekassine
Brutvogel, Durchzügler, gelegentlich überwinternd
Gallinago media (LATHAM), Doppelschnepfe
Seltener Durchzügler, ehemals Brutvogel,
Lymnocryptes minimus (BRÜNNICH), Zwergschnepfe
Durchzügler, ausnahmsweise Sommer- und Wintergast, Ehemaliger Brutvogel
Scolopax rusticola (LINNÉ), Waldschnepfe
Brutvogel, Durchzügler, gelegentlich überwinternd
Numenius arquata (LINNÉ), Brachvogel
Seltener Brutvogel, Durchzügler, gelegentlich überwinternd
Numenius phaeopus (LINNÉ), Regenbrachvogel
Durchzügler
Numenius tenuirostris (VIELLOT), Dünnschnabel-Brachvogel, Irrgast
Limosa limosa (LINNÉ), Uferschnepfe
Brutvogel, Durchzügler
Limosa lapponica (LINNÉ), Pfuhlschnepfe

Durchzügler, seltener Wintergast
Tringa erythropus (PALLAS), Dunkelwasserläufer
Durchzügler, gelegentlich übersommernd, ausnahmsweise überwinternd
Tringa totanus (LINNÉ), Rotschenkel
Brutvogel, Durchzügler, Wintergast
Tringa stagnatilis (BECHSTEIN), Teichwasserläufer
Sehr seltener Durchzügler bzw. Irrgast
Tringa nebularia (GUNNERUS), Grünschenkel
Durchzügler, vereinzelt übersommernd
Tringa ochropus (LINNÉ), Waldwasserläufer
Sehr seltener Brutvogel, Durchzügler, ausnahmsweise Wintergast
Tringa glareola (LINNÉ), Bruchwasserläufer
Durchzügler, gelegentlich übersommernd, früher Brutvogel
Tringa terek (LATHAM), Terek-Wasserläufer
Irrgast
Tringa hypoleucos (LINNÉ), Flußuferläufer
Seltener Brutvogel, Durchzügler, Wintergast
Tringa macularia (LINNÉ), Drosseluferläufer
Irrgast
Calidris canutus (LINNÉ), Küstenstrandläufer (Knutt), Durchzügler
Calidris minutus (LEISLER), Zwergstrandläufer
Durchzügler
Calidris temminckii (LEISLER), Temminck-Strandläufer, Durchzügler
Calidris melanotos (VIELLOT), Graubruststrandläufer
Irrgast
Calidris maritima (BRÜNNICH), Meerstrandläufer
Durchzügler, Wintergast
Calidris alpina (LINNÉ), Alpenstrandläufer
Brutvogel, Durchzügler, Wintergast
Calidris ferruginea (PONTOPPIDAN), Sichelstrandläufer, Durchzügler
Calidris alba (PAllas), Sanderling
Durchzügler, seltener Wintergast
Limicola falcinellus (PONTOPPIDAN), Sumpfläufer
Durchzügler
Tryngites subruficollis (VIELLOT), Grasläufer
Irrgast
Philomachus pugnax (LINNÉ), Kampfläufer
Brutvogel, Durchzügler, ausnahmsweise überwinternd

Familie *Recurvirostridae*, Säbelschnäbler
In der Welt 6–7 Arten, in Europa 2, bei uns 1 Art.
Recurvirostra avosetta (LINNÉ), Säbelschnäbler
Brutvogel, Durchzügler
Himantopus himantopus (LINNÉ), Stelzenläufer
ursprünglich Irrgast, jetzt einige Brutnachweise

Familie *Phalaropodidae*, Wassertreter
In der Welt 3 Arten, in Europa 2, bei uns 1 Art.
Phalaropus fulicarius (LINNÉ), Thorswassertreter
Irrgast
Phalaropus lobatus (LINNÉ), Odinswassertreter
Durchzügler, unregelmäßiger Sommergast

Familie *Burhinidae*, Triele
In der Welt 9 Arten, in Europa 1, bei uns 1 Art
Burhinus oedicnemus (LINNÉ), Triel
Ehemaliger (?) Brutvogel, Durchzügler

Familie *Glareolidae*, Brachschwalben
In der Welt 17 Arten, in Europa 2, bei uns 0 Arten (3 Irrgäste).
Cursorius cursor (LATHAM), Rennvogel
Irrgast
Glareola Pratincola (LINNÉ), Rotflügel-Brachschwalbe, Irrgast
Glareola nordmanni (NORDMANN), Schwarzflügel-Brachschwalbe
Irrgast

Familie *Stercorariidae*, Raubmöwen
In der Welt 4 Arten, in Europa 4, bei uns 3 Arten
Stercorarius parasiticus (LINNÉ), Schmarotzerraubmöwe
Durchzügler, ausnahmsweise überwinternd
Stercorarius skua (BRÜNNICH), Großraubmöwe
Irrgast
Stercorarius pomarinus (TEMMINCK), Spatelraubmöwe, Durchzügler
Stercorarius longicaudus (VIELLOT), Falkenraubmöwe
Durchzügler, ausnahmsweise überwinternd

Familie *Laridae,* Möwen
In der Welt 82–85 Arten, in Europa 20, bei uns 15 Arten.
Larus marinus (LINNÉ), Mantelmöwe
Jahresgast
Larus fuscus (LINNÉ), Heringsmöwe
Vorübergehend Brutvogel, Sommer- und Wintergast
Larus argentatus (PONTOPPIDAN), Silbermöwe
Brutvogel, Durchzügler, Sommer- und Wintergast
Larus canus (LINNÉ), Sturmmöwe
Brutvogel, Durchzügler, Wintergast
Larus hyperboreus (GUNNERUS), Eismöwe
Irrgast
Larus glaucoides (MEYER), Polarmöwe
Unregelmäßiger Gast, gelegentlich übersommernd,
Larus melanocephalus (TEMMINCK), Schwarzkopfmöwe
Früher nur Irrgast, heute Brutvogel
Larus minutus (PALLAS), Zwergmöwe
Ausnahmsweise Brutvogel, Durchzügler, Sommer- und Wintergast
Laurus ridibundus (LINNÉ), Lachmöwe
Häufiger Brutvogel, Durchzügler, Wintergast
Xema sabini (SABINE), Schwalbenmöwe
Irrgast
Rissa tridactyla (LINNÉ), Dreizehenmöwe
Unregelmäßiger Gast
Chlidonias niger (LINNÉ), Trauerseeschwalbe
Seltener Brutvogel, Durchzügler
Chlidonias leucopterus (TEMMINCK), Weißflügelseeschwalbe, seltener Gast
Chlidonias hybrida (PALLAS), Weißbartseeschwalbe, Irrgast
Gelochelidon nilotica (GMELIN), Lachseeschwalbe
Ehemals Brutvogel, heute nur noch Durchzügler bzw. Irrgast
Hydroprogne caspia (PALLAS), Raubseeschwalbe
sehr seltener Brutvogel
Sterna hirundo (LINNÉ), Flußseeschwalbe
Brutvogel, Durchzügler
Sterna paradisaea (PONTOPPIDAN), Küstenseeschwalbe
Brutvogel, Durchzügler
Sterna fuscata (LINNÉ), Rußseeschwalbe
Irrgast
Sterna albifrons (PALLAS), Zwergseeschwalbe
Seltener Brutvogel, Durchzügler, ausnahmsweise im Binnenland übersommernd
Sterna sandvicensis (LATHAM), Brandseeschwalbe
Brutvogel, Durchzügler

Familie *Alcidae,* Alken
In der Welt 20–22 Arten, in Europa 6, bei uns 3 Arten.
Alca torda (LINNÉ), Tordalk
Wintergast, ausnahmsweise übersommernd
Plautus alle (LINNÉ), Krabbentaucher
Seltener Wintergast
Uria aalge (PONTOPPIDAN), Trottellumme
Jahresgast, Irrgast
Uria lomvia (LINNÉ), Dickschnabellumme
Irrgast
Cepphus grylle (LINNÉ), Gryllteist
Seltener Wintergast, gelegentlich übersommernd
Fratercula arctica (LINNÉ), Papageitaucher
Seltener Gast

Ordnung *Columbiformes,* **Tauben**
Familie *Pteroclidae,* Steppenhühner
In der Welt 16 Arten, in Europa 2, in der DDR 0 Arten, (2 Irrgäste).
Pterocles orientalis (LINNÉ), Sandflughuhn
Irrgast
Syrrhaptes paradoxus (PALLAS), Steppenhuhn
Irrgast

Familie *Columbidae,* Tauben
In der Welt 295–306 Arten, in Europa 6, bei uns 4 Arten.
Columba oenas (LINNÉ), Hohltaube
Brutvogel, Durchzügler, gelegentlicher Wintergast
Columba palumbus (LINNÉ), Ringeltaube
Häufiger Brutvogel, Durchzügler, Wintergast
Streptopelia turtur (LINNÉ), Turteltaube
Brutvogel, Durchzügler
Streptopelia decaocto (FRIVALDSKY), Türkentaube
Brutvogel

Ordnung *Cuculiformes,* Kuckucksvögel
Familie *Cuculidae,* Kuckucke
In der Welt 127–130 Arten, in Europa 3, bei uns 1 Art.
Cuculus canorus (LINNÉ), Kuckuck
Brutvogel, Durchzügler
Clamator glandarius (LINNÉ), Häherkuckuck
Irrgast

Ordnung *Strigiformes,* Eulen
Familie *Strigidae,* Eulen
In der Welt 134–145 Arten, in Europa 13, bei uns 10 Arten.
Tyto alba (SCOPOLI), Schleiereule
Brutvogel
Otus scops (LINNÉ), Zwergeule, Irrgast
Bubo bubo (LINNÉ), Uhu
Sehr seltener Brutvogel
Nyctea scandiaca (LINNÉ), Schnee-Eule
gelegentlicher Wintergast
Sumia ulula (LINNÉ), Sperbereule
Wintergast
Glaucidium passerinum (LINNÉ), Sperlingskauz
seltener Brutvogel
*Athene noctuta (*SCOPOLI), Steinkauz
Brutvogel
Strix aluco (LINNÉ), Waldkauz
Brutvogel
Strix uralensis (PALLAS), Habichtskauz
Irrgast
Asio otus (LINNÉ), Waldohreule
Brutvogel, Durchzügler, Wintergast
Asio flammeus (PONTOPPIDAN), Sumpfohreule
Brutvogel, Durchzügler, Wintergast
Aegolius funereus (LINNÉ), Rauhfußkauz
Seltener Brutvogel

Ordnung *Caprimulgiformes,* Nachtschwalben
Familie *Caprimulgidae,* Nachtschwalben
In der Welt 67–70 Arten, in Europa 2 bei uns 1 Art
Caprimulgus europaeus (LINNÉ), Nachtschwalbe
Brutvogel, Durchzügler

Ordnung *Apodiformes,* Seglervögel
Familie *Apodidae,* Segler
In der Welt 70–80 Arten, in Europa 4, bei uns 1 Art.
Appus melba (LINNÉ), Alpensegler
Irrgast
Apus apus (LINNÉ), Mauersegler
Brutvogel, Durchzügler

Ordnung *Coraciiformes,* Rackenvögel
Familie *Alcedinidae,* Eisvögel
In der Welt 17 Arten, in Europa 1, bei uns 1 Art
Alcedo atthis (LINNÉ), Eisvogel, Brutvogel

Familie *Meropidae,* Bienenfresser
In der Welt 24 Arten, in Europa 1, bei uns 1 Art.
Merops apiaster (LINNÉ), Bienenfresser
Brutversuche

Familie *Coraciidae,* Racken
In der Welt 17 Arten, in Europa 1, bei uns 1 Art.
Coracias garrulus (LINNÉ), Blauracke
Sehr seltener Brutvogel, Durchzügler

Familie *Upupidae,* Wiedhopfe
In der Welt 1–2 Arten, in Europa 1, bei uns 1 Art.
Upupa epops (LINNÉ), Wiedehopf
Brutvogel

Ordnung *Picoformes,* Spechtvögel
Familie Picidae, Spechte
In der Welt 210–213 Arten, in Europa 10, bei uns 7 Arten.
Picus viridis (LINNÉ), Grünspecht
Seltener Brutvogel
Picus canus (GMELIN), Grauspecht
Seltener Brutvogel, unregelmäßiger Gast
Dendrocopos major (LINNÉ), Buntspecht
Brutvogel, Durchzügler, Wintergast
Dendrocopos syriacus (EHRENBERG), Blutspecht
Irrgast
Dendrocopos leucotos (BECHSTEIN), Weißrückenspecht, sehr seltener Gast
Dendrocopos minor (LINNÉ), Kleinspecht

Brutvogel, Durchzügler, Wintergast
Dendrocopos medius (LINNÉ), Mittelspecht
Brutvogel
Picoides tridactylus (LINNÉ), Dreizehenspecht
Irrgast
Dryocopus martius (LINNÉ), Schwarzspecht
Brutvogel
Jynx torquilla (LINNÉ), Wendehals
Brutvogel

Ordnung *Passeriformes*, Sperlingsvögel
Familie *Alaudidae*, Lerchen
In der Welt 66–75 Arten, in Europa 8, bei uns 4 Arten
Melanocorypha calandra (LINNÉ)
Kalenderlerche, Irrgast
Calandrella cinerea (GMELIN),
Kurzzehenlerche
Irrgast
Galerida cristata (LINNÉ), Haubenlerche
Brutvogel, Wintergast
Lullula arborea (LINNÉ), Heidelerche
Brutvogel, Durchzügler, gelegentlich im Brutgebiet überwinternd
Alauda arvensis (LINNÉ), Feldlerche
Brutvogel, Durchzügler, Wintergast
Eremophila alpestris (LINNÉ), Ohrenlerche
Wintergast, Durchzügler

Familie *Hirundinidae*, Schwalben
In der Welt 70–79 Arten, in Europa 5, bei uns 3 Arten.
Hirundo rustica (LINNÉ), Rauchschwalbe
Brutvogel, Durchzügler
Delichon urbica (LINNÉ), Mehlschwalbe
Brutvogel
Riparia riparia (LINNÉ), Uferschwalbe
Brutvogel
Ptyonoprogne rupestris (SCOPOLI),
Felsenschwalbe, Irrgast

Familie *Oriolidae*, Pirole
In der Welt 26–28 Arten, in Europa 1, bei uns 1 Art
Oriolus oriolus (LINNÉ), Pirol
Brutvogel, Durchzügler

Familie *Corvidae*, Rabenvögel
In der Welt 101–104 Arten, in Europa 11, bei uns 7 Arten.
Corvus corax (LINNÉ), Kolkrabe
Brutvogel, Durchzügler, Wintergast
Corvus corone (LINNÉ), Rabenkrähe, Brutvogel
Corvus corone cornix (LINNÉ), Nebelkrähe
Brutvogel, Durchzügler, Wintergast
Corvus frugilegus (LINNÉ), Saatkrähe
Brutvogel, Durchzügler, Wintergast
Corvus monedula (LINNÉ), Dohle
Brutvogel, Durchzügler, Wintergast
Pica pica (LINNÉ), Elster, Brutvogel
Nucifraga caryocatactes caryocatactes (LINNÉ)
Tannenhäher
Brutvogel, Durchzügler
Nucifraga caryocatactes macrorhynchos
(C. L. BREHM),
Sibirischer Tannenhäher, Invasionsgast
Garrulus glandarius (LINNÉ), Eichelhäher
Brutvogel, Durchzügler, Wintergast
Perisoreus infaustus (LINNÉ), Unglückshäher
Irrgast
Pyrrhocorax graculus (LINNÉ), Alpendohle
Irrgast

Familie *Paridae*, Meisen
In der Welt 47–55 Arten oder mehr, in Europa 9, bei uns 6 Arten.
Parus major (LINNÉ), Kohlmeise
Brutvogel, Durchzügler, Wintergast
Parus caeruleus (LINNÉ), Blaumeise
Brutvogel, Durchzügler, Wintergast
Parus cyanus PALLAS), Lasurmeise, Irrgast
Parus ater (LINNÉ), Tannenmeise
Brutvogel
Parus cristatus (LINNÉ), Haubenmeise
Brutvogel, Durchzügler
Parus palustris (LINNÉ), Sumpfmeise
Brutvogel, überwintert im Brutgebiet
Parus montanus (BALDENSTEIN), Weidenmeise
Brutvogel

Familie *Remizidae*, Beutelmeisen
In der Welt 11 Arten, in Europa 1, bei uns 1 Art.

Remiz pendulinus (LINNÉ), Beutelmeise
Brutvogel

Familie *Aegithalidae,* Schwanzmeisen
In der Welt 8 Arten, in Europa 1, bei uns 1 Art.
Aegithalos caudatus (LINNÉ), Schwanzmeise
Brutvogel, Durchzügler, Wintergast

Familie *Certhiidae,* Baumläufer
In der Welt 13 Arten, in Europa 3, bei uns 2 Arten
Certhia familiaris (LINNÉ), Waldbaumläufer
Brutvogel, Durchzügler, Wintergast
Certhia brachydactyla (C.L. BREHM), Gartenbaumläufer, Brutvogel

Familie *Sittidae,* Kleiber
In der Welt 16 Arten, in Europa 4, bei uns 1 Art.
Sitta europaea (LINNÉ), Kleiber, Brutvogel
Tichodroma muraria (LINNÉ), Mauerläufer
Irrgast

Familie *Timaliidae,* Timalien
In der Welt etwa 280 Arten, in Europa 3, bei uns 1 Art.
Panurus biarmicus (LINNÉ), Bartmeise
Seltener Brutvogel, gelegentlicher Durchzügler, Wintergast

Familie *Cinclidae,* Wasseramseln
In der Welt 4–5 Arten, in Europa 1, bei uns 1 Art.
Cinclus cinclus (LINNÉ), Wasseramsel
Seltener Brutvogel, Durchzügler, Wintergast

Familie *Troglodytidae,* Zaunkönige
In der Welt 59 Arten, in Europa 1, bei uns 1 Art.
Troglodytes troglodytes (LINNÉ), Zaunkönig
Brutvogel, Durchzügler, Wintergast

Familie *Mimidae,* Spottdrosseln
In der Welt 31 Arten, in Europa 0, bei uns 0 Arten.

Dumetella carolinensis (LINNÉ), Katzenvogel, Irrgast

Familie *Turdidae,* Drosseln
In der Welt 295–300 Arten, in Europa 22, bei uns 15 Arten
Zoothera dauma (LATHAM), Erddrossel
Irrgast
Turdus sibiricus (PALLAS), Sibieriendrossel
Irrgast
Turdus viscivorus (LINNÉ), Misteldrossel
Brutvogel, Durchzügler, teilweise Wintergast
Turdus pilaris (LINNÉ), Wacholderdrossel
Brutvogel, Durchzügler, Wintergast
Turdus philomelos (C.L. BREHM), Singdrossel
Brutvogel, Durchzügler, ausnahmsweise Wintergast
Turdus iliacus (LINNÉ), Rotdrossel
Häufiger Durchzügler
Turdus obscurus (GMELIN), Weißbrauendrossel
Irrgast
Turdus naumanni naumanni (TEMMINCK), Naumannsdrossel, Irrgast (seltener)
Turdus naumanni eunomus (TEMMINCK), Rostflügeldrossel
Seltener Irrgast
Turdus ruficollis ruficollis (PALLAS), Rotkehldrossel Irrgast
Turdus ruficollis atrogularis (TEMMINCK), Schwarzkehldrossel, Irrgast
Turdus torquatus torquatus (LINNÉ), Ringdrossel
Durchzügler aus Nordeuropa
Turdus torquatus alpestris (C.L. BREHM), Alpenringdrossel
Seltener Brutvogel, Erzgebirge und Harz
Turdus merula (LINNÉ), Amsel
Brutvogel, zumeist überwinternd, Durchzügler und Wintergast
Turdus migratorius (LINNÉ), Wanderdrossel
Irrgast
Hylocichla guttata (PALLAS), Einsiedlerdrossel
Irrgast
Monticola saxatilis (LINNÉ), Steinrötel
früher Brutvogel, heute nur Irrgast
Monticola solitarius (LINNÉ), Blaumerle
Irrgast

Oenanthe oenanthe (LINNÉ), Steinschmätzer
Brutvogel, Durchzügler
Saxicola torquata (LINNÉ), Schwarzkehlchen
Seltener Brutvogel
Saxicola rubetra (LINNÉ), Braunkehlchen
Brutvogel, Durchzügler
Phoenicurus phoenicurus (LINNÉ)
Gartenrotschwanz
Brutvogel, Durchzügler
Phoenicurus ochruros (GMELIN), Hausrotschwanz
Brutvogel, Durchzügler, ausnahmsweise überwinternd
Tarsiger cyanurus (PALLAS), Blauschwanz
Irrgast
Luscinia megarhynchos (C.L.BREHM), Nachtigall
Brutvogel, Durchzügler
Luscinia luscinia (LINNÉ), Sprosser
Brutvogel
Luscinia svecica cyanecula (MEISNER), Weißstern-Blaukehlchen
Seltener Brutvogel, Durchzügler
Luscinia svecica svecica (LINNÉ), Rotstern-Blaukehlchen, Durchzügler
Erithacus rubecula (LINNÉ), Rotkehlchen
Brutvogel, Durchzügler, Wintergast

Familie *Sylviidae,* Grasmücken
In der Welt 335 Arten, in Europa 35, bei uns 19 Arten
Cettia cetti (TEMMINCK), Seidensänger
Irrgast
Locustella fluviatilis (WOLF), Schlagschwirl
Seltener Brutvogel
Locustella luscinioides (SAVI), Rohrschwirl
Brutvogel
Locustella naevia (BODDAERT), Feldschwirl
Brutvogel, Durchzügler
Acrocephalus arundinaceus (LINNÉ), Drosselrohrsänger
Brutvogel, Durchzügler
Acrocephalus scirpaceus (HERMANN), Teichrohrsänger
Brutvogel, Durchzügler
Acrocephalus palustris (BECHSTEIN), Sumpfrohrsänger
Brutvogel, Durchzügler
Acrocephalus schoenobaenus (LINNÉ), Schilfrohrsänger
Brutvogel, Durchzügler
Acrocephalus paludicola (VIEILLOT), Seggenrohrsänger
Sehr seltener Brutvogel
Hippolais icterina (VIEILLOT), Gelbspötter
Brutvogel, Durchzügler
Sylvia nisoria (BECHSTEIN), Sperbergrasmücke
Brutvogel
Sylvia borin (BODDAERT), Gartengrasmücke
Brutvogel, Durchzügler
Sylvia atricapilla (LINNÉ), Mönchsgrasmücke
Brutvogel, Durchzügler, ausnahmsweise überwinternd
Sylvia communis (LATHAM), Dorngrasmücke
Brutvogel
Sylvia curruca (LINNÉ), Zaungrasmücke
Brutvogel, Durchzügler
Phylloscopus collybita (VIEILLOT), Weidenlaubsänger
Brutvogel, Durchzügler
Phylloscopus trochilus (LINNÉ), Fitislaubsänger
Brutvogel und Durchzügler
Phylloscopus trochiloides (SUNDEVALL), Grünlaubsänger
Sehr seltener Brutvogel
Phylloscopus sibilatrix (BECHSTEIN), Waldlaubsänger
Brutvogel und Durchzügler
Phylloscopus bonelli (VIEILLOT), Berglaubsänger
Möglicherweise sehr seltener Brutvogel, sonst Irrgast
Phylloscopus inornatus (BLYTH), Gelbbrauenlaubsänger, Irrgast
Phylloscopus proregulus (PALLAS), Goldhähnchenlaubsänger, Irrgast
Regulus regulus (LINNÉ), Wintergoldhähnchen
Brutvogel, Durchzügler, Wintergast
Regulus ignicapillus (TEMMINCK), Sommergoldhähnchen
Brutvogel, Durchzügler

Familie *Muscicapidae,* Fliegenschnäpper
In der Welt etwa 330 Arten, in Europa 4, bei uns 3 Arten.

Muscicapa striata (PALLAS), Grauer Fliegenschnäpper
Brutvogel, Durchzügler
Ficedula hypoleuca (PALLAS), Trauerfliegerschnäpper
Brutvogel, Durchzügler
Ficedula albicollis (TEMMINCK), Halsbandfliegrschnäpper
Ausnahmsweise Brutvogel, sonst nur seltener Gast
Ficedula parva (BECHSTEIN), Zwergfliegenschnäpper, Brutvogel, Durchzügler

Familie *Prunellidae,* Braunellen
In der Welt 12 Arten, in Europa 2, bei uns 1 Art.
Prunella modularis (LINNÉ), Heckenbraunelle
Brutvogel, Durchzügler, Wintergast
Prunella collaris (SCOPOLI), Alpenbraunelle
Irrgast

Familie *Motacillidae,* Stelzen
In der Welt 50–54 Arten, in Europa 10, bei uns 8 Arten
Anthus novaeseelandias (GMELIN), Spornpieper
Seltener Durchzügler
Anthus campestris (LINNÉ), Brachpieper
Seltener Brutvogel, Durchzügler
Anthus trivialis (LINNÉ), Baumpieper
Brutvogel, Durchzügler
Anthus pratensis (LINNÉ), Wiesenpieper
Brutvogel, Durchzügler, seltener Wintergast
Anthus cervinus (PALLAS), Rotkehlpieper
Durchzügler
Anthus spinoletta spinoletta (LINNÉ), Bergpieper
Gelegentlicher Durchzügler, Brutvogel
Anthus spinoletta littoralis (C.L. BREHM), Felsenpieper, Durchzügler, Wintergast
Motacilla flava (LINNÉ), Schafstelze
Brutvogel, Durchzügler
Motacilla flava thunbergi (BILLBERG), Nordische Schafstelze, Durchzügler
Motacilla flava feldegg (MICHAHELLES), Maskenstelze, Irrgast
Motacilla cinerea (TUNSTALL), Gebirgsstelze
Brutvogel, gelegentlich überwinternd
Motacilla alba (LINNÉ), Bachstelze
Brutvogel, Durchzügler, vereinzelt überwinternd

Familie *Bombycillidae,* Seidenschwänze
In der Welt 8 Arten, in Europa 1, bei uns 1 Art.
Bombycilla garrulus (LINNÉ), Seidenschwanz
Durchzügler, Wintergast, invasionsartig auftretend

Familie *Laniidae,* Würger
In der Welt 74 Arten, in Europa 5, bei uns 3 Arten
Lanius excubitor (LINNÉ), Raubwürger
Seltener Brutvogel, Durchzügler, Wintergast
Lanius minor (GMELIN), Schwarzstirnwürger
Ehemals Brutvogel
Lanius senator (LINNÉ), Rotkopfwürger
Brutvogel (?), spärlicher bis seltener Durchzügler
Lanius collurio (LINNÉ), Rotrückenwürger
Brutvogel, spärlicher Durchzügler

Familie *Sturnidae,* Stare
In der Welt 103–110 Arten, in Europa 3, bei uns 1 Art
Sturnus vulgaris (LINNÉ), Star
Brutvogel, Durchzügler, Wintergast
Sturnus roseus (LINNÉ), Rosenstar, Irrgast

Familie *Fringillidae,* Finken
In der Welt etwa 180 Arten, in Europa 18, bei uns 14 Arten.
Coccothraustes coccothraustes (LINNÉ), Kernbeißer
Brutvogel, gelegentlicher Durchzügler, Wintergast
Carduelis chloris (LINNÉ), Grünfink
Häufiger Brutvogel, Durchzügler, Wintergast
Carduelis carduelis (LINNÉ), Stieglitz
Brutvogel, vielfach überwinternd, Durchzügler, Wintergast
Carduelis spinus (LINNÉ), Erlenzeisig
Brutvogel, Durchzügler, Wintergast
Acanthis cannabina (LINNÉ), Bluthänfling

Brutvogel, Durchzügler, Wintergast
Acanthis flavirostris (LINNÉ), Berghänfling
Durchzügler, Wintergast
Acanthis flammea, Birkenzeisig
Brutvogel, Durchzügler, Wintergast
(Invasionen)
Acanthis hornemanni (HOLBÖLL),
Polarbirkenzeisig, Irrgast
Serinus citrinella (PALLAS), Zitronengirlitz
Möglicherweise sehr seltener Brutvogel,
Irrgast
Serinus serinus (LINNÉ), Girlitz
Brutvogel, ausnahmsweise überwinternd
Pyrrhula pyrrhula (LINNÉ), Gimpel
Brutvogel, Durchzügler, Wintergast
Carpodacus erythrinus (PALLAS), Karmingimpel
Seltener Brutvogel
Pinicola anucleator (LINNÉ), Hakengimpel
Unregelmäßiger Wintergast
(meist invasionsartig auftretend)
Loxia curvirostra (LINNÉ), Fichtenkreuzschnabel
Brutvogel, Durchzügler, Wintergast
(Invasionen)
Loxia pytyopsittacus (BORKHAUSEN),
Kiefernkreuzschnabel
Unregelmäßiger Gast, (hat ausnahmsweise
gebrütet)
Loxia leucoptera (GMELIN), Bindenkreuz-
schnabel
Irrgast bzw. sehr seltener Gast, früher
Invasionen
Fringilla coelebs (LINNÉ), Buchfink
Brutvogel, Durchzügler
Fringilla montifringilla (LINNÉ), Bergfink
Durchzügler, Wintergast, ausnahmsweise
übersommernd, sehr selten auch Brüten

Familie *Emberizidae,* Ammern
In der Welt etwa 260 Arten, in Europa 11, bei
uns 6 Arten.
Emberiza calandra (LINNÉ), Grauammer
Brutvogel, teilweise überwinternd
Emberiza citrinella (LINNÉ), Goldammer
Brutvogel, Wintergast
Ermberiza melanocephala (SCOPOLI),
Kappenammer
Irrgast
Emberiza cirlus (LINNÉ), Zaunammer
Irrgast
Emberiza hortulana (LINNÉ), Gartenammer
Brutvogel, Durchzügler
Emberiza cia (LINNÉ), Zippammer
Irrgast
Emberiza rustica (PALLAS), Waldammer
Irrgast
Emberiza pusilla (PALLAS), Zwergammer
Irrgast
Emberiza schoeniclus (LINNÉ), Rohrammer
Brutvogel, Durchzügler, Wintergast
Calcarius lapponicus (LINNÉ), Spornammer
Seltener Durchzügler, Wintergast
Plectrophenax nivalis (LINNÉ), Schneeammer
Durchzügler, Wintergast

Familie *Ploceidae,* Webervögel
In der Art 130–135 Arten, in Europa 5, bei
uns 2 Arten.
Passer domesticus (LINNÉ), Haussperling
Häufiger Brutvogel
Passer montanus (LINNÉ), Feldsperling
Häufiger Brutvogel, Wintergast
Petronia petronia (LINNÉ), Steinsperling
Ehemals seltener Brutvogel

Auf Exkursion. *Foto: Hoyer*

Beobachtung von Vögeln – Praxis der Feldornithologie 7

Das Objekt der feldornithologischen Arbeit ist der freilebende Vogel in seiner natürlichen Umwelt. Leider sind Vögel in der Regel jedoch flüchtig und scheu. Selbst die scheinbar so zutraulichen Haussperlinge erweisen sich als mißtrauisch dem Menschen gegenüber. Aber wollen wir freilebende Vögel wirklich näher kennenlernen, müssen wir ihnen auch näherkommen, ungeachtet aller technischen Hilfsmittel, die wir besitzen. Das bedarf mancher Kniffe und Tricks. Wir brauchen viel Geduld. Wir brauchen Zeit und Ausdauer. Wir müssen zu Frühaufstehern werden oder Nacht- und Abendstunden opfern. Das hängt davon ab, wie stark wir schon von der feldornithologischen Leidenschaft besessen sind oder schlichtweg vom Forscherdrang. Es ist Sache des Temperaments und des Gefühls. Und treffender als anderswo ist das Sprichwort: »Wat deen een sin Uhl, dat is deen annern sin Nachtigall!«

Es ist ein weites Feld, das wir beackern können. Es beginnt vor den Scheiben unserer Fenster und zieht sich bis zu den Küsten und Berggipfeln von fernen Ländern. Die Feldornithologie beginnt schon am winterlichen Futterplatz auf dem Balkon im Neubaugebiet. Und sicher wird sich mancher inzwischen international versierte Feldornithologe daran erinnern, daß die ersten Winterbeobachtungen am Futterhaus zu seinen eindrucksvollen Kindheitserlebnissen zählen. Der jähe Jagdstoß eines Sperbers – eine Sensation! Und nicht minder aufregend war mit zunehmender Artenkenntnis die Entdeckung jedes Vogelnestes und seine sichere Bestimmung.

Die Vögel am Haus, die Vögel im Garten erwecken als erste unser Interesse. Wir lernen sie rasch zu unterscheiden, selbst dann, wenn wir uns ihre Merkmale nicht mehr in allen Einzelheiten ins Gedächtnis rufen, sondern sie nach unserer Komplexwahrnehmung einordnen. Kommen wir jedoch in Gebiete, in denen eine wesentlich größere Artenfülle herrscht, sind wir mit unserer scheinbaren Sicherheit rasch am Ende. Da wird deutlich, daß wir sehr genau hinsehen und die flüchtig huschenden, rasch fliegenden oder weit entfernt vorüberziehenden Vogelgestalten nach ihren typischen Erscheinungen und nach Form, Farbe und Bewegung erfassen müssen. Wir kommen ohne ein Mindestmaß an Wissen und Ausrüstung nicht aus!

Lehrgeld wird zu zahlen sein, mit Sonnenbrand und Schnupfen, mit Blasen an den Hakken und mit dem Mißerfolg eines Tages, der nicht den gewünschten Anblick der Vogelart erbracht hat, auf die man schon lange erpicht war.

Sichere Rezepte in der Feldornithologie gibt es nicht. Es gibt viele Erfahrungen. Die besten und eindrücklichsten Erfahrungen macht man selbst. Aber manche unnötige Erfahrung ist zu vermeiden.

Kleidung und Verhalten

Das Sprichwort sagt: Aller Anfang ist schwer. Kehren wir es um und sagen: Aller Anfang ist leicht, die Schwierigkeiten kommen später!

Die Zufallsbeobachtungen von Vögeln in der unmittelbaren Nähe unserer Wohnstätten befriedigen uns auf die Dauer nicht. Wir wollen mehr Arten kennenlernen und sicher unterscheiden. Da sollten wir uns vorher ein paar Gedanken machen, wo und wann wir Vögel beobachten wollen und können.

Es kommt darauf an, wo wir wohnen. Für den Städter kann die Straßenbahnfahrt zum näch-

Für den Laien zunächst schwer zu bestimmen: ein kleiner, unauffälliger, scheinbar grauer Vogel, der Grauschnäpper. *Foto: Rinnhofer*

sten größeren Park oder Friedhof – sie haben meist ein sehr interessantes und reiches Kleinvogelleben! – schon ausreichen. Wer auf dem Dorf wohnt, hat viele Vogelarten nahezu vor der Tür. Und selbst in Großstädten kann eine Zufallsbeobachtung aus dem wartenden Auto bei Rot auf der Kreuzung ziehende Kraniche ergeben! Aber die Regel wird doch sein, daß wir mit eigenem Fahrzeug oder öffentlichen Verkehrsmitteln in die freie Natur streben.

Vögel haben dem Menschen gegenüber ein breites Verhaltensspektrum. Es reicht von scheinbarer Vertrautheit bis zur extremen Scheu. Sie reagieren sowohl auf Bewegung, auf Form und auf Farbe. Daher kleiden wir uns so unauffällig und der Natur angepaßt wie möglich. Das heißt nicht, in Knickerbockern und Lodenmantel zu wandern, obwohl sich letzterer oftmals als sehr zweckmäßig erweist. Nicht von ungefähr ist er für europäische Jäger ein geschätztes Kleidungsstück. Und Jäger sind wir letztlich auch. Unsere Beute ist der sicher angesprochene Vogel, ist die Beobachtung, die wir mit genauer Darstellung belegen können.

Auf alle Fälle sollten leuchtende, auffällige Farben der Kleidung gemieden werden. Grün und braun und möglichst wasserabweisend sollten Stoffe und Synthetiks sein. Das Schuhwerk so leicht wie nötig, um stundenlang möglichst ermüdungsfrei zu laufen, andererseits aber auch fest genug, sicheren Stand zu leisten und Feuchtigkeit abzuwehren. Gummistiefel sind keine Wanderschuhe. Sie sind aber oftmals unentbehrlich! Und da wir nicht nur bei Sonnenschein unterwegs sein werden, erweist sich auch eine leichte Regenhaut als nützlich. Proviant, Getränk, Bestimmungsbuch und Notizbuch und nicht zuletzt das unentbehrliche Fernglas – das alles zusammen macht einen Rucksack unerläßlich. Wer ihn nicht mag, wird eine Umhängetasche vorziehen. Auf die Dauer ist der Rucksack jedoch zweckmäßiger. Recht nützlich kann auch ein kleines, aufblasbares Gummikissen sein. Es dient weniger der Bequemlichkeit als vielmehr der Gesundheit. Es hält uns Bodenfeuchtigkeit und Kälte vom Leibe, wenn wir längere Zeit von einem Punkt aus beobachten.

Auch das ist Sache des Temperaments und der Zielsetzung. Der eine wird ein großes Gebiet durchwandern, Wälder durchstreifen und Vogelarten »sammeln«, der andere wird um einen See oder ein Moor laufen. Er wird hin und wieder größere Pausen einlegen und Teilgebiete systematisch mit dem Fernglas absuchen, und wieder ein anderer wird an einem ihm bekannten Ort sitzen, um gezielte Beobachtungen an wenigen Arten oder an einer Art zu machen.

Daß wir uns leise und unauffällig bewegen sollten, dürfte einleuchten. Wo wir uns bewegen dürfen, darüber kann es Unklarheiten geben. In der Regel werden uns Grenzen durch Zäune gesetzt. Private Grundstücke sind für uns tabu, es sei denn, wir holen uns die Genehmigung zum

Betreten vom Besitzer ein. Im gleichen Maße gilt das natürlich auch für Grundstücke, die gesellschaftliches Eigentum sind! Das wird zu leicht und oft vergessen. Eingezäunte Weiden, auf denen Jung- oder Milchvieh grast, dürfen nicht ohne weiteres betreten werden! Auch dann nicht, wenn ein entsprechendes Hinweisschild fehlen sollte. Seuchengefahr! Wasserschutzbauten wie Deiche, Wehre und Dämme zwischen Fischteichen dürfen nur mit entsprechenden Genehmigungen betreten werden. Naturschutzgebiete sind entweder völlig gesperrt, wie die Seevogelschutzinseln der Ostseeküste, oder dürfen lediglich auf dafür ausgewiesenen Wegen begangen werden. Kanzeln und Hochsitze sind Eigentum der Jagdgesellschaften. Wir dürfen sie nur nach Übereinkunft mit den Jägern nutzen.

Es scheint, als wären das alles Schwierigkeiten. Sie sind es nicht. Sie sollen und müssen jedoch angeführt werden, um von vornherein unmißverständlich klarzulegen, daß wir durch unsere feldornithologische Arbeit weder Schädigungen noch Verärgerungen für andere und uns hervorrufen dürfen und wollen!

Alle öffentlichen Wege und Straßen in Feld, Wald, Wiese und an der See stehen uns für unsere Beobachtungen frei. Wollen wir mehr und haben dafür gute Gründe, werden uns die entsprechenden Genehmigungen zuteil.

Wie für die Jagd, so werden auch für die wissenschaftlich betriebene Ornithologie Hochstände genutzt. Im Bild: Beobachtungshochstand im Naturschutzgebiet Galenbecker See, einem hervorragenden Reservat im Nordosten der DDR und Feuchtgebiet von internationaler Bedeutung. *Foto: Hoyer*

a b

c d e

Jahreszeit und Wetter

Es gibt keine Jahreszeit, die nicht für ornithologische Beobachtungen geeignet wäre. Gewiß bietet uns das Frühjahr die größte Fülle an Arten, die in ihren Prachtkleidern leichter zu unterscheiden sind als zur Sommer- oder Herbstzeit. Wer sich für das Verhalten der Vögel interessiert, findet jetzt im Fortpflanzungszyklus der Gefiederten mit all seinen vielen, häufig noch ungeklärten Problemen einen fast nicht zu überschauenden Stoff. Aber nicht weniger reizvoll ist auch die »stille« Sommerzeit, die den Blick für andere Probleme schärfen kann. Wo und wie beispielsweise mausern unsere heimischen Enten? Reizvoll ist es, die Auflösung von Familienverbänden bei Sperlingsvögeln zu verfolgen oder festzustellen, wie junge Greifvögel ihreSelbständigkeit erlangen.

Bereits mit der Hochsommerzeit setzt der Vogelzug wieder ein. Die ersten einheimischen Arten wandern ab. Vom Osten und Norden her stellen sich an Stränden und Inselkanten die frühen Zuzügler der Limikolen ein. Der Herbstzug pflegt große Höhepunkte zu bringen, die Kranichscharen und die gewaltigen Gänsemassen, deren Keile über den Saatfluren ziehen, bis Frost und Schnee sie weiter nach Westen drängen. Aber dann sammeln sich an den Futterstellen schon wieder die Kleinvogelscharen, und an

Bereits im Spätsommer setzt der herbstliche Vogelzug ein. Strände und Inselkanten der Ost- und Nordsee sind günstige Beobachtungsgebiete, aber auch Schlammflächen und Schilfstoppelzonen kleinerer und größerer Binnengewässer werden von Limikolen zur Rast und zur Nahrungssuche mitunter über mehrere Tage genutzt. Die Fotos veranschaulichen, daß dabei in kurzer Zeit am selben Ort unterschiedliche Arten beobachtet werden können.

a Ruhende Bekassinen

b Ein Trupp Alpenstrandläufer

c Sichelstrandläufer, der das Brutkleid noch nicht vermausert hat

d Kampfläuferweibchen

e Junger Kiebitz

Fotos: Spillner

Ungünstige Bedingungen, wie Gegenlicht oder flimmernde Luft, können die Bestimmung der Vögel erschweren. Es ist oft unmöglich, unter einem solchen Gänsetrupp eventuelle Seltenheiten auszumachen. *Foto: Spillner*

der See ist eine Fülle nordischer Wasservögel zu beobachten. Zu jeder Jahreszeit also können wir nicht genug Zeit haben, um Neues zu entdecken, für welches Gebiet wir uns auch interessieren.

Nicht allein die Jahreszeit, sondern mehr noch die Tageszeit ist ein wichtiger Faktor für unsere Beobachtungen. Vögel leben in Abhängigkeit von jahreszeitlich bedingten Lichtmengen. Auch ihr Tagesablauf wird vom Licht mitgesteuert. Und in der Regel sind Vögel Frühaufsteher. Wir haben den Begriff der »Weckhelligkeit« geprägt. Sie ist für die einzelnen Arten unterschiedlich und wird vor allem im Frühjahr durch den Beginn des Morgengesangs vieler Arten deutlich. Die Schwarzdrosselmännchen beginnen im April etwa um fünf Uhr zu singen, Ende Mai jedoch kurz nach drei Uhr und um die Junimitte, wenn die Nächte am kürzesten sind, bereits um zwei Uhr 45! Diese wie andere Angaben über Weckhelligkeit sind nicht absolut. Sie stehen in Abhängigkeit verschiedener Faktoren. Regen, Nebel, Sturm, auch eine dichte geschlossene Wolkendecke können den Sangesbeginn, das »Aufstehen« der Vögel, erheblich verzögern. Andererseits können äußere Einflüsse Vogelgesang in für uns groteske Zeiten verschieben – in lichthellen Großstädten, die zudem ein wesentlich wärmeres Mikroklima besitzen, singen Amselhähne sogar in Februarnächten!

Es gibt ausgesprochene Frühaufsteher mit geringer Weckhelligkeit. Sie sind auch am Abend am längsten zu hören. Sie haben dafür auch eine längere Tagespause. Andrerseits sind einige Arten Spätaufsteher oder Spätflieger. Der Baumfalke macht sich in den frühen Morgenstunden noch nicht zum Jagdflug auf, ist aber häufig bis in die Dämmerung zu beobachten, wenn er späten Großlibellen oder fliegenden Käfern nachstellt. Eulen, Nachtschwalbe, Triel und Dommeln sind dämmerungs- oder nachtaktiv und entziehen sich zum Teil unserer Beobachtung, wenn wir nicht entsprechende Voraussetzungen schaffen. Eine Ausnahme macht die Sumpfohreule, die auch am hellen Tage jagt.

Wir können also zu jeder Tages- und Nachtzeit beobachten. Als Regel kann jedoch gelten, daß die Morgenstunden – vor allem im Frühjahr – die größten Beobachtungschancen bieten. Je eher wir nach draußen kommen, desto besser! Ratsam – auch für den »Anfänger« – ist von vornherein ein Beobachtungsplan. Der sollte schon am Vortag mit einer entsprechenden Wetterinformation beginnen. Regen- und Sturmtage sind nicht die besten Voraussetzungen! Weder für die Beobachtungen von Kleinvögeln noch für Sichtbeobachtungen von Sumpf- und Wasservögeln! Damit soll keineswegs einer »Schönwetter-Ornithologie« das Wort geredet werden, aber diesige Luft, Nebel und Regen machen einige Beobachtungen von vornherein unmöglich. Wir können unter ungünstigen Herbstwetterbedingungen beispielsweise noch recht genau feststellen, wieviel Saatgänse auf einem Schlafgewässer einfallen, aber es ist fast unmöglich, über größere Entfernungen mit einem stark vergrößernden Fernglas äsende Gänseherden auf eventuell auftretende Seltlinge auszumustern.

Und da sich auch in der Sichtbeobachtung von Vögeln sehr bald bestimmte Interessengebiete herausbilden, wird für den einen Beobachter Wetter noch günstig sein können, das für den anderen kaum Möglichkeiten bietet. Wer sich der langfristigen, vergleichenden Beobachtung einer Vogelart verschrieben hat, wird ohnehin kaum Rücksicht auf Witterungsverhältnisse nehmen, schon gar nicht, wenn es gilt, Verhaltensweisen von Balz, Paarung, Nestbau und Brutablösungen lückenlos zu verfolgen. Und da wir unsere Beobachtungen in der Freizeit machen, werden wir mit dem Wetter Kompromisse schließen müssen!

Die Bestimmung

Für den Neuling steht die Frage, zu welcher Jahreszeit er seine Beobachtungen beginnen soll. Herbst und Winter bieten eine geringere Fülle an Arten, sie sind leichter überschaubar. Im Frühjahr dagegen tragen alle Arten ihre Prachtkleider und sind leichter voneinander zu unterscheiden. Die artspezifischen Merkmale sind dann am ehesten sichtbar. Und daher wollen wir im zeitigen Frühjahr beginnen.

Zunächst will es scheinen, als ähnelten sich viele Vögel sehr. Es fällt schwer, auf den ersten Blick Unterschiede festzustellen. Auf größere Entfernungen scheinen alle Enten braun, alle Gänse grau und die Kleinvögel mehr oder weniger bunt. Und der Anfänger fragt den versierteren Vogelkenner häufig: Ich habe da einen kleinen Vogel gesehen, der war grau und saß in den Büschen, was war denn das?

Mit dieser Beschreibung kann niemand etwas anfangen. Wir müssen von vornherein lernen, genau zu beschreiben. Ein »kleiner« Vogel, das besagt gar nichts. Ein Goldhähnchen ist absolut klein, aber ein Zwergstrandläufer ist auch klein – im Verhältnis zu einem Goldregenpfeifer! Wir müssen als erstes lernen, Vögel nach äußerem Erscheinungsbild in entsprechende Gruppen zu ordnen.

Größe des Vogels

Ein guter Anhaltspunkt sind Größenvergleiche. Der Haussperling kann als Vergleichsgröße dienen. »Etwa sperlingsgroß« sind etliche Finkenvögel, der Buchfink, der Bergfink, der Stieglitz. Aber auch Feldlerche, Wiesenpieper und andere könnten wir in dieser Kategorie einordnen. Viele Kleinvögel fallen uns auf, die kleiner als »etwa sperlingsgroß« sind. Während die Kohlmeise noch in die erste Kategorie gehört, wirkt die Blaumeise schon deutlich kleiner. Auch die Grasmücken erscheinen uns nicht sperlingsgroß.

Weitere Vergleichsgrößen sind Schwarzdrossel, die Ringeltaube, die Krähen, der Mäusebussard, alles Vögel, die wir sicher ansprechen können, wenn wir sie ein paarmal gesehen haben. Natürlich sind diese Größenangaben unexakt, es sind Anhaltspunkte, von denen aus wir weiterkommen wollen und können. Und wir werden auch bald schon merken, wie leicht wir uns

a b

c

Enten sind in der freien Natur selten so gut zu erkennen, wie auf diesen Bildern. Am leichtesten ist der Stockerpel zu bestimmen (a). Das Stockentenweibchen kann leicht mit anderen Schwimmentenweibchen, wie der Schnatterente (b), verwechselt werden. Die Löffelente (c) ist an ihrem überdimensionierten Schnabel zu erkennen. Wirklich sichere Erkennungszeichen sind jedoch die Flügelspiegel, die nur im Flug zu sehen sind. Aber auch die Bestimmung der fliegenden Ente hat ihre Tücken: Bei ungünstigem Licht sind die Spiegel nicht immer genau auszumachen, wie das Bild der fliegenden Eiderenten (d) zeigt.
Fotos: a *Rinnhofer,* b c *Spillner,* d *Rinnhofer*

d

in der Größe verschätzen können, je nach Beleuchtung, Landschaftstyp, Jahres- und Tageszeit. Es kann schon von Nutzen sein, im Park Stare, Amseln und Sperlinge nebeneinander im Größenvergleich zu betrachten, und das nicht nur aus der Nähe, sondern auch aus größerer Entfernung. Es gilt, das Auge zu schulen. Auch als sicherer Beobachter kann man sich noch leicht verschätzen. Sobald jedoch andere Vögel in der Nähe des beobachteten Objekts sind, fällt es leichter, die Größe zu bestimmen. Das gilt vor allem für Enten, Strandläufer und andere Sumpf- und Wasservögel. Im Gegenlicht wirken Vögel größer als gewöhnlich!

Gestalt und Haltung

Freilebende Vögel sitzen, stehen oder schwimmen und laufen leider fast nie in »Idealhaltung« vor unseren Augen oder im Fernglasbild. Und leider ist es nicht so ganz einfach, den flüchtigen Eindruck, den die artspezifischen Flügelspiegel fliegender Enten aus größerer Entfernung machen, mit den klaren Ansichten eines Bestimmungsbuches in Übereinstimmung zu bringen. Es wird wenig helfen, Merkmale wie Vokabeln zu büffeln. Wir müssen uns darauf einstellen, durch Wiederholung und Erfahrung zu lernen. Wir bekommen ein gewisses »Gefühl« dafür, in welche Gruppe der Vogel gehören mag, den wir flüchtig sehen. So fällt es nicht schwer, Enten schwimmend oder im Flug als Enten anzusprechen. Die häufigste heimische Wildente ist die Stockente. Sie kann als Vergleichsbild dienen, als »Gestalttyp« für alle Schwimm- oder Gründelenten.

Schwimmenten liegen relativ hoch im Wasser. Zur Futtersuche «gründeln« sie, d. h., sie treiben mit untergetauchtem Kopf im Seichtwasser oder stehen kopfüber »Schwänzchen in die Höh«, wie im Kinderlied. Im Flug wirkt ihr Flügelschlag zwar rasch, aber nicht rasend. Die Flügel scheinen in der Körpermitte zu sitzen.

Tauchenten dagegen fliegen mit hohen Flügelschlagfrequenzen. Ihr Körper wirkt plumper, seine Masse scheint im letzten Drittel zu liegen, die Flügel sitzen mehr in Schwanznähe. Schwimmend liegen Tauchenten viel tiefer im Wasser, sie erbeuten ihre Nahrung tauchend! Die Sägerarten, die wir als Laien mit Tauchenten verwechseln könnten, haben noch schnellere Flügelschläge. Ihr Körper wirkt sehr viel schlanker, pfeilartig, und die Flügel sitzen sehr weit hinten. Ähnlich wirken fliegende Lappentaucher. Sie allerdings unterscheiden sich deutlich durch ihr »dünnes« Aussehen von ihnen. Diese genannten Kriterien scheinen wenig exakt, und natürlich reichen sie nicht aus, um den fliegenden, schwimmenden oder tauchenden Vogel genau zu bestimmen. Aber wir werden feststellen, wie sehr uns diese scheinbar oberflächlichen Eindrücke weiterhelfen, innerhalb der geringeren Zahl der Möglichkeiten, die Art richtig zu bestimmen.

Das Beispiel der Entenvögel läßt sich auf Kleinvögel übertragen. Star und Amsel – um beim einfachen Beispiel zu bleiben, – sind nahezu gleich groß. Beide wirken auf die Entfer-

Säger können von Laien leicht mit Tauchenten verwechselt werden. Sie sind jedoch viel schlanker und wirken im Flug pfeilartig. Alle drei bei uns vorkommenden Arten (Gänse-, Mittel- und Zwergsäger) besitzen deutlich ausgeprägten Geschlechtsdimorphismus. Hier Männchen und Weibchen des Gänsesägers. *Foto: Spillner*

ten nur in dem für sie gemäßen Biotop antreffen können. Wir finden weder das Rebhuhn im dichten Wald noch das Auerhuhn auf nassen Niederungswiesen der Flußläufe!

Leider sind nicht sehr viele Vogelarten in ihrem Verhalten sofort kenntlich, wie beispielsweise die Elster, die zudem noch unverkennbare optische Kennzeichen besitzt. Kleinvögel, die an schwankenden Zweigen turnen, um Samen oder Knospen oder Insektenlarven zu klauben, können sehr unterschiedlichen Gattungen angehören. Es können Meisen verschiedener Arten sein. Schwanzmeisen mit ihren langen Schwanzspießen sind unverkennbar. Es können jedoch auch Goldhähnchen sein – vor allem im Nadelwald – es könnten jedoch auch Erlenzeisige sein! Da kommen wir ohne größeres Wissen um die speziellen feldornithologischen Kennzeichen schon nicht mehr aus!

Farben

Die Farben des Vogelgefieders spielen eine wichtige Rolle für die genaue Bestimmung. Jedoch können wir hierbei leicht Täuschungen unterliegen, denn unser Auge ist relativ träge. So wie wir in einer sonnenüberstrahlten Schneelandschaft die vorhanden Schatten kaum als blau wahrnehmen, unterliegen wir auch leicht anderen optischen Täuschungen. Im roten Abendlicht erscheint uns die Brust des Goldammermännchens nicht mehr als gelbes

Der Eisvogel ist unverkennbar. *Foto: Spillner*

Gold, sondern rötlich wie die Brust des Bluthänflings! Im scharfen Gegenlicht ist es besonders schwer, Farben genau zu unterscheiden.

Andererseits sind einige Vogelarten so eindeutig gefärbt und gezeichnet, daß sie unverwechselbar sind, wie der Pirol, die Blauracke, der Eisvogel, um nur die auffälligsten zu nennen. Auch der Dompfaff, der Stieglitz, die Elster und der Eichelhäher sind eigentlich unverkennbar.

Einige Vogelarten besitzen eine breite Skala der Gefiederfärbung, die uns zunächst verblüffen oder täuschen kann. Das beste Beispiel dafür ist der Mäusebussard, den wir fast weiß mit dunkelbraunen Abzeichen, aber auch milchkaffeefarben und sehr dunkelbraun antreffen können. Kampfläuferhähne im Prachtkleid sind so unterschiedlich gefärbt, daß kaum einer dem anderen gleicht! Ihre Weibchen sind schlichtbraun und zudem etwa ein Drittel kleiner. Männchen wie Weibchen aber tragen dieselben, artspezifischen weißen Flecken an der Schwanzwurzel mit dunklem Mittelstreifen!

Bürzelflecken, Augstreifen, Flügelbinden und andere Kennzeichen

Für einige Vogelgruppen sind Flügelbinden oder -spiegel, die Bürzelzeichnung oder Augstreifen die einzige Möglichkeit, die Feinbestimmung genau vorzunehmen. Andererseits tragen einige Arten so auffallende Bürzelzeichnungen, daß sie daran sofort zu erkennen sind, wie Eichelhäher, Dompfaff und Steinschmätzer. Diese Vögel sind aber ohnehin kaum mit anderen Arten zu verwechseln.

Viel schwieriger ist die Bestimmung der Limikolen. Uferschnepfe und Pfuhlschnepfe lassen sich relativ leicht unterscheiden. Aber es fällt schon schwerer, den unausgefärbten Sandregenpfeifer nicht mit dem Flußregenpfeifer zu verwechseln. Nicht immer können wir uns auf die Beinfarbe verlassen. Die Flügelbinden sind das sicherste Unterscheidungsmerkmal. Fehlen sie, ist der Vogel ein Flußregenpfeifer! Sehr ähnlich in Größe und Verhalten sind sich Gold- und Kiebitzregenpfeifer. Sie ziehen häufig in gemischten Verbänden. Der Goldregenpfeifer zeigt jedoch kein Weiß an der Oberseite, sein Bürzel ist dunkel. Der Kiebitzregenpfeifer trägt einen weißen Bürzel und an der Flügelunterseite schwarze Achselfedern, die einen deutlich sichtbaren Fleck ergeben!

So wichtig für die Limikolenbestimmung Flügel- und Bürzelzeichnungen sind, so notwendig erweist sich für alle Entenarten die Kenntnis der Flügelspiegel!

So sehen sich Samt- und Trauerenten im Flug recht ähnlich, sind jedoch sofort durch das weiße Flügelfeld der Samtente deutlich zu unterscheiden. Berg- und Reiherenten sind im Flug nicht zu unterscheiden, wenn man nur

Limikolen in Übergangskleidern sind vor allem bei Gegenlicht äußerst schwer zu bestimmen. Nur Flügelbinden und Schwanzzeichnung sind sichere Merkmale. Sichelstrandläufer während des Herbstzuges. *Foto: Spillner*

ihre Unterseiten erkennen kann. Nur die Oberseite kann uns helfen. Die Reiherente hat einen schwarzen Rücken, die Bergente dagegen trägt eine graue Oberseite. Günstig ist, Enten sowohl schwimmend wie fliegend sehen zu können, um auch andere Merkmale deutlich auszumachen, wie etwa den Schopf des Reiherentenmännchens oder den rahmfarbenen Scheitelstrich des Pfeiferpels.

Schilf- und Teichrohrsänger sind sich sehr ähnlich. Sicheres Merkmal: Augenstreif oder nicht. Der Schilfrohrsänger hat ihn, dem Teichrohrsänger fehlt er. *Foto: Hoyer*

Augenstreifen und Kopfgefiederzeichnung spielen für die exakte Kleinvogelbestimmung eine wesentliche Rolle. So läßt sich der Schilfrohrsänger vom gleichgroßen Teichrohrsänger am sichersten durch seinen Augenstreif unterscheiden. Zudem trägt er gestreiftes Rückengefieder. Augenstreifen unterscheiden das Sommer- und das Wintergoldhähnchen, sind von Bedeutung bei einigen Pieperarten, ebenso wie für Stelzen oder Laubsänger. Schwanzendbinden oder die Färbung der äußeren Schwanzfedern können ebenfalls von entscheidender Bedeutung sein!

Zweifel bei der Bestimmung

Zum Feldornithologen, der Vögel richtig bestimmen kann, wird man nicht durch das Lesen von Büchern! Allein die Praxis wird uns Sicherheit verleihen. Die beste Hilfe für den Anfänger sind die praktischen Hinweise anderer, erfahrener Ornithologen. Sie werden auch dafür sorgen, daß alle Bestimmungen sehr sorgfältig geschehen. Den Zweifel dürfen wir nie außer acht lassen. Die Sicherheit, in komplexer Wahrnehmung, sozusagen mit »halbem Auge«, die landläufigen Vogelarten zu erkennen, erwächst erst in Jahren. Sie darf jedoch auf keinen Fall zur Oberflächlichkeit verleiten. Besonders der feldornithologische Neuling ist leicht geneigt, besonders seltene Arten zu entdecken, da er noch ungeübt in der Bestimmung ist. Der Zweifel ist noch immer der beste Ratgeber. Wir müssen Merkmal für Merkmal systematisch durchgehen, müssen aussondern, bis letztlich die schlüssige Bestimmung übrigbleibt. Kommen wir zu keinem gültigen Schluß, dürfen wir die Beobachtung nicht als gesichert ansehen! Sie hat dann keine Gültigkeit!

In der Regel können wir davon ausgehen, Vögel in den ihnen angemessenen Lebensräumen anzutreffen. Meeresenten, wie Eider-, Samt- und Trauerenten, werden wir mit Sicherheit an der See beobachten. Trotzdem ist es möglich, vor allem nach ungünstigen Großwetterlagen, ausgesprochene Seevögel, wie Baßtölpel oder Sturmschwalben, auch ins Binnenland verschlagen zu finden. Eider- und Eisenten tauchen wiederholt im Binnenland auf, sogar am Bodensee wurden Eiderenten angetroffen! Hin und wieder finden sich auch bei uns Irrgäste und Seltlinge aus Asien oder dem Mittelmeerraum ein. Vor etwa dreißig Jahren waren Beobachtungen von Schwarzkopfmöwen in Norddeutschland noch sensationelle Entdeckungen. Heute gehört die Schwarzkopfmöwe zum zwar seltenen aber gesicherten Brutvogelvorkommen unserer Küste.

Manche Vogelarten treten jahrelang spärlich oder nie in unserem Beobachtungsraum auf und verblüffen dann wieder mit invasionsartigem Erscheinen, wie Seidenschwanz und Dünnschnäbliger Tannenhäher. Andere Arten, wie Rotkehlpieper und Zwergschnäpper, werden in der letzten Zeit viel häufiger beobachtet als früher. Daraus ist nicht unbedingt eine Zunahme abzuleiten, sondern ihre häufigere Beobachtung ist auf eine größere Zahl sicherer Feldornithologen zurückzuführen, die sie genau bestimmen konnten! So weisen neuere Avifaunen durchweg einen größeren Artenreichtum auf als ältere Arbeiten, Resultat eines besseren und dichteren Beobachternetzes.

Spezialisierung

Die Meinungen, welche Kriterien den guten Feldornithologen auszeichnen, gehen auseinander. Umfassende Artenkenntnis ist anzustreben. Jedoch gibt es eine Reihe ganz ausgezeichneter Feldornithologen, die zwar einen Sumpfläufer von einem Zwergstrandläufer unterscheiden können und auch in der Lage sind, Großmöwen in Jugend- und Übergangskleidern auseinanderzuhalten, jedoch Schwierigkeiten haben, die heimischen Grasmückenarten sicher anzusprechen, von der Feinbestimmung der Laubsänger ganz zu schweigen. Andererseits gibt es ausgesprochene Kleinvogel- und Vogelstimmenspezialisten, die der Vielfalt an Merkmalen für Schwimm-, Tauch- und Meeresenten hilflos gegenüberstehen und Seetaucher nur vom Hörensagen bzw. aus der Literatur kennen. Wieder andere kennen nur wenige Vogelarten, diese dafür aber sehr genau bis in die Feinstrukturen ihres Verhaltens.

Auf eine Kurzfassung gebracht, gilt für die Feldornithologie das Sprichwort: »Man wird alt wie ein Haus und lernt nie aus!« Und ob man sich nun für die genaue Erforschung von Verhaltensweisen weniger Vogelarten interessiert, ob man sich mehr ökologischen Fragen bei bestimmten Arten zuwendet oder aber Gefallen daran findet, möglichst viele Arten gesehen und tatsächlich richtig bestimmt zu haben, das bleibt jedem selbst überlassen. Der eine wird sich vor dem anderen ob seiner eventuellen Schwächen nicht schämen müssen. Sie werden durch anderes Wissen wieder ausgeglichen. Es ist für den Einzelnen unmöglich, die Fülle des feldornithologischen Beobachtungs- und Forschungsstoffes umfassend zu beherrschen.

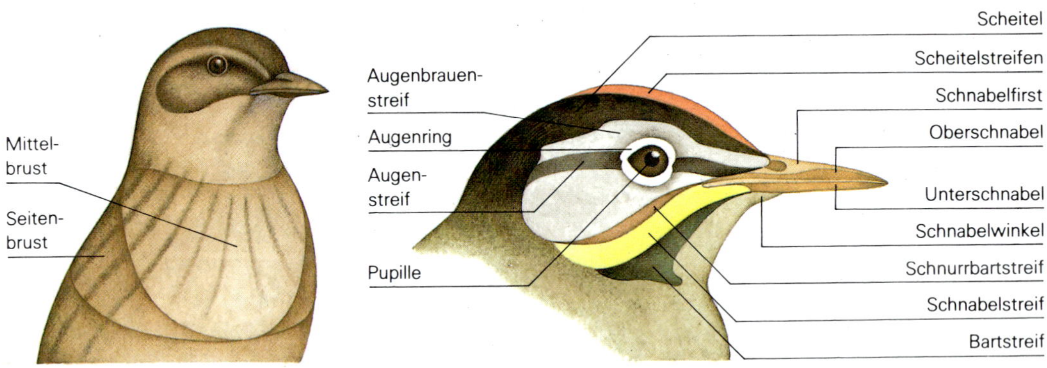

Es ist notwendig, sich in der »Topografie« des Vogelkörpers auszukennen. Das erleichtert Notizen im Beobachtungstagebuch, macht mitunter erst die effektive Arbeit mit dem Bestimmungsbuch und größeren Handbüchern möglich und ist bei Diskussionen um Problembestimmungen eine unentbehrliche terminologische Grundlage

Feldornithologische Hilfsmittel

Bei der Beobachtung und Bestimmung freilebender Vögel müssen wir uns auf unsere dafür notwendigen Sinne verlassen. Und doch reichen gesundes Auge und geschärfter Gehörsinn oft nicht aus. Nicht jeder ist in der glücklichen Lage, feldornithologische Kenntnisse von einem erfahrenen Ornithologen in der Praxis vermittelt zu bekommen. Daher spielen – nicht nur für Anfänger – Bestimmungsbücher und -tabellen sowie technische Hilfsmittel, wie Fernglas, Fernrohr, Kamera, Tonbandgerät und Verstecke, eine wichtige Rolle. Das Beobachtungstagebuch mit Notizen und Skizzen kommt als wesentlicher Faktor dazu.

Bestimmungsbücher und -tabellen

Bestimmungsbücher sind eine wesentliche Hilfe, Vögel genau anzusprechen und zu bestimmen. Sie sollten klein genug sein, um in einer großen Jackentasche Platz zu haben. Dort sind sie schneller griffbereit als im Rucksack oder in der Umhängetasche. Sie sollten gebunden und zudem noch mit einer entsprechend festen Hülle versehen sein, denn wir können mit ihnen im Gelände nicht so vorsichtig umgehen wie mit wertvollen Büchern, die wir im Zimmer aus dem Regal nehmen.

Das Bestimmungsbuch ist ein Gebrauchsgegenstand! Nichts ist ärgerlicher, als wenn lose Seiten herausflattern. Broschierte Exemplare (Paperback) sollte man sich vor Gebrauch vom

Scheitel
Hinterkopf
Ohrgegend
Mantel
Rücken
Schulter
Bürzel
Oberschwanzdecken
Unterschwanzdecken
Analgegend (After)
Flanke
Schenkel
Bauch
Stirn
Zügel
Kinn
Kehle
Mittelbrust
Seitenbrust
Kleine Flügeldecken
Mittlere Flügeldecken
Große Flügeldecken
Nebenfittich
Große Handdeckfedern
Schirmfedern
Armfedern
Handfedern

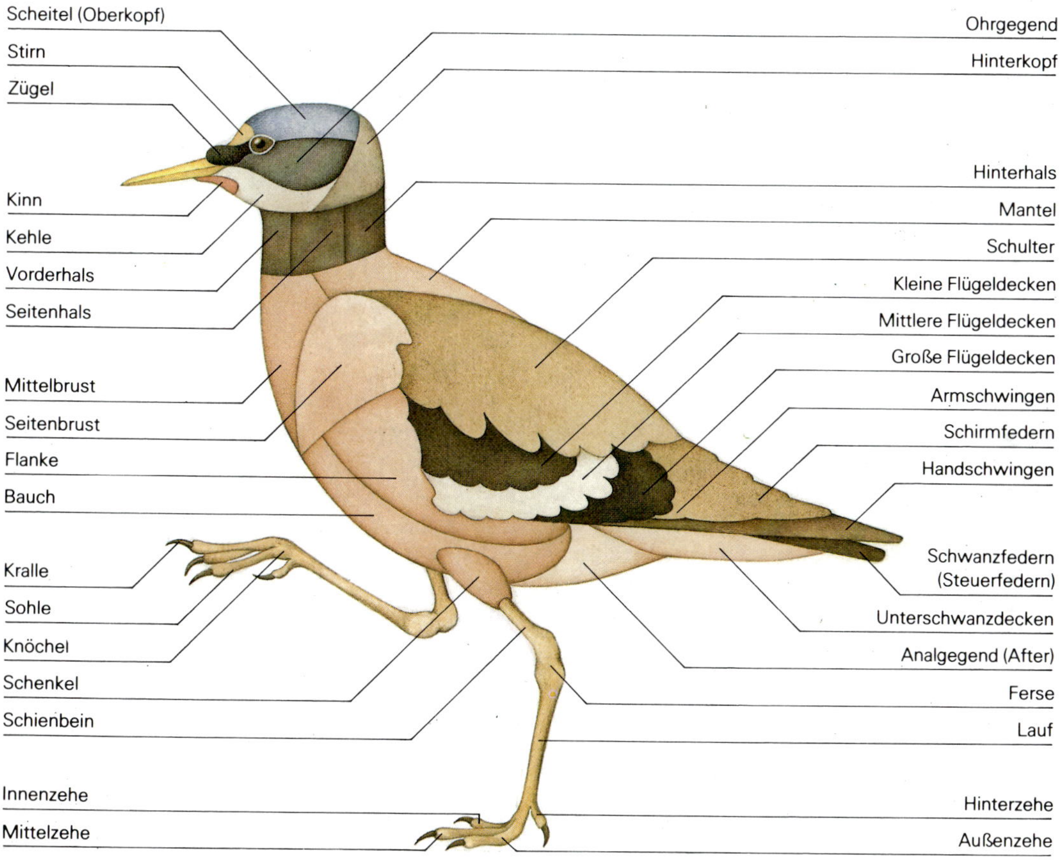
Scheitel (Oberkopf)
Stirn
Zügel
Kinn
Kehle
Vorderhals
Seitenhals
Mittelbrust
Seitenbrust
Flanke
Bauch
Kralle
Sohle
Knöchel
Schenkel
Schienbein
Innenzehe
Mittelzehe
Ohrgegend
Hinterkopf
Hinterhals
Mantel
Schulter
Kleine Flügeldecken
Mittlere Flügeldecken
Große Flügeldecken
Armschwingen
Schirmfedern
Handschwingen
Schwanzfedern (Steuerfedern)
Unterschwanzdecken
Analgegend (After)
Ferse
Lauf
Hinterzehe
Außenzehe

Buchbinder einbinden lassen. Bestimmungsbüchern ist Tabellen gegenüber der Vorzug zu geben, da sie zumeist handlicher sind und mit vergleichbaren Textinformationen Vogelgruppen komplex abbilden. Vorteilhaft sind jene Abbildungen, auf denen mit Hinweisstrichen die spezifischen Merkmale und feldornithologischen Kennzeichen hervorgehoben werden. Besteht die Wahl der Anschaffung, sollte man sich auf ein Bestimmungsbuch beschränken, das nur die Arten des Beobachtungsgebietes im weiteren Sinne, dafür aber ausführlich behandelt. Für Mitteleuropa ist ein Bestimmungsbuch, in dem auch nordafrikanischen Arten und Vögel des Mittleren Ostens dargestellt werden, weniger sinnvoll.

Mit einiger Übung wird es nicht schwerfallen, den Vogel, den es zu bestimmen gilt, nach Größe, Gestalt und Färbung in eine bestimmte Gruppe einzuordnen. Da die Abbildungstafeln immer mehrere, nah verwandte Arten darstellen, können wir dort nach den artspezifischen Kennzeichen wie Augstreifen, Flügelbinden, Bürzelzeichnungen und anderen Merkmalen die Feinbestimmung vornehmen.

Ein Beispiel:

Auf einer freien Wasserfläche zwischen Schilfbeständen eines größeren Sees schwimmen unterschiedlich große Entenarten. Der Umriß und ihre Haltung geben uns Auskunft darüber, daß es sich um Schwimmenten handelt. Sie liegen relativ hoch auf dem Wasser, sie gründeln. Tauchenten dagegen wirken schwerer, haben ihre »größte Masse« hinter dem Hals, sie wirken leicht »bucklig«. Wir suchen also auf einer Tafel, die Schwimmenten abbildet, und wir stellen fest, daß es sich um weibliche Vögel handelt. Alle sind mehr oder weniger schlichtbraun gefärbt. Ist die Entfernung zu groß und die Lichtverhältnisse sind ungünstig, können wir keine Schnabelfarben erkennen. Lediglich eine der größeren Enten unterscheidet sich durch ihren sehr großen breiten Schnabel von den anderen. Das ist bereits ein wichtiges Merkmal. Es wird sich mit großer Wahrscheinlichkeit um ein Löffelentenweibchen handeln.

Nicht immer wird man den großen, breiten Schnabel der Löffelente so gut erkennen können. *Foto: Spillner*

Zwei andere der bräunlichen Enten scheinen besonders lange, spitze Schwanzfedern zu besitzen. Sie werden am deutlichsten, wenn die Vögel kopfüber gründeln. Das könnte auf Spießenten deuten.

An den restlichen Entenweibchen können wir keine deutlich sichtbaren Merkmale feststellen. Sie unterscheiden sich lediglich durch ihre Größe von den anderen Enten. Es könnten weibliche Stockenten sein.

Zu einer gesicherten Bestimmung kommen wir somit also nicht! Entweder müssen wir versuchen, näher an die Vögel heranzukommen oder aber unter besseren Lichtverhältnissen von anderem Standort aus die Schnabelfärbung zu erkennen suchen. Ist auch das nicht möglich, bleibt nur die Unterscheidung durch das Flugbild.

Selbstverständlich werden wir die Vögel nicht beunruhigen, um sie zum Auffliegen zu veranlassen. Wir warten, bis sie auffliegen. Und mit einem Male sind die scheinbar so ähnlichen Entenvögel deutlich zu erkennen. Der große Schnabel der ersten Ente wirkt noch größer und breiter, die Oberflügel tragen ein helles, großes Graufeld, das nach hinten dunkel gesäumt scheint. Auf der Übersichtstafel für fliegende Schwimmenten stellen wir zweifelsfrei fest, daß es sich wirklich um eine Löffelente handelt. Die anderen Enten fallen durch ihren längeren, spitzen Schwanz auf und tragen weder auf dem Ober- noch auf dem Unterflügel ein weißes oder hellgraues Feld oder Spiegel. Nur die Bauchseite wirkt sehr hell, weißlich. Das ist auch bei Pfeifenten der Fall! Da Pfeifenten jedoch helle Felder auf den Oberflügeln tragen, scheiden sie aus! Unsere zunächst vage Vermutung wird bestätigt – es handelt sich um Spießenten. Die restlichen Enten, die vorüberfliegen, verraten uns ihre Artzugehörigkeit nicht nur durch ihre Größe, sondern auch durch die blauen, schmal weißgefaßten Flügelspiegel – es sind Stockenten!

Wir sollten also auf den Abbildungstafeln nicht nur danach suchen, was für ein Vogel es sein könnte, sondern auch danach, was für ein Vogel es nicht sein könnte und warum nicht! Das ist zu Beginn oftmals nicht einfach. Zu leicht werden wichtige Einzelheiten übersehen, zumal die Möglichkeit der Beobachtung oft zu kurz ist.

Bei Kleinvögeln, die sich im Buschwerk oder den Zweigen von Laubbäumen aufhalten, ist es häufig ein wahres Geduldsspiel, Augstreifen, Beinfarbe oder Rückenzeichnung genau zu erkennen.

Fernglas und Fernrohr

Selbst wer sich darauf beschränken wollte, Kleinvögel an der winterlichen Futterstelle oder bei der Jungenaufzucht am Nest zu beobachten, kommt auf die Dauer nicht ohne Fernglas aus. Die genaue Bestimmung vieler, ja der meisten Vogelarten im Gelände ist ohne Fernglas kaum möglich. So ist das Fernglas eines unserer wichtigsten Hilfsmittel.

Es steht eine Reihe unterschiedlicher Gläser zur Verfügung, die sich in der optischen Qualität, in der Stärke der Vergrößerung, der Lichtstärke und damit in Preis und Gewicht unterscheiden. So gilt es von vornherein zu überlegen, welches Glas für die eigenen Zwecke am brauchbarsten ist. Große Lichtstärke, wie sie die sogenannten »Nachtgläser« bieten, benötigen wir in den wenigsten Fällen, es sei denn, man will vor allem dämmerungsaktive Vögel beobachten.

Der Laie wird annehmen, daß die stärkeren Vergrößerungen am geeignetsten sind, da sie den scheuen, weit entfernten Vogel am deutlichsten zeigen. Das ist ein Trugschluß. Ferngläser, die stärker als 10fach vergrößern, lassen sich freihändig nicht mehr ruhig halten. Das Fernglasbild tanzt vor unseren Augen, und wir sehen trotz starker Vergrößerung nicht deutlich genug. Zudem sind stark vergrößernde Gläser schwer. Sie ermüden die Hand, was zu noch stärkerem Zittern führt. Überdies haben stark vergrößernde Gläser ein enges Gesichtsfeld. Es ist schwer, einen rasch fliegenden Vogel damit sofort zielsicher zu erfassen! Die Praxis hat erwiesen, daß Ferngläser mit einer sechs- oder achtfachen Vergrößerung am günstigsten sind. Häufig werden Gläser vom Typ 7×50 (also siebenfache Vergrößerung bei einem Objektivdurchmesser von 50 mm, was einer großen Lichtstärke entspricht) verwendet. Dieses Glas ist aber doppelt so schwer und so teuer wie ein Typ 8×30, der lediglich durch geringere Lichtstärke – gleiche Markenqualität vorausgesetzt – Nachteile aufweist. Wer den ganzen Tag mit dem Fernglas am Hals unterwegs ist, weiß Lastersparnis um die Hälfte zu schätzen! Sie wiegt den ohnehin kaum zu nutzenden Lichtstärkegewinn mehrfach auf!

Günstige Typen sind die meist leicht gebauten Gläser 10×40. Sie vereinen die noch vertretbare stärkere Vergrößerung mit entsprechender Lichtstärke und nicht zu engem Bildwinkel. Optisch hochwertiger sind 10×50 Gläser von Zeiss. Sie sind allerdings entsprechend schwer!

Eine günstige Kombination, die Beobachtungen unter allen, auch extremen Bedingungen ermöglicht, besteht in der Nutzung von Fernglas und Fernrohr. Ein leichtes Handglas vom Typ 6×30 oder 8×30 dient der Nahbeobachtung bzw. dem Aufsuchen entfernterer Objekte, und für die gezielte Beobachtung an Plätzen, die besonders »ergiebig sind«, kommt ein Fernrohr

Zur Beobachtung im freien Gelände über größere Entfernungen sind monokulare Prismenfernrohre mit austauschbaren Okularen, wie das Zeiss-Asiola, besonders gut geeignet. *Foto: Spillner*

auf einem Stativ zum Einsatz. Das Zeiss »Asiola« hat sich besonders bewährt. Es ist mit austauschbaren Okularen für verschiedene Vergrößerungen ausgerüstet, und läßt sich so mit seinem stabilen Holzstativ vor allem von Exkursionsgruppen noch relativ gut transportieren. Seine binokulare Ausführung mit stufenloser Veränderung der Vergrößerung von 20 bis 40fach in Verbindung mit höhrerer Lichtstärke dagegen ist nicht nur teuer, sondern auch kaum noch für Exkursionen transportier- und einsetzbar. Es ist an zentralen Beobachtungspunkten jedoch unübertroffen!

Fernrohre sind besonders an der Küste, an größeren Seen, an Feuchtflächen, die von Limikolen und Enten- oder Gänsevögeln regelmäßig aufgesucht werden, zu empfehlen. Viele Beobachtungen und genaue Bestimmung vor allem von seltenen Arten konnten nur mit ihrer Hilfe gemacht werden!

Verstecke

So gut und nützlich und vielfach unentbehrlich das Fernglas ist, so sehr ist es doch nur ein Hilfsmittel, Distanzen zwischen Objekt und Beobachter zu überbrücken. Viele Feinheiten des Verhaltens, vor allem Lautäußerungen der Vögel gehen uns verloren. Da die Tarnkappe aber nur in Märchen und Sagen existiert, müssen wir sie für unsere Zwecke real machen. Für viele Beobachtungen müssen wir Verstecke bauen! Das kann am Strand so nützlich sein wie an einer Futterstelle im Winterwald, an Rast- und

Stabile und zugleich geräumige Beobachtungsverstecke ermöglichen selbst im strengen Winter einen längeren Aufenthalt. Beobachtungs- und Luderplatz in Mittelschweden. *Foto: Spillner*

Äsungsplätzen von Gänsen oder auch und vor allem bei der Analyse von Verhaltensmustern während der Balz, der Brutbiologie und der Jungenaufzucht.

Am Strand können angeschwemmte Bretter, Seetang oder Seegras, die um eine ausgehobene Grube Deckung bieten, schon sehr viel dazu beitragen, daß wir mehr Limikolen aus wesentlich größerer Nähe beobachten können als dekkungsfrei. Auch Meeresenten kommen dichter ans Ufer, wenn wir uns verbergen. Nach Möglichkeit sollten wir einige Sehschlitze in unser Versteck einarbeiten, aus denen wir mit dem Fernglas die nahekommenden Vögel noch größer und deutlicher betrachten können.

Im Wald und an Hecken scheinen Verstecke aus belaubten Zweigen oder Nadelreisig geeignet zu sein, um uns den Blicken der Vögel zu entziehen. Sie sind es nicht! Alle Vögel nehmen auch die leisesten Bewegungen, die wir beim Ansitz nicht vermeiden können, noch wahr! Daher müssen wir uns vollendet tarnen. Eine günstige Lösung sind rechteckig aufrechtstehende Zelte, die eine quadratische Grundfläche besitzen. Sie sollen aus Zeltstoff genäht werden, jedoch kann auch anderer leichter Stoff – graugrün nach Möglichkeit! – Verwendung finden. Zelte, die längere Zeit den Witterungseinflüssen ausgesetzt sein müssen, sind zweckmässigerweise zu imprägnieren. Sie müssen entweder mit synthetischer Schnur an Pflöcken oder am unteren Rahmen mit entsprechend langen Haken im Erdreich verankert werden. Die Größe sollte 70 × 70 cm Grundfläche bei etwa 140 cm

Höhe – je nach Größe des Beobachters nicht überschreiten. Kleinere Verstecke sind auf die Dauer zu unbequem. Wir werden ja Stunden, vielleicht sogar Tag für Tag darin verbringen, wollen Notizen, Fotos oder Tonaufnahmen machen.

Die Zeltwände und das flache Dach werden von einem zerlegbaren Rahmen aus Leichtmetallrohren getragen. Bambusrohr, das an den Enden mit Messinghülsen wie an Angelruten versehen wird, eignet sich ebenfalls sehr gut. Die Ecken werden von dreiseitigen Kreuzstükken aus passenden Rohrhülsen zusammengehalten. Sehschlitze nach möglichst allen Seiten in Augenhöhe (vorher mit entsprechender Sitzgelegenheit nach eigener Körpergröße ausprobieren!) sind jeweils mit einem Rollo aus Fliegengaze zu versehen. Sie schützt uns gegen Sicht von außen, und wir können dennoch ringsum beobachten. Unsere Hauptblickrichtung zum Objekt bleibt allerdings gazefrei. Wir müssen mit dem hellen Gesicht oder den leicht blinkenden Glasflächen des Fernglases weit genug entfernt vom Sehschlitz bleiben.

Wir müssen den Schatten des Versteckzeltes nutzen, uns ungesehen bewegen zu können. Leichte Versteckzelte dieser Art lassen sich klein zusammenfalten und im Rucksack transportieren. Das tragende Gestänge läßt sich ebenfalls leicht genug und handlich zerlegen. Die Mitnahme eines Verstecks zu einer Tagesexkursion muß also keine unnötige Belastung sein! Müssen Versteckzelte nicht bewegt weden, sondern dienen der Dauerbeobachtung über längere Zeit, lassen sie sich mit wesentlich geringerem Aufwand herstellen. Latten oder auch gerade gewachsene, starke Zweige (gut geeignet sind Schwarzerle oder Hasel und Weide) werden zum tragenden Gerüst zuammengenagelt. Zur Versteifung empfehlen sich entgegengesetzt eingenagelte Diagonalverstrebungen in jeder Wand mit Ausnahme der Eingangsseite. Dieser Zeltversteсktyp ist auch für den Ansitz in Sumpf und Wasser geeignet. Er kann leicht mit Schilfrohr oder Gras verkleidet werden, das in dünner Lage aufgebunden wird. Es ist darauf zu achten, daß Wind selbst in mäßiger Stärke stark angreift. Daher auf sorgfältige Befestigung achten!

Um auch in Schilf und Sumpf trocken sitzen zu können, sollte das Versteckzelt entweder der Wassertiefe entsprechend eine Art »Beingestell« mit unteren Querverbindungen erhalten, die das Einsinken in Teich- oder Seeboden verhindern. Oder wir bauen tragendes Gerüst und Zeltgestänge einzeln, um es leichter tragen oder per Boot transportieren zu können. An Ort und Stelle wird beides zusammengebaut. Gut mit Schilf verkleidete Boote als Beobachtungsverstecke sind zwar sehr verlockend, in der Praxis jedoch nicht besonders günstig. Erstens haben sie eine zu große »Sichtmasse«, zum anderen wären sie nur geeignet, wenn sie über längere Zeit an Ort und Stelle verankert oder anderweitig festgelegt werden könnten. Damit ist ihr scheinbarer Vorteil der Beweglichkeit jedoch hinfällig! Die Vögel sollen und müssen sich an den Versteckkörper als festen Bestandteil ihrer Umwelt – seien es die Nestnähe oder der Futter-, Rast- oder Schlafplatz – gewöhnen. Das Boot kann uns dazu dienen, das Versteck zu erreichen. Wenn es sich wieder entfernt, sobald der Beobachter Posten bezogen hat, ist das sehr günstig, weil sichtbare Gefahr sichtbar wieder verschwindet!

Schwieriger ist es schon, Verstecke in Bäumen zu errichten. Erste Voraussetzung ist eine Genehmigung, die wir vom jeweiligen Eigentümer oder von dem verantwortlichen Beauftragten, wie beispielsweise dem Revierleiter des jeweiligen Forstwirtschaftsbetriebes, einholen müssen. Sodann muß jeder Versteckbau zur Beobachtung an Vogelnestern entweder noch vor der Brutzeit erfolgen, oder es müssen alle Vorbereitungen so weit getroffen sein, daß der Aufbau in kürzester Zeit erfolgen kann. Ein Helfer ist mindestens nötig!

Wir müssen immer daran denken, daß unser Naturschutzgesetz die Beunruhigung und Störung aller geschützten Vögel untersagt! Seltene oder gar vom Aussterben bedrohte Vögel dürfen auf keinen Fall durch den Bau von Beobach-

Getarnte Beobachtungskanzel am Brutbaum des Schwarzspechtes. *Foto: Scharnbeck*

tungsmöglichkeiten gestört werden. Es besteht ein striktes Verbot, das nur in begründeten Ausnahmefällen mit einer Sondergenehmigung außer Kraft gesetzt werden kann.

Jeder Versteckbau in der Nähe eines Vogelnestes ist natürlich eine Störung. Allerdings reagieren die einzelnen Vogelarten unterschiedlich darauf. Auch innerhalb einer Art kann es zwischen den einzelnen Individuen große Unterschiede geben. So sind Schwarzdrosseln im naturnahen Wald ungeheuer empfindliche, mißtrauische Vögel, während sie in der Stadt erstaunlich zahm wirken können. Aber auch sie verhalten sich am Nest meist viel mißtrauischer als zur Futtersuche auf dem Parkrasen!

Für den Einbau in Bäumen haben sich Verstecke aus Flacheisenkonstruktion bewährt, die sich zusammengeklappt leicht durch's Geäst ziehen lassen. Erst am Einsatzplatz, nachdem die Sitzhaltung entweder durch starken Rödeldraht mit dem Baum verankert oder – falls wir dafür die Genehmigung erhalten – mit starken Schlüsselschrauben befestigt ist, wird das Gestänge aufgeklappt und die Schrauben der Eckverbindungen festgezogen. Dann können wir das Sitzbrett und das Fußbrett einlegen und anschließend die Schutzverkleidung überstreifen. Sie muß natürlich auf der Baumseite einen entsprechenden Schlitz besitzen. Der Einstieg erfolgt von unten.

Um einen raschen Auf- und Abstieg zu ermöglichen, haben sich schmale Leitern aus Rundstahl (10 mm) bewährt, die am oberen Ende einen Haken, am unteren dagegen eine Öse besitzen. Sie sollten etwa 3 Meter lang sein und vom Versteck aus bis etwa 4 oder 5 Meter über den Erdboden reichen. Damit sie im Wind nicht klappern und zum Störfaktor werden, sollten sie teilweise an Zweigen oder dem Stamm angebunden werden. Das restliche, fehlende Leiterstück wählen wir länger und nehmen es nach der Beobachtung fort, um es sicher zu verbergen. So gewährleisten wir, daß kein Unbefugter (Kinder sind immer neugierig und durch Leitern naturgemäß gefährdet!) zum Versteck hinaufsteigen kann.

Alle Verstecke in unmittelbarer Nähe von Vogelnestern sollten mit Zweigen des versteck-tragenden Baumes verkleidet werden. Äste und Zweige, die unsere Sicht stören, können dafür sofort Verwendung finden. Daß Laub schon bald welkt, schadet nichts. Die Vögel müssen sich ja an den veränderten Komplexeindruck, nicht jedoch an Einzelheiten gewöhnen. Oberstes Gebot auch hier: Alle Eingriffe so behutsam und sparsam wie möglich! Nicht immer müssen Zweige abgeschnitten werden. Häufig lassen sie sich auch wegbinden.

Alle Arbeiten müssen schnell und zügig geschehen. Haben wir die Möglichkeit, vor Eintreffen von Vogelarten (wie beispielsweise in Saat- oder Reiherkolonien) ein Versteck zu errichten, wählen wir möglichst einen Standort, der mehrere Nester der Beobachtung zugänglich macht. Dann können wir uns auch mehr Zeit lassen.

Nach Einbau des Verstecks sollen wir das Revier laut sprechend verlassen. Die Vögel können somit wahrnehmen, daß eine Gefahr davongeht. In der Regel sind Vögel am stärksten gegen Ende der Brutphase, bzw. wenn sie sehr junge Nachkommen hudern, ans Nest gebunden und kommen dann schnell zurück. Falls die Möglichkeit besteht, von einem Standort außerhalb der Fluchtdistanz mit Fernglas oder Fernrohr zu beobachten, sollten wir überprüfen, ob die Vögel wieder zum Nest zurückkehren. Ist das nicht der Fall, haben wir das Versteck unverzüglich und sehr schnell wieder abzubauen. Manchmal genügt es schon, die Hülle des Verstecks abzunehmen.

Nebenbei gesagt, kann auch der Aufbau des Versteckzeltes in Etappen erfolgen.

Zum Ansitz, vor allem bei Greifvögeln, ist es sehr nützlich, wenn zwei Beobachter zum Versteckbaum gehen. Einer wartet so lange, bis der Beobachter im Zelt verschwunden ist und sich eingerichtet hat, um dann deutlich sicht- und hörbar zu verschwinden! Gleiches gilt für Ansitze an Nestern von Bodenbrütern.

Baumverstecke sollen so klein wie möglich, aber so groß wie nötig gebaut werden! Bei stundenlangem oder bei Tagesansitz braucht der Körper doch ein Mindestmaß an Bequemlichkeit und Bewegungsraum! Daß alle Verstecke sicher angebracht werden müssen, daß sie weder vom Wind zerrissen werden noch uns gefährden können, ist selbstverständlich! Über Konstruktion und Aufbau entscheiden immer die jeweiligen Bedingungen »vor Ort«! Wer in 15 bis 30 Meter Höhe ansitzen will, sollte unbedingt schwindelfrei sein!

Zum Besteigen von Bäumen sind Steigeisen, wie sie von Telegrafenarbeitern verwendet werden, völlig ungeeignet. Ideal sind die Steigeisen der Zapfenpflücker, die einen seitlich unter der Stiefelsohle herausragenden spitzen Dorn tragen. Zum Übersteigen von Ästen sind Sicherungsgurte mit Karabinerhaken unerläßlich! Um den Baum nicht zu beschädigen, sollte er nur ein einziges Mal mit Eisen bestiegen werden. Der Abstieg sollte bereits über die genannten Leitern oder Strickleiter erfolgen.

Um ornithologische Beobachtungen fotografisch einwandfrei zu dokumentieren, bedarf es nicht nur entsprechender Technik. Dem fotografierenden Beobachter wird zumeist hoher körperlicher Einsatz bis zur Strapaze abverlangt. *Foto: Spillner*

Arbeit mit der Kamera

Foto- und Filmkamera sind wichtige Hilfsmittel der Feldornithologie. Auch ein technisch unvollkommenes Foto kann wertvoll sein, wenn es beispielsweise den Nachweis einer seltenen Art, eines Irrgastes, belegen kann oder wenn damit spezielle Verhaltensweisen dargestellt werden können. Oftmals können mit Hilfe solcher Bilder klare, anschauliche Zeichnungen hergestellt werden. Foto- und Filmaufnahmen sollen vor allem dokumentarischen Charakter haben. Sie dürfen nicht Selbstzweck sein. Nahezu von allen einheimischen Vogelarten existieren sehr viele gute und auch »schöne« Fotos. Vor allem seltene oder im Bestand gefährdete Arten sind vielfach und häufig nicht zu deren Nutzen abgebildet worden. Dagegen fehlen durchweg gute Serien, die das Verhaltensinventar der Arten vergleichend darstellen. Das trifft besonders für »unattraktive« Arten wie Haus- und Feldsperling, Grauammer und andere zu.

Im Vordergrund sollte die Beobachtung stehen, die durch das Foto oder den Film belegt und anschaulich gemacht wird. Daß wir dabei nach Möglichkeit bildnerisch befriedigende und überzeugende Lösungen anzustreben haben, versteht sich von selbst. Oftmals aber stehen dieser Forderung viele erschwerende Faktoren entgegen!

Am leichtesten lassen sich Belegfotos der Aufzuchtperiode am Nest herstellen. Und am meisten wird dabei gesündigt! Vielfach werden Nester, vor allem von Kleinvögeln, erbarmungslos freigelegt, so daß sich die Vögel nicht mehr ungestört verhalten können! Häufig wurden Nester verlassen, so daß die Eier erkalteten, die Embryonen abstarben oder die Jungen verhungern mußten, weil die Altvögel durch die starke Veränderung des unmittelbaren Brutplatzes nicht mehr fütterten! Leider ist der Einsatz von

Foto- und Filmkamera am Vogelnest immer mit größeren Störungen verbunden, als wenn wir nur Sichtbeobachtungen durchführen. Zum Fotografieren müssen wir dichter ans Nest heran! Der Grundsatz der Vorsicht und Behutsamkeit, der möglichst etappenweisen Annäherung des Verstecks an das Vogelnest muß von vornherein unser Tun bestimmen. Für Fotoarbeiten an Brutplätzen von Vögeln der Kategorie A bis C sind Sondergenehmigungen erforderlich.

Aufnahmen von Vögeln außerhalb des Nistbereiches sind unter diesen Aspekten unproblematischer. Erschwerend ist hierbei lediglich, daß die Chancen, daß die gewünschten Vögel nicht nur in Beobachtungs-, sondern auch in Abbildungsnähe kommen, wesentlich geringer sind. Jedoch sind Ansitze an Schlaf- und Rastplätzen, an besonders reichen Futterquellen oder künstlichen Fütterungen (Futterhaus bis Luderplatz!) aussichtsreich. Da gilt es nur, das Beobachtungsversteck rechtzeitig aufzubauen!

Mit einer »Normalkamera« können wir relativ wenig beginnen. Sie reicht lediglich aus, um evtl. Belegfotos von Nestern mit Gelegen oder Jungvögeln zu machen. Hierbei, wie auch bei allen anderen Aufnahmen, sind einäugigen Spiegelreflexkameras unbedingt der Vorzug zu geben. Am verbreitetsten und günstigsten, was Handlichkeit, Einsatzfähigkeit, Masse, Schnelligkeit und Preisgünstigkeit betrifft, sind dabei die Kleinbildtypen mit dem Format 24 × 36 mm. Für sie steht auch ein breites Sortiment von Schwarzweiß- und Farbfilmen zur Verfügung, so daß wir in der Regel auch unter ungünstigen Lichtverhältnissen noch zu guten Resultaten kommen. Auch bei Filmkameras sind für unsere Zwecke nur Spiegelreflexsysteme brauchbar. Alle »starren« Sucherkameras erschweren die Schärfenachstellung der bewegten Objekte! Zudem müssen Foto- und Filmkameras über die Möglichkeit des Objektivwechsels verfügen. In der Regel müssen wir nämlich mit langen und überlangen Brennweiten (Tele- und Fernobjektive) arbeiten, um formatfüllende Abbildungen zu erzielen.

In der Regel herrschen völlig falsche Vorstellungen darüber, aus welchen Entfernungen Vögel noch befriedigend groß abgebildet werden können. Auch mit langen Brennweiten müssen wir den Vögeln leider noch immer zu nahe kommen. Als Beispiel: Krähengroße Vögel werden mit einem 300 mm-Objektiv in der Kleinbildkamera aus etwa 5 Meter Entfernung formatfüllend abgebildet. Wollten wir mit derselben Brennweite das 6 × 6 Format füllen, um dessen größere Abbildungsschärfe und Auflösungsvermögen zu nutzen, müßten wir schon auf etwa drei Meter herankommen. Oder wir müßten bei derselben Aufnahmeentfernung ein entsprechend längerbrennweitiges Objektiv (400 bis 500 mm) benutzen.

Es kommt dabei auch darauf an, ob wir den Vogel freistehend vor einem ruhigen zentralen Hintergrund von der Seite oder direkt von vorn aufnehmen. Bei Belegfotos von Verhaltensweisen am Nest ist die Erfassung eines größeren Ausschnittes sinnvoll, so daß wir nicht so dicht heranmüssen bzw. eine kürzere Brennweite einsetzen können. Sollten jedoch Details der Futterübergabe bei kleinen oder mittelgroßen Vögeln dargestellt werden, muß ein sehr enger Ausschnitt erfaßt werden. Dann kommt beispielsweise für das 6 × 6-Format das Teleobjektiv von 500 mm Brennweite in Verbindung mit einem Balgengerät oder Zwischenringen aus weniger als drei Meter Entfernung zum Einsatz!

Im Kleinbildbereich hat sich die Brennweite von 300 mm als besonders günstig und universell erwiesen, für Aufnahmen im Nestbereich reicht allerdings oftmals auch ein 200 mm-Objektiv aus. Als Faustregel sollte dabei jedoch beachtet werden: Je länger die Objektivbrennweite, desto geringer die Tiefenschärfe, also der Ausdehnungsraum des scharf abgebildeten Objekts, desto größer ist die Gefahr der unscharfen Abbildung durch Verreißen oder Verwackeln und desto lichtschwächer sind die optischen Systeme. Brennweitenverlängernde Objektivkonverter bringen immer eine Einbuße an optischer Qualität (Schärfeleistung) und bei Brennweitenverdopplung einen Lichtverlust von zwei Blendenwerten!

Für Aufnahmen am Strand, an Futter- und Schlafplätzen ist eine längere Brennweite, etwa ein Teleobjektiv vom Typ 5,6/500 geeignet.

Kamera- und Verschlußgeräusche, auf die einige Vogelarten empfindlich reagieren, lassen sich durch Hüllen aus Schaumstoff fast völlig beseitigen. Wichtiger noch ist es, das Objektiv niemals schnell seitlich zu schwenken. Die Gegenlichtblende sollte so lang wie möglich sein, um Reflexe auf der Vorderlinse weitgehend auszuschalten. Langbrennweitige Objektive können nicht mehr freihändig Verwendung finden, es sei denn in Verbindung mit kurzen bis sehr kurzen Verschlußzeiten. Und da wir im Versteckzelt vor allem beobachten wollen, ist es gut, die Kamera nicht ständig halten zu müssen. Wir schrauben daher das Objektiv auf ein Stativ mit Schwenk- und Neigekopf oder hängen es mit der Kamera an einer Schnur so auf, daß es hinter der Gegenlichtblende in der Öffnung der Versteckhaut oder einem Brett aufliegt und nach Wunsch bewegt werden kann. Diese Methode hat sich gut bewährt.

Als Filmmaterial sollten Normalfilme (20 DIN) zum Einsatz kommen, doch sind auch im Kleinbildbereich hochempfindliche Emulsionen (27 bis 30 DIN), entwickelt in Feinstkornentwicklern, noch durchaus brauchbar, wenn keine Ausschnitte aus dem Negativ herausvergrößert werden müsen. Ähnliches gilt auch für das Filmen! Bei Farbaufnahmen ist besonders auf exakte Lichtmessung zu achten. Dunkles Blattgrün »schluckt« viel Licht!

Bei Aufnahmen an Kleinvogelnestern reicht das vorhandene Licht sehr oft nicht aus. Elektronenblitzgeräte schaffen die Möglichkeit, auch farbig noch zu fotografieren und gleichzeitig weit genug abblenden zu können. Am geeignetsten sind Geräte, an die zwei Lampen angeschlossen werden können. Davon dient eine als Haupt- und eine andere als Nebenlicht mit Hintergrundaufhellung.

Wir dürfen diesen technischen Aufwand nicht mit einem Male ans Vogelnest bringen. Günstig ist der etappenweise Aufbau und Annäherung von Atrappen (blinkende Konservendo-

Hier diente der Elektronenblitz mit zwei Lampen nicht der Beherrschung schneller Bewegungen, vielmehr ermöglichte nur er die Aufnahme des Aufzuchtverhaltens von Grünfinken unter den ungünstigen Lichtbedingungen des dichtbelaubten Nestbusches. *Foto: Spillner*

sendeckel an Stelle der Blitzreflektoren). Die wichtigste Voraussetzung für erfolgreiche Foto- und Filmarbeit ist sowohl die genaue Kenntnis der Vogelart wie auch das Verhalten der Individuen, die man aus dem Versteck heraus beobachtet. Kurz gesagt: »Erst beobachten, dann fotografieren oder filmen!«

Das gilt auch, wenn wir es vorziehen, die gewählten Arten durch Fernglas oder Fernrohr zu beobachten und die Kamera am Nest, Futter- oder Balzplatz verkleidet aufbauen, um sie mittels Fernauslöser zu bedienen. Diese Methode ist weniger störend. Sie hat jedoch viele Nachteile. Zum einen können wir den häufig wechselnden Lichtverhältnissen nicht mehr durch Blenden- oder Verschlußkorrektur Rechnung tragen, zum anderen ist das Objektiv auf einen bestimmten Bildausschnitt und einen Schärfepunkt fixiert. Alles, was sich seitlich davon oder davor und dahinter abspielt, kann nicht oder nur unscharf erfaßt werden. Drittens verfügen die wenigsten Kameras über automatischen oder fernzusteuernden Filmtransport. Am wichtigsten aber scheint doch, daß die Beobachtung aus unmittelbarer Nähe die besten Resultate liefert, vorausgesetzt, wir sind mit Versteckannäherung und Kamera- bzw. Blitzlampenaufbau behutsam genug vorgegangen!

Tonaufnahmen

Während sich das Verhalten von Vögeln noch relativ gut beschreiben läßt und nicht unbedingt der Illustration durch Film oder Foto bedarf, ist es nahezu unmöglich, Lautäußerungen von Vögeln zu transkribieren. Zum einen hat jeder ein etwas anderes Gehör, und es gibt zuviele Möglichkeiten, das Vernommene mittels Buchstaben wieder in die gedachte Ton- und Lautfolge umzusetzen. Ruft der Graureiher »kraik« oder »kreik« oder »kre-ik« oder »raik«? Dabei ist dieser Ruf noch relativ einfach darzustellen, viel schwieriger ist das Bettelgurren von Möwen oder Seeschwalben, und gar unmöglich kann der variationsreiche Spottgesang eines Gelbspöttermännchens in Buchstaben gefaßt werden.

Die Tonaufnahmetechnik mittels transportabler, batteriegespeister Band- oder Kassettengeräte hilft uns aus diesem Dilemma. Inzwischen sind von der phonoelektronischen Industrie eine Fülle unterschiedlichster Aufnahmegeräte entwickelt worden, die zwar nicht für die Aufnahme von Lautäußerungen der Vögel konzipiert worden sind, sich jedoch bestens dafür verwenden lassen.

Bei der Auswahl eines entsprechenden Gerätes müssen wir uns von verschiedenen Kriterien leiten lassen. Als Regel kann gelten, daß eine höhere Bandgeschwindigkeit bei Aufnahme und Wiedergabe eine bessere Klangqualität ergibt. Bandgeräte sind allgemein besser geeignet als Kassettengeräte. Letztere haben jedoch den Vorteil, besonders leicht zu sein. Zudem sind die Bänder in den Kassetten besser geschützt. Wichtiger noch ist die Auswahl der Mikrophone und der Frequenzbereich, den wir auf dem Band erfassen. Solange die Aufnahmen nicht kommerziell verwertet werden sollen oder Anspruch auf höchste Klangreinheit für ein größeres Publikum erfüllen müssen, reichen bessere Kassettengeräte für unsere Zwecke völlig aus. Dabei kann sich die Nutzung eines leichten Kassettengerätes in mehrfacher Hinsicht als nützlich erweisen. Vor allem beim Ansitz im Versteckzelt, egal ob am Brutplatz oder an einem Rast-, Futter- oder Balzplatz, kann es hervorragend das Notizbuch ersetzen. Es ist möglich, über das aus dem Versteckzelt herausragende Mikrophon sowohl Lautäußerungen als auch unseren Beobachtungskommentar aufzuzeichnen. Wir haben lediglich einer Gefahr zu begegnen – dem Wind! Luftbewegung am und um das Mikrophon kann zu verheerenden Mißtönen führen! Es ist daher, auch im Hinblick auf die richtige Aussteuerung der Lautstärke, zu empfehlen, während der Aufnahme über Kopfhörer das Band zu kontrollieren!

Wie in der Vogelfotografie haben wir unterschiedliche Möglichkeiten, Vögel »nah« und deutlich – hier allerdings im Ton – abzubilden. Entweder verlegen wir das Mikrophon mittels langer abgeschirmter Kabel an den Aufnahmestandort (Nest, Baumwipfel, Insel im See, Futterplatz), oder wir nehmen die Lautäußerungen wie mit einem Teleobjektiv aus der Ferne auf und trennen durch einen sehr engen Aufnahmewinkel seitlich störende Nebengeräusche ab. Als Hilfsmittel dient dazu ein Parabolreflektor ein »Hohlspiegel« aus Metall oder besser noch Kunststoff, in dessen Brennpunkt das Mikrophon montiert wird. Der Parabolreflektor verstärkt alle ihn von vorn treffenden Töne und konzentriert sie im Brennpunkt. Als günstige Hohlspiegelgröße hat sich ein Durchmesser von etwa 65 bis 75 cm erwiesen. Die Rückseite sollte zur Schallisolation mit Schaumstoff beklebt oder bespritzt sein. Mit diesem »akustischen Fernobjektiv« ist es möglich, in Verbindung mit guten Mikrophonen, brauchbare Vogelstimmenaufnahmen aus 100 Meter Entfernung zu machen.

Windgeräusche am Mikrophon können auch

beim Parabolspiegel Aufnahmen unbrauchbar werden lassen. Ebenso sind Motorengeräusche, besonders von Traktoren, sehr störend, fernes Rollen von Eisenbahnzügen wie das Kreischen von Sägen aus Dörfern wirken sich unter Umständen ungünstig aus. Da vor allem Kleinvögel jedoch sehr frühzeitig zu singen beginnen, lassen sich einige dieser Störfaktoren umgehen. Wie beim fotografischen Teleobjektiv muß auch der fernwirkende Parabolspiegel absolut ruhig gehalten werden. Günstig ist ein Stativ mit einem kräftigen Schwenk- und Neigekopf, um das Gerät erschütterungsfrei bewegen zu können.

Man nehme genügend Bandmaterial mit ins Gelände! Das gilt wie für den fotografierenden Ornithologen, jedoch mit dem Unterschied, daß bereits bespielte Bänder oder Kassetten sofort aufs neue wieder einsatzfähig sind. Häufig kann man sich jedoch von gerade erst unter Mühen aufgenommenen Lautäußerungen nicht trennen und steht dann ohne Aufnahmematerial da!

Windgeräusche können gemindert werden, indem das Mikrophon eine stoffumspannte Schutzhülle erhält. Über die Qualität und ob sich die Aufnahme lohnt, läßt sich jedoch am sichersten mittels Kopfhörer entscheiden!

Auch das kann eine ornithologische Aufgabe sein: Über Jahre den An- und Abflug der Saatkrähen an ihren Schlafbäumen vergleichend zu beobachten. *Foto: Spillner*

Von der Beobachtung bis zur Veröffentlichung

Es gibt mindestens zwei Gesichtspunkte, unter denen man Vögel beobachten kann, die beide gleichermaßen berechtigt sind, für die zum großen Teil auch gleiche oder ähnliche Anforderungen gelten, die aber in der Zielstellung voneinander abweichen. Der eine wäre der der ganz privaten Freude an einem als besonders reizvoll empfundenen Teil der belebten Natur, der andere die bewußte Eingliederung in direkte Forschungsvorhaben.

Wie schwer beide aus sehr ähnlicher Motivierung kommenden Haltungen klar zu trennen sind, geht allein schon daraus hervor, daß beide Handlungslinien sich auf beinahe jedem Niveau bewegen können. Das heißt, der Einzelbeobachter kann, etwa wie ein Sammler auf der untersten Stufe, damit zufrieden sein, wenn er allmählich die ihm bekannten Vögel auflistet und sich über Neuzugänge freut. Aber er kann auch Forscherdrang und wissenschaftliche Neugier in sich spüren und sich mit einem bestimmten Thema aus dem Vogelleben seiner Heimat, mit einer bestimmten Vogelart oder Artgruppe oder mit der Vogelwelt eines bestimmten, klar begrenzten Gebietes beschäftigen. Genauso kann der an Gemeinschaftsvorhaben beteiligte Vogelfreund durch disziplinierte Wahrnehmung eines Auftrages kleinste, aber unabdingbar notwendige Mosaiksteinchen beitragen zu Beobachtungs- und Forschungsthemen von größerem Umfang. Er kann selbst einen Teilbereich leitend bearbeiten oder den Einsatz anderer Mitarbeiter lenken, ja er kann bis zu selbständigen Veröffentlichungen fortschreiten, die das Fachgebiet um neue Erkenntnisse erweitern.

Aber was er auch möchte, wovon er auch träumen mag, wie er auch veranlagt ist, eines ist in jedem Fall Voraussetzung: die von aufrichtiger Begeisterung getragene Erarbeitung eigenen Wissens, eigener Kenntnisse, eigener Erhebungen und die Beachtung und Einbeziehung der Erfahrungen anderer durch das Studium des Grundlagenwissens. Niemand beginnt den Hausbau mit dem Dach, sondern mit den Fundamenten. Das gilt auch hier. Und, um im Bilde zu bleiben: Daß es sich leichter baut, daß man besser vorankommt, die gröbsten Fehler vermeidet, wenn man einigen erfahrenen Bauleuten dabei auf die Finger sehen und sich gar ihres Rates erfreuen kann, leuchtet auch ein.

Die Schlußfolgerung für uns lautet: Es empfiehlt sich in jedem Falle, die Gemeinschaft Gleichgesinnter zu suchen oder sich einer der vielen Arbeitsgruppen anzuschließen, die sich mit der heimischen Vogelwelt beschäftigen.

In unserem Land sind die Fachgruppen und Arbeitsgemeinschaften für Ornithologie in der Gesellschaft für Natur und Umwelt im Kulturbund organisiert. Ihr Zusammenschluß entsprechend den Verwaltungsterritorien macht sie zu einer nahezu überall zugänglichen Schule für »Einsteiger« und ist die Basis ihrer großen Wirkungsmöglichkeiten, die sie zu gefragten Partnern wissenschaftlicher Einrichtungen macht. In vielen Fällen sind Teile der Fachgruppen auf absolut freiwilliger Grundlage so stark in die notwendigen Forschungsvorhaben integriert, daß sie teilweise selbst zu deren Trägern wurden und es keine klaren Grenzen mehr gibt zwischen hauptamtlichen und Freizeit-Ornithologen. Das ist in vergleichbaren Nachbarländern ähnlich. Die allenthalben entstehenden großen Avifaunen sind nur auf der Grundlage organisierter Gemeinschaftsarbeit möglich, und die einschlägige Fachpresse ist ein beredtes Zeugnis solcher Aktivitäten. Wenn auch manche wertvolle Zufallsbeobachtung in solche Arbeitsergebnisse mit eingeht, sind sie doch in keinem Falle eine Sammlung zufällig gesammelter, ja man müßte in diesem Falle wohl sogar sagen: gefundener Daten und Fakten. Klare Fragestellungen, Problembewußtsein, Kenntnis der Wissenslücken wie des schon Bekannten bilden die Voraussetzung.

Beobachtungstagebuch

Für den Feldornithologen beginnt aber naturgemäß die ernsthafte Arbeit nicht mit der Beteiligung an so großen Werken, wie es die Landes- oder Regionalavifaunen sind. Wo und wann seine Beobachtungen einmal gebraucht werden können oder ob er sie zunächst nur zu seiner eigenen Vervollkommnung auswertet oder sie nach der Exkursion beim Literaturstudium für sich festigt – alles beginnt mit dem Beobachtungstagebuch! Auch der ausgesprochene Anfänger sollte nicht meinen, das lohne sich erst, wenn er sich bestimmten Fragestellungen zuwendet. Wenn man auch nur ein wenig mehr anstrebt, als sich vorübergehend über einen singenden Vogel zu freuen, wird man ein Beobachtungstagebuch mit sich führen. Nicht nachher, aus der Erinnerung, sollten die Beobachtungen festgehalten werden, sondern gleich aus dem unmittelbaren Erleben heraus. Als Grundregel mache man sich zu eigen, soviel wie möglich zu notieren, da man im voraus nicht weiß, welche Angabe später wichtig sein wird. Und es muß so genau wie möglich notiert werden. Zählungen müssen von Schätzungen unterscheidbar sein.

Auch eine kleine Detailskizze mit wenigen erläuternden Stichworten kann im Zweifelsfalle bei der Nachherbestimmung nützlich sein. Daß an den Anfang der Notizen von einer Exkursion Angaben über Datum, Zeit, Örtlichkeit, Wetter gehören, bedarf eigentlich keiner Erwähnung.

Unsichere Feststellungen oder Vermutungen müssen, wenn ihre Niederschrift überhaupt für notwendig erachtet wird und zu verantworten sein soll, eindeutig mit einem großen Fragezeichen gekennzeichnet werden. In manchen Fällen kann auch eine negative Feststellung wertvoll sein, wie etwa »im gesamten Rohrbestand

Im Beobachtungstagebuch sollten auch Angaben über den Nahrungserwerb der Vögel nicht fehlen. Vom Schwarzspecht zerspellter Baumstumpf. *Foto: Spillner*

kein Vogel zu bemerken« oder »trotz günstigen Zugwetters kein Zug festzustellen«.

Wenn man sich die Arbeit mit dem Beobachtungstagebuch durch Abkürzungen erleichtern will, sollte man mit Konsequenz stets die gleichen Abkürzungen anwenden und am besten vorn oder hinten im Tagebuch, zumindest aber zu Hause, ein Verzeichnis haben.

Wer sich Arbeitsthemen erwählt, bei denen genaue Angaben über das Wetter eine Rolle spielen, sollte sich nicht auf seine persönlichen Eindrücke, auf das billige Thermometer am Fenster oder Vergleiche aus Erinnerungen (»im vorigen Jahr hat es immer geregnet«) verlassen, sondern den täglichen Wetterbericht des Meteorologischen Dienstes abonnieren. Er ist preiswert wie eine Zeitung und gestattet auch im nachhinein die Rekonstruktion von möglichen Zusammenhängen (Zugstau, Winterflucht, Verdriftung u. dgl.) und bedarf nur noch in speziellen Fällen der Konkretisierung durch das Notieren örtlicher Wettererscheinungen.

Artenkartei

Ob man es beim Beobachtungstagebuch bewenden läßt, bleibt letzten Endes jedem selbst überlassen. Jeder wird sich aber den Aufwand vorstellen können, den es erfordert, wenn es vielleicht nach Jahren notwendig werden sollte, aus alten, von Exkursionen arg mitgenommenen Beobachtungstagebüchern eine bestimmte Notiz herauszusuchen, sei es für eine eigene Veröffentlichung, als Beitrag für die zusammenfassende Publikation eines anderen oder auch nur als Beleg für einen freundschaftlich-fachlichen Gedankenaustausch.

Manch einer überträgt die Exkursionsnotizen zu Hause in ein Beobachtungsjournal und ergänzt sie durch Betrachtungen, Bemerkungen, Hinweise auf verglichene Literatur und dergleichen. Abgesehen von dem Lern- und Übungseffekt ist aber damit nicht viel gewonnen. Zumindest müßte man sich eine kleine Namenkartei anlegen und dort die Band- und Seitenzahlen des Journals vermerken. wo etwa der Säbelschnäbler vermerkt ist. Aber nicht jeder Vogel ist so selten wie der Säbelschnäbler. Die Karteikarte für manche Art wäre dann wie ein Zehnjahresregister einer Zeitschrift. Man müßte womöglich an dreißig, vierzig oder mehr Stellen nachblättern, um endlich die gesuchte Eintragung zu finden. Den Ausweg bietet die Artenkartei. Ob man mit dem Kleinstformat A 7 auskommt (halbe Postkartengröße) oder A 6 (Postkartengröße), A 5 (Schreibheftgröße) oder gar noch größere verwendet, muß jeder selbst entscheiden. Selbst die Größe seiner Schrift spielt dabei eine Rolle. A 6 oder A 5 scheint uns für eine einfache Artenkartei das vernünftigste Format zu sein.

Wenn man seine Kartei gewissenhaft führt, hat man immer alle Beobachtungen zur Hand, womöglich ergänzt um Literaturhinweise, Fremdmitteilungen und dergleichen.

Daß auch die einfache Karteikarte noch nicht das Non-plus-ultra ist, wird einleuchten. Selbst die Kerblochkarte ist im Lichte moderner Büro-Ordnungstechnik schon ein nostalgisches Requisit vergangener Zeit. Aber uns kommt es nicht auf das Neueste an, sondern auf das für uns Zweckmäßige und mit vertretbarem Aufwand Machbare. Das ist für den Einzelbeobachter nach wie vor die gute alte Karteikarte.

Feldbeobachtungen

Zufallsbeobachtungen

Sie sind natürlich nicht ohne jeden Wert, aber sie können andererseits nie ein geschlossenes Bild einer Erscheinung vermitteln. Dennoch sollten sie mit der gleichen Sorgfalt notiert werden, wie die gewollten oder geplanten Begegnungen mit Vögeln. Denn es könnte sich beim Vergleich mit der Literatur herausstellen, daß wir etwas für diese Gegend oder die betreffende Art Neues gesehen haben, oder beim Erfahrungsaustausch in der Fachgruppe könnte sich ergeben, daß andere ähnliche Beobachtungen machten, daß sich also etwa eine Invasion von Seidenschwänzen ankündigt oder daß atlantische Seevögel durch einen anhaltenden Sturm an unsere Küste verdriftet wurden.

Gezielte Beobachtungen

Der erfahrene Feldornithologe bekommt aber allmählich ein Gespür dafür, richtiger wäre zu sagen, ein Wissen, wo und wann und unter welchen Bedingungen er unter Umständen mit bestimmten Erscheinungen zu rechnen hat. Er sucht also etwa bei »gutem Zugwetter« (vgl. unter Vogelzug!) zur Zugzeit (vgl. Tabelle der üblichen Heim-, Weg- und Durchzugszeiten unserer Zugvögel!) markante Geländepunkte auf, um mit einem erheblichen Grad von Wahrscheinlichkeit die zu erwartenden ornithologischen Erlebnisse zu haben.

Erst Beobachtungsreihen unter möglichst gleichen Bedingungen ermöglichen die Erforschung der Ethologie der Vögel. Balzende Flußseeschwalben.
Foto: Spillner

Beobachtungsreihen

Es leuchtet wohl ein, daß die Wiederholung solcher Beobachtungen am gleichen Ort über einen längeren Zeitraum hinweg mehr von der Dynamik des Zuggeschehens erleben und begreifen läßt, als eine einzelne Exkursion. Vollends ergeben Beobachtungsreihen über mehrere Jahre interessante Vergleichsmöglichkeiten und offenbaren gleichzeitig einerseits Biorhythmen, die den Zug der meisten Langstreckenzieher steuern und andererseits den phänologischen Ablauf des Jahres, also den Zusammenhang zwischen Vogelzug und den natürlichen Jahreszeiten, das heißt zwischen Zug und Wetter; vergleiche auch hierzu die Darlegungen im Abschnitt über den Vogelzug.

Langfristige Beobachtungen

Tiefere Einsichten in Naturzusammenhänge sind oft erst möglich, wenn mit möglichst gleichen Methoden über längere Zeit hinweg Vogelbeobachtungen durchgeführt und sorgfältig aufgezeichnet werden. Erst so werden beispielsweise die Vögel zu eindeutigen Bioindikatoren, wenn etwa die Abnahme oder Zunahme einer Art oder die Veränderung im Artenspektrum auf Veränderungen im Gesamthaushalt der Natur hinweisen, Trends erkennen lassen und womöglich zur Hilfe für notwendige Entscheidungen seitens des Menschen werden.

Seltenheiten, Ausnahmen

Verständlicherweise freut sich jeder angehende Ornithologe über Begegnungen mit für ihn neuen Arten. Wir wollen aber keineswegs leugnen, daß man sich auch als jahrzehntelang aktiver Feldornithologe nicht noch genauso freut,

Wenn auch ornithologische Arbeit nicht etwa in erster Linie im Auflisten von Seltenheiten besteht, freut sich doch jeder Ornithologe über die Begegnung mit Seltenheiten und Ausnahmeerscheinungen. Winterlicher Trupp von Zwergschwänen auf Wintersaat. *Foto: Spillner*

wenn man zum ersten Male am nordischen Brutsee des Prachttauchers steht, die gewaltigen Pelikane über das Donau-Delta schweben sieht oder auch nur ein Sturm einen Papageitaucher an die heimische Küste wirft.

Aber: Niemals besteht der letzte Sinn ornithologischer Tätigkeit im Sammeln von Seltenheiten. Und da nicht alle, ja die wenigsten Seltenheiten auf den ersten Blick so sicher zu bestimmen sind, wie der Papageitaucher, ist gerade in solchen Fällen äußerste Zurückhaltung und strenge Selbstkritik am Platze. Hier kann jede notierte Einzelheit wichtig sein. Besser noch, aber wohl nur selten zu realisieren, ist die Hinzuziehung eines erfahrenen Zeugen. Unter Umständen gibt es Parallelbeobachtungen der Art, die die Wahrscheinlichkeit stützen können. Keinesfalls darf man eine unüberprüfte Seltenheitsfeststellung ohne Fragezeichen weitergeben oder gar veröffentlichen.

Feldornithologische Untersuchungsthemen

Wenn wir im Vorhergehenden die unterschiedliche Bedeutung von Zufallsbeobachtungen, gezielten Beobachtungen und Beobachtungsreihen auch nur am Beispiel des Vogelzuges dargestellt haben, so läßt sich das natürlich auf viele, viele andere Themen übertragen, ja es gilt wohl grundsätzlich.

Der Anfänger mag sich fragen, was es alles zu beobachten gibt am Vogelleben. Es hat viele kluge Übersichten gegeben, die auf die Vielfalt des Vogellebens, auf die unterschiedlichsten Lebensäußerungen des Vogels selbst und im Wechselspiel mit seiner belebten und unbelebten Umwelt hinweisen. Am eindrucksvollsten ist noch immer die Zusammenstellung von Fragen, die der amerikanische Ornithologe Hickey in seinem Buch »A Guide to Bird Watching« in systematischer Gruppierung veröffentlichte. Nicht nur der Anfänger, noch mancher »Profi« wird daraus Anregungen entnehmen können.

Vor allem aber dem jungen Vogelfreund, der gewissermaßen das kleine Einmaleins der Artenkenntnis bewältigt hat und sich mit bestimmten Fragen eingehender beschäftigen möchte, wird damit ein Einblick in die vielfältigen Beobachtungsmöglichkeiten gegeben, aus denen er die seinen Interessen und sonstigen Voraussetzungen entsprechend auswählen kann, wobei es wiederum empfehlenswert ist, wenn er einer bestimmten Frage über längere Zeit seine Kraft widmen möchte, erfahrene Ornithologen zusätzlich um Rat zu fragen. Denn er kann kaum die einschlägige Literatur soweit übersehen, um entscheiden zu können, ob ein bestimmtes Thema schon bearbeitet ist oder gerade anderweitig bearbeitet wird. Aber da wir ja nicht in jedem Fall die Fachwelt mit neuen Entdeckungen beglücken wollen und müssen, sondern der Wert für den eigenen Kenntniszuwachs und die Ausbildung der methodischen Erfahrungen in jedem Fall an erster Stelle steht und eine durchaus ausreichende Motivation darstellt, ist die Beschäftigung mit einem Thema auch dann von Nutzen, wenn es gewissermaßen nur dem Training dient.

Über das Glück des Erfolgserlebnisses kommt es dann schließlich doch der weiteren Beschäftigung mit der Vogelwelt zugute.

Ein Themenüberblick in thematischer Gruppierung:

Beobachtungsthemen

1. Ankunft der Zugvögel im Frühjahr

1. Wann kommen die männlichen Brutvögel an – alle gleichzeitig oder innerhalb eines längeren Zeitraumes?
   1. Gibt es Anzeichen, daß die älteren Vögel zuerst kommen?
   2. Beziehen sie sofort ihre Reviere?
   3. Wieviel Zeit wird anfänglich im Brutrevier verbracht, wenn ein gemeinsamer Nahrungsraum benutzt wird?
   4. Zu welchen Tagesstunden und wie häufig singen sie?
   5. Wo und wann nächtigen diese Vögel?
2. Wann kommen die weiblichen Brutvögel an – alle gleichzeitig oder innerhalb eines längeren Zeitraumes?
   1. Bewegen sie sich frei im Gelände?
   2. Besichtigen sie die Männchen oder deren Reviere?
   3. Wo schlafen sie?
3. Wann treten nichtbrütende Durchzügler auf?
   1. Singen sie anders als die ansässigen Männchen?
   2. Wann singen sie?
   3. Wie reagieren die Brutvögel auf sie?
   4. Scheinen die Durchzügler vorhandene Reviere zu bemerken?
   5. Wie lange bleiben sie?
   6. Ziehen die Männchen und Weibchen zu verschiedenen Zeiten durch?
   7. Sind sie stiller als die ansässigen Brutpaare? Unauffälliger?
   8. Ruhen sie oder fressen sie im Laufe des Tages mehr als die ansässigen Vögel?
   9. Wo schlafen sie?
   10. Schlafen sie zur gleichen Zeit wie die ansässigen Vögel?
4. Wie steht das Eintreffen jeder Gruppe von Ankömmlingen mit der Entwicklung der Vegetation im Zusammenhang? Mit dem Knospen und Blühen einheimischer Bäume und Blumen?
   1. Wie ist der Zusammenhang von Ankunft jeder Gruppe mit den Wetterverhältnissen im Süden?
   2. Wartet die Art auf gutes Wetter, oder zieht sie weitgehend unabhängig von Wind und Temperatur?
   3. Kann die zahlenmäßige Zusammensetzung jeder Gruppe kurvenmäßig dargestellt werden?

An gesunden Bachläufen kann durch langjährige Kontrollen die Populationsdynamik des Eisvogels verfolgt werden. *Foto: Spillner*

Wenn man immer wieder sein Beobachtungsgebiet durchstreift, hat man die Chance, eventuell auch einmal etwas ganz Besonderes zu sehen. Im Bild: Seeadler. *Foto: Spillner*

2. Gesang

1. Wieviel Gesangsformen hat ein Männchen der untersuchten Art?
   1. Werden diese bei verschiedenen Gelegenheiten gebraucht?
      Oder zu verschiedenen Zeiten der Saison?
   2. Hat das Männchen einen Reviergesang, der von einem hohen, etwas auffälligen Platz aus vorgetragen wird?
   3. Hat dieser eine anziehende Wirkung auf Weibchen, oder warnt er nur andere Männchen? Oder beides?
   4. Singt das Männchen manchmal leise von einem niedrigen Zweig aus?
   5. Was für einen Gesang haben junge Vögel im Herbst und Winter?
2. Auf welche Art und Weise variiert die Häufigkeit des Gesanges?
   1. Mit der Jahreszeit? Mit dem Brutzyklus?
   2. Mit der Temperatur, Feuchtigkeit, den Wolken?
   3. Mit der Tageszeit?
   4. Mit der Populationsdichte?
   5. Mit der Ankunft der Weibchen?
   6. Mit dem Vollzug der Paarbildung?
   7. Mit Nestbau, Eiablage, Bebrütung und anderen Ereignissen des Brutzyklus?
3. Werden regelrechte Singplätze benutzt?
   1. Haben diese irgendeine Beziehung zu
      a) der Anwesenheit benachbarter Männchen?
      b) der Lage des Nestes im vergangenen oder gegenwärtigen Jahr?
      c) Gestalt und Größe des Reviers?
      d) der Lage des Schlafplatzes des Männchens?
   2. Variieren die Singplätze nach Höhe oder Typ?
      a) im Laufe des Brutzyklus?
      b) im Laufe des Tages?
      c) individuell?
   3. Singen auch die Weibchen? Wann?

3. Revier

1. Verteidigen die Männchen individuell Reviere? Besteht ein gemeinsames Nahrungsgebiet? Welche der folgenden Handlungen finden im Revier statt?
   1. Paarbildung?
   2. Kopulation?
   3. Nestbau?
   4. Suche der Nahrung für die Jungen?
   5. Nächtigen?
2. Besetzen die Männchen gleich nach ihrer Ankunft die Reviere und beginnen sie diese sofort zu verteidigen? Oder ist die Verteidigung anfänglich auf einen Teil des Tages beschränkt?
3. Zeigen die Männchen bestimmte Stellungen oder ein besonderes Verhalten, wenn sie Eindringlinge der eigenen Art im Revier treffen?
   1. Werden diese stets vor beiden Geschlechtern in gleicher Weise durchgeführt?
   2. Werden vor Weibchen auch zusätzliche Balzhandlungen vollführt?

Schneeammern sind zwar keine direkte Seltenheit, aber man muß Obacht geben und während ihrer Durchzugszeit unterwegs sein. *Foto: Spillner*

Schwarzhalstaucher verteidigt sein Territorium.
Foto: Spillner

4. Wie groß ist durchschnittlich ein Revier?
   Maximum? Minimum?
   1. Wird das Revier mit fortschreitender Saison größer oder kleiner?
   2. Variiert das Revier eines Individuums von Jahr zu Jahr beträchtlich in Größe und Lage?
5. Beachtet das Weibchen die Reviergrenzen wie das Männchen?
   1. Vertreibt es andere Weibchen?
   2. Wie reagiert es auf eindringende Männchen?
6. Nächtigen Männchen und Weibchen beide im Revier?
   1. Übernachten sie gemeinsam?
   2. Schlafen sie immer an den gleichen Plätzen?
   3. Zu welcher Stunde gehen sie schlafen?

4. Paarbildung

1. Wie reagiert das Männchen während der Brutsaison auf fremde Vögel der eigenen Art?
   1. Ist die erste Reaktion feindlich oder freundlich?
   2. Erkennt es ein Weibchen sofort?
   3. Haben die Weibchen besondere Verhaltensweisen, die es den Männchen ermöglichen, sie zu erkennen?
   4. Auf welche Entfernung kann ein Männchen ein Weibchen erkennen?
   5. Erkennt das Männchen sein eigenes Weibchen nach der Paarbildung auf eine größere Entfernung? Und nur am Ruf?
      a) Wie behandelt es benachbarte Weibchen während der Brutzeit?
      b) Wie schnell und woran erkennt es sie?
      c) Wie lange braucht es, um die Stimme seines Weibchens kennenzulernen?
2. Kommt mit der Paarbildung ein Dominanzverhältnis in die Beziehung zwischen Männchen und Weibchen?
   1. Verändert sich dieses zeitweilig während der Brutzeit?
   2. Finden Kopulationen gleich nach der Paarbildung statt?
      a) Wie oft kommen sie während der verschiedenen Stadien des Brutzyklus vor?
      b) Kommen sie nur zwischen den Gatten eines Paares vor?
      c) Steht ihre Häufigkeit in irgendeiner Beziehung zur Temperatur oder anderen Wettereinflüssen?
      d) Zeigen Männchen oder Weibchen irgendwelche besondere Signale oder Balzhandlungen unmittelbar vor der Kopula?
3. Besteht der Anschein, daß das Weibchen das größte und schönste Männchen auswählt?
   1. Verschafft ein besonders günstiges Revier einem Männchen Vorteile bei der Erlangung eines Weibchens?
   2. Bekommen junge Männchen ebenso schnell Weibchen wie ältere?

5. Nestbau

1. Wer wählt den Netzplatz aus?
   1. Wie lange dauert die Auswahl?
   2. Wie weit ist das neue Nest vom vorjährigen Nestplatz entfernt?
   3. Wie weit ist es von den Singplätzen des Männchens entfernt?
2. Bauen beide Geschlechter?
   1. Wer spielt die führende Rolle?
   2. Wo wird das Material gesammelt?
   3. Wieviel Nestflüge sind ungefähr nötig, um ein Nest zu bauen?
   4. Was für Baustoffe werden im einzelnen benutzt?
3. Wie verhält sich der Zeitpunkt des Baubeginns zu Wetter und Vegetationsentwicklung?
4. Während welcher Stunden wird gebaut?
5. Erhöht sich gleichzeitig mit dem Nestbau die Häufigkeit der Kopulationen?
6. Bauen andere Paare der gleichen Art zur selben Zeit?
7. Hat es den Anschein, als bauten ältere Vögel bessere Nester als junge?
8. Helfen die Jungen der ersten Brut beim Bau von späteren Nestern?
9. Verzögern in Jahren mit großer Populationsdichte verlängerte Revierstreitigkeiten den Beginn von Nestbau und Eiablage?

6. *Eiablage und Bebrütung*

1. Wird das Datum des ersten Eies im allgemeinen vom Wetter bestimmt?
   1. Wie groß ist die Zeitspanne zwischen Fertigstellung des Nestes und erstem Ei?
   2. Variiert diese Zeit bei verschiedenen Partnern?
2. Zu welcher Tagesstunde werden die Eier gelegt?
   1. Wieviel Stunden verstreichen zwischen der Ablage der einzelnen Eier?
3. Wie groß ist die durchschnittliche Eizahl pro Gelege? Maximum? Minimum?
   1. Zeigt eine Befragung der Literatur, daß dieser Durchschnitt in verschiedenen geographischen Breiten gleich ist?
   2. Sind zweite Gelege kleiner?
   3. Variiert die Durchschnittsgröße des Geleges in bezug auf:
      a) Alter des Weibchens?
      b) Örtliche Populationsdichte?
      c) Die Jahreszeit?
      d) Die geographische Breite?
      e) Vererbung?
      f) Niederschläge oder Trockenheit?
      g) Örtlichen Nahrungsreichtum?
4. Wie reagiert das Weibchen, wenn a) die Eier fortgenommen werden, b) das ganze Nest zerstört wird?

Mit etwas »Glück« erlebt man auch interessante verhaltenskundliche Vorgänge. Ein Junge führender Austernfischer vertreibt eine Schnatterente, die zu nahe gekommen war – eine Schutzreaktion gegenüber scheinbarer Bedrohung. *Foto: Spillner*

1. Verläßt es die Gegend oder bereitet es gleich eine neue Brut vor?
2. Wie ändert sich dieses Verhalten mit fortschreitender Bebrütung?
3. Wieviele Brutversuche macht ein Weibchen?
4. Wieviel Eier kann es legen, wenn man nie mehr als ein oder zwei im Nest läßt?
5. Welcher Prozentsatz belegter Nester wird zersört?
   a) Welche Vögel treten zu dieser Zeit als Feinde auf?
   b) Wieviel Verluste in % kommen auf jeden?
   c) Wieviel % Brutverluste sind durch das Wetter bedingt?

5. Wann beginnt das Weibchen zu brüten?
Mit der Ablage des ersten oder letzten Eies oder sogar zu einem späteren Zeitpunkt?
6. Wie lange ist die genaue Brutdauer?
   1. Weisen einzelne gekennzeichnete Eier geringfügig verschiedene Brutdauer auf?
   2. Variiert die Brutdauer?
      a) Mit ungewöhnlichen Wetterverhältnissen?
      b) Mit ungewöhnlichem Mangel an Brutbereitschaft durch einen Elter?
7. Brüten beide Geschlechter? Oder nur eines?
   1. Wer brütet nachts?
   2. Wird das Weibchen auf dem Nest vom Männchen gefüttert?
   3. Ruft das Weibchen zuweilen vom Nest?
   Ruft das Männchen gelegentlich sein Weibchen zum Nest zurück?
8. Wieviel Zeit wird während einer 5- bis 8-Stunden-Periode an einem bestimmten Tage auf den Eiern verbracht?
   1. Durchschnittszeit des Verweilens im Nest?
   Maximum? Minimum?
   2. Wie variieren diese Perioden mit dem Fortschreiten der Bebrütung und Unterschieden im Wetter?
9. Gibt es eine bestimmte Ablösungszeremonie, wenn beide Geschlechter brüten?
   1. Zeigen die Eltern ein besonderes Verhalten, wenn die Eier vor dem Schlüpfen stehen?
10. Erkennen die Vögel ihre eigenen Eier?
    1. Dulden sie fremde Gegenstände im Nest?
    2. Fahren sie fort zu brüten, wenn das Gelege durch ein solches einer anderen Art ersetzt wird?
    3. Reagieren sie in der gleichen Weise, wenn nur ein einzelnes Ei ersetzt wird?
    4. Erkennen die Alten ihre Eier, wenn diese bei Bodennestern außerhalb des Nestes auffallend plaziert werden?
       a) Bemühen sie sich, die Eier zurückzurollen?
       b) Welches ist die größte Entfernung, aus der sie dieses tun?
11. Wie verändert sich das Gewicht der einzelnen Eier von Tag zu Tag?
12. Wie ändern sich die Gewichte der Eltern in dieser Zeit?

Sorge für die Jungen und Fütterung

1. Welcher Prozentsatz der ersten Gelege gelangt zum Schlüpfen?
   1. Welcher Prozentsatz von allen abgelegten Eiern schlüpft?
   2. Wie groß ist der Prozentsatz der unbefruchteten Eier?
   3. Welche Durchschnittszahl von Jungen schlüpft bei erfolgreichen Bruten?
   4. Machen ältere Vögel erfolgreichere Bruten als junge?
   5. Was geschieht mit den Eischalen? Werden sie von den Eltern aufgefressen oder fortgetragen?

Interessant sind die unterschiedlichen Nistweisen und Lebensraumansprüche. Der Waldlaubsänger ist Bodenbrüter des Laubwaldes, dem ein gewisser Anteil von Rotbuche nicht fehlen darf. *Foto: Spillner*

2. Wie groß ist das Gewicht der frisch geschlüpften Jungen?
   1. Wie ändert sich dieses von Tag zu Tag während der Nestlingszeit?
   2. Wie ist das tägliche Wachstum?
      a) Wachsen alle Teile des Körpers gleichmäßig?
   3. Wie lange hudert das Weibchen die Jungen?
3. Wieviel Nestbesuche machen die Alten täglich zur Fütterung der Jungen?
   1. In welcher Beziehung steht die Anzahl der Besuche zu Tageszeit, Wetter und dem fortschreitenden Wachstum der Jungen?
   2. Wie lange nach dem Schlüpfen werden die Jungen erstmalig gefüttert?
      a) Bringen die Eltern Futter, ehe die Jungen erstmals gesperrt haben?
   3. Besuchen die Eltern zuweilen das Nest, ohne zu füttern? Wie oft?
   4. Wieviel Futterbrocken werden ungefähr bei jedem Besuch gebracht?
4. Wann erfolgt die erste Kotentleerung der Jungen?
   1. Entfernen die Eltern die Kotballen sofort?
   2. Wie viele werden gefressen?
   3. Wie weit werden die übrigen fortgetragen?
   4. Warten die Eltern zuweilen auf die Kotentleerung der Jungen?
5. Haben die Männchen und Weibchen bestimmte Wege, um sich dem Nest zu nähern?
   1. Werden gleiche Wege benutzt, wenn das Nest Eier und wenn es Junge enthält?
6. Haben die Jungen auffällig gefärbte oder gezeichnete Sperr-Rachen?
   1. Welche Färbung haben die nackten Teile des Nestlings?
   2. Ändern sich diese Färbungen?
      a) Mit der Entwicklung zum ausgebildeten Individuum?
      b) Mit den Jahreszeiten? Mit dem Alter?
7. Wieviel Tage sind die Jungen blind?
   1. Was veranlaßt sie, in diesem frühen Stadium zu sperren?
      a) Rufe der Eltern?
      b) Geräusche?
      c) Leichte Erschütterung oder Berührung des Nestes?
   2. Sperren die Jungen zuerst senkrecht nach oben?
8. Sperren die Jungen, sobald sie sehen, gleichermaßen in Richtung auf ruhende und bewegte Objekte? Auf Schatten? Oder schnelle Änderung der Lichtintensität am Nest?
   1. Sperren sie nach Umriß-Schemata der Eltern aus Pappe?
   2. Nach quadratischen, runden, dreieckigen, großen, kleinen Pappstückchen, Stücken mit wulstartigen Vorwölbungen (die den Kopf der Eltern andeuten sollen)?
   3. Wann erscheint das Sperren zuerst gerichtet gegen den Altvogel anstatt ungerichtet nach oben?

9. Wie reagieren die Eltern, wenn ihre Jungen nicht sperren?
10. In welchem Alter
    1. betteln die Jungen zuerst um Futter?
    2. beachten sie zuerst Geräusche?
    3. reagieren sie zuerst auf Warnrufe der Alten?
    4. reagieren sie zuerst mit Furcht?
       a) auf Menschen?
       b) auf ausgestopfte Raubvögel und Eulen?
       c) auf bewegte Umriß-Schemata von Raubvögeln und Eulen?
11. In welcher Reihenfolge entwickeln sich die Federfluren?
12. Welches ist das Mindestalter für die erfolgreiche Beringung der Nestlinge?
    1. In welchem Alter hat die Beringung ein vorzeitiges Verlassen des Nestes durch die Jungen zur Folge?
    2. In welchem Alter sind die Jungen am vorteilhaftesten als Köder in einer Nestfalle zu benutzen, um die Alten zur Buntberingung zu fangen?
13. Welche Feinde hat die Art um diese Zeit?
    1. Welcher Prozentsatz an Jungensterblichkeit kommt auf jeden von diesen?
    2. Welcher Prozentsatz von Nestern wird verlassen oder zerstört?
    3. Welcher Prozentsatz von Jungen verläßt erfolgreich das Nest, verglichen mit der Eizahl im vollen Gelege?
    4. Wie groß ist die durchschnittliche Zahl von Jungen pro Brutpaar?
    5. Ändert sich das von Jahr zu Jahr? Stehen diese Variationen in Beziehung zu
       a) Schwankungen der Feindpopulation?
       b) Wetterverschiedenheiten?
       c) Veränderungen im Biotop oder der Vegetation?
       d) Schwankungen im Futterangebot?
       e) Veränderungen der Populationsdichte der Art?
14. Wo suchen die Altvögel jetzt ihre Nahrung?
    1. Verteidigt das Männchen noch sein ursprüngliches Revier?
15. Wie viele Bruten mit Jungen ziehen die Paare in dieser Gegend auf?

8. Das Verlassen des Nestes

1. Zu welchen Stunden verlassen die Jungen das Nest?
   1. Werden sie von den Eltern in irgendeiner Weise beeinflußt? Wie?
2. Wie weit zerstreuen sie sich am ersten Tag?
   1. Ist die Richtung zufällig?
   2. Bewegen sie sich jeden Tag weiter fort? Oder werden sie verhältnismäßig stationär und warten die Entwicklung des Flugvermögens ab?
   3. Zerstreuen sie sich über die Grenzen des elterlichen Reviers hinaus?
   4. Kehren sie jemals ins Nest zurück?
   5. Wie zeigen sie ihren Eltern den Standort an?
   6. Betteln sie zuweilen Altvögel einer anderen Art an?
   7. Wo und wie zufallsbedingt übernachten sie zuerst?
3. Zeigen sich in ihrem Verhalten jetzt stimmliche Änderungen oder neue Reaktionen?
   1. Erscheinen diese Veränderungen an einem bestimmten Tage nach dem Schlüpfen? Oder hängen sie mit dem Verlassen des Nestes zusammen?
4. Ändert sich das Verhalten der Altvögel, wenn die Zeit des Ausfliegens der Jungen herankommt?
   1. Wie verhält sich das Gewicht der Altvögel während dieser Zeit?
   2. Wie teilen sich die Alten jetzt in die Fütterung der Jungen?

   3. Wird das Revier noch verteidigt? Wann hört die Revierverteidigung auf?
5. In welchem Alter
   1. beginnen die Jungen selbständig zu fressen?
   2. hören sie auf zu betteln?
   3. baden sie zuerst (in Staub oder Wasser)?
   4. geben sie zuerst Warnrufe?
   5. versuchen sie zuerst zu singen?
6. Welcher Prozentsatz von Jungen gelangt erfolgreich bis zur Flugfähigkeit?
   1. Welcher Sterblichkeitsprozentsatz geht in dieser Zeit auf Kosten des Wetters oder von Raubtieren?
7. Wie lange bleiben die Jungen im Familienverband?
   1. Läßt sich feststellen, wo die Jungvögel sich im Sommer niederlassen, nachdem man sie durch gefärbte, auf ihren Rücken geklebte Federn markiert hat?
8. Wie lange bleiben die Eltern beisammen? Verbringen beide den Sommer in der Nachbarschaft oder verschwinden sie, wenn die Familienbande einmal gelöst sind?
9. Warum singen manche Männchen sehr lange in den Sommer hinein?
   1. Sind sie ledig oder machen diese Vögel noch späte Bruten?
   2. Zeigt eine ungewöhnlich lange Gesangszeit in einer Gegend eine Population mit unausgeglichenem Geschlechterverhältnis an, oder eine, in der viele Frühbruten durch schlechtes Wetter vernichtet wurden?

9. Geschlechterverhältnis

1. Wie ist das zahlenmäßige Verhältnis von Männchen und Weibchen?
   1. Ändert sich dieses von Monat zu Monat?
   2. Von Jahr zu Jahr?
   3. Ist es bei Alten und Jungen gleich?
2. Wie verhalten sich »unverheiratete« Vögel in der Brutzeit?
   1. Singen sie öfter und länger?
   2. Versuchen sie polygame oder polyandrische Beziehungen zu »verheirateten« Vögeln anzuknüpfen?
   3. Sind die Reviere gleichwertig?
   4. Sind sie vorwiegend Alte oder Jungtiere oder über alle Altersklassen gleichmäßig verteilt?
   5. Versuchen sie jemals, anderen Vögeln beim Brüten oder Füttern zu helfen?
3. Beeinflußt ein unausgeglichenes Geschlechterverhältnis ernstlich die Fortpflanzungskapazität der Population?

10. Populationsfragen

Die folgenden Fragen können nur unter Zuhilfenahme der Buntberingung der betreffenden Population beantwortet werden. (Vgl. einschränkende Hinweise auf S. 305)

1. Welche Prozentsätze der Brutpopulation können verschiedenen Altersklassen zugeteilt werden (einjährige, zweijährige usw. Vögel)?
   1. Wie variieren diese Anteile von Jahr zu Jahr?
      a) Stehen sie in Beziehung zum Bruterfolg des vergangenen Jahres?
      b) Hängen sie mehr von der Wintersterblichkeit ab?
2. Wieviel Eier werden gelegt, um einen Altvogel der Brutpopulation im folgenden Jahr zu ersetzen?
   1. In welchem Alter brüten die meisten Vögel der Art zum ersten Male?
3. Wie ist die voraussichtliche Lebensdauer von
   1. einem gerade schlüpfenden Jungvogel?
   2. einem einjährigen Vogel?
   3. einem Zufallsfang?
4. Wie variiert die ganze Population
   1. von Monat zu Monat?
   2. von Jahr zu Jahr?

5. Können diese Schwankungen in Beziehung gebracht werden mit
   1. Bruterfolg, Wetter, Abgang durch Feinde?
   2. Frühjahrs-, Zug- oder Wintersterblichkeit der Altvögel?
   3. Ausgeglichenem oder unausgeglichenem Geschlechterverhältnis?
   4. Veränderungen im Biotop?
6. Welche Brut liefert bei mehrbrütigen Arten den größten Prozentsatz an einjährigen Vögeln im nächsten Jahr?

11. Nachtruhe

1. Wie hoch und in welcher Deckung nächtigt die Art gewöhnlich in dieser Gegend?
2. Wie wird der Schlafplatz gewählt?
3. Wie variiert die Ankunftszeit am Schlafplatz mit
   1. der Temperatur?
   2. der Helligkeit (Bewölkung usw.)?
   3. mit der Zeit des Sonnenunterganges?
   4. mit der Entfernung von den Nahrungsgebieten?

Hängenest der Beutelmeise im Henkelkorbstadium am Seeufer in Weidenzweigen über dem Schilfgürtel. *Foto: Spillner*

Der Herbstvogelzug kann beeindruckende Naturerlebnisse vermitteln. Einfallende nordische Gänse (Saat- und Bleßgänse). *Foto: Spillner*

5. mit der fortschreitenden Jahreszeit?
4. Veranlassen bestimmte niedrige Temperaturen die Vögel, dicht beisammen zu schlafen?
5. Wie viele Vögel sterben an den Schlafplätzen oder werden dort getötet?
   1. Welches sind hier die vermutlichen Feinde?
   2. Wie ist die Siedlungsdichte von Eulen in der Gegend?
6. Wird der Schlafplatz nach der Brutzeit gewechselt?
7. Gewähren gemeinsame Schlafplätze im Vergleich zu Einzelschlafplätzen den Vögeln irgendeinen zusätzlichen Schutz gegen Feinde?

8. Während welcher Jahreszeit (wenn überhaupt) dehnen die Vögel Revierrechte auf ihren Schlafplatz aus?
   1. Ein wie großes Gebiet verteidigen sie dann?
   2. Welche anderen Arten nächtigen in der gleichen Deckung?

12. Parasiten

1. Finden sich im Nest Zecken, Milben, Läuse oder Maden?
2. Sitzen davon welche an den Nestlingen?
   1. Sitzen Maden an ihren Ohren oder am Nacken?
   2. Sind Milben oder Läuse im Gefieder?
   3. Sitzen Zecken an Kopf oder Nacken?
   4. Finden sich tumorartige Gewächse am Bauch, die unter Umständen auf das Vorhandensein von Leberegeln schließen lassen?
3. Sind Fliegen oder Stechmücken an den Nestlingen?
4. Finden sich manche von diesen auch an den Altvögeln?
5. Finden sich an den Weichteilen Verletzungen, Abschürfungen oder räudige Stellen?
6. Weisen die Füße Wucherungen auf?

13. Schwarmverhalten

1. Wann bilden sich Schwärme?
   1. Setzen sie sich aus Familienverbänden zusammen?
2. Wie verändert sich die Größe des Schwarmes von Woche zu Woche?
   1. Welches sind die Ursachen von Schwarmverlusten?
3. Einen wie großen Nahrungsraum bestreicht der Schwarm täglich?
   1. Folgt er gewohnten Wegen?
   2. Wählt er die Futterplätze mit Rücksicht auf die herrschenden Windverhältnisse?
   3. Wie wird sein Verhalten durch Erscheinen von Feinden beeinflußt?
4. Welche anderen Arten mischen sich unter den Schwarm?
   1. Sind diese mehr oder weniger wachsam gegen Feinde?
   2. Reagieren sie auf Warnrufe gleich, wenn sie sich dem Schwarm anschließen, oder lernen sie das erst später?
5. Wie ist die Alterszusammensetzung der Gruppe? Das Geschlecht?
6. Decken Beobachtungen an bunt beringten Vögeln bestimmte Beziehungen zwischen verschiedenen Individuen auf?
   1. Lassen sich die einzelnen Vögel in eine feste Rangordnung eingliedern?
   2. Sind diese Beziehungen für eine Saison festgelegt oder ändern sie sich?

14. Allgemeine Fragen

1. Wieviel Zeit verbringt ein Vogel täglich mit Nahrungserwerb, Gefiederpflege, Ruhe?
   1. Wie groß ist der Nahrungsraum in jeder Jahreszeit?
   2. Wie ändern sich die obengenannten Tätigkeiten von einer Jahreszeit zur andern?
   3. Wie sind sie mit dem Revierbesitz verknüpft?
2. Wie oft baden Vögel? Wie oft trinken sie?
3. Wieviel verschiedene Rufe hat jedes Geschlecht?
   1. Unter welchen Bedingungen wird jeder Ruf gebraucht?
   2. Lassen sich diese Rufe unterscheiden als Alarmrufe, Warnrufe, Scheltrufe, Lokalisationsrufe (»Hier bin ich«)?
4. Welche Tiere rufen Angstreaktionen hervor?
   1. Sind diese Reaktionen alle angeboren oder manche auch erlernt?
5. Wieviel Zeit beansprucht die Mauser?
   1. In welcher Reihenfolge werden die verschiedenen Federn ersetzt?
   3. Wird diese Zeitspanne durch Wetterbedingungen beeinflußt?

4. Verbringen die Vögel in dieser Periode mehr Zeit mit Fressen?
5. Welche Faktoren hemmen die Mauser?
   Welche stimulieren sie?

6. Können geringfügige Unterschiede im Gefieder (Form der Federn) benutzt werden, um die Geschlechter oder alte und junge Vögel zu unterscheiden?
   1. Können Flügel- und Schwanzmasse als Unterscheidungsmerkmal bei gleich aussehenden Geschlechtern herangezogen werden?

Die neue Technik der Lauf-, Schnabel- und Flügelvermessung. Nur ihre genaue Anwendung ergibt vergleichbare Daten

7. Wie verändern sich die Gewichte der Altvögel mit der Tageszeit, der Temperatur, der Jahreszeit, bezogen auf das Geschlecht, während der Mauser?
8. Wie geht der Abzug der Zugvögel vor sich?
   1. Wer bricht zuerst auf, die Alten oder die Jungen?
   2. Abzugsdatum? Gibt es einen Gipfel?
   3. Wird der Abzugstermin beeinflußt durch
      a) Temperatur?
      b) Wind?
      c) wolkige und klare Nächte?
      d) durch verfügbare Futtervorräte?
   4. Wann ziehen Durchzügler aus nördlicheren Gegenden durch?
      a) Unterscheiden sie sich in Gewicht oder Größe von einheimischen Brutvögeln?
      b) Wie lange halten sich einzelne Individuen auf?
      c) Wann ist der Gipfel (Maximalzahl der Durchzügler)? Besteht ein Zusammenhang mit den Wetterbedingungen im Norden?
   5. Sind Nachzügler im Spätherbst einheimische Brutvögel oder Vögel aus nördlichen Breiten?
   6. Wie weit ist der Kurvengipfel des Abzugs der Brutvögel vom Kurvengipfel der Durchzügler entfernt?

Es muß angemerkt werden, daß hier ein Überblick gegeben werden sollte, wie vielfältig die Forschungsmöglichkeiten am Vogel sind und daß für jeden, gleichgültig, in welcher Landschaft er wohnt und welchen Zeitfonds er zur Verfügung hat, Möglichkeiten zu ernsthafter Beobachtungs- und Forschungstätigkeit bestehen. Allerdings sind in der Übersicht auch Themen enthalten, die nicht ohne Legitimation bearbeitet werden können, weil hierfür aus Naturschutzgründen staatliche Regelungen bestehen.

Abgesehen davon, daß jede Betätigung in der Natur dem Grundsatz folgen muß, Störungen und Beeinträchtigungen, vor allem am Brutort, auszuschließen, sind Forschungen von experimentellem Charakter, wie sie im Themenkomplex 10 (Populationsfragen), aber auch in den Komplexen 12 (Parasiten) und 14 (Allgemeine Fragen), auch schon in einigen Themen vom Komplex 7 (Jungenaufzucht) und vollends im Komplex 6 (Eiablage) enthalten sind, nicht ohne weiteres möglich. Solche Untersuchungen sind nur im Auftrage und unter Anleitung und

Kontrolle wissenschaftlicher Einrichtungen durchführbar, die beurteilen können, ob solche Forschungen notwendig und vertretbar sind und die sie mit den Organen des Naturschutzes abstimmen.

Jeder angehende Feldornithologe ist also auch aus diesen Gründen gut beraten, wenn er sich einer Gemeinschaft (Fachgruppe, Interessengruppe, Arbeitsgemeinschaft) anschließt. Hier wird er am sichersten erfahren, welche »offenen« Fragen in dem betreffenden Gebiet der Bearbeitung harren und welche gesetzlichen Bestimmungen eingehalten werden müssen.

Qualitative und quantitative Ornithologie

Dem aufmerksamen Leser der Themenübersicht wird nicht entgehen, daß neben Fragen, die eine qualitative Aussage als Antwort erfordern, auch solche darunter sind, die uns quantitative Feststellungen abfordern. Die Frage:

»Kommt in der Uckermark der Kranich als Brutvogel vor?« ist eine qualitative Frage und »Ja« ist dazu die qualitative Antwort. Lautet die Frage aber:

»Wieviele Brutpaare des Kranichs gibt es in einem bestimmten Gebiet?«, so ist das eine

Schmarotzerraubmöwe in der subarktischen Tundra. *Foto: Spillner*

quantitative Frage, zu deren Beantwortung nicht die zufällige, gelegentliche oder auch häufige Begegnung mit Kranichen ausreicht, sondern die eine genaue Erfassung, ja Kartierung aller Brutpaare erfordert. Nun arbeiten an solchen Themen, die streng geschützte oder vom Aussterben bedrohte Arten betreffen, erprobte und eigens dazu legitimierte Spezialisten. Aber genauso könnten wir ja auch nach der Elster in einem Kleingartenkomplex, nach den singenden Amseln auf den Fernsehantennen einer großstädtischen Hauptstraße fragen oder nach der Zahl der Buchfinken in einem Waldstück.

Zwar wird nach wie vor eine biologische Aussage meist qualitativ ausgedrückt, sicherer und überzeugender aber wird sie auf jeden Fall, wenn der Aussage korrekte und von der Methode her vergleichbare Erhebungen und Feststellungen zugrunde liegen. Während früher die »klassischen« Avifaunen etwa mitteilten, eine Vogelart sei »ungemein häufig« oder »recht verbreitet« oder »überall an zusagenden Stellen« (weiß jeder, welche Stellen der Art zusagen?) anzutreffen, so stützen wir uns heute zwar dankbar auf die Forschungsarbeiten unserer Vorgänger, fordern aber mit Recht jetzt genauere Angaben, weil das sowohl möglich als auch nötig ist, denn einerseits ist heutzutage eine große Zahl gut geschulter Bearbeiter einsetzbar und andererseits nützen uns bei der praktischen Verwertung der Daten im Sinne eines entwickelten Naturschutzes und einer fortschrittlichen Landeskultur allgemeine und verbale Aussagen nur dann, wenn sie zumindest exemplarisch durch genaue Erhebungen gestützt und abgesichert sind.

Problembewußtsein

Zahlen, Tabellen und Diagramme sind für sich noch kein Beweis einer exakten Aussage. Sie müssen mit großem Verantwortungsbewußtsein für die darzustellende Problematik erarbeitet und so aufbereitet werden, daß der Benutzer ihre Aussage voll erfassen, aber auch die Grenze der Aussage erkennen kann.

Siedlungsdichteuntersuchungen

Mit den quantitativen Siedlungsdichteuntersuchungen werden folgende Ziele verfolgt:
- das Ermitteln jährlicher Populationsindizes, das Abschätzen der Populationsdichte,
- die Untersuchung der Artenzusammensetzung einer Vogelgemeinschaft und der relativen Häufigkeit (Abundanz) der verschiedenen Vogelarten, ihrer Individuendichte (in Brutpaaren oder singenden Männchen),
- die Bestimmungen der Biotopansprüche und der Biotopwahl der Vögel.

Für diese siedlungsökologischen Untersuchungen stehen mehrere Methoden zur Verfügung, die sich im wesentlichen zwei Grundmethoden zuordnen lassen:
- die Probeflächenkartierungsmethode,
- die Linientaxierungs- oder Registrierungsmethode.

Kartierungsmethode

Diese Methode ist nicht zu jeder Jahreszeit und nicht für die Erfassung jeder Vogelart geeignet, also auch nicht zur vollständigen Erfassung aller (sämtlicher) Arten einer Vogelgemeinschaft eines ausgewählten bestimmten Gebietes. Am besten sind mit ihr die revierverteidigenden, nicht koloniebildenden Singvögel zu erfassen. Enten, Gänse, Seevögel, einige Limikolen können so nicht annähernd genau erfaßt werden, wohl aber Eulen und Spechte. Und die Methode ist im Normalfall auf die Brutzeit beschränkt.

Probefläche

Es werden Ausschnitte aus geographischen Landschaftsgrundeinheiten ausgewählt. Daher müssen sich die Bearbeiter zunächst über diese Grundeinheiten und Untereinheiten in ihrem Gebiet klar werden. Die Probefläche muß ein typischer, mehrfach oder häufig vorkommender Ausschnitt der Landschaftsgrundeinheit sein.

Die Probefläche sollte nicht zu klein sein; in stark gegliedertem Gelände etwa 10 ha umfassen, in offener Landschaft größer; in sich homogene Sonderbiotope (Park, Friedhof, Teich) können kleiner sein. Der Aussagewert steigt in jedem Falle mit der Größe. Als Begrenzung sind willkürlich abgesteckte gerade Linien den natürlichen Begrenzungen (Wege, Flüsse, Bäche, Waldrandverlauf) vorzuziehen.

Die Fläche sollte möglichst quadratisch sein, um den »Randlinieneffekt« klein zu halten; außerdem lassen sich geradlinig begrenzte Flächen leichter berechnen. Von diesen Probeflächen wird eine Kartenskizze hergestellt (unter Verwendung zuverlässiger Grundkarten).

Bestandserfassung

Die Brutzeit der Mehrheit der Vögel muß erfaßt werden. Man führt Kontrollgänge von März bis Anfang Juli durch, möglichst in den Morgenstunden, zur Zeit des intensivsten Vogelgesanges. Als Minimalzahl fordert man im offenen Biotop acht, im geschlossenen zehn Kontrollen, verteilt über die Kontrollperiode.

Alle Feststellungen revieranzeigender Vögel werden in der Karte eingezeichnet (Abkürzungen und Symbole verwenden). Der Vogel findet sich auf der Karte als Individuum, nicht als Glied einer Menge, wie in einer Strichliste. Von den Tageskarten werden Artkarten abgezeichnet (Transparentpapier). So zeichnen sich die Reviere ab. Nahrungsgäste werden gesondert gekennzeichnet.

Schließlich werden, ohne daß wir hier alle Feinheiten der Bearbeitungs- und Auswertungsmöglichkeiten abhandeln wollen, in einer Tabelle die festgestellten Vogelarten der Probefläche, nach ihrer Häufigkeit geordnet, aufgeführt. Die Tabelle enthält also die absoluten Zahlen der Vogelpaare und die Dichte pro Flächeneinheit (Abundanz oder Siedlungsdichte), bezogen auf 10 Hektar, auf die Dezimalstelle berechnet. Randbewohner und Gäste kann man gesondert aufführen. Der Brutbestand läßt sich in vier Dominanzklassen gliedern. (Siehe unter dem Stichwort Dominanz im Abschnitt »Begriffe der quantitativen Avifaunistik«.)

Selbstverständlich gehört zur Auswertung eine genaue Beschreibung der Probefläche nach Lage, Größe, Oberflächenformen und Hauptelementen des Pflanzenwuchses.

Linientaxierung

Es wird eine gerade Linie von etwa 300 bis 500 Metern Länge abgesteckt. Dazu wird eine Kartenskizze hergestellt, die Nordrichtung und markante Geländepunkte werden eingetragen.

Man erfaßt dabei etwa 20 Meter Breite nach jeder Seite der Linie. Genau wie bei der Flächentaxierung wird jedes singende Männchen verzeichnet und einem Brutpaar gleichgesetzt. Die Linie wird in ruhigem Tempo in beiden Richtungen abgewandert, noch besser wiederholt man das nach etwa einer halben Stunde.

Mehrere Kontrollzählungen nach jeweils mehreren Tagen grenzen die Fehlergefahr ein.

Versuchsplanung

Moderne Methodik setzt ein hohes Maß an Versuchsplanung voraus und verlangt allen beteiligten Beobachtern Disziplin, Einordnungswilligkeit und von der Begeisterung für die Sache getragenes Engagement ab. Vor allem die weitgespannten Raum-Zeit-Objekte, wie sie die jetzt allenthalben erscheinenden oder in Arbeit befindlichen Avifaunen darstellen, erfordern weiter eine strenge Anleitung eines großen Beobachtungsstabes, bei den Beobachtern Einsicht in die Notwendigkeit eines solchen wissenschaftsorganisatorischen Reglements und bei der Leitungsgruppe ein überdurchschnittliches, ausgewogenes Gleichgewicht von Konsequenz und Feinfühligkeit.

Die bisher vorliegenden drei Bände (Nordbezirke, brandenburgische und thüringische Bezirke) der auf fünf Regionalbände und einen Brutvogel-Ergänzungsband veranschlagten Avifauna der DDR sind, wie auch vergleichbare Werke in Nachbarländern, Spitzenleistungen, deren Grundlagen in vielfältiger Arbeit von Feldornithologen erbracht wurden und in ihrer wissenschaftlichen Bedeutung den Vergleich mit professionellen Forschungsergebnissen entsprechender Institute nicht zu scheuen brauchen. Viele Tausend Daten von Feldbeobachtungen wurden darin verarbeitet. So sind solche Krönungen der Gemeinschaftsarbeit unübersehbare Zeugnisse begeisterten Freizeitforschens und zugleich Ansporn für die nächste Beobachtergeneration.

Auswertung/Schreibtischarbeit

Wir meinen jetzt nicht die erste Auswertung im Sinne eines Überblickes für uns selbst, wie bei der Darstellung der Probeflächenmethode kurz beschrieben, sondern die Schreibtischarbeit, der auch der Feldornithologe sich unterziehen muß, wenn er seine Beobachtungsergebnisse für eine Veröffentlichung ausarbeiten möchte. Komplizierter noch wird die Aufgabe für jeden, der die Arbeitsergebnisse mehrerer Beobachter, die ja selten unter absolut gleichen Bedingungen gewonnen wurden, vergleichen oder zusammenfassen will. Oft ist es nicht einmal möglich, den Grad der Einheitlichkeit oder Uneinheitlichkeit sicher zu erkennen. Wir müssen uns darauf einstellen, daß der Feldornithologe nicht unter Laborbedingungen arbeitet. Wir müssen aber entsprechend vorsichtig sein bei verallgemeinernden Schlußfolgerungen, die aus einem Material mit uneinheitlicher Basis abgeleitet werden.

Statistische Überprüfung Auch sollte ein Bearbeiter (Bearbeitergruppe), der sich an eine umfangreiche Unternehmung wagt, mit den Grundzügen statistischer Auswertungsmethoden vertraut machen. Es sind gute Einführungen und auch umfangreiche Handbücher dafür zugänglich. Wer sich in diesen Methoden unsicher fühlt, sollte sich an einen darin erfahrenen Freund aus seiner ornithologischen Fachgruppe wenden oder aber darauf verzichten, ihm fremde Denkmodelle heranziehen zu wollen.

Seriöse faunistische Erhebungen erfordern nicht nur methodisch gute Vorbereitung, ihre quantitativen Ergebnisse sollten, wo das angängig ist, auch mit den Hilfsmitteln der Biostatistik überprüft und erläutert werden. Obwohl es gute Beispiele in der Literatur dafür gibt, wird das von einer großen Zahl faunistisch im Gelände tätiger Ornithologen bei der Aufbereitung ihrer oft langjährigen Beobachtungsergebnisse oft nicht beachtet. Es empfiehlt sich, Beispiele in der Fachpresse aufmerksam zu studieren, um am konkreten Beispiel einen Blick für solche Möglichkeiten zu erlangen.

Einige wichtige Begriffe der quantitativen Avifaunistik

Dispersion Darunter wird die Verteilung von Individuen oder Paaren bzw. Arten im Raum verstanden. Sie läßt sich mit Hilfe der Rasterkartierung darstellen.

Dazu wird die Anwesenheit einer Art auf einer bestimmten Fläche eines Rastergitters überprüft. Der prozentuale Anteil der von einer Art besetzten Rastereinheit ist die Rasterfrequenz (siehe dort).

Abundanz Der Begriff kennzeichnet die Zahl der Vogelindividuen oder Paare einer bestimmten Art pro Flächeneinheit. Bei Kleinvögeln wird sie meist auf 10 Hektar bezogen, bei Großvögeln auf größere Einheiten.

Dominanz Hierunter versteht man die relative Häufigkeit einer Art im Vergleich zu den anderen Arten einer Vogelgemeinschaft. Im allgemeinen unterscheidet man verschiedene Dominanzstufen:

Dominante	(über 5 Prozent)
Subdominante	(2 bis 5 Prozent)
Influente	(1 bis 2 Prozent)
Rezedente	(unter 1 Prozent)

Dominanzindex Der Dominanzindex (D) ergibt sich, wenn die Zahlen für die beiden häufigsten Arten (y_1, y_2) addiert und sodann durch die Gesamtzahl aller Arten (y) dividiert wird (nach McNAUGTHON):

$$D = \frac{100 \cdot y_1 + y_2}{y}$$

Mit zunehmender Artenzahl nimmt der Dominanzindex also in der Regel ab, mit der Diversität ist er negativ korreliert.

Diversität Die (Arten-)Diversität drückt die Verteilung der Individuen eines Bestandes auf die Art aus. Sie ist also ein Maß für die Häufigkeitsstruktur. Dieser Index ist sowohl von der Artenzahl als auch von der Gleichförmigkeit der Verteilung der relativen Häufigkeiten (Dominanzen) abhängig. Der Quotient aus der gefundenen Diversität (H') und der maximal möglichen Diversität (H'_{max}), also H'/H'_{max}, ist ein Maß für die Gleichmäßigkeit der Verteilung (die Eveness).

Präsenz Unter Präsenz einer Art wird die prozentuale Anzahl der Gebiete unterschiedlicher Größe des gleichen Biotops verstanden, in denen eine bestimmte Art gefunden wird.

Rasterfrequenz Ist in Abhebung von Präsenz der prozentuale Anteil in gleichgroßen Probeflächen. Die Rasterfrequenz ist abhängig von der Feinheit des Rastergitters. In Rastergittern können unter anderem Artenzahlen pro Rastereinheiten verglichen werden, ebenso die Dispersion von einzelnen Arten (vgl. unter Dispersion).

Hiermit sollen dem praktisch tätigen Feldornithologen lediglich einige häufig in der neueren Literatur auftretende Begriffe, die Kenngrößen des Vogelbestandes ausdrücken, vertraut gemacht werden. Auf Berechnungsbeispiele und vollends auf weiterreichende statistische Analyse-Verfahren, wie z. B. die häufig erwähnte Cluster-Analyse, müssen wir hier verzichten und auf entsprechende Spezialliteratur verweisen.

Manuskripterarbeitung

Der Normalfall wird nach wie vor sein, daß der Beobachter seine Beobachtung/Beobachtungen sprachlich einleuchtend und klar darstellt und seine Meinung oder Schlußfolgerungen, deutlich als solche gekennzeichnet, formuliert. Abgesehen von kurzen Mitteilungen zu einem Einzelereignis, sollte man dem üblichen Aufbau einer Sachveröffentlichung folgen, d. h. einleitend das Problem nennen, es in seinen größeren Zusammenhang stellen, dann das Material darbieten und die Methode erläutern. In der folgenden Diskussion der Ergebnisse erfolgt erforderlichenfalls der Bezug auf gleiche oder abweichende Auffassungen in der vorliegenden Literatur, und schließlich wird in knappen Sätzen eine klar verständliche Zusammenfassung gegeben. Der Wert solcher Zusammenfassungen wird oft unterschätzt. Der von einer Informationsflut überschwemmte Leser wird zunächst vier Dinge an einer Arbeit ansehen:

Den Titel, der ihm wenigstens ungefähr sagen müßte, worum es geht; als zweites wird ihn interessieren, wer der Autor der Arbeit ist; dann aber wird er die Zusammenfassung lesen und bei größeren Arbeiten noch einen Blick ins Literaturverzeichnis tun.

Im Grunde entscheidet sich nun, ob er die vielleicht umfangreiche Arbeit lesen wird. In gesteigertem Maße trifft das für den ausländischen (anderssprachigen) Leser zu. Die Zusammenfassung muß ihm zeigen, ob der Aufwand gerechtfertigt ist, die Arbeit zu übersetzen oder übersetzen zu lassen oder ablichten zu lassen oder einen Sonderdruck zu erbitten.

Daß berücksichtigte Literatur im Literaturverzeichnis aufgeführt und jedes Zitat als solches gekennzeichnet wird, ist eine Frage des wissenschaftlichen Anstandes.

Abkürzungen Abkürzungen sollten im Text so wenig wie möglich verwendet werden, sie stören den Lesefluß und sind durchaus nicht immer jedermann verständlich. Auf jeden Fall muß das Wort beim ersten Mal ausgeschrieben in Klammern hinter der Abkürzung stehen oder aber die Abkürzung wird beim ersten Auftreten des ausgeschriebenen Wortes in Klammern eingefügt und danach statt seiner benutzt. Völlig unsinnig ist es, Abkürzungen wie »u.« (und) oder »ca.« (circa) zu benutzen. Bei »u.« wird gegenüber »und« ein einziger Anschlag gespart, bei »ca.« gegenüber dem ohnehin besseren deutschen »etwa« ebenfalls nur ein Anschlag. Das Vielfache läßt sich, und ohne Beeinträchtigung der Lesbarkeit, einsparen, wenn man auf überflüssige Füllwörter verzichtet. Außer bei international standardisierten Abkürzungen darf man in keinem Falle annehmen, daß jeder Leser den Abkürzungscode auf Anhieb entschlüsseln kann. Vollends gilt das, wenn man an Leser im Ausland denkt.

Literaturverzeichnis Am Schluß der Arbeit steht das Verzeichnis der benutzten Literatur. Bei seiner Abfassung nimmt man vernünftigerweise die in dem vorgesehenen Publikationsorgan übliche Zitierweise zum Vorbild. Im Prinzip wenden alle Publikationen, mitunter mit kleinen Abweichungen, die sogenannte »Kleine Zitierweise« an.

Darunter versteht man die Angabe von Autor, Buchtitel, Erscheinungsort und Jahr. Da in besonderen Fällen die Ortsangabe nicht einmal eine klare staatliche Zuordnung ermöglicht, empfiehlt sich zusätzlich die Verlagsangabe, analog bei Zeitschriftentiteln von sehr ähnlichem oder gleichem Wortbild (z. B. Russisch/Bulgarisch) den sonst nicht genannten Erscheinungsort.

Beispiele:
STEPHAN, B., & J. BREITMEIER (1973): Geschützte und jagdbare Tiere. Leipzig/Jena/Berlin: Urania-Verlag.

Wir empfehlen »&« statt »u.«, um Verwechslungen mit abgekürzten Vornamen auszuschließen. Vielfach wird das Erscheinungsjahr zum Schluß nach dem Verlag genannt. In der ornithologischen Fachliteratur ist aber weiterhin die Nennung des Erscheinungsjahres in Klammern gleich nach dem Namen des Autors üblich. Das hat den Vorteil, daß man die in sehr enger Beziehung stehenden Aussagen »Autor, Erscheinungsjahr« mit einem Blick erfaßt und damit den Titel meist sofort einordnen kann.

Wenn das Buch einer Reihe angehört, so ist das für Bibliotheken, aber auch für die Beurteilung durch den informierten Leser von Interesse, also:

STEPHAN, B. (1979): Urvögel. Wittenberg: Ziemsen-Verlag. Neue Brehm-Bücherei (meist abgekürzt als NBB) 465.

KLAFS, G. & J. STÜBS (Hrsg) (1979): Die Vogelwelt Mecklenburgs. Jena: Gustav Fischer.

Aber wenn im Text aus dem gleichen Werke zitiert wird, dann sollte der Name des betreffenden Bearbeiters genannt werden, also etwa:

NEHLS, H. W. (in KLAFS & STÜBS 1979).

Zeitschriftenaufsätze werden analog zitiert:

KAATZ, Ch. (1984): Ein Ansiedlungsversuch mit der Dohle. Der Falke, 30, S. 44–46 (30 ist die Zahl des Bandes oder Jahrgangs).

Will man das Heft zusätzlich kennzeichnen, wird es nach der Band-Zahl in Klammern genannt. Diese Angabe ist nicht gefordert, sie erleichtert aber etwaigen Suchern die Arbeit.

Illustrationen Als Vorlagen für die Wiedergabe von Fotos empfehlen sich Schwarz-Weiß-Vergrößerungen in Hochglanz in der Größe von 13 cm × 18 cm bis 18 cm × 24 cm. Jedes Bild wird mit dem Namen des Bildautors versehen und numeriert. Dazu gehört eine Bildliste mit den vorgeschlagenen Bildunterschriften.

Zeichnungen müssen mit schwarzer Ausziehtusche auf weißem Zeichenkarton oder Transparentpapier gefertigt sein. Sie sollten etwas größer sein, als die wahrscheinlich zu erwartende Abbildungsgröße, weil sich bei der Verkleinerung auch jede Ungenauigkeit oder Unreinheit im Strich verkleinert. Oft wird allerdings nicht bedacht, daß dabei natürlich auch alle Signaturen, Schriftzeichen, Zahlen u. dgl. mit verkleinert werden. Sie sind also in der Vorlage entsprechend größer zu zeichnen. Im allgemeinen wird in graphischen Darstellungen von Bezugsgrößen das Diagramm mit zwei Koordinaten benutzt (x-Achse = Abszisse, y-Achse = Ordinate).

Am gebräuchlichsten zur vergleichenden Darstellung verwandter, aber abweichender Sachverhalte ist das Stabdiagramm, vielfach auch Säulen- oder Balkendiagramm genannt. Kurven sollten der Darstellung von Bewegungen, Entwicklungen u. dgl. vorbehalten bleiben, weil die willkürliche Verbindung von Säulenendpunkten, die miteinander in keiner direkten Beziehung stehen, psychologisch eine Abhängigkeit oder Entwicklung vortäuscht. Also: Die Endpunkte der Stäbe, die für aufeinanderfolgende Jahre die Vogelzahl in einer Brutkolonie angeben, können durch eine Kurve verbunden werden. Nicht aber die Endpunkte von Stäben, die die Zahl verschiedener Entenarten auf einem See angeben. Die Säulen zeigen sehr eindringlich, daß beispielsweise die Stockente sehr häufig, die Knäckente seltener, die Schnatterente viel seltener und die Spießente äußerst selten ist.

Eine Kurve wäre in diesem Falle logischer Unfug, weil es keine Entwicklung der Zahlen von Stockente über Knäckente und Schnatterente zu Spießente gibt. Diese Überlegung gilt analog für andere grafische Darstellungen.

In sogenannten Punktdiagrammen können einzelne Daten als Punkte in ihrer Gesamtheit als Punktwolke eingezeichnet werden. In einer Punktwolke kann dann die dazugehörige (errechnete) Regressionsgerade eingezeichnet werden. Weitere Möglichkeiten lernt jeder aufmerksame Interessent beim Studium von entsprechenden Fachzeitschriften und Fachbüchern kennen.

Verbreitungskarten und andere kartographische Darstellungen sollten sich stets an dem im Gebiet verwendeten Muster orientieren, also den von den Regionalavifaunen benutzten Karten, oder für die Darstellung kleinerer Landschaftsteile ist eine offiziell gültige Karte als Grundlage zu verwenden und von ihren Signaturen nur das zu übernehmen, was für den bestimmten Zweck von Belang ist.

In jedem Fall empfiehlt es sich, die Arbeit vor der Einreichung zum Druck einem erfahrenen Ornithologen, etwa dem Leiter einer Arbeitsgemeinschaft, oder Fachfreunden zu zeigen und deren Rat und eventuelle kritische Hinweise als Hilfe aufzufassen. Ebenso wird man vernünftigerweise schon vorher einschlägige Zeitschriften nach ihren Gepflogenheiten zu Rate ziehen.

Ausklang. *Foto: Spillner*

Danksagung

Wenn ein Buch im Laufe von Jahren entsteht und zudem eine Thematik behandelt, die für die Autoren seit Jahrzehnten gewissermaßen zum täglichen Umgang gehört, fließen naturgemäß Primär- und Sekundärinformationen unterschiedlicher Herkunft, dazu eigene Erfahrungen und der Gedankenaustausch mit Freunden und Fachkollegen aus nah und fern so ineinander, daß es unmöglich wäre, das alles quellenmäßig zu belegen. Nur eine sehr geringe Einsicht in die inneren und äußeren Strukturen von Information, Speicherung, Wissensaneignung und Meinungsbildung kann Autoren wie Leser dazu verleiten, jeden gedruckten Satz als persönliches geistiges Eigentum aufzufassen. Er ist es nur in seiner konkreten Form, nicht in dem durch diese Form vermittelten Faktengehalt. Wir sind uns bewußt, daß wir einer Unzahl von Fachkollegen teils literarisch niedergelegte, teils mündlich oder brieflich ausgetauschte Faktenauskünfte, Daten, Informationen über Sachverhältnisse und Zusammenhänge, Anregungen und Hinweise danken, ohne die dieses Buch nicht denkbar wäre. Jede Aufzählung von Namen müßte zu Ungerechtigkeiten führen und Undankbarkeit dokumentieren gegenüber Nichtgenannten. Wir danken unseren Lesern jeder Ebene, unseren Fachkollegen und Freunden, den Bildautoren, dem Grafiker, der unsere Illustrationswünsche umsetzte, den Verlagsmitarbeitern, die die Entwicklung des Buches begleiteten und endlich sein Erscheinen beförderten. Und wir danken nicht zuletzt unseren Nächsten, unseren Partnern, die uns auf manche Weise gestärkt, angespornt und geholfen haben.

Die Autoren

Bildnachweis

Die Fotoautoren sind in der jeweiligen Bildunterschrift genannt. Es handelt sich vorwiegend um bisher unveröffentlichte Natururkunden. Als Anregung für die Entwicklung der Grafiken dienten neben eigenen Vorstellungen Vorlagen (zum Teil verändert und ergänzt) aus ATJINSON-WILLIS 1976, BERNIS 1960, CREUTZ 1983, CURRY-LINDAHL 1982, DORST 1962, FISCHER & PETERSON 1964, HEINROTH 1924/26, HERZOG 1968, LIBBERT 1936, LEBRER 1947, LINCOLN 1950, NOWAK 1975, RENSCH 1929, ROBILLER 1978, SALOMONSEN 1969, SCHILDMACHER 1966, SCHÜZ & WEIGOLD 1931, SCHUMMER 1973, SLIWINSKI 1938, VOOUS 1960, ZINK 1970. In der vorliegenden Ausführung handelt es sich in allen Fällen um selbständige Arbeiten von H. WUNDERLICH.

Registerteil 8

Literatur

Bei einer Publikation dieser Art von weitgehend kompilatorischem Charakter wäre es unsinnig, ja verwirrend, wollte man das in der Wissenschaft übliche Literaturverzeichnis anbieten, also möglichst das Faktenangebot mit Zitat und Quellenangabe belegen. Schon die reine Faktendarbietung, Problemdiskussion und Methodenvermittlung wird durch den Umfang des Buches limitiert und kann nie Vollständigkeit erreichen. Es wäre keinesfalls im Interesse des Lesers, die Auswahl und Abhandlung der Themen weiter einzuengen zugunsten der Auflistung von Literatur, die zum größten Teil ohnehin schwer beschaffbar, teil auch schwer lesbar wäre. Natürlich mußte viel Literatur herangezogen werden. Unsere Danksagung an viele vor, neben und um uns meint ausdrücklich auch diese Literatur. Wir geben also kein Verzeichnis der benutzten Literatur, sondern eine zugegebenermaßen subjektive und auch anders denkbare Auswahl, ganz im Sinne des Gesamtanliegens dieses Buches. Die Liste von Titeln und bibliographischen Angaben soll als Wegweiser in die Fachliteratur dienen. Unterschiedliche Typen und Gruppen einschlägiger Literatur werden durch Beispiele repräsentiert. Es ist also kein methodisches Versehen, sondern didaktische Absicht, wenn dabei im Niveau, Erscheinungszeit, Zielgruppen sehr unterschiedliche Titel zusammenkommen. Alte Klassiker werden genannt und Werke großer Gelehrter, Einführungen ebenso wie Standardwerke, solche mit Überblickscharakter oder zu Einzelthemen, vielbändige Handbücher ebenso wie Monographienreihen, neue Regionalavifaunen, für den historisch aufgeschlossenen auch ältere, Verbreitungsatlanten, natürlich Bestimmungsbücher, Jugendbücher, schließlich Sachbücher, darunter solche mit belletristischem Charakter und darstellende wie erzählende Literatur über Natur und Tiere. Es ist keine Studienanleitung, keine Liste »verbindlichen« Lesestoffes. Wenn man schon einige der Bücher kennengelernt hat, wird man unbekannte oder neue leichter beurteilen und den genannten Gruppen zuordnen können. Aber auch der, der zunächst schon damit zufrieden ist, hier bestimmte Autorennamen und Buchtitel einmal gelesen zu haben, ist unser Adressat. Irgendwann freut sich jeder, schon einmal »gehört« zu haben. Ob aus dem »Hörensagen« eines Tages »Gute Bekanntschaft« oder »aktive Freundschaft« wird, entscheidet jeder selbst. Hier werden Angebote gemacht und Wege gewiesen.

Literaturverzeichnis

Atlas der Verbreitung palaearktischer Vögel. (1960ff.). Begr. STRESEMANN & PORTENKO, weitergef. DATHE/NEUFELDT. Berlin

Avifauna der DDR. [in 6 Bdn.] (1977ff.). Bisher ersch. 3 Bd.: Die Vogelwelt Mecklenburgs, Brandenburgs, Thüringens. Jena

BERG, G. (1933): Mein Freund der Regenpfeiffer. Berlin

BERGMANN, H.-H., & H.-W. HELB (1982): Stimmen der Vögel Europas. München/Wien/Zürich

BERLEPSCH, H.v. (1899): Der gesamte Vogelschutz. Neudamm [in neuen Aufl. bis zur Gegenwart]

BERNDT, R., & W. MEISE (1959–1963): Naturgeschichte der Vögel. [in 3 Bdn.] Stuttgart

BEZZEL, E. (1982): Vögel in der Kulturlandschaft. Stuttgart

BREHM, Cg.L. (1831): Handbuch der Naturgeschichte der Vögel Deutschlands. Ilmenau

BRUNS, H. (1975): Ullstein Vogelbuch. Frankfurt/Main

BUB, H. (1970–1974): Vogelfang und Vogelberingung I–IV. (NBB 359, 377, 389, 409). Wittenberg

CONRAD, B. & W. POLTZ (1976): Vogelschutz in Europa. Greven

CONRAD, B. (1977): Die Giftbelastung der Vogelwelt Deutschlands. Greven

CREUTZ, G. (1965): Taschen der heimischen Sumpf- und Wasservögel. Jena

CREUTZ, G. (1976): Geheimnisse des Vogelzuges (NBB 75). Wittenberg

CURRY-LINDAHL, K. (1982): Das große Buch vom Vogelzug. Hamburg/Berlin

DRECHSLER, H. (1954): Wildschwäne über Uhlenhorst. Radebeul/Berlin

FISHER, J. (1959): Geschichte der Vögel, Jena

GENTZ, K. (1952): Im Reiche der Fischreiher. Dresden
Handbuch der Vögel Mitteleuropas, [in 14 Bdn.] (1966ff.). Begr. NIETHAMMER, weitergef. v. BLOTZHEIM. Wiesbaden. (bisher 11 Bde.)
Handbuch der Vögel der Sowjetunion. [in 10 Bd.] (1985ff.) Hrsg. ILJETSCHEW/FLINT. Wittenberg (bisher 2 Bd.)
Handbuch des Vogelliebhabers. [in 3 Bd.] (1974ff.) Hrsg. DATHE, H. Berlin (bisher 2 Bd.)
HARTERT, E. (1903–1938): Die Vögel der paläarktischen Fauna. [in 3 Bdn.]/Berlin
HECKENROTH, H. (1985): Atlas der Brutvögel Niedersachsens 1980. Hannover
HEINROTH, O., & M. HEINROTH (1924–1931): Die Vögel Mitteleuropas [in 4 Bdn.] Berlin
HERZOG, K. (1968): Anatomie und Flugbiologie der Vögel. Jena
HEYDER, R. (1952): Die Vögel des Landes Sachsen. Leipzig
HILPRECHT, A. (1971): Auf schwimmenden Inseln. Berlin
KOLBE, H. (1972): Die Entenvögel der Welt. Radebeul
KUHK, R. (1939): Die Vögel Mecklenburgs. Güstrow
LÖNS, H. (1924): Was da kreucht und fleugt. Berlin
LÖNS, H. (o.J.): Was ich unter Tieren erlauschte. Leipzig
LORENZ, K. (1955): Tiergeschichten. Er redeten mit dem Vieh, den Vögeln und den Fischen. Wien
MÄRZ, R. (1969): Gewöll- und Rupfungskunde. Berlin
MAKATSCH, W. (1952): Die Vögel der Seen und Teiche. Radebeul/Berlin
MAKATSCH, W. (1966): Wir bestimmen die Vögel Europas. Radebeul (5. Auflage. 1987)
MAKATSCH, W. (1974/76): Die Eier der Vögel Europas. [in 2 Bdn.], Radebeul
MAKATSCH, W. (1981): Verzeichnis der Vögel der DDR. Leipzig/Radebeul
MEERWARTH/SOFFEL (1922–1923): Vögel Europas. [in 4 Bdn.], Lebensbilder aus der Tierwelt. Leipzig
MOLL, K.H. (1967): Unter Adlern und Kranichen. Wittenberg
NAUMANN, J.F. (1820–1844): Johann Andreas Naumanns Naturgeschichte der Vögel Deutschlands. [in 12 Bdn.], Leipzig
NAUMANN (1897–1905): Naturgeschichte der Vögel Mitteleuropas. [in 12 Bdn.], Gera
NIETHAMMER, G. (1937–1942): Handbuch der deutschen Vogelkunde. [in 3 Bdn.], Leipzig
NIETHAMMER/KRAMER/WOLTERS (1964): Die Vögel Deutschlands. Artenliste. Frankfurt/M.
NOWAK, E. (1975): Ausbreitung der Tiere. NBB 480. Wittenberg
PFORR & LIMMBRUNNER (1980): Ornithologischer Bildatlas Europas [2 Bd.]. Melsungen
PÖLKING, F. (1987): Vogelfotografie. Greven
RAMMER, W. (1956): Tierwelt der deutschen Landschaften. Leipzig
ROBILLER, F. (1987): Refugien der Natur. Berlin
RUTSCHKE, E. (1987): Die Wildgänse Europas. Berlin
RUTSCHKE, E. (1989): Die Wildenten Europas. Berlin
SEDLAG, U. (1983): Vom Aussterben der Tiere. Leipzig/Jena/Berlin
SCHILDMACHER, H. (1966): Wir beobachten Vögel. Jena
SCHILDMACHER, H. (1982): Einführung in die Ornithologie. Jena
SCHMIDT-KOENIG, H. (1980): Das Rätsel des Vogelzuges. Hamburg
SCHUBERT, M. (1989): Stimmen der Vögel Europas [3 Tb-Kassetten] Berlin
SPILLNER, W. (1969): Der Wald der großen Vögel. Berlin
SPILLNER, W. (1973): Das Vogeljahr der Küste. Berlin
STEPHAN, B. (1974): Urvögel. NBB 465. Wittenberg
STEPHAN, B., & J. BREITMEIER (1980): Geschützte und jagdbare Vögel, Leipzig/Jena/Berlin
STRESEMANN, E. (1927–1934): Aves. [In: KÜKENTHAL & KRUMBACH: Handbuch der Zoologie. Bd. 7] Berlin/Leipzig
STRESEMANN, E. (1951): Die Entwicklung der Ornithologie. Aachen
TUCK, G., & H. HEINZEL (1980): Die Meeresvögel der Welt. Hamburg
VOIGT, A. (1950): Exkursionsbuch zum Studium der Vogelstimmen. Heidelberg
VOOUS, K.H. (1962): Die Vogelwelt Europas und ihre Verbreitung. Hamburg/Berlin
WOLTERS, H.E. (1975–1982): Die Vogelarten der Erde. Hamburg

Artenregister

Die Aufnahme aller Erwähnungen einer Vogelart hätte, da in vielen Fällen eine ganze Reihe von Arten lediglich als Beispiele für dargestellte Sachverhalte genannt werden, das Register überladen und damit unbrachbar gemacht. Wohl aber ist es denkbar, daß ein Leser die fotografische Darstellung eines Vogels sucht. Das Artenregister enthält alle abgebildeten Vogelarten.

Sachwortregister

Das Sachregister enthält die wichtigsten Begriffe. Vermißt man ein Stichwort, suche man unter einem übergeordneten Begriff. Im übrigen führen bei Vertrautsein mit der Anlage des Buches auch das stark gegliederte Inhaltsverzeichnis und die »lebenden Kolumnen« am Kopf jeder Seite zur gesuchten Thematik.